权威·前沿·原创

皮书系列为
"十二五""十三五"国家重点图书出版规划项目

深圳社会组织蓝皮书

BLUE BOOK OF SOCIAL ORGANIZATIONS OF SHENZHEN

深圳社会组织发展报告（2018）

ANNUAL REPORT ON SOCIAL ORGANIZATIONS DEVELOPMENT OF SHENZHEN (2018)

主 编／深圳市社会组织管理局
　　　　深圳国际公益学院

社会科学文献出版社
SOCIAL SCIENCES ACADEMIC PRESS (CHINA)

图书在版编目（CIP）数据

深圳社会组织发展报告.2018 / 深圳市社会组织管理局，深圳国际公益学院主编. -- 北京：社会科学文献出版社，2019.1（2020.9重印）
（深圳社会组织蓝皮书）
ISBN 978-7-5201-4221-2

Ⅰ.①深… Ⅱ.①深… ②深… Ⅲ.①社会组织管理-研究报告-深圳-2018 Ⅳ.①C916.1

中国版本图书馆CIP数据核字（2019）第017269号

深圳社会组织蓝皮书
深圳社会组织发展报告（2018）

主　　编 / 深圳市社会组织管理局
　　　　　深圳国际公益学院

出 版 人 / 谢寿光
项目统筹 / 胡庆英
责任编辑 / 胡庆英

出　　版 / 社会科学文献出版社·群学出版分社（010）59366453
　　　　　地址：北京市北三环中路甲29号院华龙大厦　邮编：100029
　　　　　网址：www.ssap.com.cn

发　　行 / 市场营销中心（010）59367081　59367083
印　　装 / 北京九州迅驰传媒文化有限公司

规　　格 / 开　本：787mm×1092mm　1/16
　　　　　印　张：25.5　字　数：384千字
版　　次 / 2019年1月第1版　2020年9月第3次印刷
书　　号 / ISBN 978-7-5201-4221-2
定　　价 / 128.00元

皮书序列号 / PSN B-2019-799-1/1

本书如有印装质量问题，请与读者服务中心（010-59367028）联系

△ 版权所有 翻印必究

编委会成员

主　　任　廖远飞

副 主 任　王振耀　凌　冲

编　　委　黄浩明　唐　昊　刘冰华　谭逸丹　曾伟玲
　　　　　　孙景明　李文海　杨　志　张晓芬　李渭生
　　　　　　林　江

主要编撰者简介

深圳市社会组织管理局　2006年底，深圳市将行业协会服务署和民政局民间组织管理办公室合并，组建了深圳市民间组织管理局，作为深圳市民政局直属副局级行政单位；2015年，深圳市民间组织管理局更名为深圳市社会组织管理局；2019年，深圳市社会组织管理局调整为市政府工作部门，并由市民政局统一领导和管理，主要履行全市社会组织的登记、监管、规范、培育、协调和服务等职能。深圳市社会组织管理局一直坚持培育发展与监督管理并重，以增强社会组织服务能力、提升社会组织质量为主要着力点，积极引导社会组织参与社会管理和公共服务，稳步推进社会组织管理体制机制改革创新，激发社会组织活力，加快构建政社分开、权责明确、依法自治、具有深圳特色的现代社会组织体制。

深圳国际公益学院　由比尔·盖茨、瑞·达利欧、牛根生、何巧女、叶庆均五位中美慈善家联合倡议成立，旨在建设培养榜样型慈善家和高级公益慈善管理人才的教育系统；构建支持中国与世界公益慈善领域高度发展的知识体系；打造引领全球慈善发展和推动形成新型慈善知识体系的专业智库；通过提升公益慈善事业的创新性、专业化和公众参与度，为推进中国和世界慈善事业的发展做出贡献。自2015年落户深圳以来，深圳国际公益学院先后开展了深圳市社会服务、社会组织、社区治理、公益组织人才建设、公益金融与影响力投资等领域的研究课题，开发了系列人才培养课程，举办了多次具有国内外影响力的大型活动，助力深圳打造"慈善之城"和"创新之都"。

前 言
社会组织与社会服务

社会组织与社会服务是当今中国需要破解的一大课题。其基本背景在于，在中国经济发展水平基本到了沿海地区达到人均一万美元的阶段，以社会经济为重要构成部分的第三产业会不会成为未来经济发展的一大增长极？如果会，则社会组织与社会服务在未来的经济与社会发展中将发挥何种作用？有关的政策需要如何调整才能适应这一趋势呢？

位于改革开放前沿的深圳在社会组织管理方面较为自觉地适应经济与社会转型的需要，经过多年探索，已经获得了不少成功的经验。透过《深圳社会组织发展报告（2018）》，我们可以发现，以下四点结论是显而易见的。

第一，社会组织是第三产业的有机组成部分，甚至是第一产业和第二产业的重要依托。没有发达的行业社会组织，无论是农业还是工业与科学技术，都不可能获得整体性发展。

第二，社会组织是以人为本的社会服务业的基本载体。与养老、儿童和残障人士相关的服务业、心理咨询业等，必须依赖于有使命的社会服务机构，若完全依靠以追逐利润为目的的市场竞争，这些行业将会举步维艰。

第三，社会组织是社会救助与社会福利的必要补充。过去人们往往认为，只有政府才有能力实施社会救助与社会福利，好像社会组织与此无缘。实践证明，无论是社会救助体系还是社会福利体系，都需要社会组织在不同领域与微观层面的支持，政府与社会组织有着不同的社会功能，不能互相替代。

第四，社会组织是社会道德建设的重要支撑。在社会道德建设领域，社会组织的功能几乎是无可替代的。与过去个体自觉做好事积德行善的行为有区别的是，在现代社会，做好事更需要专业，仅仅是做助人为乐的好事也特别需要专业化的志愿服务组织。个体的德行只有汇集成为组织与社会大爱，才能促成社会道德建设水平的不断提升。

也许有人会有疑问：社会组织的这些社会服务功能，为什么不能通过政府改进工作作风从而提升服务质量来解决呢？

确实，这样的疑问有一定道理，政府在改进作风方面还有着较大的空间。但是，总体而言，政府不可能替代社会组织的这些社会服务功能。

这主要是由社会服务的内容与性质所决定的。贫困时期的社会需求与较为发达时期的社会需求是相当不同的。农耕文明时代，基本架构是自给自足，几乎所有的社会需求都是依赖于家庭来满足的，家庭包括家族承载了绝大部分的社会服务功能。在计划经济年代，政府承担起了相当多的社会服务功能，在极端的情形下，甚至做饭也是由公共食堂来完成的。但是，在市场经济条件下，尤其是人均国民生产总值超过一万美元以后，人们的生活方式、工作方式已经发生了巨大变化，人口老龄化程度加深，家庭服务功能全面弱化，因而产生了海量般的新的社会需求。

比如，老年人的护理需求，过去一般由家庭来承担，现在的家庭则无力承担，这就需要建立起养老服务体系来发挥替代性功能；在市场经济条件下，只要有市场需求，就会有市场供给，政府只要进行恰当的市场调节，这样的需求就可以得到基本满足。但是，养老服务的情况十分特殊。第一，这个行业不可能完全通过自由市场来解决，如同医疗保障一样，它需要政府建立起保险体系，需要公共服务的支持，包括对于基础设施和多项公共政策的支持。第二，这个行业的从业者也需要较高的职业道德，因为对于老年人的直接服务，如同"孝子"一样周到，只有有使命般的职业伦理才会提供如此周到的服务；要达到这样的职业道德，根据各国的经验，只有带有使命的组织，即不以营利为基本目的的社会组织才可能办到。这样的案例表明，社会组织其实是以人为本的社会服务业的重要载体。如果要发展这类社会服务业，没有发达的社会组织，显然是很难做到的。

其实，社会组织对于第一产业和第二产业的发展，也同样发挥不可替代的作用。深圳的钟表业协会，就是中国行业协会促进经济发展的一个典范。人们常常说，最高的发展水平是制定标准。但是人们往往忽略了，一个企业一般不可能制定出一个行业的标准，而行业协会的职责之一就是要制定标准。我们的许多领域存在着过度竞争现象，有的产品质量不高，人们可能会发出感叹，认为是我们中国人天生"素质低"。但人们恰恰没有注意到，过度竞争现象的存在，就是行业协会不发达的突出表现。在计划经济时代，政府有关部门在某种程度上发挥了行业协会的作用，有关部门的标准一般会成为国家的标准。在经济体制转型的过程中，政府的这一职能转移到了行业协会，如何促成行业协会职能的社会化与现代化，通过协会的力量来促成各个行业的健康发展，在这方面，社会组织的确有着巨大的发展空间。深圳恰恰在这些方面走在了全国的前面，他们最早探索行业协会与政府部门的脱钩改革，不断通过行业自身来加强行业协会的职能，这样的软实力，应该给予特别注意。

人们当然也会存在这样的疑问：农业属于小农经济，这个领域也需要社会组织吗？其实，小农经济更需要发达的社会组织。法国、日本、韩国包括我国台湾地区的经验都表明，各类农产品行业、渔业等，正是有着发达的农协、信用社等提供系统的服务，才能够不断地提升质量。远的不说，只说全国各个大学的园艺工人，现在还是使用传统器具来劳动，在大城市工人们修理树枝，还是用着上千年的器具，用绳子捆绑上镰刀一类的工具来劳作。而在发达国家，这一行业的器具已经多种多样。为什么我们的绝大部分农业劳动工具得不到改善？其中一个重要的方面，就是缺乏这一类的社会组织。只是依赖一家一户，谁会来关注这样一类"小工具"的改进和发明呢？把政府和社会的需求转化为创新与发明的平台，社会组织是十分必要的。即使高科技领域，也不例外。

这里有一个十分典型的案例。在我们国家，有些部门已经开始倡导"厕所革命"，有人推算，这项产业可能有几十万亿元的容量；应该说，这种利国利民的大好事，应该会有个轰轰烈烈的社会推动吧？但时至今日，这项号召还没有看到如同其他领域一样的热烈响应。为什么呢？比较一下日

深圳社会组织蓝皮书

本，我们就会发现，在日本，政府一旦有一定的倡导，社会组织就会走在前列，它们为市场做出探索，支持企业发展；日本国家级的厕所协会已经成立多年，这个协会在倡导厕所改进方面做出了多方面的努力，从而使得日本的厕所成为当之无愧的世界第一。相信还会有人记得前几年的"马桶盖热"，这表明，我国城乡公共建设和家庭生活品质提升对厕所的改进需求巨大。尽管有政府的倡导，尽管企业有热情、百姓有需求，但如果缺乏社会组织这个转换器，还是不可能形成巨大的产业。在这里，社会组织还包括各类社会智库，它们也需要鼓励与促进，只有这样，才有可能与经济的发展形成有机的结合，从而避免单个企业"唱独角戏"的现象。

再看社会道德建设领域，社会组织的地位更为重要。心灵美、社会善，都是一种社会自觉。这种自觉，更需要通过家族传承、社区治理、志愿服务等方面的社会组织来促成。发达国家往往通过法律来强制性地进行志愿服务和社会服务。为什么可以这么做？主要是社会组织的志愿服务已经蔚然成风，它们要求政府来制定法律，进行规范与倡导。一个公民，如果参加志愿服务，既要受到专业化的培训，也会受到多种形式的褒奖；人们向国家的公园捐建凳子，还要留下名字；社区之中的小小图书馆，往往由居民商量捐建。这样的资源，在中国相当雄厚。但是，如果没有发达的社会组织，还只能停留于个体做好事层面，不会形成巨大的公共道德。

综观深圳社会组织的发展，尽管还有不少提升的空间，但在整个发展格局方面，还是有多项创新。深圳的多个社会组织，往往在全国做项目，为全国做贡献，展现出了经济特区独有的风貌。而深圳所承办的国家级的六届慈展会，更是世界范围内的独创。所有这些，都反映了深圳市委、市政府与民政局等部门政策创新的力度，也体现了深圳社会创新的活力。

祝深圳在社会组织创新领域百尺竿头，更进一步！

本书编委会
2018 年 11 月 25 日

摘　要

深圳早在2006年就开始了社会组织的改革探索，从社会管理到社会治理的转变奠定了社会组织兴盛的基础，深圳的城市经济发展和慈善文化氛围也为深圳社会组织发展提供了沃土，经过十余年的发展，深圳社会组织的数量有了很大增加，质量也有了极大的提高，成为参与社会治理的重要主体，在提供社会服务、促进经济发展、推动跨界合作等方面发挥着积极的作用。

本书是"深圳社会组织蓝皮书"的第一本。全书由总报告、分报告、专题报告和区域报告四部分组成。总报告梳理了深圳社会组织管理的改革历程，呈现了社会组织的发展现状，总结了深圳社会组织的管理特色和发展亮点，如人才培养、社会工作发展、行业协会、科技类社会组织、公益金融、慈展会平台建设以及社会组织"走出去"等的亮点。总报告同时分析了社会组织发展和管理中存在的挑战：顶层设计规划缺位、公共服务供给转型有待推进、能力建设短板、人力资源困境及内部治理有待完善。在此基础上，总报告对深圳社会组织发展和管理的趋势进行了研判和展望。

分报告按照登记管理分类分别呈现了深圳社会团体、深圳民办非企业单位和深圳基金会的发展情况。深圳社会团体在"降速提质"的大背景下迈向了国际化发展、经济服务能力优化的道路；深圳民办非企业单位在"三社联动"框架下参与基层治理成绩显著，并向社会服务专业化、精细化和规模化方向发展；深圳基金会在全面发展、提升影响力的同时，呈现业务细化的特点，如率先试点社区基金会、发展具有专业特色的基金会等。

专题报告部分一共有七篇。深圳社会组织在发展的过程中，在党建工作、政策法规建设和人才队伍建设等方面都探索出了独居特色的深圳道路；深圳社会组织积极落实国家战略，助力精准扶贫，连续三届慈展会都以扶贫

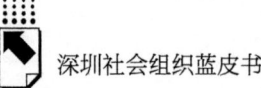

为议题，在参与对口扶贫、扶助本地困难群众方面都做出了积极贡献；结合深圳国际化大都市建设的规划，深圳社会组织开展了许多国际交流合作活动，积极"走出去"；深圳的公益慈善类社会组织、科研类民办非企业单位也在提供社会服务、助力科技创新方面表现卓著，专题报告中展现了这两类社会组织在深圳的发展状况，并对存在的挑战做出了探讨。

区域报告展现了深圳9个行政区和1个功能新区社会组织的发展状况。各区（新区）在实践中因地制宜，结合区域规划和导向，走出了各具特色的社会组织发展道路。福田区以管理服务创新引领社会组织高效发展，罗湖区推动社会组织迈向高质量发展，盐田区动员社会力量参与社会治理，南山区以"互联共享、科技创新"助力社会服务，宝安区积极探索社会组织规模化发展下的人才建设创新举措，龙岗区以创新监管实现社会组织的规范发展，龙华区创新发展激励机制让社会组织"动起来"，坪山区积极引导社会组织参与"服务型治理"，光明区鼓励社会组织参与基层治理，大鹏新区助推社会组织参与打造生态建设和旅游行业发展。

关键词： 社会组织　社会治理　社会服务　人才建设

Abstract

Shenzhen has started the exploration of social organization reformation since 2006. The transformation from social management to social governance laid foundation for the prosperity of social organizations. The economic development and philanthropy atmosphere in Shenzhen are the seedbed for the development of social organizations. After ten years development, the quantity and quality of social organizations in Shenzhen have improved a lot, and these organizations have become the main part in social governance, which plays an active role in providing social service, stimulating economic development and improving cross-boundary collaboration.

This book is the first blue book in Shenzhen social organization field, which is consists of general reports, topical reports, special reports and regional reports. The general reports teased out reform stages of Shenzhen social organizations in the past, displayed the status quo of social organization development, and summarized the management features of social organizations such as talents cultivation, social work development, industrial organizations, scientific social organizations, public finance, charity fair establishment and development of social organizations in overseas. The book also analyzed the challenges derived from social organization development and governance: the absent of planning top-level design, public service transformation have to be push forward, weakness of capacity building, human resource dilemma and the improvement of internal governance. Besides, this book also criticized and outlooked the trend of Shenzhen social organization development and management on the basis of challenge analyses.

According to different categories of registration management, the topical reports displayed development of Shenzhen social groups, Shenzhen private non-enterprise organizations and Shenzhen foundations. The social groups in Shenzhen are marching towards globalization and better service to economic development under the background of "lower speed and higher quality". The private non-enterprise organizations have achieved a lot under the framework of "three-party interaction" and are working towards the specialized, refined and large-scale social services. While improving influence comprehensively, Shenzhen foundations are showing business segmentation such as trying out community foundations and developing specialized foundations.

The special reports consist of seven chapters. Social organizations in Shenzhen have come up with special methods of party construction, policy and environment establishment and talents construction during its development. Social organizations implemented national strategies, helped in targeted poverty alleviation, and also held charity fair around poverty relief for three years. Many social organizations have made great contribution in participating targeted poverty alleviation and helping local people in straitened circumstances. Combining with the plan of constructing international metropolitan, the social organizations organized many international communication activities to help Shenzhen "go out". Public welfare social organizations and scientific non-enterprise organizations also performed well in providing social service and helping scientific and technology innovation. The special reports displayed the status quo of these two kinds of social organizations and discussed potential challenges.

The regional reports showed the status quo of social organization development of the 9 administrative districts and 1 new functional district. The practices in different districts adjusted according to their local conditions, and developed their own ways combining with regional plans and guidance. Futian District guided social organizations to develope efficiently with management-service innovation; Luohu District promoted social organizations marching towards high-quality, Yantian District mobilized other forces to participate in social governance; Nanshasn District helped social service with "connecting and sharing, science and technology innovation". Baoan District explored new measures about talents construction under the large-scale development of social organizations. Longgang District realized regulated development of social organizations with innovated supervision. Longhua District established incentive mechanism of innovation and development. Pingshan District guided social organizations to take part in "serving type social governance"; Guangming

District encouraged social organizations to participate in grassroots governance; Dapeng New District boosted social organizations to take part in ecological construction and tourism development.

Keywords: social organizations; social governance; social service; talent construction

目录

Ⅰ 总报告

B.1 改革、创新、合作——深圳社会组织发展路径探索
………………………………… 深圳国际公益学院本书编写组 / 001

Ⅱ 分报告

B.2 深圳社会团体发展报告 ………………………………… 唐 昊 / 052
B.3 深圳民办非企业单位发展报告 ……… 谭逸丹 曾伟玲 张晓红 / 075
B.4 深圳基金会发展报告 …………………………………… 饶锦兴 / 100

Ⅲ 专题报告

B.5 深圳社会组织党建工作：现状、特色与趋势 …………… 谢清顺 / 119
B.6 深圳社会组织政策法规建设报告 ……………… 叶 萌 田苗苗 / 136
B.7 深圳社会组织人才队伍建设报告 ……………………… 陈德明 / 156
B.8 深圳社会组织助力精准扶贫：现状、成效与趋势
………………………………………………… 刘 峰 姚 楠 / 182
B.9 深圳社会组织"走出去"：现状、成效与趋势
………………………………… 尼 娜 冯裕坤 曹 聪 李曼书 / 204

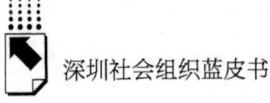

B.10 深圳公益慈善类社会组织发展报告 …………………… 朱金华 / 224

B.11 深圳科研类民办非企业单位发展报告 ……… 程传海　王　梅 / 244

Ⅳ 区域报告

B.12 福田区：管理服务创新引领社会组织高效发展
　　………………………………………………… 曹九如　顾弋琴 / 264

B.13 罗湖区：迈向高质量发展的社会组织成长之路 ……… 苏媛媛 / 276

B.14 盐田区：动员社会力量，社区治理再上新台阶
　　………………………………………………… 张婧一　王岭娟 / 286

B.15 南山区："互联共享、科技创新"助力社会服务
　　……… 周庆芝　张富亮　朱建成　毕　劼　陈文岚　周玲秀 / 293

B.16 宝安区：社会组织规模化发展下的人才建设创新 …… 钱东升 / 308

B.17 龙岗区：以创新监管实现社会组织规范发展 …… 龙岗区民政局 / 320

B.18 龙华区：创新发展激励机制让社会组织"动起来"
　　………………………………………………… 贺平光　左　楠 / 334

B.19 坪山区：推动社会组织参与"服务型治理" ………… 廖　红 / 346

B.20 光明区：社会组织参与基层治理成效显著
　　……………… 陈　俊　吴　楠　骆丹丹　黄耀煌　陈孝如 / 358

B.21 大鹏新区：社会组织参与打造生态文明建设与
　　旅游行业服务品牌 …………………………………… 罗雪兵 / 369

B.22 后　记 ……………………………………………………… / 381

CONTENTS

Ⅰ General Report

B.1 Reform, Innovation and Cooperation: Development of Shenzhen Social Organizations
Editorial Committee from China Global Philanthropy Institute / 001

Ⅱ Topical Reports

B.2 Report of Shenzhen Social Groups Development *Tang Hao* / 052
B.3 Report of Shenzhen Social Service Organizations Development
Tan Yidan, Zeng Weiling and Zhang Xiaohong / 075
B.4 Report of Shenzhen Foundations Development *Rao Jinxing* / 100

Ⅲ Special Reports

B.5 Report of Building Communist Party Structure in Shenzhen Social Organizations: Status, Features and Trends *Xie Qingshun* / 119
B.6 Report of Policy and Legislation Environment of Social Organization in Shenzhen *Ye Meng, Tian Miaomiao* / 136

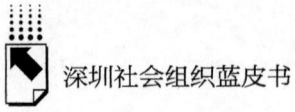
深圳社会组织蓝皮书

B.7 Report of Talent Cultivation of Social Organizations in Shenzhen

Chen Deming / 156

B.8 Shenzhen Social Organizations in China's Poverty Alleviation Program: Status, Achievements and Trends

Liu Feng, Yao Nan / 182

B.9 Status and Trends of the Globalization of Shenzhen Social Organizations *Ni Na, Feng Yukun, Cao Cong and Li Manshu* / 204

B.10 Report of Charitable Organizations in Shenzhen

Zhu Jinhua / 224

B.11 Report of Science and Technology Non-Profit Organizations

Cheng Chuanhai, Wang Mei / 244

IV Regional Reports

B.12 Futian District: Efficient Development of Social Organizations Led by Innovative Management Service

Cao Jiuru, Yan Yiqin / 264

B.13 Luohu District: A Road to High-Quality Development of Social Organizations *Su Yuanyuan* / 276

B.14 Yantian District: Resource Mobilization Facilitates Community Governance *Zhang Jingyi, Wang Lingjuan* / 286

B.15 Nanshan District: Role of Social Organizations in Technology Industry and Social Service Development

Zhou Qingzhi, Zhang Fuliang, Zhu Jiancheng, Bi Jie,

Chen Wenlan and Zhou Lingxiu / 293

B.16 Baoan District: Talents Database Advances Social Organizations Development *Qian Dongsheng* / 308

CONTENTS

B.17 Longgang District: Innovative Supervision Measurements Ensure Social Organizations Development

Longgang Civil Affairs Bureau / 320

B.18 Longhua District: Motivate Mechanism Mobilizing Social Organizations

He Pingguang, Zuo Nan / 334

B.19 Pingshan District: Promoting Social Organizations in Community Services *Liao Hong* / 346

B.20 Guangming District: Achievements of Social Organizations Participating in Social Governance

Chen Jun, Wu Nan, Luo Dandan, Huang Yaohuang and Chen Xiaoru / 358

B.21 Dapeng New District: Social Organizations Help with Local Ecological Civilization and Tourism

Luo Xuebing / 369

B.22 Postscript / 381

总 报 告

General Report

B.1
改革、创新、合作——深圳社会组织发展路径探索

深圳国际公益学院本书编写组

摘　要： 社会治理创新理念的提出激发了社会组织活力，深圳市的经济发展和城市慈善文化氛围助推了深圳社会组织的发展。2004年至今，深圳社会组织改革经历了改革探索、改革深化和加速发展时期，并逐渐转入"降速提质"阶段。根据社会组织年报、统计台账及相关资料，本报告总结了深圳社会组织发展的现状，梳理了深圳社会组织管理改革探索的过程中形成的特色，社会组织发展中也出现了人才培养、社会工作发展、行业协会商会、科技类社会组织、公益金融、慈展会平台建设以及社会组织"走出去"等多个亮点。本报告综合分析了社会组织发展和管理中存在的挑战：顶层设计规划缺位、公共服务供给转型有待推进、能力建设短板、人力资源

困境及内部治理有待完善。本报告认为，未来社会组织价值导向作用将日益凸显，社会组织发展环境将不断优化，社会组织高质量发展将成为常态，品牌化发展将迎来政策新机遇，而国际化水平也将持续提升。

关键词： 社会组织　社会治理创新　社会服务

党的十九大指出要打造共建共治共享的社会治理格局，其中明确提出要加强社区治理体系建设，推动社会治理重心向基层下移，发挥社会组织作用，实现政府治理和社会调节、居民自治良性互动。这为新阶段社会组织的发展和管理工作指明了方向。社会组织在这里指的是独立于政府和市场，以非政府性、非营利性、志愿性为主要特征的各类组织，包括为社会生活提供各种服务的组织、以公益或互益性为目标自愿形成的团体等。社会组织通常也被称为非政府组织、非营利组织、第三部门、慈善组织和免税组织等，新中国成立之后，政府文件中曾用社会团体和民间组织等名称。自党的十六届六中全会始，正式使用社会组织这个概念。社会组织被分为社会团体、民办非企业单位和基金会进行登记管理。作为政府与企业之外的组织形式，社会组织在整合社会资源、提供社会服务、参与社会治理和提出政策倡导等方面发挥着重要作用，弥补了政府和市场的不足。

深圳作为中国改革开放的前沿阵地，自成立经济特区以来，经济高速发展，从小渔村成长为国际大都市，是粤港澳大湾区规划中的核心城市之一。深圳在经济发展方面取得了巨大的成绩，在社会组织发展和管理领域也先行先试。在培育、扶植和发展社会组织，推动社会组织管理体制走向现代化方面，深圳做出了许多积极探索，在不断地实践、创新和总结过程中，形成了社会组织管理的深圳特色和发展亮点，大大促进了社会组织的繁荣发展。

一 深圳社会组织发展的时代背景

（一）社会治理创新激发社会组织活力

从社会管理到社会治理的理念转变，成为近年来社会建设领域最重要的时代背景。深圳早在2004年就开始了社会组织的改革探索，支持社会组织参与社会管理和公共服务。作为全国社会组织"改革创新综合观察点"，深圳在简化社会组织注册登记程序，推动政府职能转变和购买服务、培育和扶持社会组织、建设社会工作专业人才队伍等方面做出了许多尝试。以强化顶层设计和搭建平台逐年深化社会组织管理改革，有效推动了社会组织的快速发展。社会组织活跃在基层治理中，充实了公共服务的供给。

党的十八届三中全会明确提出了要创新社会治理体系，增强社会发展活力和提高社会治理水平。社会组织参与社会治理的主体角色得到了认可和加强，助推了社会组织的发展。十九大报告提出要建立共建共治共享的社会治理格局，同时强调了社会治理制度建设的重要性。可以说，社会治理的创新激发了社会组织的活力。

（二）城市经济发展夯实社会组织基础

经济基础决定上层建筑，深圳的经济发展为社会组织创造了良好的成长环境，夯实了社会组织高速发展的基础。深圳有国内外上市公司300多家，其中在国内上市的就有279家。[①] 2008～2017年，深圳地区生产总值总量从2008年的7786.79亿元增长至2017年的22438.39亿元，增长了1.88倍；常住人口数量从2008年的954.28万人增加至2017年的1252.83万人，人均地区生产总值从2008年的83431元提高至2017年的183100元（见表1）。与此同时，

---

① 《深圳辖区上市公司名录（2018年5月）》，http://www.csrc.gov.cn/zjhpublicofsz/jgdx/201806/t20180626_340358.htm，最后访问日期：2019年1月5日。

深圳市的社会组织数量也快速增长,每万名常住人口拥有社会组织数量更是从2008年的3.52个增加至2017年的7.67个,增长了1.18倍。深圳市2017年每万名常住人口拥有社会组织数量比全国平均数5.71个高34.33%。

表1　2008~2017年深圳市地区生产总值、人均地区生产总值

年份	地区生产总值 (亿元)	常住人口数量 (万人)	人均地区生产总值 (元)	每万名常住人口拥有 社会组织数量(个)
2008	7786.79	954.28	83431	3.52
2009	8290.28	995.01	85060	3.78
2010	9773.31	1037.2	96184	3.95
2011	11515.86	1046.74	110520	4.24
2012	12971.47	1054.74	123451	4.76
2013	14572.67	1062.89	137632	5.30
2014	16001.82	1077.89	149495	6.21
2015	17502.86	1137.87	157985	6.79
2016	19492.60	1190.84	167411	7.33
2017	22438.39	1252.83	183100	7.67

资料来源:2008~2016年数据摘自《深圳统计年鉴2017》;2017年数据来自《深圳国民经济与社会发展统计公报2017》,深圳地区生产总值及常住人口数量计入了深汕特别合作区的数据。

从增长率统计来看,2008年至2017年的十年间,深圳市的地区生产总值以12.54%的年增长速度在增加,深圳市社会组织的登记数量年平均增长率为12.45%,深圳市地区生产总值与社会组织登记数量的增长率相仿(见图1)。

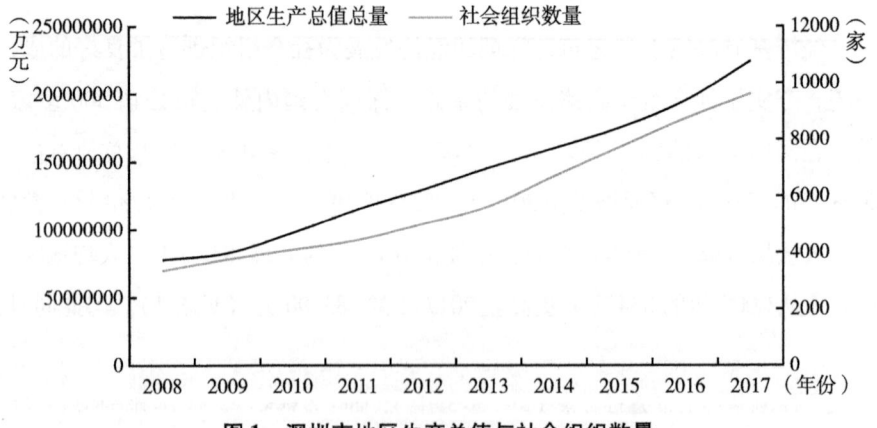

图1　深圳市地区生产总值与社会组织数量

（三）慈善文化氛围助力社会组织成长

深圳具有浓厚的慈善文化氛围，有助于社会组织的成长。深圳市在中国城市公益慈善排行榜中一直位居前列。中国城市公益慈善指数的数据显示，深圳连续五届在全国城市公益慈善的综合排行榜上名列前五。

深圳是全国志愿服务的发源地之一，早在1989年就率先推进志愿服务工作，并在志愿服务领域一直处于领先地位。在慈善捐赠方面，深圳的慈善捐赠款连续多年位于全国前列，根据深圳市民政局发布的《2017年度深圳慈善捐赠榜》的数据统计，仅上榜的慈善捐赠金额就高达52.9亿元。与此同时，深圳也一直在探索公益慈善的专业化之路。2007年深圳就率先迈出了专业社工人才队伍建设的步伐，经过十多年的发展，到2017年深圳已经有上万名专业社工。深圳连续举办了六届中国公益慈善项目交流展示会，为全国的公益项目提供了展示平台，促进了公益资源的交流与对接。此外，深圳还深入开展"广东扶贫济困日""深圳公益慈善月"活动，培育良好社会风尚，设立"鹏城慈善奖"，树立慈善典范组织和个人，宣传"送人玫瑰，手有余香"的志愿服务精神，营造良好的慈善文化氛围。这些都为深圳社会组织的健康繁荣发展奠定了基础。

二 深圳社会组织管理改革和发展现状

自2004年起，深圳就开始了社会组织管理体制的改革探索。历经十余年，深圳社会组织的改革探索取得了显著成效，社会组织发展呈现了欣欣向荣的状态，下辖各区（新区）也因地制宜地发展社会事业，特色纷呈。

（一）深圳社会组织改革探索砥砺奋进

1. 2004~2008年：社会组织改革探索期

早在2004年，深圳就成立了行业服务署，对行业协会进行统一管理，开启了深圳社会组织管理体制的改革。"十一五"期间，在国家政策鼓励下，深圳由上至下，政策先行，制定框架，推动人才队伍建设，并探索登记管理办法改革和推动政府购买服务，开启了社会组织发展的改革探索之路。2006年10月，党的十六届六中全会审议通过了《中共中央关于构建社会主义和谐社会若干重大问题的决定》，在完善社会管理方面明确指出推行政事分开，支持社会组织参与社会管理和公共服务，要求健全社会组织，培育发展和管理监督并重，增强社会组织服务社会的功能。2007年深圳市合并了市民政局民间组织管理办公室和市行业协会服务署，成立深圳市民间组织管理局（以下简称深圳市民管局），作为市民政局下设副局级行政事务单位，并于同年推出了社会工作人才队伍建设的"1+7"文件，为社会组织的人才发展奠定了基础。

2008年4月，深圳市被民政部列为全国社会组织"改革创新综合观察点"，6月，广东省民政厅把深圳市定为社会组织"综合改革观察点"，重点改革内容为：政府职能转变和购买服务、行业协会改革、建立社会组织简单便捷的注册登记办法、社会组织党建管理体制改革、社会组织发挥社工作用等。深圳市在社会组织登记体制上有了突破，颁发了《关于进一步发展和规范我市社会组织的意见》，创新了社会组织登记管理体制，工商经济类、社会福利类和公益慈善类社会组织实行民政部门单一登记体制，社区社会组织实行登记和备案双轨制。同一时期，深圳在政府向社会组织转移职能、公共财政购买服务以及行业协会商会评估、行业协会商会民间化和发挥作用等方面进行了有益的探索。

2. 2009~2011年：社会组织改革深化期

2009~2011年深圳社会组织进入了推进和深化改革的时期，深圳市在探索社会组织直接登记制度、支持和培育社会组织、持续推进政府职能转移和服务购买方面取得了许多成果。

民政部与深圳市人民政府于2009年签订了《推进民政事业综合配套改革合作协议》（以下简称"部市协议"），要求深圳市深化社会组织管理体制改革，探索社会组织直接登记制度，开展基金会、异地商会登记试点，支持社会组织承接公共服务，建设社会组织孵化基地，探索社会组织党建新模式。深圳在行业协会直接登记的基础上，推动社会福利类和公益慈善类社会组织直接登记。

深圳市政府通过了《深圳市社会组织发展规范实施方案（2010~2012年）》和《深圳市推进政府职能和工作事项转移委托工作实施方案》，起草了《扶持社会组织发展实施方案》、"社会工作促进办法"和《加强居委会建设的若干意见》等规范性文件。2010年深圳全面实行工商经济类、社会福利类和公益慈善类社会组织由民政部门直接登记，社区社会组织登记与备案双轨体制，并且启动了基金会、异地商会登记试点工作。深圳壹基金公益基金会（以下简称壹基金）成功落户深圳，被誉为"中国公益慈善领域的里程碑式事件"。同年，深圳市民管局设立"社会组织培育实验基地"，培育公益组织，研发公益项目，形成公益事业规模效应。对从事环保、助残、儿童服务等6家草根公益组织提供为期10个月的场地设备、小额补贴、能力建设、管理咨询、财务托管、成长评估、信息共享、协助注册等免费培育服务，后来其中5家在深圳市民政局成功注册。

深圳通过推动社会组织参与公共服务和打造社会组织发展生态圈来促进社会组织的良性发展。在推进政府购买服务方面，深圳市民管局建立了福利彩票公益金与财政资金对接的机制。通过福利彩票公益金开拓项目，财政预算资金承接成熟项目。高龄老人津贴项目由最初的福利彩票公益金转为财政资金支持。2010年，福彩公益金一共安排了3.1亿元，资助了43大类的公益慈善、社会福利项目，其中通过向社会公开征集项目方式，投入3500多万元资助社会组织开展了75个公益服务项目。2011年，深圳市成功举办了"中国·深圳公益项目交流展示会"，搭建了公益资源供求双方直接高效交流、洽谈和交易的平台，取得了良好的效果，得到了社会的广泛肯定。以社会组织为载体开展的"迎大运、创文明，社会组织在行动"等系列活动为深圳成功举办大运会做出了贡献，进一步展现了社会组织参与公共服务的优势。

3. 2012~2015年：社会组织加速发展期

在经历了改革后，2012~2015年，深圳市的社会组织进入了一个快速

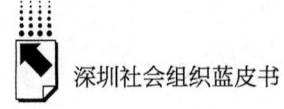

发展的时期，深圳市社会组织登记数量以平均15.48%的增长速度，从2012年的5019家增长至2015年的7722家。

2012年，深圳市把"推进社会组织的改革发展"列为年度6项重点改革之一，并出台了《关于进一步推进社会组织改革发展的意见》。在登记管理体制改革方面，直接登记范围从工商经济类扩大到公益慈善类、社会福利类、社会服务类、文娱类、科技类、体育类和生态环境类等8类社会组织，并确保社会组织的非营利性，引入行业协会竞争机制，建立综合监管体制等。同年，深圳市成功举办了首届慈展会，为深圳乃至全国的社会组织提供了更广阔的展示平台。

深圳市在2013年制订出台了《民政工作改革创新三年计划（2013~2015）》，持续推进社会组织的改革发展，并率先推动深圳市慈善会去行政化改革。2014年，深圳成功入选民政部首批全国社会组织建设创新示范区。在登记管理工作方面，深圳全面清理社会组织登记前置审批程序，简化内部审批流程，积极落实8类社会组织直接登记。在社会组织管理服务方面，深圳制定了《市社工委、市民政局关于构建社会组织综合监管体制的意见》，探索建立政府行政监管、社会公众监督、社会组织自律"三位一体"的综合监管体系。在执法监管方面，深圳强化社会组织执法监管，出台了《深圳市社会组织抽查监督办法》，开展社会组织抽查工作。同年，根据新一轮政府职能转变和机构改革方案精神，深圳市民间组织管理局更名为深圳市社会组织管理局。

2014年，深圳开始推动社区基金会的发展，创新了社区基金会登记办法，建立了社会组织首任法定代表人见面谈话制度。深圳探索建立全市统一的社会组织信息公开平台，创设社会组织分类培育发展清单，并且公布第二批具备承接政府职能转移和购买服务资质的市级社会组织目录。加强社会组织党建工作，整合成立新的市社会组织党委。

4. 2016年以来：社会组织质量发展成为主线

2016年以来，深圳市社会组织的登记增速放缓，加强社会组织党建成为工作重点，加强监管、提升社会组织质量成为主线。2016年"加强社会组织党建工作"被列为市委书记项目加以推进,建立"三同步"、"五嵌入"、选派"第一书记"和党建组织员、党建入章程等机制,党的组织覆盖率增至96%,党的工作实现全覆盖。推进社会组织统一社会信用代码制度改革,实现社会组织"多证合一,一证一码"。改革社会组织管理方法,实行社会组织异常名录管理和年度工作报告制度。

2017年,深圳市的"社会组织管理体制机制改革创新试点"有关经验,被国家发改委选为经典案例向全国推介。在社会组织登记管理方面,把直接登记范围从8类适当缩减为6类。与此同时,在社会组织管理方面,建立完善行政约谈、年度工作报告等管理机制,开展重点领域行业协会自律试点。探索开展党政机关、企事业单位党组织与社会组织党组织联学联建,推动党的组织、党的工作"两个覆盖"有了新的提升。

(二)社会组织发展现状

1. 数量持续增长,结构日趋合理

在《中华人民共和国慈善法》、中办国办意见、"部市协议"等法律政策支持和以"社会组织登记体制机制"为代表的一系列改革创新举措的共同实践下,深圳的社会组织培育发展创造了"深圳速度"和"深圳质量"。

从社会组织的发展数据来看,深圳社会组织发展呈现总量持续增长、结构日趋合理均衡的态势。从登记数量来看,深圳市的社会组织总量从2008年的3355家,以年平均增长率12.45%的速度快速增长至2017年的9610家(见图2),大大拓展了社会服务的供给,增加了参与社会治理的主体,在推动慈善公益、弥补市场不足和承接政府职能转移方面发挥着重要作用。其中,深圳市社会团体的数量从2008年的1389家增长至2017年的4146家,年平均增长率高达13.02%;民办非企业单位从2008年的1966家持续增长至5164家,年平均增长率高达11.35%;而基金会更是增长迅速,在2010年实现零的突破后,深圳市登记的基金会从2011年的19家增长至2017年末的300家,年平均增长率为62.82%(见图3)。

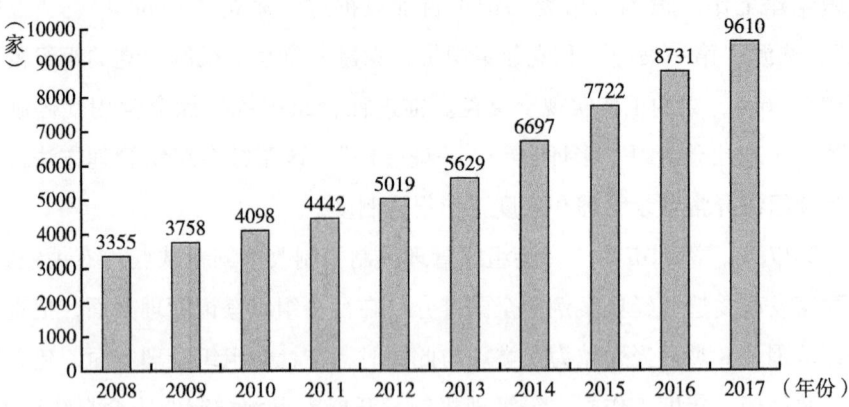

图 2　2008~2017 年深圳市社会组织总量（不含备案数）

资料来源：深圳市社会组织管理局，《2017 年深圳市社会组织统计表》（第 4 季度）。

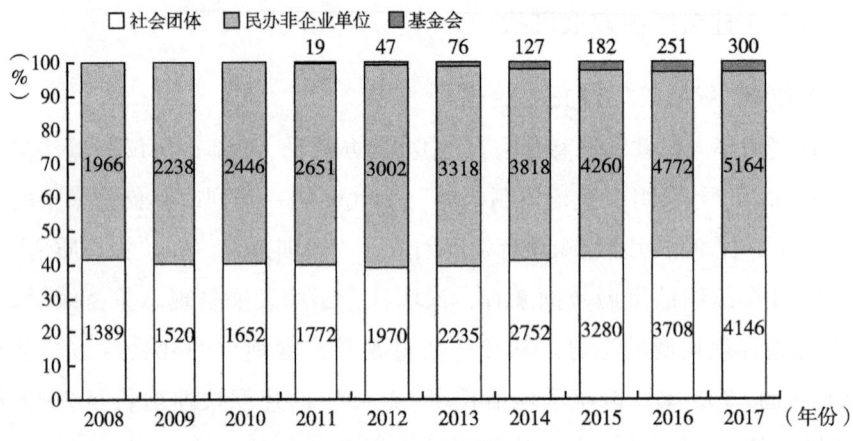

图 3　深圳市社会组织分类统计

从每万名常住人口拥有社会组织的数量来看，深圳市从 2008 年的 3.52 个增长到 2017 年的 7.67 个。2017 年北京、上海和广州的社会组织数量分别是 12395[①]、

[①] 《2017 年社会服务统计季报表（四季度）》，http://mzj.beijing.gov.cn/news/root/tjjb/2018-01/125953.shtml，最后访问日期：2018 年 12 月 20 日。

14929[①]和7596[②]家,每万名常住人口拥有社会组织数量分别为5.71个、6.17个和5.24个,深圳位于北上广深四市榜首。加上备案的社会组织数量,2017年深圳市的社会组织已经达到12422家,每万名常住人口拥有社会组织9.92个,基本达到深圳"十三五"规划发展指标中每万名常住人口拥有社会组织10个的目标。

截至2018年9月30日,深圳全市共有社会组织13054家,其中登记10190家,备案2864家;社团6088家,民非6631家,基金会335家;市级社会组织3839家(含社团1859家、民非1645家、基金会335家),区级社会组织9215家(含社团4229家、民非4986家)。其中直接登记的社会组织数量为3633家,占全市社会组织总数的27.83%。全市现有行业协会商会990家,社区社会组织4438家。

从2018年第三季度深圳社会组织登记管理的统计台账来看,教育类社会组织最多(3170家,占总数的24.28%),其次分别是社会服务类(2672家,占总数的20.47%)、文化类(2304家,占总数的17.65%)、体育类(1751家,占总数的13.41%)、工商服务业类(1250家,占总数的9.58%)(见图4)。由此可见,深圳社会组织的业务活动以补充基础公共服务、提供社会服务、丰富群众文化生活、服务经济发展等为主。

2. 资源分布不均,组织之间分化明显

根据深圳市社会组织管理局提供的社会组织年度报告数据,2016年,深圳市7266家社会组织的总资产规模达到了298.84亿元,净资产169.44亿元。2017年,深圳市7984家社会组织的总资产规模达到了312.49亿元,同比增长4.57%;净资产合计为182.31亿元,同比增长7.60%。其中市级2974家,资产总额为197.81亿元,占比63.30%,净资产总计139.57亿

---

① 《2017年社会服务统计月报表(十二月)》,http://www.shmzj.gov.cn/Attach/Attaches/201808/20180820035000468.xls,最后访问日期:2018年12月20日。
② 《广东省社会服业统计季报(2017年第4季度)》,http://www.gdmz.gov.cn/gdmz/2017tjxx/2018-05/31/content_e29786f7e92f4357b16a057a85a2f842.shtml,最后访问日期:2019年1月9日。

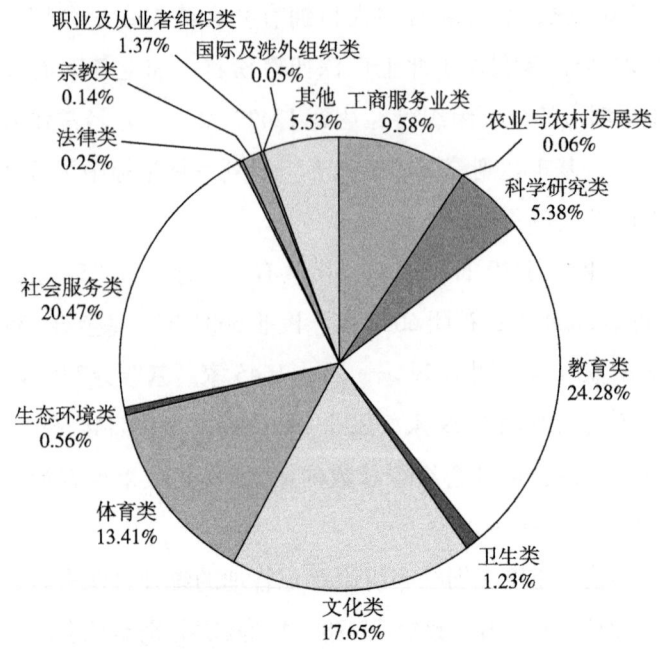

图4 2018年9月深圳社会组织各行业分布情况

元；区级 5010 家，资产总额为 114.68 亿元，占比 36.70%，净资产总计 42.74 亿元。可以看出，市级社会组织资产均值达 665.13 万元，净资产均值为 469.32 万元，区级社会组织资产均值为 228.90 万元，净资产均值为 85.30 万元，这说明市级社会组织资产规模显著高于区级社会组织，拥有可自由支配的资产数量也远超区级社会组织。各区（新区）社会组织的资产规模大小不一，存在较为明显的差异，如龙岗区、光明区、龙华区、宝安区、南山区社会组织的资产平均值在 200 万元以上，盐田区、大鹏新区则在百万元左右（见图5）。

从社会组织的平均资产状况来看，深圳市基金会的平均资产规模要明显高于民办非企业单位、社会团体。全市基金会资产合计 32.23 亿元，净资产合计 30.34 亿元，平均净资产为 1180.58 万元。民办非企业单位资产合计 249.63 亿元，净资产合计 128.89 亿元，平均净资产为 299.47 万元；社会团体资产合计 30.63 亿元，净资产合计 23.07 亿元，平均净资产为 67.41 万元。

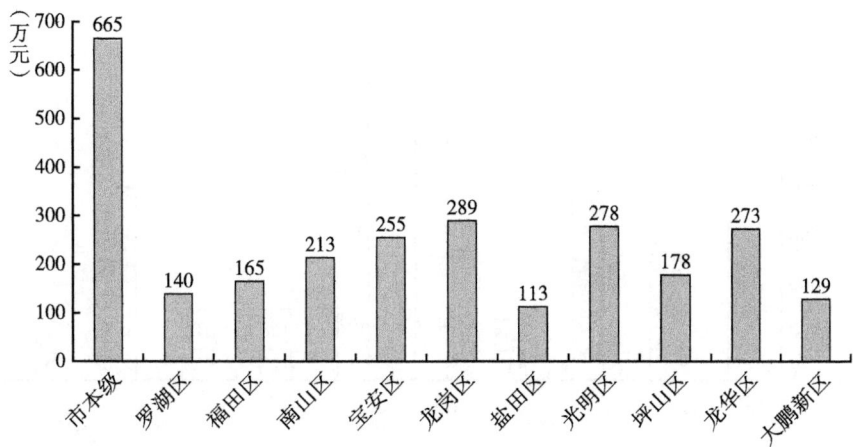

图 5　2017 年深圳社会组织资产平均值（区域比较）

3. 发展呈现区域差异化

从社会组织的区域发展情况来看，全市各区（新区）社会组织发展各有特点，也存在不平衡。从登记数量来看，2018 年 9 月全市十个区（新区）的社会组织可以划分为三个数量梯队：龙岗区、宝安区分别以 1280 家、1199 家列居全市第一、第二，构成了数量的第一梯队；接着，罗湖区、福田区、南山区、龙华区社会组织数量为 600～800 家，是第二梯队；盐田区、光明区、坪山区、大鹏新区社会组织数量则少于 300 家，处在数量的第三梯队（见图 6）。从登记类型上看，龙华区、大鹏新区的社会团体多于该区（新区）的民办非企业单位，其他八个区皆是民办非企业单位较多。

绝对数量是反映各区（新区）社会组织发展的指标之一，但从每万名常住人口拥有社会组织这一相对性指标来看，各区（新区）差异非常大，盐田区以 10.33 个列居全市第一，其次是大鹏新区 7.60 个、罗湖区 6.27 个、坪山区 6.12 个，宝安区最少，仅有 3.67 个。从图 7 可以看到盐田区、坪山区每万名常住人口拥有社会组织数量优于本区人均地区生产总值相对应的社会组织发展水平，南山区、福田区每万名常住人口拥有社会组织数量低于与该区当前人均地区生产总值相应的社会组织发展水平。罗湖区、宝安

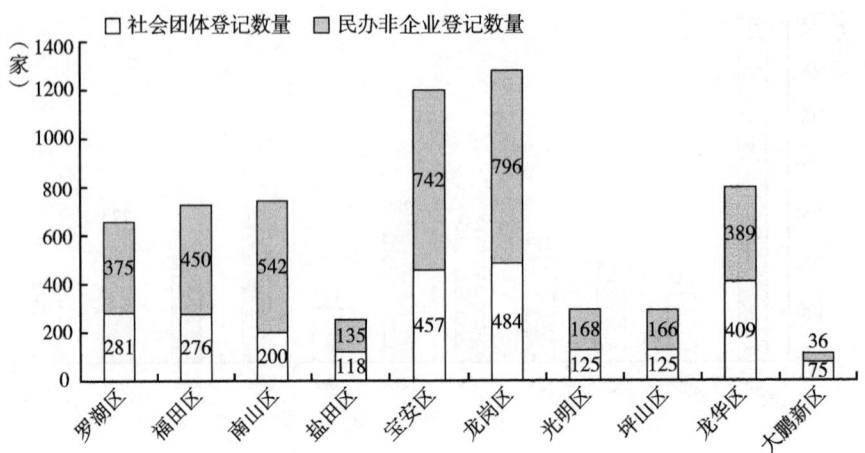

图6 深圳各区（新区）社会组织登记数量（2018年9月30日）

区、龙岗区、光明区、龙华区、大鹏新区当前每万名常住人口拥有社会组织数量与该区（新区）当前人均地区生产总值基本相适应。

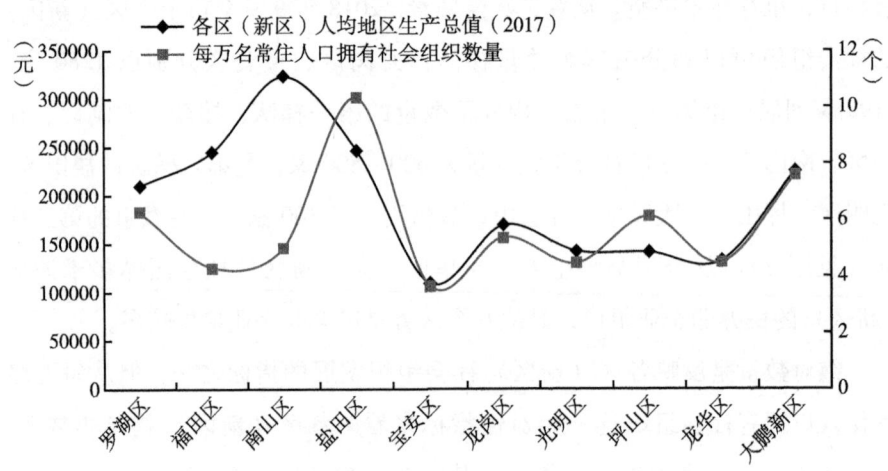

图7 2017年深圳各区（新区）人均地区生产总值与
每万名常住人口拥有社会组织数量

4. 民办非企业单位经济活动最为活跃

深圳社会组织的收入增长迅速。根据社会组织年报统计，深圳社会组织的收入在2016年为213.31亿元，2017年增长至251.00亿元，同比增长17.67%（见表2）。2017年支出合计248.43亿元，整体上看，收支基本平衡。收入的稳定增长表明社会组织获得经济利益或提供社会服务的能力在稳健提升，一方面反映出社会组织通过逐步成熟和完善的社会服务市场获得稳定可期的经济利益，另一方面反映出社会组织按照其宗旨或章程规定的业务范围向公众、会员或者其他受益人、委托人提供所需产品或服务的能力也在不断提升。

民办非企业单位对深圳社会组织收入总额的贡献最大，民办非企业单位约占全市社会组织登记数量的一半，却贡献了2017年度全市社会组织收入总额的77.51%。同时社会团体收入占全市社会组织收入的16.78%，基金会占5.71%。从平均收入来看，深圳社会团体2017年度平均收入为123.11万元，民办非企业单位为452.20万元，基金会为557.82万元。

表2 深圳社会组织年度收入情况

单位：亿元，%

	2016年	2017年	增长率
提供服务收入	155.94	177.03	13.52
捐赠收入	20.29	24.11	18.83
会费收入	7.34	11.27	53.54
政府补助收入	20.00	22.17	10.85
其他收入	9.74	16.52	69.61
收入合计	213.31	251.00	—

从收入来源上看，深圳社会组织收入渠道多元。2017年提供服务收入是最主要收入来源，达177.03亿元，占总收入的70.53%，其次是捐赠收入24.11亿元，占9.61%，政府补助收入22.17亿元，占8.83%，会费收入11.27亿元，占4.49%，其他收入（包括投资收益、商品销售收入和其他）约占2.23%。与2016年收入情况相比，会费收入增长较快。会费收入是指社会组织依据章程等的规定向会员收取的会费，一般情况下社会组织的会费收入属于非限定性收入，这从侧面反映出以社会团体为代表的社

会组织内部治理不断完善、健全，依据章程为会员提供服务，获得了会员认可。

三种类型社会组织的收入结构存在较明显的差异，2017年深圳社会团体收入多样且相对均衡，以提供服务收入（34.16%）、会费收入（26.74%）为主，同时捐赠收入（17.87%）和政府补助收入（16.39%）也占一定比例。民办非企业单位则主要通过向服务对象提供各类社会服务取得收入，提供服务收入占比高达83.56%，这也间接反映了民办非企业单位的经济价值得到市场和社会认可，是社会服务的重要供给方。对基金会而言，主要依赖于捐赠收入（占98.84%），其他收入主要指投资收益（见图8），根据2017年深圳基金会年度报告统计，当年获得投资收益的基金会仅占两成左右，金额达1660.15万元，收益金额比2016年略微下降。这表明基金会的收入结构还比较单一，资产保值增值的潜力尚未充分发挥。

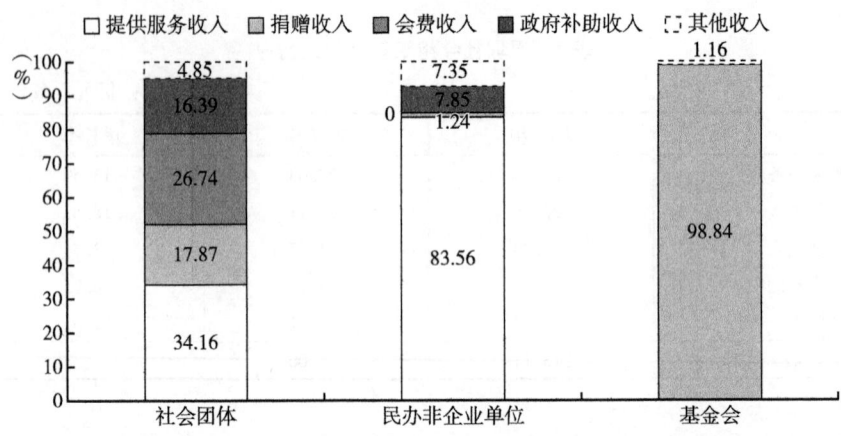

图8　2017年深圳各类型社会组织收入结构比较

从社会组织248.43亿元的总支出中，业务活动成本为174.54亿元，占70.26%；管理费用68.58亿元，占27.61%；筹资费用和其他费用合计5.31亿元，占2.14%。民办非企业单位2017年费用支出合计201.17亿元，占全市社会组织总支出的80.98%，略小于其收入占全市的比例。无论是从支出还是从收入上看，民办非企业单位对全市社会组织的经济贡献最大。

5. 政府购买服务为社会组织发展提供重要支持

社会组织提供服务收入也包括了政府向社会组织转移职能和购买服务的项目收入。据社会组织年报数据的不完全统计①，2016年底，全市社会组织接受政府职能转移和购买服务项目共3206项，项目金额累计9.72亿元。2017年底，深圳市社会组织接受政府职能转移项目和购买服务共2882项，同比下降10.11%，项目金额8.37亿元，同比下降13.89%。2017年，社会团体承接了1812个政府职能转移和购买服务项目，项目金额为4.17亿元，民办非企业单位承接了1070个政府职能转移和购买服务项目，项目金额为4.20亿元。由于统计采集限制，民办非企业单位实际承接的政府职能转移和购买服务项目数量和项目金额均要大于上述统计数据。总体来说，深圳市社会组织承接政府职能转移和购买服务的能力在不断增强，在相同统计口径下出现的小幅下降，初步认为是由在社会组织整体发展"提质增效"背景下供需关系的良性调整造成。

6. 促进就业和社会参与

根据2017年社会组织年报数据统计，深圳社会组织共有工作人员14.62万人，其中专职工作人员11.87万人，占81.19%，民办非企业单位的专职比例最高（89.56%），社会团体则仍以兼职工作人员为主。区级社会组织登记数量约占全市社会组织登记总数的六成，但专职工作人员中有8.88万人（约占75%）在区级社会组织从业，另有约25%的专职工作人员就职于市级社会组织，可见区级社会组织吸收就业的能力和潜力也较大。社会组织专职工作人员中大专及以上学历者占32.50%，同比呈现小幅增长，但整体仍以大专以下的学历为主。

2017年，深圳共有9.91万自然人或法人在社会组织中担任理事或理事单位，9533人担任监事，同时全市社会组织全年吸纳49.24万人次的志愿

---

① 因社会组织年报数据采集的局限性，此处政府转移职能和购买服务项目数量及项目金额仅包括全市社会团体和部分区（南山区、宝安区、龙岗区）的民办非企业单位所提交的数据，不包括市级及其他区（新区）（罗湖区、福田区、盐田区、光明区、坪山区、龙华区、大鹏新区）民办非企业单位的数据。真实数据要大于当前统计数据。

者贡献志愿服务时间485.28万小时。这不仅说明了社会组织在吸纳就业人口方面的巨大潜力，也反映了深圳社会组织发展的整体社会文化氛围良好，市民以多种形式参与和支持社会组织的积极性和热情度较高。

7. 补充和充实公共服务供给

2016年底，深圳市社会组织共开展公益活动92118次。其中，市级社会组织开展公益活动77364次，占总数的84.0%，公益支出6.80亿元，占总数的95.4%；区级则开展公益活动14754次，公益支出0.33亿元。同时，市级社会组织在2016年共开展重大项目1673项，支出6.82亿元。以上数据说明市级公益活动开展情况较区级而言规模更大。总体而言，全市的公益活动围绕尊敬孝敬老人、关爱自闭症儿童、慈善扶贫募捐、卫生保健等主题展开，极大地促进了深圳市社会公益事业发展，营造了良好的城市生活氛围。

三 深圳社会组织管理的特色

在多年的社会治理实践中，深圳逐渐走出了一条符合深圳实际的社会组织发展之路，即以促进社会组织"高质量发展"为抓手，优化现有的社会治理结构，补足治理短板，探索"共建共治共享"大目标的具体实现形式。在深圳社会组织发展的过程中，政府从制度建设、能力建设和监督规范三方面进行打磨。在制度建设方面，明确社会组织作为共同治理主体的政策和法律地位、人才政策、税收优惠等；在能力建设方面，培育社会组织对接社会治理、社会服务、经济服务、科技创新等能力；在监督规范方面，加强党建引领，倡导组织自律、完善执法监管等监督规范体系，展现了深圳社会组织管理的鲜明特色。

（一）落实社会组织党建，引领社会组织发展

深圳始终坚持把党建工作作为中心工作，与社会组织管理体制改革同部署同落实，把加强党建引领放在首位。在推进社会组织党建方面，深圳着重顶层设计，健全社会组织党建工作体系。2018年深圳市委、市政府印发

《关于深化社会组织管理体制改革促进社会组织健康有序发展的若干措施》（以下简称《若干措施》），明确提出"加强党对社会组织工作的领导""建立分级负责、条块结合、区域兜底的社会组织党建工作格局""将党建工作全流程嵌入社会组织登记管理、购买服务、评优评先等各个环节"；并于同年制定出台了《深圳市社会组织党的建设工作规定（试行）》，对加强社会组织党建做出了全面系统的规定，对社会组织业务主管单位抓党建工作的职责做出了细化规定。深圳的社会组织党建因地制宜、结合实际创新党组织组建模式，采取"三同模式"（"同一类型、同一地域、同一行业"联合组建社会组织先组织）有效扩大党的组织覆盖面。把党建业务全流程嵌入社会组织登记管理，创新提出了"三同步""五嵌入"。在社会组织登记过程中实行"三同步"，即同步采集社会组织党员信息、同步组建社会组织党组织、同步指导社会组织将党建工作写入章程，督促推动新成立的社会组织及时建立党的组织，开展党的工作，落实党建责任。在社会组织日常管理过程中实行"五嵌入"，即社会组织登记管理部门、业务（行业）主管单位，要结合各自职能和业务工作将党建工作全流程嵌入社会组织年检年报、等级评估、换届改选、购买服务和承接政府转移职能、评先评优等各个环节。各级政府职能部门在购买服务时，也将社会组织是否按照要求组建党组织作为重要评分指标。

（二）精准定位社会组织，强化社会治理功能

社会组织是参与社会治理的重要主体。在优化社会治理方面，深圳确立了扶持和培育社会组织的目标，丰富社会服务供给主体，强化社会组织在社会治理方面的功能。

长期以来，社会组织实行登记管理机关和业务主管单位双重管理的体制，这保障了对社会组织的监管，但也制约了社会组织的发展。原有登记管理体制对社会组织的制约体现为寻找业务主管单位的困难和登记手续的烦琐。深圳在社会组织登记管理体制方面率先进行改革，对符合社会和民生发展方向类别的社会组织试行直接登记。

2008年，深圳率先松绑登记制度，启动对于工商经济类、社会福利类

和公益慈善类社会组织直接由登记管理机关登记，降低了社区社会组织登记的门槛。2009年，在行业协会直接登记的基础上，深圳把社会福利类和公益慈善类社会组织也纳入直接登记类别，并开始基金会和异地商会的登记工作。登记管理体制方面的创新推动了深圳社会组织的发展，"深圳市社会组织登记管理体制改革"荣获了2010年"中国地方政府创新奖"，深圳市民管局也上了"为了公共利益年度榜（年度组织奖）"。2012年，深圳将直接登记的范围扩大到工商经济类、公益慈善类、社会福利类、社会服务类、文娱类、科技类、体育类和生态环境类等8类社会组织。深圳社会组织从2011年的4442家增长至2012年的5019家，年增长率将近13%。在社会组织登记管理体制创新方面，深圳还通过简化登记流程，厘清社会组织行政登记权责清单，推动辖区内社会组织的发展。2014年，深圳全面清理社会组织登记前置审批程序，简化内部审批流程；优化社会组织登记管理体制；升级社会组织登记申请服务；推进《深圳经济特区行业协会条例》实施后的行业协会登记，并且完成社会组织登记行政权责清单编制。这些举措促进了社会组织的繁荣发展，使社会组织在社会治理中发挥着日趋重要的作用。2017年，深圳市委、市政府出台《关于鼓励和规范社会组织积极有序参与社会治理的意见》，明确社会组织参与社会治理的"党的建设和专业化建设相结合、健康有序发展和依法监管相结合、政府扶持和社会化运作相结合"的三大原则，并通过鼓励深圳社会组织参与心理健康、矫治安帮、法律援助、纠纷调处四大领域的工作任务，计划到2020年底扶持、培育一批参与社会治理的品牌社会组织，提高深圳社会治理社会化、法治化、智能化、专业化水平。

除了推动社会组织参与社会治理，深圳还着力提升社会服务的专业化水平。深圳在全国率先推动社会工作人才队伍建设，为社会服务的发展提供了专业人才保障。在社会工作发展方面，深圳积极学习和借鉴香港在专业发展方面的方法与经验，促进两地社会组织的交流与学习。深圳在社会工作发展初期，与香港的社会服务机构签订了督导合作协议，引入香港社工督导培育本土督导梯队，并顺应机构发展的需要，随后引入香港机构顾问，为社工机构的行政管理、服务发展及规划等提供意见。这些措施推动了深圳社会工作专业的高质量发展。

为了拓宽慈善资源渠道，筹集社区资源，推动社区发展，深圳借鉴发达国家和地区的社区治理经验，在全国率先培育和发展社区基金会，创新社区治理模式。2014年是深圳社区基金会发展元年，通过4年多的培育实践，深圳成立了27家社区基金会，为社会组织的发展扩宽了资源渠道。社会组织活跃在深圳社区的各个角落，在发展公益慈善事业，繁荣科学文化，拓宽就业渠道，开展教育培训、医疗卫生、老龄工作等方面发挥积极作用。

（三）政府购买、培育引导，打造服务生态系统

深圳透过政策引导、培育扶持、推动政府职能转变和服务购买，促使社会组织往服务专业化、分工精细化方向发展，逐渐形成发展有序、门类齐全、层次丰富的深圳社会组织生态系统。通过社会组织间的分工与合作，以社会组织服务社会组织，促成社会组织的内循环和自造血。

在政策引导和培育扶持方面，深圳市民管局在2007年就开始了优化结构，大力培育发展民办社工机构和托孤、养老以及老有所乐等公益类民办非企业单位。通过简化组织登记手续和提供免费场地（后改为收取象征性租金）等支持措施扶持成立民间机构，如深圳市鹏星社会工作服务社、深圳市社联社工服务中心和深圳慈善公益网等。在社会组织培育方面，2010年深圳启动社会组织培育实验基地，探索先培育后登记的管理模式，挑选6家草根组织入驻，提供培育服务，最终成功登记注册了5家。各区（新区）纷纷设立了社会组织孵化服务基地，如罗湖区社会创新空间、福田区企创非营利发展中心、南山社会组织创新苑等，从培育草根社会组织到分类培育和品牌战略打造，助推了深圳社会组织的专业化、精细化发展。

与此同时，深圳积极推动政府的职能转移，为社会组织的发展成长让渡空间。2008年的《关于进一步发展和规范我市社会组织的意见》（以下简称《意见》）明确提出，凡是市场和社会组织能够有效提供服务的领域，原则上交由社会组织承担，政府通过向社会组织购买服务来实现公共责任和义务。这一举措推动了政府转移部分公共服务职能，为社会组织发展拓展了空

间，同时政府通过向社会组织购买服务的方式承担提供公共服务的责任，理顺了政府与社会组织在公共服务提供方面的角色。深圳市民政局编制了承接政府职能转移和购买服务市级社会组织推荐目录共5批625家，对社会组织进行规范性监督。据2017年年报统计，深圳市社会组织接受政府职能转移项目和购买服务共2882项，涉及项目金额8.37亿元。

深圳创立了以福利彩票公益金开拓项目、财政预算资金承接成熟项目的服务购买模式，并逐步完善政府的购买服务规范与标准。为了解决早期财政预算资金难以面向社会组织拨付，并且缺乏公共服务购买规范的困境，深圳试行了以福利彩票公益金作为"种子基金"，探索购买的服务领域、投入方式和价格标准等，待项目成熟后再转由财政支付的对接模式。深圳以政府机构的服务成本为基准下调一定比例确定服务购买的价格，2008年和2009年分别通过福利彩票公益金安排1970万元和1760万元作为向社会组织购买服务的专项资金，公开向社会征集了92个项目，部分成熟的服务项目经费后转由财政支付。根据2017年统计数据，福彩公益金实际使用1.61亿元，其中用于社工扶持类项目7568.7万元，助残类项目934.96万元，扶老救孤类项目708.65万元，社会救助类项目398万元，优抚军休项目245.8万元，社区建设类项目108.01万元，其他项目609万元，其他社会公益类项目5575.66万元。

政府的扶持培育和推动职能转移与服务购买，促进了社会组织的繁荣发展，社会组织内部的分工也日趋细化。一批枢纽型社会组织成长起来，成为社会组织自我服务、自我管理的桥梁纽带。以深圳市社会组织总会（下称"深总会"）为例，深总会服务于全市的社会组织，搭建为社会组织提供服务的各种公共平台。以展示交流平台为例，会员单位可以优先在深总会运营的"深圳市社会组织创新示范基地"、《深圳社会组织观察》刊物、深总会网站、公众号等展示，并且深总会定期组织会员单位面对面交流，促进会员单位间的合作。一些社会组织专注于特定领域的社会服务做精做细，成为行业的佼佼者。以深圳自闭症研究会为例，其专注于自闭症人士服务，代表自闭症群体倡导、推动自闭症服务行业的发展，整合社会资源促进社会融合，创办孵化了仁爱康复服务中心、仁和社工服务中心、仁善康复福利院，形成了家庭服务、倡导服务、康复服务、行业服务四大服务体系。以评促建，推动发展第三方评估中心，如深圳市现代公益组织研究与评估中心、深圳市鼎诚技术经济评价中心，以培育公益慈善人才为目标的深圳国际公益学院、深圳经济特区社会工作学院，还有推动发展社会组织项目展示和资源对接的深圳中国慈展会发展中心。社会组织通过精细化分工，形成了自我服务、自我管理和自我成长的良性循环，完善了深圳社会组织的生态系统。

（四）动员鼓励跨界合作，全面促进社会创新

社会问题的出现是社会有机体失调的结果，决定了其解决方案靠单一主体是难以实现的。在一个完善的社会治理结构中，社会组织、政府、经济组织等治理主体应该做到各司其职，发挥优势，精诚合作。因此深圳社会组织在发展的过程中，政府除了履行职责，还需重视动员社会资源，鼓励跨部门、跨界别的合作，促进社会创新。

社会组织与企业跨部门合作，企业为社会组织提供资金或人力支持，解决了社会组织的资源问题，社会组织透过服务也为企业践行企业社会责任提供了专业的解决方案。深圳市安澜社工服务社与新华保险合作，以彩蝶学堂、彩蝶工坊、彩蝶驿站、彩蝶舞台四大模块为职场女性提供能力培训、内心成长和个性展示平台，推动女性个人成长。深圳市龙岗区至诚社会工作服务中心组建"心飞扬"企业爱心志愿者队，带领坂田远东制杯企业的员工志愿者参与敬老院、儿童福利院、自闭症儿童学校、工伤员工探访等活动。

深圳社会组织跨部门的合作还表现为借鉴商业经验来研究和解决社会问题。深圳积极推动公益金融、影响力投资和社会企业认证，引入金融资源，以商业投资的方式提升解决社会问题的效益，并引导和规范在解决社会问题中的商业行为。深圳连续两年举办了公益金融论坛暨社会影响力投资峰会，动员社会资源，推动跨部门、跨界别、跨领域的合作，为解决社会问题找到"新支点"。中国慈展会社会企业认证是中国第一个民间社会企业认证办法，根据组织目标、收入来源、利润分配、组织管理、注册信息等严格审核，以及对机构章程、宗旨、税务情况等方面进行审查，给达标的企业颁发社会企

业认证，致力于心智障碍儿童早期干预训练的深圳大米和小米文化传播有限公司获得2018年中国慈展会金牌社企认证。

跨部门的合作还表现为政府引导，企业主导，社会组织发挥研究和创新的主体作用，助推社会创新。一些由企业主导成立的科研类民办非企业单位，发挥社会组织的制度优势，借助政府所提供的政策、场地、资金便利，做好科研创新，助推产业的升级。致力于超材料研发的深圳光启高等理工研究院（以下简称深光启）是由深圳大鹏光启科技有限公司与深圳清华大学研究院、深圳迈瑞生物医疗电子股份有限公司、深港产学研创业投资有限公司共同发起成立的。深光启受益于政府提供的一些政策优惠（如场地、人才和设备购置等），借助民办非企业单位的制度优势和深圳的产业链聚集优势迅速实现研究成果的产业化。深光启将产业化获得的利润投向产业基金，通过产业基金再次投入到深光启的创新研究中，从而形成从投资、研究、产业化到再投资的良性循环。深光启累计申请专利超过4600件，授权超过2600件。

（五）积极搭建服务平台，提升能力，塑造品牌

深圳积极为社会组织搭建各种服务平台，提高社会组织在承接政府职能转移方面的能力，优化社会组织在提供社会服务和经济服务方面的能力，培育社会组织在科技创新方面的能力，塑造一批社会组织品牌，展现了社会组织的"深圳质量"。

在搭建服务平台方面，深圳在市、区（新区）、街道、社区建立了各类孵化基地、创新空间等，采用"政府支持、社会运作、多元互动、合作共赢"的运作模式，形成多级联动的社会组织服务平台集群，孵化和培育社会组织，有效地提升了深圳社会组织的质量。

社会服务平台实现基层广覆盖。据不完全统计，深圳市共有九个区设立了社会组织服务基地，深圳市妇联、市团委也成立了相关领域的社会组织服务基地；有的区把服务下沉，在街道甚至社区设立服务中心，重点服务辖区内的社区社会组织。社会组织服务平台的名称有孵化基地、

创新空间、公共空间、总部基地等，服务内容也有所侧重，各具特色（见表3）。

表3 深圳市、区（新区）各级社会组织服务平台一览

名称	区域	级别
深圳市社会组织总会	深圳市	市级
妇女社会组织服务基地		
深圳青年社会组织总部		
深圳社会组织总部基地（福田）	福田区	区级
罗湖社会创新空间	罗湖区	区级
深圳社区创新中心（罗湖·笋岗）		街道
盐田区社会组织服务园	盐田区	区级
南山区社会组织创新苑	南山区	区级
南山区"社创+"社会组织服务中心		区级
南山区多个街道的社会组织服务中心		街道
宝安区社会组织培育服务中心	宝安区	区级
西乡街道社会组织孵化中心		街道
龙岗社会创新中心	龙岗区	区级
坂田街道社会组织公共空间		街道
南湾街道社会组织公共空间		
横岗街道社会组织公共空间		
龙华区社会组织孵化服务中心	龙华区	区级
观澜办事处社会组织孵化服务中心		街道
坪山区社区社会组织孵化基地	坪山区	社区
光明区社会组织孵化基地	光明区	区级

罗湖社会创新空间最开始的定位就是社会组织的孵化器。创新空间为初创组织提供场地及行政支持、协同传播支持、党建支持和一些基础咨询服务，并协助初创组织梳理问题和拟定发展目标，做好规范建设、业务发展和团队建设，做好一对一跟踪服务，初步形成了一套较为系统和综合的培育机制。2015~2018年，创新空间累计为33家初创组织提供孵化培育服务。在对第一批组织的追踪回访中，13家"出壳"一年的组织存活率达76%，均形成了稳定的筹款渠道。深圳市社会组织总会每年发布"深圳社会组织风

云榜",表彰典范社会组织和个人,评选"社会组织年度创新案例"和"年度影响力事件",为社会组织提供交流和展示的机会,塑造了一批社会组织品牌。

(六)"四位一体"综合监管,完善政府监管体系

在深圳促进社会组织健康发展的举措中,政府着重打造监督规范体系,为社会组织的良性发展保驾护航。2007年,深圳通过完善行政处罚程序,加强执法培训,加强社会组织管理监督的协调工作,初步建立执法体系,并在不断的探索和完善过程中确立了党组织保障、社会组织自律、行政司法监管、社会公众监督的"四位一体"综合监管体系。

深圳把社会组织自律也放在了社会组织综合监管体系中的重要环节。深圳市纪委书记把"推进行业自律工作"列入了2017～2018年度重点工作。深圳市社会组织总会由联合党委牵头,在广泛征求意见并征得理事会审议同意后,制定实施《深圳市社会组织违法违规行为公开谴责制度》,建立社会组织违法违规的内部惩戒机制,使遵纪守法、诚信自律成为每一个社会组织恪守的底线。深圳市民政局也通过指导社会组织建立完善以章程为核心的内部管理制度,建立健全法人治理机制,深入推进行业廉洁建设委员会发展,强化自律管理。

2014年以来,深圳市社工委与深圳市民政局先后联合出台了《关于构建社会组织综合监管体制的意见》《关于构建社会组织综合监管体制的实施方案》,明确了各部门的监管职责,梳理形成了监管责任清单,并建立了社会组织综合监管工作联席会议制度。联席会议由市委政法委(社工委)、市民政局共同召集,相关职能部门为成员单位,深圳创新建立社会组织随机抽查制度,出台《深圳市社会组织抽查监督办法》,采取不预先通知的抽查监督制度,对社会组织进行现场检查,并邀请人大代表、政协委员及新闻媒体记者参与见证。抽查制度成为社会组织监督管理体制的重要补充。2017年,深圳市民政局抽查了150家市级社会组织,对其中27家违法违规的社会组织依法进行了处理。2017年8月1日,深圳制定出台了全国第一部社会组织的地

方评估指南《深圳社会组织评估指南》，着重加大了社会组织党建工作的评比权重。

日常监管是执法监管体系的重要环节。深圳通过年检年报、换届报备、负责人变更备案、重大活动备案、评估等举措，引导社会组织健全法人治理结构，依法依规开展活动。深圳将社会组织的法人登记、机构代码、税务登记、刻制印章、社保登记等多证合一，做到一证一码，规范管理。并且从2016年开始，深圳市级社会组织年度检查全部改为年度报告，实行网上填报。同时，建立社会组织活动异常名录制度，未按规定提交年度工作报告的市级社会组织会被载入活动异常名录，并纳入深圳信用监管体系。引入行政约谈机制，对于存在轻微违法违规行为的社会组织，采取柔性执法的方式，进行行政约谈，责令限期整改。表4为2015～2017年深圳社会组织执法数据统计，2017年有23家社会组织被警告，11家被限期停止活动，40家被撤销登记。

表4　2015～2017年深圳社会组织执法数据统计

单位：家

年份	警告	限期停止活动	撤销登记
2015	15	3	23
2016	0	3	38
2017	23	11	40

（七）因地制宜创新探索，社会事业特色纷呈

深圳是一座在改革开放的历史大潮中发展和成长起来的城市，利用市场经济发育早、特区改革创新空间大、社会服务发展快等有利条件，深圳充分培育社会组织发展土壤、深化改革管理体制机制、不断创新服务模式，全市各区（新区）结合自身发展实际和社会需求，探索出不少因地制宜、各具特色的优秀实践。

福田区社会组织在增加公共服务供给方面表现突出，尤以教育类和社

服务类民办非企业单位为代表。一直以来，福田区锐意探索以管理服务创新引领社会组织高效发展之路，早在2015年深圳市民政局就与福田区人民政府签订了推进社会组织建设改革创新合作协议，在福田区试点包括培育发展、规范管理等方面的12项改革措施，诸如社会组织直接登记与社区社会组织登记备案双轨制、降低社区社会组织准入门槛、设置专项资金扶持发展、制定政府转移职能和购买服务规范性文件等试点做法，不仅成功助推了福田区社会组织近三年来的高效发展，而且为全市及各区（新区）探索社会组织管理创新提供了参考借鉴。

作为深圳最早的建成区，罗湖区社会组织发展起步早、发展基础相对较好，社会组织经历了缓慢发展、快速发展到高质量发展的进阶过程。近年来，罗湖区坚持法治先行推进社会组织改革发展，一方面强调登记管理规范化和"全过程"监督管理，另一方面构建以社会组织诚信建设为核心的规范发展体系，充分放权赋能社会组织依法自治、加强行业自律，双管齐下共同助推社会组织有序健康成长。

在盐田区，每万名常住人口拥有社会组织数量位居全市第一，注册志愿者占辖区常住人口的10.5%，社会组织与党建工作"双发展、双提升"的模式逐步形成，环境治理类、心理健康类、社区治理类社会组织在参与盐田区社会建设和社区治理中逐步成长，社会力量被充分调动起来，社会组织参与社会治理再上新台阶。

南山区充分发挥区域经济优势和文化资源，将互联网、科技、高校教育与社会组织发展互联共享，努力打造"三创联动"（科技创新、产业创新、社会创新）和"三区融合"（高校校区、科技园区和公共社区）的发展生态圈。在助力"三创联动"方面，南山区通过培育发展枢纽型的民办非企业单位，带动组建产业技术创新联盟，形成综合性产业服务平台；在推动"三区融合"方面，通过南山区社会组织创新苑、南山区社会创新促进会、"社创+"社会组织服务中心等区域枢纽型社会组织和服务机构，推出具有区域特色的品牌公益和社会创新项目，如创建首个社会组织高校社会实践基地、举办南山区社会组织嘉年华、"益创星"南山区大学生社会创新项目大赛等，以公益慈善和社会服务助推"三区融合"。

近年来，宝安区社会组织走向规模化发展，人才建设成为社会组织培育管理工作的重点。2017年，宝安区创新搭建社会组织人才资源集聚平台，在全市率先设立社会组织人才信息库，出台《宝安区社会组织人才信息库管理暂行办法》，明确入库专业人才的评定标准、职责和退出条件，2017年、2018年确定了60名专业人才并将其纳入区社会组织人才信息库，计划到2021年发展100名入库专业人才。在库专业人才由区民政局统一管理，并实行"准入、退出、考核"动态管理，确保社会组织人才队伍建设"识别精准、可进可出、规范运转"。2018年，宝安区在人才库建设基础上，建立宝安区社会组织人才信息库成员服务项目清单，为全区社会组织提供菜单式的精细化服务，要求各人才库成员按规定履行职责，同时扩大人才库专家的服务范围，最大化利用库内专业人才服务区域社会组织发展。

龙岗区社会组织经过25年的发展历程，逐步从以培育扶持为主的成长期过渡到以监管和服务为主的成熟期，强调以创新监管实现社会组织规范发展。2017~2018年龙岗社会组织管理服务亮点主要体现在创新评价监管和法务服务两项重点工作上。在创新评价监管方面，龙岗区率先探索建立社会组织承接政府职能和购买服务的评价"1+6"文件，从资质管理、社会组织能力、服务质量标准、成效评价、评价体系建设等方面进行规范监管，以期提高服务项目成效和资金使用效率。在创新服务方面，龙岗区围绕"法治政府"的目标，在全国率先编制"社会组织权责清单"，并通过创建社会组织法务服务工作室，采取现场咨询、法务热线、公众号宣传等方式，从法律知识宣讲、法律风险防范、法律纠纷化解等不同层面为社会组织提供专业、定制的服务。

为激发社会组织自身活力、实现可持续发展，龙华区近年来不断探索创新激励机制，从顶层设计、资金支持、培育措施、规范发展等多方面构建适宜社会组织发展的生态闭环。在资金支持方面，龙华区持续六年开展公益创投活动，累计资助项目535个，是深圳市持续时间最长、专门面向社会组织的创投资助活动。创投机制和流程不断优化，已成为本区域社会组织孵化培育的一块沃土，不少龙华草根公益品牌由此走向成熟。在培育扶持方面，着力构建区、街道、社区三级枢纽型组织联动机制，为各层级社会组织搭建支持平台。在规范发展方面，首创"托管服务"，引入第三方财务托管、人力资源代理、法律服务机构，为更多中小型社会组织的发展"减负增效"。一系列稳健的、连续的激励措施，不仅促成了龙华区社会组织百花齐放、生机勃勃的发展态势，也使区域社会组织的本土化、多元化特色更加突出。

地处深圳东北地带的坪山区，由于历史发展原因，经济以劳动密集型产业为主，公共服务和社会服务水平与先发展区域相比相对滞后。坪山社会组织的发展与区域经济发展转型、公共服务均等化和社会服务多样化诉求是一致的。坪山社会组织在区域经济和社会急速发展的大背景下对推动和谐社会建设发挥了突出作用。一方面，政府透过公益创投项目大赛、购买服务等方式，扶持本地社会组织为困难群体提供基础性和发展性社会服务；另一方面，坪山社会组织在参与化解劳资矛盾、构建和谐劳动关系方面也取得了一些成功的经验，为经济发展与转型营造了良好的社会环境。

光明区社会组织参与基层治理成效显著，从资金、项目、平台、人才四个方面立体式推动多项社区治理创新实践落地。在基层治理的资金资源方面，率先试点社区基金会，推动社区基本公共服务从"大水漫灌"向"精准滴灌"转型，赋权社会组织和社区居民实现社区事务的自治管理、精细化管理。在基层治理的内容和机制上，社区治理类品牌项目以凤凰社区营造为代表，为基层治理探索性地提供了从内容拓展、多元主体参与到机制创新的综合性解决方案。

大鹏新区作为广东省唯一的国家级旅游业改革创新先行区，充分利用区域的生态资源和政策优势，引导社会组织参与打造生态经济品牌，将社会组织发展与生态文明建设、生态经济发展有机结合起来。大鹏新区印发出台《关于完善社会组织参与生态文明建设引导机制的工作方案》，推行生态环保社会组织"对内培育、对外引入"双向培育扶持政策，并发起了全国首个以"政府委托+慈善组织受托"为设立模式的慈善信托，巧用公益金融力量整合社会资源以丰富生态文明建设的内容和方式；为适应生态经济发展需要，扶持培育了旅游协会、民宿协会等服务经济属性较强的社会团体，以加强行业自律、联动行业资源和参与社区治理。

四 深圳社会组织发展的亮点

（一）人才培养推动社会组织高质量发展

人才是推动社会组织和公益慈善事业高质量发展的关键，对人才培养的重视助推了深圳社会组织的高质量发展。早在2007年，深圳就出台了《关于加强社会工作人才队伍建设推进社会工作发展的意见》以及七个配套文件（以下简称"1+7"文件），内容涵盖了关于社会工作人才培养、评价、使用和激励的相关政策措施，为打造专业的社会工作人才队伍奠定了基础。2009年7月，民政部与深圳市政府签订《推进民政事业综合配套改革合作协议》，确定深圳市为社会工作发展和社会工作人才队伍建设示范区。深圳利用地缘优势，引入香港督导，借助香港的社会服务经验培养本土督导人才，提升深圳社会工作专业化水平。深圳先后制定《深圳市社工督导人员工作职责规定》和《2009年度社工督导人员上岗指引》，形成高级督导、中级督导和初级督导，以及见习督导和督导助理三类五级督导体系。2013年，深圳率先将社会工作人才纳入人才安居范围，多个区级政府也出台社会工作人才扶持办法。2014年9月，民政部、深圳市政府共同召开推进民政事业改革发展会议，深圳被授予"创建全国社会工作发展和社会工作人才队伍建设示范区"称号。经过十年发展，2017年深圳持有社会工作者职业资格证书的人数累计达10851人，深圳市社会工作行业从业人员为7883人，打造了1041名本土督导梯队（其中督导助理766人，初级督导255人，中级督导20人）。

依托深圳经济特区社会工作学院和深圳国际公益学院培养社会工作人才和公益慈善人才。深圳经济特区社会工作学院（以下简称社工学院）作为全国首家社会工作领域的专业学院，由深圳市慈善会、深圳市社会工作者协会、深圳市创新企业社会责任促进中心于2015年联合创办成立。深圳以社工学院为平台，打造多层次的社工人才培训架构。其中以社会工作14个服务领域的专业课程体系为基础，参考9大社会工作服务指标体系，开设3大类28个系列的153门专业课程，并组建将近200人的社工明星讲师团，提供深度培训60余期，参训者达7000人次，累计50000余学时。深圳国际公益学院于2015年11月正式成立，由比尔·盖茨、瑞·达利欧、牛根生、何巧女、叶庆均五位中美慈善家联合倡议成立，并获得五家基金会的共同捐资。深圳国际公益学院以建设培养榜样型慈善家和高级公益慈善管理人才、构建支持中国与世界公益慈善领域高度发展的知识体系为目标。截至2018年12月，已有54名企业家参加了全球善财领袖计划，460名公益慈善管理人才参加了国际慈善管理课程，2768人参加了公益认证课程，大众教育系列的公开课、大师课、公益大讲堂等线下活动直接影响受众约1万人次，2017年刚推出的公益网校注册用户已超过1.85万人，成立突破200人的行动·爱联盟，发布170余门课程、超过2000个课时视频，总在线学习访问量达87万人次。

（二）社会工作创新发展引领示范全国

深圳的社会工作发展在全国起步最早。以"政府主导，社会运作"的模式，探索了一条独具特色的深圳社会工作发展之路。深圳的社会工作发展经验注重顶层设计，建立现代化社会工作制度体系；锚定人才建设，打造社会工作人才梯队；引导专业服务，向标准化、精细化、国际化发展。

为了提升社会服务的专业化程度，深圳率先探索在市、区（新区）不同领域（民政、文化、教育、卫生等）和不同类型的组织（事业单位、社区工作站、社会组织等）设置社会工作岗位。2009年，开始启动福彩公益金种子基金，举办公益项目大赛，鼓励和扶持社会工作项目发展。2011年12月，深圳印发了《深圳市社区服务发展"十二五"规划》，并出台了《深圳市社区服务中心设置运营标准（试行）》，开始大规模推广社区服务中心（后更名为社区党群服务中心）。深圳形成了岗位、项目、社区服务中心三大综合服务模式，推动社工服务覆盖各区（新区）、街道和社区。截至2018年，深圳已累计开发了 16865 个社会工作岗位，岗位社工市区（新区）各级共投入 13.23 亿元；在 683 家社区党群服务中心开展专业社会工作服务，涉及社区、企业、教育、医务、民族宗教、禁毒、精神卫生、涉罪未成年人帮教等 15 个领域。

在规模建设之后，深圳社会工作的发展逐渐走向标准化。2013 年，深圳制定了包括残障、妇女儿童、教育、禁毒、老年、企业、司法、医务、社区等九大领域的社工服务指标体系。2016 年深圳市市场监督管理局批准了老年社会工作、企业社会工作、医务社会工作、灾害社会工作等 8 个领域的社会工作服务标准立项。深圳统筹起草的企业社工和老年社工等两大领域服务标准被列为国家行业标准。服务的专业化发展助推深圳社会工作往精细化方向深耕。以禁毒社会工作为例，从早期单一的宣传教育和帮教服务逐步深化，发展成为多层次预防、多种服务模式相结合的系统服务。禁毒社工通过派驻戒毒所、拘留所、街道、社区、禁毒服务中心、美沙酮门诊等岗位，为服务对象提供心理辅导、行为修正、家庭关系及社会环境改善、就业培训、跟踪帮教服务等多类型服务。在关注社会工作的本土化之余，深圳积极推动社会工作发展与国际接轨。借助地缘优势，深圳社会工作在发展之初就开始借鉴香港经验，引入香港资深社工、督导及机构顾问服务，提升深圳社会工作的水平。2017 年 9 月，深圳代表中国举办第 24 届亚太国际社工会议，标志着深圳社会工作发展水平进一步迈向与国际接轨的道路。

截至 2018 年 10 月，深圳共有社会工作机构 186 家，不少社会工作机构通过优秀卓著的服务提供，塑造了品牌，走向规模化发展。深圳第一家社工机构鹏星社会工作服务社（以下简称鹏星）经过 11 年的发展，已经成为拥有 222 名在职员工（含 133 名社工）的社工机构，涉及妇女、残障、学校、家暴和精神卫生防治等多方面领域，是 2012 年全国"先进民办社工服务机构"（中国社会工作协会评），2015 年度"全国百强社工"（《公益时报》评），鹏星开展的多个服务项目获得国家、省、市级奖项。深圳春暖社会工作服务中心（以下简称春暖）成立于 2008 年，以医务社工为主，同时覆盖社区、禁毒和教育服务。在承接政府购买服务方面，2017 年，春暖共有 46 个政府购买项目，31 个获资助项目以及 7 个自主运营项目。在提高服务能力的同时，春暖还注重服务研究的提升。春暖联合高校开展实务研究，建设"产学研"社工实训基地，发表专业文章并编写了医务社工服务标准和医务社工专业教材。春暖获得了深圳市5A级社会组织的荣誉，并被列入首批全国社会工作服务示范单位名单。

深圳政府推动社会工作专业服务的经验也在全国推广。专业的社会工作队伍提升了深圳社会服务的质量，除了在深圳本地提供服务，深圳的经验还输出到珠三角乃至全国范围。许多在深圳成长起来的社工通过输出督导、培训、评估等服务，以在各地开办社工机构、承接社会工作服务项目等形式，将深圳的优秀经验辐射全国；东西方社工服务社、社联社工服务中心、日月社会工作服务社等与湖南省的社会服务机构分别结对，输出深圳经验，促进湖南省当地社会服务的发展。

（三）行业协会服务经济能力突出

深圳的许多行业协会也在经济服务领域表现出色，在服务企业发展，制定行业标准，开展行业自律方面做出了积极的贡献，成为政府与产业之间沟通的重要桥梁。

早在2004年深圳就启动了行业协会与主管部门脱钩的进程，成立了行业协会服务署，对行业协会进行统一管理。同年，深圳市委组织部出台了《关于党政机关事业单位公职人员不再兼任行业协会职务有关问题的通知》，为行业协会与行政机关的脱钩奠定了基础。2007年，深圳合并了市民政局民间管理办公室和市行业协会服务署，成立深圳市民间组织管理局，并于2008年编制了《深圳市民间组织发展"十一五"规划》和《深圳市行业协会商会发展"十一五"规划》，对行业协会商会的中长期发展做出了规划。2008年以后，深圳先后出台了多部法律法规，《深圳行业协会法人治理指引》《深圳市行业协会管理制度示范文本》《深圳市行业协会商会与行政机关脱钩实施方案》，引导和促进行业协会商会健康发展。区一级也出台了一些扶持行业协会的政策，如福田区2017年以来出台了支持产业行业协会发展和项目备案的政策，重点扶持对福田的产业集聚、品牌推广、行业规范等方面具有导向带动作用的行业协会，设立专项资金资助"展会支持"、"公共平台支持"和"课题研究支持"等项目。

深圳市行业协会商会总数从2014年的565家增长至2017年的910家，年均增长率为17.23%。其中2016年市级行业协会迅速增长，达到了407家，比2015年的208家增长将近一倍。截至2018年第三季度，深圳市有行业协会商会990家，其中全市行业协会647家（市级行业协会478家，区级行业协会169家），异地商会343家。行业协会商会脱钩早，迈向市场化竞争，经过十余年发展，已经进入了良性循环。根据2017年年报统计情况，708家行业协会商会的平均收入为157.77万元，比社会团体平均收入高三成左右，行业协会商会年度总收入达到了11.17亿元，占3535家社会团体总收入的26.51%。

行业协会商会发展迅速，在服务经济方面能力突出、表现卓著。深圳外商投资企业协会是由在深圳投资的外商投资企业，港、澳、台及海外侨胞投资企业，以及其他所有制类型企业、工商界人士联合组成的社会团体。协会拥有会员3000多个。通过搭建多个平台，解决会员企业投诉，维护会员合法权益，了解和反映企业的意见建议，为企业与社会各界的联系、沟通等方面做了大量的工作，并与境外的许多工贸社团建立了友好的、广泛的联系，在会员企业之间乃至社会上有着广泛的影响。先后被评为民政部"全国先进民间组织"、"广东省先进民间组织"、"深圳市外经贸工作先进单位"、"深圳市工商领域先进协会"、"中华慈善突出贡献奖"和"深圳市5A级社会组织"。深圳高分子行业协会的前身为1987年登记注册的深圳市塑胶行业协会。协会成员由塑料、橡胶、化纤、涂料、粘合剂、复合材料等领域企业及大专院校专家队伍等组成，据不完全统计，企业会员中有上市公司35家、拟上市公司50家。协会以架桥梁、配资源、办实事为宗旨，为会员企业提供会员服务，包括创建会员服务之家，组建高分子产业链创新联盟、成立行业专家委员会、开展专利申报和技术转移服务、举办各类前沿科技交流会，主办核心期刊《塑料科技》等。深圳高分子行业协会先后被评为"深圳市5A级社会组织""全国塑料行业先进单位"。

（四）科技类社会组织助力科技创新成果卓著

深圳常被认为是创新与创业之城，被誉为"中国硅谷"。早在1999年，深圳就举办了中国国际高新技术成果交易会，奠定了科技创新立市的基础。2008年，深圳获批成为全国首个创建国家创新型城市的试点城市，并逐步完善产业配套，形成了良好的科技创新创业氛围和营商环境，涌现了以平安、华为、腾讯、顺丰、大疆等为代表的一大批高科技企业。深圳也十分注重科技研发创新，2017年全社会研发投入占深圳地区生产总值的比例达到了4.13%，比肩发达经济体。

此外，科技类民办非企业单位能避免传统事业单位僵化的行政管理模式，能采用更高效的现代财务管理模式，也因为社会组织的性质能规避在未来国际化发展中可能存在的风险，这是科技类民办非企业单位出现的内生动力。民办非企业单位的非营利性质能够保障资金最大限度地投入到科研中，即盈余部分不用于分配，可以直接投入科研。在科技类民非的发展上，深圳坚持政府引导、市场主导的模式，尊重科研机构的创新主体地位，培育和扶持科技类社会组织的成长。深圳的科技类社会组织成为助力科技创新的重要载体。2012年，社会组织登记管理的改革明确了科技类社会组织可以直接登记，激发了科技类社会组织的蓬勃发展。在深圳登记注册为科学研究类的民办非企业单位从2013年的194家增长至2017年的444家（见图9），年平均增长率超过23%。

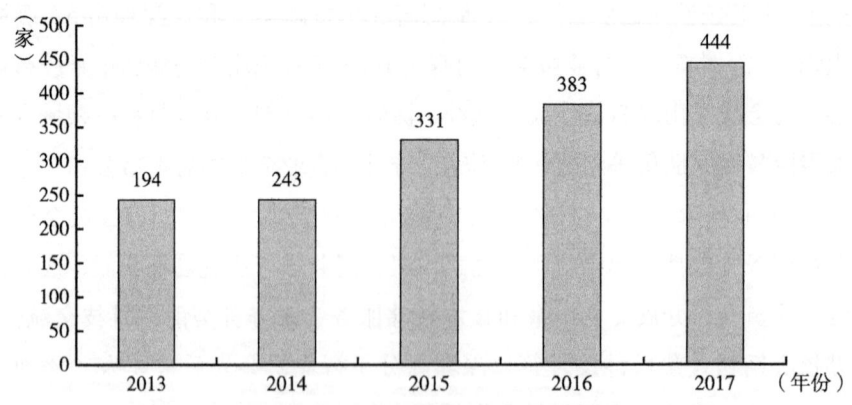

图9　科学研究类民办非企业单位统计

人才是科技创新的关键，深圳的人才发展战略为科技类社会组织提供了高端人才保障。在人才引进的政策配套方面，深圳积极推进实施加强高层次专业人才队伍建设"1+6"文件、引进海外高层次人才的"孔雀计划"、促进人才优先发展81条措施及《深圳经济特区人才工作条例》等政策。统计数据显示，2017年深圳共引进各类人才26.3万人，同比增长42.5%。其中，2017年深圳新增全职院士12名，累计29名；新增国内高层次人才730人，累计6979人；新确认"孔雀计划"人才958人，累计2954人；新引进海外留学人员1.8万人，累计近10万人。①

在产业政策引导下，深圳的科技类社会组织主要聚焦在战略性新兴产业领域，如生物医药、电子信息、先进制造等，呼应深圳的产业链发展，走产学研相结合的源头创新，提高了技术产业化的效率。针对重点科研机构，政府采用民办官助的运作机制，由政府出地、出资，核心团队出人、出资，推动双方或三方合作共建。对于部分处于创办初期的科研机构，政府为他们提供仪器设备购置、房租补贴和前期发展经费等，在一定程度上保障了民办科研机构基础研究条件的建立。尊重科研机构的创新主体地位，在选择科研方向、组建科研团队、实施科研管理方面都交由核心团队运营。以深圳市绿航星际太空科技研究院为例，在创立初期，政府提供了两栋科研楼和一栋宿舍楼，同时在3年多时间里投入了2亿多元购置设备及装修，建立了大型火星基地试验仓。研究院成功开展"绿航星际"4人180天受控生态生保系统集成试验，成为首次由中国主导、多国参与的"人与环境"大型试验，在试验规模、参试人数、持续时间和技术要求等方面均处于国际同类试验先进水平，吸引了16个国内外科研机构，协作开展21个参试项目。依靠研究院的科研力量，孵化了10家企业，并与外部的科研机构、高校成立了3个联合研发中心，硕果累累。

除了作为科研主体，专注配套服务、助力科技创新的一些科技类民

---

① 《我市今年将新引进高层次人才上千名》，http://www.szhrss.gov.cn/xxgk/qtxx/gzdt/201804/t20180408_11668704.htm，最后访问日期：2018年12月20日。

办非企业单位也在深圳发光发热。他们通过为政府和企业提供决策咨询服务，推动科技企业或科研机构对接和资源整合，提供多层次资本市场信息，组织和策划国际峰会，为个人搭建互动交流平台。深圳市南山科技事务所通过汇聚人才、整合资源，为政府与企业提供决策咨询服务，打造产业联盟联动服务，构建了以内部资源联动、业界资源服务为目标的资源支持模式。

（五）打造影响力投资高地，公益金融促进慈善资源整合

影响力投资是一种区别于传统投资方式的新兴投资类别，它兼顾社会效益和经济效益，在实现财务回报的同时，推动对社会和环境正面且可测量的影响。洛克菲勒基金会在2007年首次提出了这一概念，吸引了政府、投资界和公益界的广泛关注，并逐渐在全球推广开来。2010年英国推出了全球首个"社会影响力债券（项目）"，2013年社会股票交易所在伦敦正式成立，2016年联合国开发计划署影响力金融（UNSIF）成立，致力于推动公共部门和私营部门合作可持续发展。

深圳市福田区自2011年起明确提出把"首善之区"作为发展战略，与此同时，福田区也是深圳的金融强区，是深交所及众多金融机构、创投机构的所在地。以影响力投资创新解决社会问题的方式契合了福田区的定位，福田区在2017年率先提出要用五年时间打造初具规模的社会影响力投资高地。在政府主导，社会组织推动下，影响力投资的影响不断扩展。

作为影响力投资的重要推动者，深圳国际公益学院在2017年举办了国际公益金融峰会暨首届全球社会影响力投资论坛。在论坛期间，多家金融、公益、实业、媒体等机构共同发起《全球社会影响力投资共识》（也称香蜜湖共识），呼吁各国政府与地区广泛开展合作对话，构建全球社会影响力投资合作网络平台，努力赋予财富以更多的社会价值，目前加入香蜜湖共识的单位已达111家。2018年3月，福田区正式出台了《福田区关于打造社会影响力投资高地的扶持办法》，根据"分类扶持、重点培育、盘活存量、提升增量"的原则，按照社会影响力投资的特点以及投资业态的不同运作模式，分类予以扶持，鼓励社会影响力投资相关主体快速创新发展。同年，第二届公益金融高端对话暨2018社会影响力投资峰会在深举办。

深圳还率先发展公益金融，拓宽慈善资金来源，促进慈善资源的整合。早在2002年，深圳就率先设立国内第一支公益信托"新疆助学公益信托计划"，探索扶贫资金的自我造血功能。2018年，由深圳大鹏新区管理委员会出资1000万元设立"大鹏半岛生态文明建设公益基金"，深圳市社会公益基金会担任受托人，用"慈善信托＋专项基金"的方式，资助大鹏半岛生态文明建设相关公益项目和活动。还有一些财富人群设立慈善信托，资助公益慈善项目等。深圳的一些组织还积极探索发行影响力债券支持慈善项目的开展，如深圳恒晖儿童公益基金会的贫困儿童白血病救助项目、益启法律服务中心的青少年普法教育项目等。

（六）以平台建设推进社会组织合作升级

国内的公益慈善事业进入了快速发展阶段，然而大众对于慈善的认知理念仍停留在起步阶段，社会认同和社会参与不足，社会服务需求和社会服务供给的链接不足，社会服务供给与公益慈善资源的对接低效。在"中国·深圳公益项目交流展示会"的基础上，2012年起民政部、国务院国资委、全国工商联、广东省政府、深圳市政府等在深圳联合举办"中国公益慈善项目交流展示会"，传播慈善文化，展示慈善成果，对接慈善资源。慈展会已经成为深圳的一张新名片，是继"高交会""文博会"之后第三个落户深圳的国家级重大展会。

慈展会为公益慈善项目搭建了项目展示和资源对接的平台，有效促进了社会组织之间的资源整合，展现了巨大的社会影响力。从2012年至今，六届慈展会覆盖了31个省、自治区、直辖市以及港澳台地区，吸引了超过7500家机构参展，近98万人次光顾展会，对接项目2234个，对接金额超过450亿元，举办各类公益慈善活动1320场，吸引了近500家媒体、近2900名次记者参与报道，发表稿件逾23000篇。

2015年7月，深圳中国慈展会发展中心正式登记为民办非企业单位，以为中国公益慈善项目交流展示会提供专业化、标准化和规范化服务，以促进现代公益慈善生态系统建设为宗旨。其开展的业务包括公益慈善项目交流展示活动；搭建国内外公益慈善及社会服务有效聚合的资源平台；开展慈善信托、公益创投、社会企业认证等慈善经营研究、行业系统标准和品牌规划公益服务；为慈善组织及有关机构提供项目策划、宣传推广、能力建设辅导；建设公益慈善园区，创新发展公益慈善实体集群。慈展会的运营有了新的突破，开始转向更为专业的发展方向。

响应国家战略，探讨慈善热点，聚焦行业前沿是慈展会的特色。从第一届的"发展·融合·透明"、第二届的"慈善，让中国更美丽"到第三届的"践行友善，为中国梦助力添彩"主题，从第四届的"扶贫济困，大爱中国"、第五届的"以法兴善、助力脱贫"再到第六届的"聚焦精准扶贫，共创美好生活"主题，慈展会紧扣时代的脉搏，探讨行业热点，如促进社会融合、倡导公益慈善透明度、研讨以法兴善等。近年来慈展会开始积极推动社会企业认证，2017年深圳中国慈展会发展中心、北京大学公民社会研究中心、中国公益研究院、南都公益基金会、深圳国际公益学院、亿方公益基金会和中国人民大学尤努斯社会事业与微型金融研究中心共同发起了社会企业认证，通过规范化认证，激发社会企业活力，促进跨部门、跨领域的资源流动，以社会创新的方式去解决社会问题。扶贫助困一直是慈展会的重要内容，连续三届慈展会都把扶贫济困作为主题。第六届慈展会更是开辟了扶贫专场，共有312种消费扶贫产品参展，实现了49个扶贫项目的资源对接，意向帮扶和对接金额近130亿元，营造了扶贫向善的良好社会氛围。

（七）社会组织"走出去"协力深圳国际化大都市建设

深圳是粤港澳大湾区规划中的核心城市之一，未来将拓展和深化深港合作领域，在粤港澳大湾区经济圈中发挥引领作用。响应粤港澳大湾区规划，深圳的社会组织从深圳出发，辐射珠三角，遍及全国，同时响应"一带一路"倡议，积极"走出去"，在展示品牌形象和搭建国际化平台，深化经贸交流与合作，促进社会创新与发展等方面发挥了积极作用。据2017年年度报告统计，深圳市社会组织共开展国际合作项目42项，参加国际会议356次，参加国际组织41个，组团出国（境）访问217次，举办国际博览会8次，接待国（境）外机构访问3次，内容涉及经济文化合作与交流、技术交流与洽谈等。2017年共有316家社会组织参加国际活动680次，相较2016年的512次，有了较大的提升，尤其是参加国际会议这一项，从2016年的172次激增至2017年的356次（见图10）。

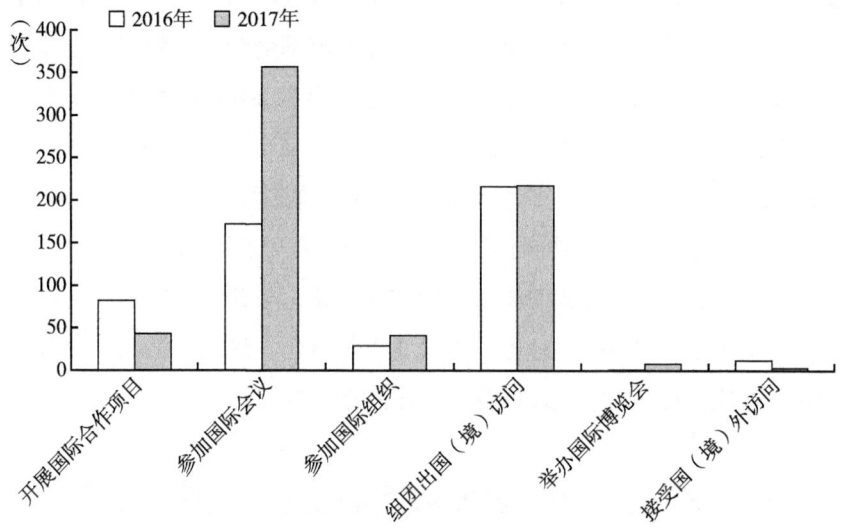

图10　2016～2017年深圳社会组织国际交流活动统计

在对外交流合作的过程中，深圳社会组织以自身实践，提升了深圳在国际上的品牌形象，搭建了国际化交流合作平台。作为国际工业设计联合会中第一个来自中国大陆的行业协会，深圳市工业设计行业协会于2017年成功举办了第五届深圳国际工业设计大展，吸引了来自日本、荷兰、德国、克罗地亚等30多个国家和地区的7000余件工业设计精品参展。深圳社会组织在促进企业"走出去"、助推企业转型升级方面做出了积极贡献。深圳市钟表行业年产值600亿元，占到了全球钟表行业总产值的42%，深圳市钟表行业协会作为深圳市最早的工业行业协会之一，服务于钟表行业的"产业推广、技术创新、信息研究"，多次组织企业参加世界最大的钟表展"瑞士巴塞尔世界钟表珠宝展",开展国际经贸交流,并促成了深圳与瑞士首都伯尼尔结成友好城市,在更广泛领域达成合作。深圳社会组织的对外交流在促进社会创新与发展方面也有许多突出表现。2017年,深圳市社会工作者协会承办了第24届亚太地区社会工作区域联合会议,来自亚太地区的20多个国家和地区的近400名社工行业组织代表、社会工作领域的专家学者以及社工机构代表出席了会议,提升了深圳本地社会服务水平,也对外展示了深圳社会服务所取得的成绩。深圳还注册了致力于整合政府和民间资源、推动城市对外交流合作、促进国际化城市建设的国际交流基金会,帮助深圳企业和社会组织对接国际资源,实现"走出去"。基金会自2014年底注册以来,开展国际交流合作品牌活动和资助项目共计60次(个),促成国际交流合作活动240余场次,受益人群多达6000多人次。许多社会组织响应"一带一路"倡议"构建人类命运共同体"的号召,陆续开展国际援助项目。壹基金凭借多年来在自然灾害救助体系上的实践积累,与其他国家的社会组织合作,对外援助尼泊尔等受灾地区。中兴通讯基金会、深圳市弘法寺慈善功德基金会等也对发展中国家和地区开展了国际援助项目。

五 深圳社会组织发展和管理的挑战与原因分析

深圳的社会组织发展和管理取得了许多成就,但也面临着各种挑战。

(一)社会政策顶层设计规划缺位

在顶层设计上制定长远规划,有利于保持社会发展目标的稳定性和管理手段的延续性。2007年,深圳编制了《深圳市民间组织发展"十一五"规划》和《深圳市行业协会商会发展"十一五"规划》,是广东省乃至全国首个制定社会组织发展专项规划的城市,并于2012年编制出台了《深圳市社会组织发展"十二五"规划》,明确了社会组织的发展目标和主要任务,把社会组织能力建设工程、社会组织培育发展工程、社会组织规范管理工程和社会组织环境提升工程列为重大工程,并列出了相应的重点任务。然而到了

"十二五"规划结束时,深圳都没有再出台关于社会组织的专项规划。仅在2016年发布的《深圳市民政事业发展"十三五"规划》中可以找到与社会组织相关的内容,如第三章提出了发展公益慈善事业的目标,以及第五章阐述了促进和规范社会组织发展的措施。但章节的阐述篇幅有限,并且缺乏明确的发展目标,难以替代专项规划在中长期的导向作用,不利于深圳社会组织的平稳和连续发展。

以深圳市社区基金会的发展为例,深圳是全国最早拥有社区基金会的城市,也是率先提出要发展社区基金会的城市之一,然而经过2014年和2016年的集中增长,深圳社区基金会近年来的发展存在后劲不足、质量不一、整体透明度不高的问题。在基金会中心网上,以"社区"一词进行精确搜索,截至2018年12月一共有137家基金会,其中深圳27家,上海有73家,北京有4家。从资金规模和捐赠规模上看,根据2017年年报统计,深圳市23家社区基金会净资产总额达到9329.83万元,报告了捐赠情况的只有14家社区基金会,捐赠收入为790.55万元。从基金会中心网数据上看,中基透明度指数FTI超过50的深圳社区基金会只有2家。从深圳社区基金会的实践来看,存在顶层设计缺位、政策缺乏延续性的问题。2014年,深圳通过出台的《深圳市社区基金会培育发展工作暂行办法》(下简称《办法》),促进了社区基金会的快速发展。然而时至今日《办法》已经失效,社区基金会培育发展过程中出现的协调问题、扶持问题失去了上级文件的依据。社区基金会在市级登记,但管理和培育机关不明确,缺乏筹划管理和协调指导。此外,社区基金会筹资渠道单一、定位不清晰、尚未理顺社区协同机制也制约了社区基金会发展。可以说缺乏顶层设计、长远规划和连续性的政策衔接让深圳的社区基金会失去了先发优势,发展出现了停滞不前的现象。

(二)公共服务供给转型压力增大

社会的需求在不断变化,公共服务的供给需要适应社会需求的转变,社会需求的转变促使公共服务的供给需要因应转型。社会组织是公共服务提供的重要主体,但在提供公共服务方面,不同的社会组织各自为政,缺

乏资源整合机制及服务协同机制，难以形成合力应对社会需求转变所带来的挑战。

以人口老龄化的挑战为例，尽管从整体上看深圳人口的年龄相对年轻，但深圳建市之初集中迁入的来深建设者正进入退休阶段，未来10年深圳的人口老龄化将出现骤然式的上升，而且深圳的老龄人口也同样出现严重倒挂，常住老人是户籍老人的近3倍。需求的集中爆发无疑将对深圳现有的养老服务提出了考验，也要求社会组织能够因应社会需要的变化而转型，如增加养老服务的供给，培养养老专业的从业人员等。

除了应对公共服务供给转型带来的压力，如何整合协调现有服务资源，提升服务效率也是一个重大的挑战。深圳2017年登记和备案的社会组织12422家，市级社会组织3595家，区级社会组织8827家，不同类型的社会组织构成了一个较为完整的社会生态系统，但社会组织之间的整合度较低，表现为同类型的社会组织无序竞争和理应资源互补的社会组织之间各自为政。深圳有意识地通过举办中国慈展会，促进社会组织之间的资源交换和要素整合，并发展枢纽型社会组织，促进不同组织之间的交流与合作。但总的来说，慈展会一年一度的频率难以满足众多社会组织的日常需要，枢纽型社会组织的发展也还处于初期阶段，无法高效动员社会组织之间的资源整合。从访谈情况来看，部分社区中存在多家社会组织，彼此之间缺乏沟通协调机制，慈善会与社区基金会在资源投放方面存在重叠，社会服务机构提供的服务同质性强，部分也存在重叠现象，造成资源浪费。因此探索从顶层做好服务规划，或者建立区域机构联席会议，又或者构建服务体系之间的沟通协调机制，可以成为在短期内整合现有的服务资源，提升服务效能的有效路径。

（三）社会组织能力建设短板明显

社会组织参与社会治理的角色得到了认可，但与此同时也考验着社会组织自身的能力，包括在促进经济发展、管理社会事务，提供公共服务方面的能力。

深圳市的行业协会在促进经济发展方面发挥了积极的作用。他们在服务企业发展、制定行业标准、开展行业自律等方面都做出了重要的贡献。在服务经济方面，行业协会除了调节贸易纠纷、推动行业升级，还扮演着沟通政府与行业，沟通行业与大众之间的桥梁角色。然而从一些访谈的情况来看，行业协会在做行业调查、反映行业状况等工作上仍然存在不足。一方面，许多行业协会的从业人员不熟悉研究方法、缺乏研究工具；另一方面，受限于商业机密问题，行业协会往往难以收集核心数据，切实反映行业状况。而且行业协会在如何呈现数据、如何通过数据反映行业现状、如何代表行业与公众和政府沟通方面的能力也有待提高。

科技类社会组织同样在促进经济发展方面发挥着重要作用。科技类民办非企业单位在专注科研、促进科研成果产业化转化等方面取得了许多亮眼的成绩，弥补了深圳高校资源匮乏、科研能力不足的缺陷。但从深圳市登记的情况来看，科学技术类的社会组织仅占5.38%，包含了193家社团、500家民非以及9家基金会，从总数上看仍比较少，结构仍有待优化。此外，在反哺市场、促进经济发展方面，还有许多社会组织可以发挥的地方，如服务中小企业、提供创业配套服务等。

在对接政府、承担政府转移职能、提供公共服务方面，社会组织的自身能力仍有待提高。《深圳社会组织发展"十二五"规划》中曾提出，到2015年要全面实现社会组织民间化；每年参加评估的社会组织，达到3A级以上的占80%以上。然而这一目标仍远未达成。从第四批（2013~2018年）和第五批（2014~2019年）的评估情况来看，达到3A级以上的分别占68.0%和75.5%，未能达到"十二五"规划的要求。这也从侧面反映了当前社会组织发展的质量仍不尽如人意。

总而言之，社会组织的能力建设短板明显，在服务经济、促进经济发展、管理社会事务、提供公共服务方面的能力仍有待提高。

（四）社会组织人力资源建设面临困境

社会组织的人员薪酬一直偏低，与专业教育背景不匹配，与专业能力不匹配，导致人员流失率高，社会组织的人才问题一直困扰和制约着社会组织的发展。专业社会工作服务主要是政府购买，其定价对于社会组织从业人员的薪酬有重要的参考意义和引领作用。

以社会工作人员的薪酬为例，深圳是全国最早引入专业社会工作服务的城市，也是率先出台政策建设社会工作人才队伍的城市。具有竞争优势的薪酬、职业学习福利（如香港督导）和较好的晋升制度（本土督导培养机制），吸引了来自全国各地的优秀社工人才。然而深圳市社工购买服务标准却增长缓慢，2007年的社工指导价，助理社工师的平均薪酬是3840元，中级社工师是4890元，同期深圳在岗职工月平均工资为3233元，社工工资高于平均工资。十年过去了，购买社工服务标准为9.3万/（人·年）（税前），仅略高于深圳市2018年在岗职工月平均工资（7914元），甚至低于广东省中山市的社工服务购买标准。相对深圳的物价水平，深圳社工的薪酬处在平均线上，在珠三角地区都难以形成吸引力。与专业教育背景和专业能力不匹配的薪酬待遇直接导致社工流失问题严重，深圳市社工向周边地区流出的趋势明显。2008~2014年，深圳市社工流失率持续上升，从2008年的8.2%上升到2014年的22.2%。尽管2015年首次出现下降，流失率仍然超过18%，其中，88%的流失人员选择不再从事社工行业。[①] 2012年，深圳市流失的社工中，约有30%因为高薪优待流向了周边地区。

根据2017年深圳年鉴的统计数据，公共服务领域相关人员的工资情况如表5所示，尽管统计的样本数量较小，但仍能说明一定的问题。在卫生和社会工作类别中，社会工作的薪资远低于卫生类别，卫生行业的年平均工资为156707元，社会工作者的年平均工资不到卫生类别的一半，仅为74822元，民间非营利组织的年平均工资更低，仅为51096元（见表5）。

---

① 深圳社会工作协会数据（2016）。

表5 2017年公共服务领域相关人员工资

	单位从业人员工资总额(万元)	单位从业人员年平均人数(人)	年平均工资(元)
卫生和社会工作	913187	59518	153430
卫生	895343	57135	156707
社会工作	17844	2383	74822
群团、社团和其他	107678	6618	162705
非营利组织	21798	4266	51096

资料来源：深圳市统计局：《分经济类型和行业单位从业人员工资总额、平均人数和平均工资（2016年）》，载《2017年深圳年鉴》，第354~355页。

深圳也意识到了这个问题的重要性和迫切性。2017年，由深圳市人力资源和社会保障局、深圳市民政局联合启动全国首个社会组织薪酬调查项目，旨在通过社会组织从业人员的薪酬调查，制定2017年度深圳市社会组织从业人员工资指导价，供政府购买服务、社会组织用工管理规划以及员工择业参考。2018年初，深圳市民政局发布了《关于促进社会工作发展的若干措施（征求意见稿）》，按"卫生和社会工作"行业工资指导价位制定社工薪酬指导价，大幅提升社工薪酬。目前，具体措施尚未出台，只希望最终能落实，引领社会组织从业人员的薪酬调整，留住优秀人才，从而提升社会组织的服务质量。

（五）社会组织内部治理有待完善

过去十年，深圳社会组织得到了快速发展，社会组织对经济发展做出了积极贡献，参与社会治理成效显著。诚然，深圳社会组织的发展趋势喜人，发展出了一批品牌社会组织，无论是内部治理还是服务开展都十分出色。然而从社会组织的党委会、理事会和监事会这"三会"的内部治理架构来看，许多社会组织的内部治理仍有待完善。

首先，部分社会组织规模较小，内部治理架构不完善，缺乏理事会和监事会，尤其是民办非企业单位问题较为突出。从2017年年报的统计数据来看，99.2%的基金会都设有理事，257家基金会的理事人数中位数为7人，

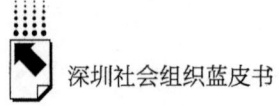

有20.23%的基金会理事人数达到10人以上，社会团体的理事会中位数也大于9人，其中行业协会商会的理事会人数较多，理事会人数中位数为25人。民办非企业单位的理事会人数中位数最少，仅为5人，这也与民办非企业单位数量大，但许多组织规模较小有关。

其次，社会组织的小规模发展导致在建立党委会，完善内部治理架构方面遇到挑战。社会组织规模普遍偏小，专职工作人员中党员比例低，很难单独建立党组织，更别提成立党委会。许多社会组织是通过联合组建来实现党组织工作覆盖的。深圳市8089家提交党员数据信息的社会组织中，有党员分布的社会组织仅有3727家，占比为46.1%；其中，仅有2003家社会组织具备单独组建党组织的条件（有3名以上党员），占比为24.8%。绝大多数社会组织因没有党员或仅有零星党员分布而无法单独建立党的组织。在实践中联合党委较难参与社会组织的内部治理。这为完善社会组织的内部治理架构带来重大挑战。

最后，现有内部治理结构中的党委会、理事会和监事会，"三会"边界不清，权责不明晰，制约了社会组织的内部治理。在实践中，一些组织中的"三会"往往三套人马，互相制约，反而降低了治理的效率。深圳社会组织总会探索监事会与党委会合署的方式来实现"三会"的内部治理。首先以章程形式订立党委书记兼任监事长，并成立自律委员会，简化"三会"的治理流程，同时确保党组织的领导及监督作用。同时尝试把监事前置，理事会下移。把重要决策的草稿先交由党委/监事会审议通过再提交理事会和会员代表大会。而秘书处则作为"三会"的执行团队处理协会的日常事务。

六 深圳社会组织发展和管理的趋势研判与展望

（一）社会组织价值导向作用日益凸显

深圳改革开放40年来，本市社会组织的数量从8家到今天登记数已经超过1万家，社会组织渐渐走进大众视野。深圳社会组织蓬勃发展的三十年,也是政府和社会对社会组织认识和认可的三十年。而在未来一段时间,随着社会组织的持续发展,政府和社会对社会组织的认可度仍将不断提升。

社会组织的非营利性决定了其发展的内在驱动力不是利润,也不是权力原则,而是以志愿精神为背景的利他主义和互助主义。这意味着,社会组织必须也必然对公众发挥价值引领作用。在创始阶段,社会组织往往是凭借着具有正面和积极意义的价值观而创设的;在发展阶段,社会组织同样需要通过弘扬自身的价值理念、提升自身的社会形象来实现自身的发展壮大。当前,我国的社会组织和志愿服务还处于起步阶段,但仅在深圳一地,就有近160万名志愿者"红马甲"分布于各个片区、各个行业。这种志愿精神对整个社会的精神价值方面的引领非常重要。

同时,这种价值导向作用也不是纯粹精神层面的。随着城市治理需求的提升,人们对作为城市治理的新主力的社会组织的需求将不断上升。越来越多的政府职能让渡给社会组织,让社会组织逐渐成为党委、政府与人民群众之间的"中间层",这样的格局有利于协调利益关系,化解社会危机,释放社会压力,保持社会稳定,推动社会进步。涵盖科技、商业、公益、社区等诸多领域,社会力量逐步成为城市改革治理新主力。此外,社会组织在促进产业升级、提供公共服务、推动社会治理创新、开展对外交流合作等方面发挥着越来越重要的作用。

伴随着社会组织地位的重要性不断提升,其所倡导的利他主义价值观的影响力将不断扩大。特别是在引导企业和市场的力量为社会提供公共服务方面,社会组织通过社会价值引领经济价值的趋势也将越来越明显。

(二)社会组织发展环境不断优化

以往社会组织的发展所存在的一些问题,如立法滞后、行政色彩过浓、内部管理不完善、缺乏经费等,其主要原因是社会各界尤其是政府部门对社会组织的地位和作用存在思想认识的偏差,以及登记部门与业务主管部门双重管理体制的制约,另外政策环境与社会组织自身也是不容忽视的因素。

在过去一段时间内，深圳市积极发挥政府职能，加大政府支持力度；完善相关的法律法规制度，促进社会组织健康发展。如登记管理体制现代化的改革举措对社会组织的发展起了重要的促进作用。同时，在经济发展的过程中，政府像引导产业一样引导社会组织发展，对在社区开展养老照护、公益慈善、文体娱乐等活动的社区社会组织，优化服务、简化登记程序，支持鼓励发展。同时，完善落实各项财政扶持和税收优惠政策，支持社会组织发展。类似上述举措为社会组织发展营造了良好的环境。

（三）社会组织"高质量发展"成为常态

随着深圳市社会组织发展策略向"降速提质"转变，如何实现社会组织高质量的发展就成了深圳政府和社会组织最明确的目标。对政府来说，如何在降低登记门槛后，加强社会组织综合监管、提升已经登记注册的现有社会组织质量的任务越来越重。从最严常态化抽查落地到多部门社会组织大数据监管，从社会组织信息共享再到信用机制构建，深圳市政府为提高已"入门"的社会组织的质量而采取的种种介入性举措，已成为深圳社会组织改革的重要方式。

上述政府举措对社会组织的内部管理升级提供了足够的压力和动力。在过去一段时间，深圳社会组织内部结构的合理性、内部机制运作的有效性以及透明化程度都在不断提高。随着政府更大力度的引导，以及社会组织自身的需求，深圳社会组织的内部管理提升已经走上了一条良性发展的道路，可以期待未来深圳社会组织内部管理的现代化水平将持续提升。

（四）社会组织品牌化发展迎来政策新机遇

深圳社会组织根植沃土，在政策扶植、经济支持和人人向善的环境下，深圳社会组织获得了良好的成长空间，并在发展的过程中积累了不少值得分享和推广的宝贵经验。许多社会组织在珠三角地区乃至全国区域中成为行业的佼佼者。深圳的行业协会、社会工作、公益金融、科技类社会组织发展都取得了丰硕的成果。

以养老服务业为例，深圳市在养老服务业发展"十三五"规划中明确提出要打造深圳特色、深圳质量、深圳标准和深圳品牌。在"降速提质"成为深圳社会组织发展主线时，社会资源分配也将日趋集中，优秀的社会组织将获得更多的资源和更大的成长空间，促进全行业的资源要素充足、社会组织高质量发展成为常态，社会组织品牌化发展也将迎来政策新机遇。

（五）社会组织发展的国际化水平持续提升

深圳是改革开放的前沿阵地，三十多年来，随着深圳金融、贸易、科技等领域在国际上地位的提高，深圳已经发展成为具有一定影响力的国际化大都市。但是，目前深圳的国际化程度与其经济发展实力并不相称，特别是在社会组织引进来和走出去方面。但在今后一段时间，深圳社会组织的国际化具备更好的条件。如深圳许多社会组织、企业等已经掌握了丰富的国际资源和交流渠道。如深圳市国际交流合作基金会就以"整合社会资源，深入推动深圳国际交流与合作，推进国际化城市建设"为宗旨，坚持公益性质，按照"来源于社会，服务于社会"的原则，专项资助开展或参与国际友城交流合作、学术研究、咨询培训、会议研讨、城市推介、文体赛事等国际交流和民间友好往来活动；深圳市奖励在推动深圳国际化城市建设、开展国际交流与合作中做出显著成绩和突出贡献的团体和个人。

更重要的是，现阶段深圳的经济国际化水平不断提高，需要相应的社会组织国际化作为支撑，特别是当下深圳正处于制造业升级，市场结构、经济结构和社会结构转型的关键时期。在经济发展转型升级的大背景下，深圳更要厉行"走出去"的战略，只有走出去，才能获得可持续的发展动力。这就需要汇聚民间的力量，构建更大的、更有影响力的国际交流平台，服务城市的对外发展需要。而社会组织必将在其中扮演重要角色。

分报告

Topical Reports

B.2 深圳社会团体发展报告

唐昊[*]

摘　要： 深圳市社会团体总体数量已经达到相当规模，近十年，年平均增长率为12.91%。社会事业类和慈善类社会团体占比超过六成，经济类社会团体则在服务经济发展方面作用明显。目前深圳社会团体的工作人员仍以兼职为主，专职工作人员比例约为两成。收入来源多样化且均衡，提供服务收入、会费收入、捐赠收入、政府补助收入占比都超过15%。整体来看，深圳社会团体发展呈现"降速提质"、行业差别大、区域差别大、国际化步伐加快四大特点，并在相关政策法律环境、人才建设、党建工作、参与基层治理、助力经济建设等方面改革创新。但深圳社会团体发展也面临内部治理参差不

---

[*] 唐昊，深圳国际公益学院教授。

齐、行业发展协同性不足、法规政策有待完善等挑战。预测未来深圳社会团体将继续呈现稳健发展的态势，社团进一步多元化和分化，旨在促进社会信任、提供社会资本的社会团体将有更大的发展空间。同时，在深圳建设国际化大都市和参与粤港澳大湾区发展的进程中，社会团体国际化需求将进一步得到满足，成为其发展的新动能。

关键词： 社会团体 降速提质 经济贡献 基层治理 国际化

按照国务院《社会团体登记管理条例》的定义，社会团体是指中国公民自愿组成，为实现会员共同意愿，按照其章程开展活动的非营利性社会组织。在社会组织三大类别（社会团体、民办非企业单位、基金会）中，社会团体不仅是政府与社会之间的桥梁，而且其本身就扎根于社会领域，以非营利的方式直接影响着经济和社会。党的十八大以来，在国家政策的推动下和市场经济的发展下，深圳市的社会团体大量涌现，快速发展，逐渐形成一股不容忽视的社会力量，对深圳市的社会治理、经济发展和社会进步都起到了重要作用。

一 深圳社会团体发展现状

（一）深圳社会团体数量增长情况与特征

深圳市社会团体的总体数量已达到相当规模。截至2018年9月30日，深圳社会团体总数量达到6088家。在四个一线城市中，深圳市社会团体的数量仅次于上海，排名第二。但从每万名常住人口拥有社会团体的数量来看，位居第一。

增长的速度也同样令人瞩目。2008～2017年深圳社会服务统计报告表明，深圳市登记社会团体数量从2008年的1389家，稳健增长至2017年4146家，10年内增长了1.98倍，年平均增长率为12.91%（见图1）。

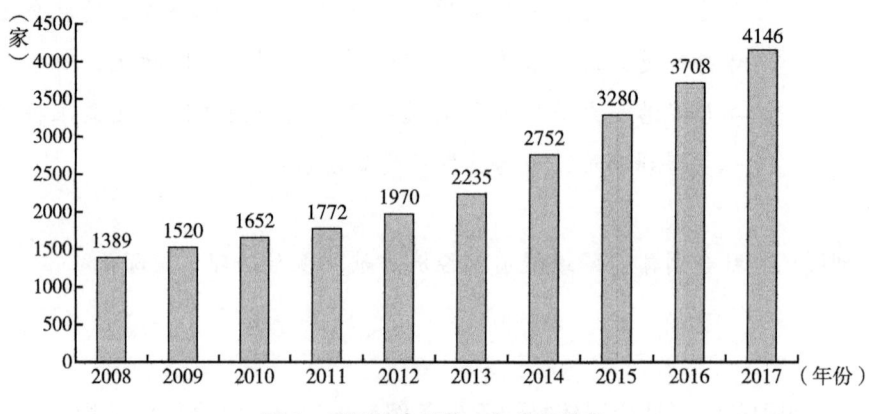

图1 深圳社会团体十年发展趋势

（二）深圳社会团体构成情况

根据深圳市社会组织管理局2018年登记统计台账，深圳市社会团体的内部构成如下：在总量为6088家的深圳市现有社会团体中，登记社会团体有4410家，备案的也有1678家；直接登记的社会团体为1954家，占全市社会团体总数的32.10%；从注册层级看，市级社会团体1859家（占30.54%），区级社会团体4229家（69.46%）。这个注册层级比例表明，深圳市社会团体的工作重心还是在基层。

从行业类别上看，社会服务类（24.28%）、工商服务类（19.30%）、体育类（19.15%）和文化类（18.91%）社会团体占全市社会团体总数的八成（见表1），说明深圳市社会团体的主要功能和作用仍在提供社会服务方面。

从注册类别上看，社会事业类社会团体数量最多，达2485家（占40.82%），其次是慈善类社会团体1478家（占24.28%），经济类社会团体1183家（占19.43%），科学研究类和综合类社会团体占比在15%左右（见图2）。其中慈善类社会团体的占比排名第二，表明深圳市社会团体的发展中，慈善公益事业受到了政府和社会较高程度的重视。

深圳社会团体发展报告

表1 2013～2018年深圳市社会团体按行业分类情况

单位：家，%

行业类别	2013年	2014年	2015年	2016年	2017年	2018年	2018年占比	年均增长率
工商服务业类	469	609	805	935	1077	1175	19.30	23.10
农业与农村发展类	3	3	5	7	7	8	0.13	23.59
科学研究类	183	197	257	172	186	193	3.17	0.41
教育类	22	24	35	44	48	55	0.90	21.54
卫生类	54	57	36	68	74	78	1.28	8.20
文化类	673	807	937	1092	1111	1151	18.91	13.35
体育类	569	788	1020	1206	1133	1166	19.15	18.79
生态环境类	21	22	24	34	37	35	0.57	15.21
社会服务类	1023	1250	1440	1624	1447	1478	24.28	9.06
法律类	6	7	7	6	9	11	0.18	10.67
宗教类	17	17	16	16	17	18	0.30	0.00
职业及从业者组织类	43	73	74	103	110	118	1.94	26.47
国际及涉外组织类	0	0	0	0	6	6	0.10	—
其他	277	320	459	446	608	596	9.79	21.72
总计	3360	4174	5115	5753	5870	6088	100.00	—

说明：①2018年数据截至9月30日；②此表数据均含备案社会团体数量。

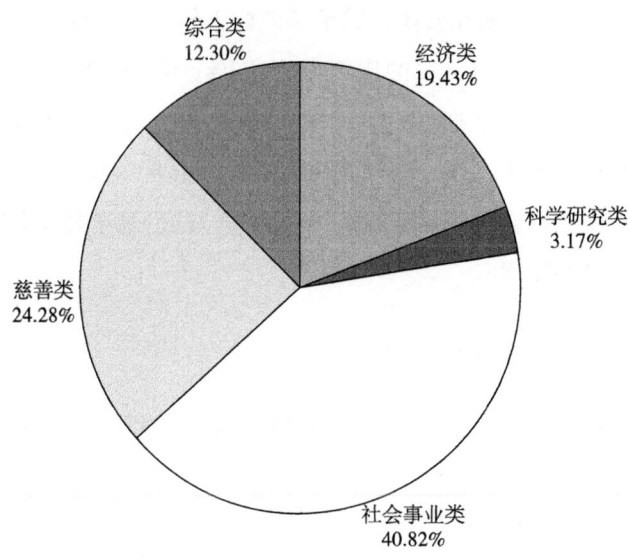

图2 深圳社会团体注册类别（占比情况）（截至2018年9月30日）

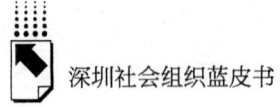

（三）深圳社会团体工作人员情况

统计表明，深圳市社会团体全体工作人员中本科以上学历者有7601人，占全体工作人员的34.02%，而专职工作人员超过半数拥有大专以上学历（4341人，占53.38%）。同时，有565名社会工作师，347名助理社会工作师在深圳社会团体中从业。这组数字同样在行业协会商会领域表现突出，2017年全市行业协会商会约有工作人员4618人，其中专职工作人员2989人，拥有专职工作人员的行业协会商会占比为86.72%。

从其他方面来看，深圳市社会团体工作人员中男女比例较为平均，女性专职工作人员3615人[1]。其中行业协会商会有女性专职工作人员1690人，占专职工作人员总数的56.54%。上述数字表明，深圳市社会团体工作人员的性别结构较为均衡，高学历和专业等级的比例也优于社会平均水平，工作人员素质较高。

在团体人员的专业性和专职性方面，截至2017年底，深圳社会团体约有工作人员22338人。社会团体工作人员数量占全市社会组织工作人员的15.27%[2]。有35.79%的社会团体聘请了专职工作人员，专职工作人员总计7983人，占社会团体工作人员的比例为35.73%。从这个情况来看，深圳市社会团体人员结构中仍以兼职工作人员为主、专职工作人员为辅。这在一定程度上表明在社会团体工作，尚未能与在机关、企业、事业单位这些主流单位工作一样，受到社会同等程度的认可。同时，这也意味着社会团体的工作存在专业性不足的隐忧。

（四）社会团体的经济贡献

根据深圳市社会团体2017年年报数据，以全市3535家社会团体为样本

---

[1] 受限于数据来源，此处女性专职工作人员数量不包括龙岗区、南山区、宝安区。
[2] 统计结果显示，社会团体共有工作人员22338人，其中专职工作人员7983人，兼职工作人员11294人。因为部分社会团体没有填写专职工作人员和兼职工作人员信息，所以工作人员总数≠专职工作人员+兼职工作人员。

统计分析，结果显示深圳社会团体平均注册资金为6.46万元；2017年，社会团体净资产总计23.08亿元，净资产平均值为65.27万元。其中，提交年报的市级社会团体有828家，占样本社会团体总数（3535家）的23.42%，这反映出市级社会团体的资产规模普遍大于区级社会团体。其净资产总计15.39亿元，约占样本社会社团净资产总数的2/3，其净资产平均值为185.84万元，接近全市社团净资产平均值的3倍。从2017年社会团体的年报数据来看，社会团体净资产期末数大于1000万元的有46家，占社会团体总数的1.3%。

而在社会团体中，行业协会商会的资产数据表现更好。以在市级年检平台提交年度工作报告的708家行业协会商会为样本统计，行业协会商会平均注册资金为8.48万元，略高于全市社团的平均注册资金。行业协会商会净资产年初数总计为7.68亿元，净资产期末数总计为8.2亿元，净资产年度增幅为6.85%，净资产合计期末数平均值为115.69万元，其中净资产期末数大于1000万元的行业协会商会有21家，占样本行业协会商会总数的2.97%。

（五）深圳社会团体业务活动情况

深圳市社会团体的活动类别，覆盖了从行业服务、商会服务、公益慈善、扶贫济困、环境保护等几乎所有社会服务类别。另外，还有绝大部分受益人群或服务对象不可量化。其中，2017年全市社会团体培养或发动志愿者292096人，志愿者全年贡献志愿服务时间合计370万小时。

在承接政府事项方面，2017年，深圳市社会团体共承接政府购买服务1750项，购买金额约为4.18亿元，其中深圳行业协会商会承接了513项政府转移职能和购买服务事项，购买金额合计1.03亿元。相比2016年，2017年深圳市社会团体共承接政府购买服务项目1633个，有所增加。市级社会团体承接的项目较多，但金额较少，区级项目金额较大。总体来看，各类社会团体承接政府购买服务也很踊跃，承接完成效果也相当不错。

（六）深圳社会团体财务表现

从社会团体的收入状况来看，2017年，深圳社会团体平均收入为119.21万元，总收入42.14亿元，占全市社会组织收入的16.79%，占比较低。其中提供社会服务收入占比最大，达到14.39亿元（占34.15%），会费收入11.26亿元（占26.72%），捐赠收入7.53亿元（占17.87%），政府补助收入6.91亿元（占16.40%），投资收益0.24亿元（占0.57%），其他收入1.80亿元（占4.27%）（见图3）。

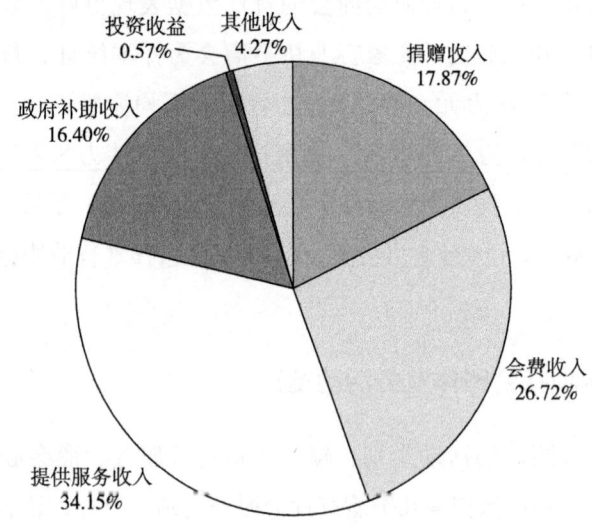

图3　深圳社会团体收入来源构成（2017年）

从社会团体的支出状况来看，2017年，深圳社会团体共支出39.07亿元，占总收入的92.71%，基本达到收支平衡，平均支出为110.52万元。其中业务活动成本23.40亿元（占59.9%），管理费用14.92亿元（占38.2%），其他费用0.74亿元（占1.9%）（见图4）。

深圳市社会团体的年报和财务报表显示，以收入和支出相抵，深圳市社会团体在财务上基本做到了收支平衡，且收入略大于支出，形成了良性的财务结构。

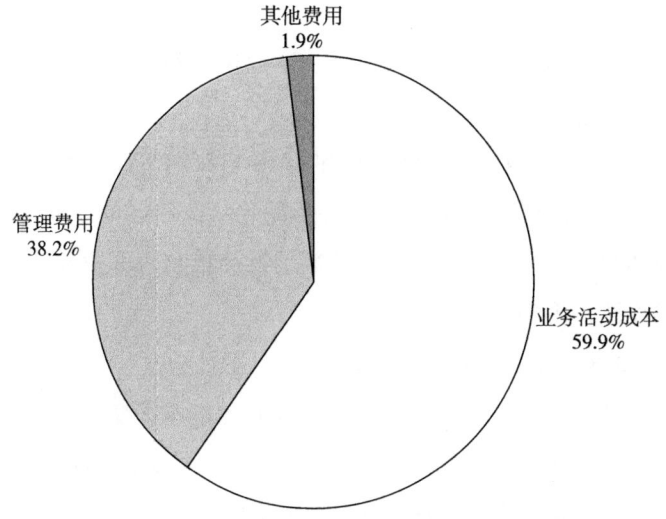

图4 深圳社会团体支出构成（2017年）

二 深圳社会团体发展特点和改革创新

（一）深圳社会团体的总体发展特点

1. 社会团体总体发展呈现"降速提质"的局面

2013年以来，深圳市社会团体数量的增长经历了一个由快速转为平稳的过程。经过了2013~2016年的爆发式增长（2014年社会团体的年度增长率达23%，2015年为19%）之后，社会团体在数量上的增速有所放缓（2016年为13%，2017年为11%）。这和深圳市社会组织管理部门近年来提出的"严把入口关""提升社会组织质量"等政策目标直接相关；同时，这也是社会团体经过过去几年的高速增长，已能够初步覆盖社会相关领域，从而进入常态化发展的体现。

在社会团体的社会影响力方面，截至2018年第三季度，深圳市社会团体共吸纳单位会员240324个，个人会员1864959人，社会团体理事人数总计 81091 人，监事 4201 人。单位会员和个人会员数量的增加，说明社会团体已能直接影响相当数量的企业、机关、事业单位和个人，而且能够使这些社会力量直接参与到社会建设中来。

从整体发展情况来看，在 2017 年和 2018 年深圳市社会团体数量增长放缓的情况下，社会团体的质量得到了全面提升。这一点可以通过 2018 年社会团体在内部制度、人力资源、资金总额、社会影响力、业务活动等方面的指标及其成长性，得到充分的体现。

2. 社会团体发展的行业差别较大

2017 年，社会团体的行业分布与 2016 年相比基本无变化，仍然主要分布在社会服务、体育和文化三个行业。这三个行业的社会团体数量占社会团体的比例为 68.2%。其中社会服务类组织主要集中在工商服务业，即行业协会商会所提供的服务。截至 2018 年第三季度，行业协会商会共计 990 家，占社会团体登记数量的 22.44%。在深圳这样一个市场经济发达的城市，市场对行业协会商会的需求非常旺盛。行业协会类社会团体在其经济功能的发挥上，有着无可替代的作用。这也导致深圳市行业协会商会在社会团体中的占比远远超过其他城市。

在深圳市文体类团体表现活跃，与深圳市所处的经济发展阶段有关。即在深圳市人均地区生产总值达到中等发达国家水平，由原来的温饱型社会进入小康型社会后，社会建设的需求就从原来以保障生存权为主，转向人群和社会的发展层面。深圳市也有相当多的以扶贫助困为主旨的社会团体，但一般都是面向其他经济发展相对落后的地区的外向型扶贫机构。

2013～2017 年的这五年间，职业及从业者组织类、工商服务业类、农业与农村发展类、教育类和其他类社会团体的年均增长率都在 20% 以上，发展较为迅速（见图 5）。

3. 社会团体发展的区域差别较大

从深圳市社会团体的地区分布来看，龙岗区、宝安区和罗湖区社会团体的数量仍然排名前三，分别为 378 家、313 家和 242 家；龙华区和福田区的数量也均在 200 家以上；光明区的数量仍然最少，仅有 50 家；其他各区

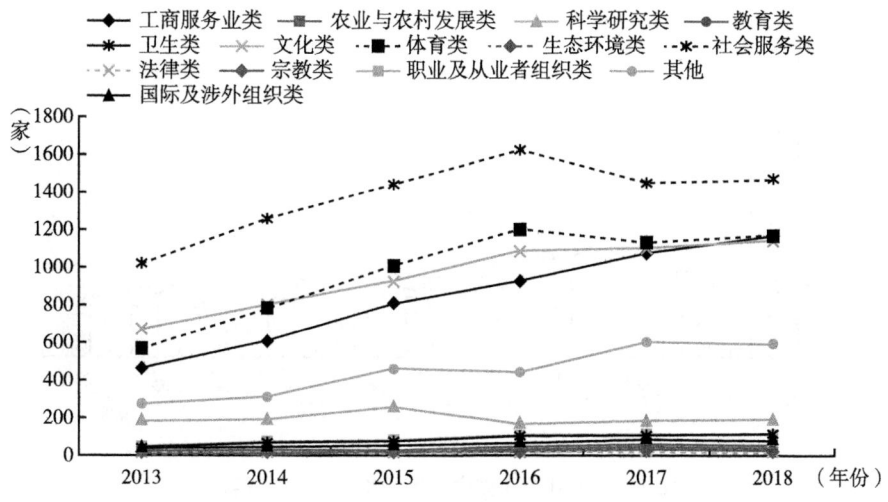

图5　深圳各行业社会团体变化情况

（新区）数量均在50~100家。龙岗区、宝安区、罗湖区、龙华区和福田区成为社会团体的大户，和这些区域经济发展到一定阶段，从而对社会团体的需求增长等情况相关。

从社会团体的规模来看，各区（新区）社会团体净资产平均值也有明显差别，这在一定程度上反映了各区（新区）社会团体的规模大小。宝安区社会团体的净资产平均值为73.82万元，居各区（新区）之首，约为盐田区的4倍。其次是南山区，为51.44万元（见图6）。这说明宝安、南山、罗湖、光明等区，以较大规模的社会组织为主，而其他区（新区）则存在更多的中小规模的社会团体。

此外，各区（新区）的政策法规建设直接影响到社会团体的结构和特性。如在经济发达区域，如福田区，其文体类社会团体发展迅速，与福田区对文体部门的支持分不开；罗湖区相对开放的登记制度和孵化制度也促使许多社会团体来此落户。在大鹏新区，社会团体数量相对较少，但也集中在本地区所急需的环保等领域，可以为解决本地区的问题提供来自社会层面的支持。各区（新区）的社会团体发展各具特色，其政策扶持等背景上的差异不容忽视。

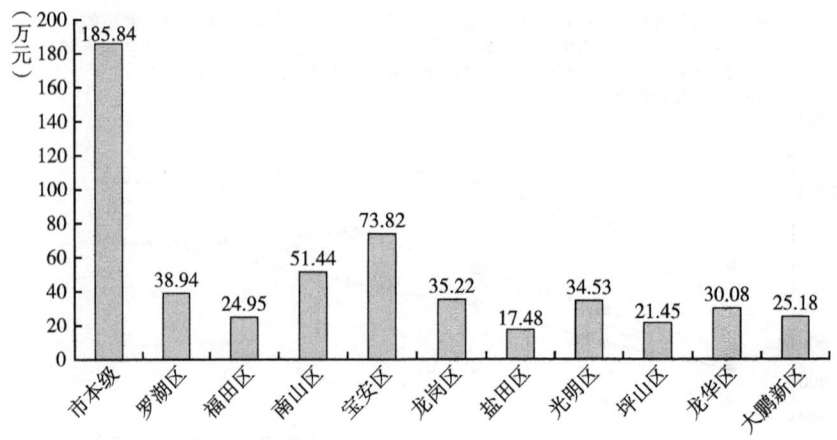

图6 深圳社会团体净资产平均值（2017年）

4. 社会团体发展国际化步伐加快

自"一带一路"倡议逐步推进以来，中国社会对社会团体国际化发展的需求开始呈现。社会团体建设的国际化主要包括"引进来"和"走出去"两个方面。所谓"引进来"指的是国际民间组织与国内社会团体的交流、支持和互动增加。所谓"走出去"指的是国内社会团体到国际社会开展相关工作，甚至直接提供服务，扩大中国社会团体的影响力。

作为一个社会建设事业刚刚起步的国家，中国的社会团体国际化的主要方式仍为"引进来"。深圳狮子会就是一个将国际组织运作管理模式"引进来"并本土化的典型案例。截至2018年6月，深圳狮子会共有服务队146支，会员约5000多人。据不完全统计，16年来，深圳狮子会的爱心足迹以深圳为中心遍及中国大江南北，服务活动达7500多次，服务经费约2.8亿元。深圳狮子会曾两届蝉联深圳市政府颁发的"鹏城慈善组织奖"，在表彰经济特区设立30年来为深圳慈善公益事业做出突出贡献的个人与组织中，获"鹏城慈善突出贡献奖（团体）"，受到全社会的广泛关注。

在"走出去"方面，2017年深圳开始出现以国际和涉外组织类登记的社会团体；从细分类型上看，行业协会647家，异地商会343家。而更重要的是，深圳市正在开启一个由政府、企业和社会组织共同参与的立体式公共交往模式。在此基础上，一些国内社会组织和企业如中国扶贫基金会、中国青少年发展基金会、爱德基金会、深圳壹基金公益基金会、中国青年志愿者协会、中兴通讯公益基金会、深圳市弘法寺慈善功德基金会等，开始加快推进国际化进程，并在尼泊尔、柬埔寨、缅甸、苏丹、印度尼西亚、埃塞俄比亚、巴基斯坦等国家和地区开展国际援助项目，在履行国际社会责任中扮演越来越重要的角色。

（二）深圳市社会团体的改革创新

在地方政府创新和体制改革之后，深圳市社会团体的政策法律环境得到了极大改善，这对于社会团体的发展及其社会功能的发挥起到了基础性的作用。在良好的政策法律环境的促进下，深圳市社会团体自身也注重能力建设和模式创新，结合深圳市的城市优势，走出了一条社会团体的创新发展之路。具体表现在：政策法律环境创新、社会团体参与基层治理创新、社会团体人才建设创新、社会团体党建形式创新、以创新方式服务经济建设。

1. 政策法律环境创新

2008年以来，深圳市先后出台了多部法律法规，促进行业协会商会、公益慈善组织的发展，效果显著。特别是《深圳市行业协会法人治理指引》《深圳市行业协会管理制度示范文本》《深圳市行业协会商会与行政机关脱钩实施方案》等一系列法规的出台，旨在通过给予行业协会商会更加宽松的政策和更加明确的引导，促进行业协会商会的发展。

在深圳市社会团体的分类中，行业协会商会的发展是一个亮点。2017年，以在市级年检平台提交年度工作报告的708家行业协会商会为样本统计，行业协会商会平均注册资金为8.48万元，略高于全市社团的平均注册资金。同时，2017年，深圳行业协会商会平均收入为157.77万元，也比社会团体平均收入高三成左右。2017年，行业协会商会年度总收入11.17亿元，占全市社会团体总收入的26.51%。其中，提供服务收入4.36亿元（占39.03%），会费收入4.01亿元（占35.90%），政府补助收入1.82亿元（占16.29%），捐赠收入0.47亿元（占4.21%），投资收益0.07亿元（占

0.63%），其他收入0.424亿元（占3.80%）（见图7）。

至于在社会影响力方面，行业协会商会表现最为突出。2017年社会组织年报统计显示，深圳社会团体所吸纳的单位会员总量为240324个，其中深圳行业协会商会吸纳单位会员就达到134494个，占比超过一半。且其理事会规模较大，理事会人数中位数为25人。行业协会商会的理事会规模比社会团体的平均规模要大得多。

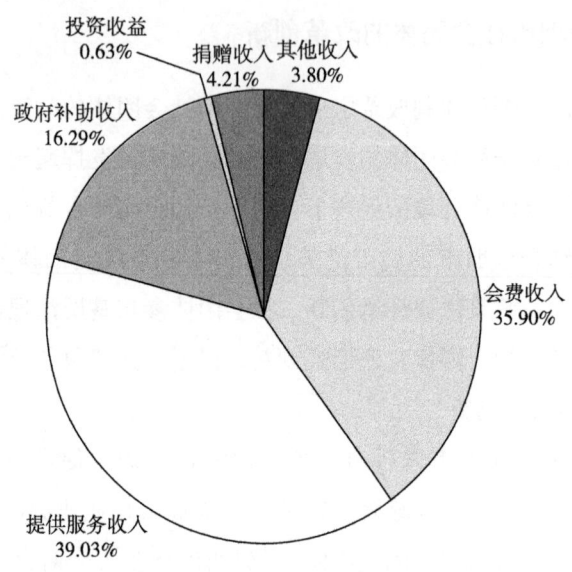

图7　深圳行业协会商会收入来源构成（2017年）

2. 社会团体人才建设创新

社会团体在大多数情况下做的是人的工作，对工作人员的专业性要求较高。因此，在提供社会服务的同时，也必须注重人才培养。过去几年，深圳市政府先后出台多部人才建设地方法规。特别是《中共深圳市委　深圳市人民政府关于加强高层次专业人才队伍的意见》提出，加大人才工作投入，通过整合现有人才、资金和增加投入，设立"高层次专业人才工作专项资金"，用于高层次专业人才各项奖励、资助和补贴。市级专项资金首期投入约2亿元，列入年度财政预算。这类举措极大地促进了深圳市社会团体的人才建设工作。

从深圳社会团体工作人员的学历来看，高学历工作人员占比也有所提升，以市级社会团体的专职工作人员的学历来分析，2016年大专以上学历的工作人员占比为60.9%，2017年这个数据上升至72.15%。值得注意的是，在所有的社会团体中，服务于经济和市场的团体拥有更优质的人力资源。例如，相比于其他类型社会团体，行业协会商会的专职工作人员的受教育程度普遍较高，约82.37%的专职工作人员为大专以上学历（2462人），其中还有8.53%的人员拥有研究生学历。从年龄层面分析，专职工作人员整体年轻，充满活力，35岁以下专职工作人员占51.62%，另有42.79%的专职工作人员为35~55岁，55岁以上专职工作人员占5.92%。所有指标都优于社会团体的平均指标。

这些人力资源的优质指标不但意味着组织现今的发展状况良好，而且在一定程度上定义着未来。人才结构在这种为经济服务的组织那里实现了良性循环，社会团体人员素质越高，社会团体发展越好；社会团体发展越好，其人员素质就会进一步提升。

3. 社会团体党建创新

在社会团体积极开展党建的进程中，许多改革创新的举措得以应用。主要是"三同步"和"五嵌入"。所谓"三同步"，即同步采集社会组织党员信息、同步组建社会组织党组织、同步指导社会组织党建工作入章程，督促推动新成立的社会组织及时建立党的组织，开展党的工作，落实党建责任。而"五嵌入"指的是，将党建工作全流程嵌入社会组织年报、社会组织等级评估、社会组织换届改选、社会组织购买服务和承接政府转移职能、社会组织评先评优。这些举措，重在将党务落实到社会团体的实务中去，实现党建工作和业务工作的有机融合。

截至2016年底，社会团体中建立党支部的有92家，占社会团体数量的比例为3.7%。不建立党组织的原因有三个，主要原因为"有党员但不符合党组织建立条件"，所占比例达71.6%；"无党员"的社会团体所占比例为21.4%；"符合建立党组织条件但尚未建立党组织"的社会团体有7.0%。

以深圳市律师协会（以下简称律协）为例，截至2018年10月，律协有4178名党员，占律师队伍的32%，组织关系在律协党委的有2810名，直属的区域党委2个（宝安区和南山区），非直属的区域党委1个，律师行业基层党委4个，党总支4个，党支部159个。从这些数据来看，律师行业基层党组织涵盖了大部分律师党员。

4. 社会团体参与基层治理创新

在政策鼓励下，深圳市社会团体以"三社联动"（社区建设、社会组织和社会工作）的方式参与到基层治理中，效果显著，成为社会组织承接政府购买服务项目的主力军。统计表明，深圳市社会团体在2017年承接政府购买服务项目金额合计超过5亿元，占全市社会组织承接政府购买服务金额的一半以上，成为社会组织为政府提供服务的主要力量。

此外，在深圳市诸多社会团体中，公益慈善类社会团体发展迅速，不但聚集起大量慈善资源（根据《第四届中国城市公益慈善指数报告》，2014~2015年深圳接收直接捐赠总额超过27亿元），还直接参与公益服务，为社区治理提供专业性的治理服务。

5. 以创新方式满足经济建设需求

社会团体对深圳经济社会发展的贡献很大。比如，在经济领域，行业协会在推动城市产业升级、产业结构布局方面发挥了很大作用。根据不完全统计，深圳钟表行业协会会员企业的产值占到全世界钟表行业总产值的40%以上，深圳服装行业协会会员企业的产值占到全国六成以上。行业协会通过制定行规行约，加强行业自律，倡导诚信准则，有力地维护了市场秩序。

作为有着务实传统的商业城市，深圳市社会团体的创新主要集中在业务活动领域。一系列新经济形式下的新的社会需求，必须以创新的方式来满足，而在这方面，深圳社会团体以创新业务服务经济的能力表现突出，例如，作为全国的高精尖科技商品的一线城市，全国的跨境电子商务业务有一半以上与深圳的企业有关。特别是中国很多做跨境电商的卖家都聚集在深圳，占全部卖家的90%以上。但深圳的卖家对"走出去"过程中涉及的海外知识产权、法律、交易规则等缺乏了解，而且存在行为不规范的情况。因而为跨境电子商务企业提供"走出去"的法务服务，就成了急需和必需。

面对跨境电子商务的迫切需求，深圳市跨境电子商务协会于2014年7月成立，2017年获评5A级社会组织。协会会员将近1700多家，主要涉及做跨境电商的从业者、卖家、物流、供应链服务商、银行、第三方支付机构。类似跨境电商协会等团体的创办和发展，表明深圳市社会团体拥有根据经济发展的新形式、新业态，即时准确地提供社会服务的能力。

三 深圳社会团体发展的挑战

深圳毗邻港澳，地理位置特殊，信息灵通，同时随着对外交往不断增多，人们的思想观念开放，使得深圳市社会团体的发展一直面临着较为复杂的经济和社会环境。这也让深圳社会团体在近年来获得长足发展的情况下，面临着更多的内部挑战和外部挑战。

（一）内部治理情况参差不齐，部分社会团体缺乏可持续发展的能力

在三类社会组织中，社会团体对于内部治理制度建设的需求最为迫切。最近几年，深圳市社会团体内部管理制度建设进一步加快。此外，在对社会团体的管理上，深圳市在全国率先推行了社会组织年度报告制度，深圳市社会团体基本上都建立了财务公开制度。这些都促进了全市社会团体的信息公开建设。

作为新生事物，当下社会团体的内外制度建设普遍呈现不完善的特质。调查表明，为数众多的社会团体的管理者对于本行业的内部治理问题表示出极大忧虑。事实证明这种忧虑并非空穴来风。2017年12月，深圳市龙岗区将80余家社会组织列入经营异常名录，其中多数为社会团体，占47家。

同时，不同地区、不同领域的社会团体的自身能力差距较大。从社会组织的类型来看，公益性、慈善性、服务性的社会组织偏少；服务于强势群体的组织偏多，服务于弱势群体、困难群体的组织偏少。而如何让服务于弱势

群体、服务于困难群体的代表性组织得以健康生长，这也是一个世界性的难题。

在针对内部治理的问题上，党建可对社会团体的内部治理有着促进作用，但整体来说社会团体的党建工作起步晚、基础薄弱，存在着经验不足、党务工作者缺乏、活动阵地不足等问题。同时，党建工作也容易形成"重形式、轻实质"的做法。如何在促进社会信任的生活团体建设中，把党建对社会组织的覆盖，从"有形覆盖"向"有效覆盖"迈进，将是考验通过党建促进社会团体内部治理能力提升这个策略的关键所在。

（二）社会团体的协同发展不够

和政府一样，社会团体也无法单纯靠自己就能够实现社会治理的目标。社会团体和企业之间的合作、参与政府工作及与政府之间的相互支持合作，将让社会团体在与其他机构的合作下，取得更大的发展动能。但目前，各个机构之间联系不足，缺乏整体的发展规划和彼此之间的协同。枢纽型社会团体并没有真正发挥作用，有许多不利因素限制其发展。例如，在某科技强区，社会团体的发展都各有亮点，但普遍缺乏总体发展的思路，各自为政，难以达到社会更高的期望。

在参与社会建设的进程中，社会团体将依靠更多的合力。包括向企业和社会筹集更多的可供运营的资金，通过社区、企业、基层组织和其他社会组织向社会提供资助人和受益人都满意的产品和服务。随着政府职能转移的深化，社团将成为政府购买服务的主要对象之一，而经济社会的进步使企业参与社会团体的意愿持续增强，更多的企业开始意识到自身的慈善需求。但在现实中，这些强大的社会资源却并未得到很好的整合。

作为本身就肩负着整合社会资源使命的社会团体，枢纽型社会组织在协同各方面资源上也显得力不从心。有枢纽型社会组织的负责人在访谈中表示："作为枢纽，不仅是业务枢纽，可能更多是价值观的枢纽、平台枢纽。但因为本组织在体制内比较边缘，又没有特别多的利益让渡给社会组织，拿什么去团结？这是个问题。"在社会团体发展成熟的国家，人们为了更有效地实现社团目标，经常应用营销理论、公共关系战术来唤醒人们的意识，获取政治与社会的支持。但在中国，资源所限也间接导致社会团体资源动员的策略多元化能力不足。

（三）法律法规虽然比以往更加完善，但仍有较大改善余地

社会团体的发展受政策影响较大。在2012年党的十八大之后，中央宏观政策的利好和深圳市政府鼓励措施的出台，使得社会团体的发展步入快车道。其中2014年社会团体的年度增长率达23%，2015年为19%。此后，在"降速提质"的思路下，规范性政策陆续出台，深圳市社会团体的增长率在2016年就降到13%。

在深圳，长期以来政策法律环境都对社会团体较为友好。但在具体的登记、管理、活动、监督的过程中，仍会存在法律依据不足的问题。在社会团体数量不断壮大，社会事业更加复杂化的局面下，对社会团体进行管理的政府力量明显不足。特别是在区一级的基层治理体系中，有时连区级社会管理部门的执法都有困难。例如，按照法律规定，外出执法需要两名执法人员同行，但由于区一级的社会管理部门人员数量较少，有时需要对社会团体进行外出执法时连两名执法人员都凑不齐，因而难以成行。

在这个政策法律敏感性较高的领域，如何加强政府与社会团体之间的关系，深化政府对于社会团体和社会治理的认识，将直接影响到深圳社会团体的发展状况和发展方向。如何提高各层级政府和公众对于社会团体的认知水平、如何在政府转移职能和购买服务方面加强规范管理、如何在社会团体的管理过程中强化执法、如何在等级评估的结果运用上加强政策扶持，都是政府在促进深圳市社会团体发展的过程中需要思考的问题。

四 深圳社会团体发展展望

以宏观视角观察，中国的社会团体发展虽然达到了一定的规模，但和西方社会的社会团体总量和万人占比相比较，还有很大差距。伴随着市场经济

发展的需求和国际环境的影响，为满足经济和社会的需求，中国社会团体的数量将进一步增多，这是可以预见的。当然，和这些市场化程度比较发达的国家和地区的社会团体的发展历程相似，中国社会团体绝对数的大量增加，会是一个长期的过程。特别是在此前几年经历过爆发式增长的深圳等一线城市，这个过程会更加复杂，无法用简单的速度和规模来衡量发展状况。从大量的访谈调研中可发现，深圳市社会团体在总量继续增长的前提下，其发展将呈现稳健发展、持续分化、多元参与、走向国际等几大前景。

（一）深圳市社会团体将呈现稳健发展的格局

社会团体的发展受政策和法律的影响较大。目前中央和地方关于社会团体发展的相关重要政策法规基本已经出台，鼓励发展和加强规范等基本指导原则将保持不变。所以未来一段时间内不大可能有重大的政策转向。在政策法律环境基本稳定的情况下，社会团体的发展也将呈现稳健发展的局面。

从世界范围来看，在社会团体发展尚处弱小阶段时，人们会认为社会团体只是起到辅助政府和市场的作用，而当社会团体发展成为强大的第三部门后，很多社会问题的解决，如环境保护、消费者权益保护、妇女权益保护、扶贫工作等，都能找到非营利领域的解决方案。深圳市目前正处于第三部门从弱小走向强大的关节点，在这个关节点上，社会团体的数量仍在增加，规模仍在扩张，但对社会团体的质量和效果的重视，将会达到前所未有的程度。这为许多社会团体超越以往以生存为目标、以筹款为目标的初级阶段，迈向高质量发展阶段，带来了压力和动力。

（二）在整体上稳健发展的同时，社会团体将进一步走向多元化和分化

目前深圳市社会团体的发展已基本覆盖社会服务需求的各个领域。但近年来社会团体在发展过程中，内部的发展不均衡一直显著存在。而在未来，随着经济的发展，与市场经济有关的行业协会商会等组织在经济能力上会进一步发展。目前深圳的行业协会商会在资产数量、人力资源、社会影响力等

指标上，都优于社会团体的平均数据。这有可能在未来形成良性循环，使得这些服务于经济和市场的团体得到更大的发展。

而与此同时，缺乏市场资源的非经济服务类团体仍然面临较为困难的发展前景。对于较大的社会团体来说，其资源获取渠道可以是多元的。如承接政府购买服务、民间筹资、政府支持、国外基金支持以及非营利服务所得等。但对于更多的中小社会团体来说，能力不足导致经费不足，或经费不足导致能力不足，成了一个普遍性的问题。社会团体发展的马太效应难以避免。

面对社会团体内部的分化问题，政府需要出台政策扶持相关社会团体的发展，特别是旨在满足弱势人群需求的社会团体。但这种扶持并非只是简单的资金上的倾斜，而更多的应该是能力的培养。例如，深圳是全国科技强市，社会团体参与科技扶贫已经成为趋势。如何动员更多的科技企业参与、如何推动社会团体对社会问题采用科技解决方案、如何将科技发展与公益慈善类组织的目标对接，都是解决弱势人群社会团体发展的出路和方向。

（三）旨在促进社会信任、提供社会资本的社会团体，将有更大的发展空间

中国社会发展到今天，物质层面的需求已经得到了阶段性的满足，社会发展的多元化需求，特别是非物质方面的需求正在逐步凸显出来。近年来，佛山女童遭多次碾压事件、重庆公交坠江事件、幼儿园门口行凶事件等许多恶性事件的发生，都说明中国社会在经济高速发展下，社会结构和社会心理层面出现了问题，社会资本在整体上受到极大削弱。

西方社会在经济高速发展的年代，早已经历过上述问题。普特南等学者就指出，在居民自治基础上形成的志愿者组织，能够产生更多的社会资本，而这些社会资本有利于社会经济繁荣和社会团结与和谐。作为社会自发的组织形态，社会团体可以提供大量的社会资本。随着社会的发展和社会问题的层出不穷，整个社会对社会资本的需求将会不断增大，以社会资本提供为主要功能的组织将面临极高的需求度。能够提供社会资本的组织包括：社区组织、行业协会、同业组织、家庭关系促进组织、公益慈善组织、扶贫组织等。

这些组织的共性在于其都可以帮助这个社会建立以信任为基础的社会资本。

所以，中国社会团体的发展，不应仅仅局限在承接政府购买服务或自己提供社会服务这样的层面，而应该在促进社会团结、增强制度信任等方面主动承担责任。关注社会所有成员的互助合作，热心于各种社团、社群和社区的活动，促进更广泛的社会信任，提高社会的社会资本与凝聚力。在深圳，行业协会商会之所以受到欢迎，就是因为它们提供了经济和社会发展过程中稀缺的信任资源。

（四）社会团体国际化的需求将成为社会组织发展的新动能

在社会团体发展的过程中，其国际化程度是逐步升级的。国外学者在对世界范围内非营利组织的分析后发现，它们共同经历了"四步曲"：第一阶段，非营利组织以救济、福利性服务为工作重点；第二阶段，非营利组织以社区发展为工作重点；第三阶段，非营利组织将可持续发展作为目标；第四阶段，非营利组织试图通过与其他非营利组织的联合结成全国性甚至全球性的联盟来促成组织目标的实现。与此种情形类似，中国社会团体"走出去"，也将经历一个渐次发展升级的过程。

目前，珠三角地区的社会团体的国际交往活动越来越频繁。这种国际交往不仅包括机构与机构之间的交流，也包括服务"走出去"。社会团体参与"一带一路"建设有相当大的空间。很多市场做不到的，社会团体则能做到。

社会团体的国际化，包括自身"走出去"以及对企业"走出去"的对外交往培训、跨境商业服务等方面，都会成为未来的热点和迫切需求。在改革开放的进程中，与外资外商和国际慈善团体的接触和互动使中国社团发生了意义深远的变化。如今，中国的社会团体正在从单纯的"引进来"升级为"走出去"，这也使得国内社会团体的发展更加注重与国际组织的接轨，从而更好地促进自身的内部治理和发展。

（五）法律法规方面进一步完善，政府执法能力相应提升

由于社会团体是政策依赖性较强的组织，因此，在促进社会团体高质量

发展的过程中，政府的角色至关重要。一直以来，作为经济改革前沿的深圳市政府，因应社会建设的需求，对社会团体的政策法律环境建设都非常重视。许多举措，如放宽社会组织的准入限制、有针对性地开展社会团体的能力建设、引入第三方，加强社会组织的公信力建设、建设枢纽型社会团体等，对本地社会团体的发展意义重大。

而对地方政府来说，其促进社会团体发展的主要方式，恰恰是应该通过持续改善社会环境，而非着重扶持单个组织。即政府不再包办社会建设事业，而是在社会建设中大力培育社会组织，通过政府采购的方式，引导和撬动各种社会组织参与社会建设。如能将这种从管理到治理思路贯彻到制度性改革的始终，社会团体必将迎来新的发展机遇。目前看来，随着深圳各项相关政策法规的不断完善，深圳市社会团体持续发展的前景是可以期待的。

制度环境优化的关键在于将政府本身放到服务者的角色上，把对社会团体的管理思路转变为与社会团体一起解决问题的治理思路。深圳市正在进行的一些举措，就体现了这样的治理思路，如扶持在社区开展养老照护、公益慈善、文体娱乐等活动的社会团体；对社会团体简化登记程序，优化服务，在"出生"的环节就采取鼓励支持的态度；完善落实各项财政扶持和税收优惠政策，帮助社会团体解决财务上的困境。在这样的治理思路的指引下，可以期待，会有更多相关法律法规出台和更完善的执法行动。当然，更重要的是这些举措从长远来看将促进政府和社会团体之间的长期良性互动。

其实，上述通过改善制度环境促进社会团体发展的做法，更类似于珠三角地区一些中小企业的发展路径。在珠三角地区的许多经济领域，中小企业的发展都是一种集群式发展的状态。例如在中山古镇，整个镇都是做灯饰的，没有大企业，都是中小企业。在政府的支持和引导下，这些企业相互之间有不同的分工，相互支持，也能够走向世界，而且形成了一个世界著名的灯饰产业集群。在深圳市社会团体的发展上，同样也并不需求大、求全、求规模，并不需要培养出巨无霸型的组织，而是努力创造环境使得中小型的组织也能有所生长，它们相互之间形成一个支持网络。这是符合社会团体的特点和市场经济社会的要求的。

深圳社会组织蓝皮书

自然环境的改善，可以让各种各样的生物自由生长；市场环境的改善，可以让企业集群化发展；政策法律环境的改善，也可以促进社会组织的良性发展。2018 年 3 月 7 日，习近平总书记在参加十三届全国人大一次会议广东代表团审议时发表重要讲话，对广东提出"四个走在全国前列"的殷切期望，其中一个就是"营造共建共治共享社会治理格局"[1]。在市场化、开放化的大背景下，中国的社会建设，包括"走出去"，都需要采用类似的集群发展的方式，通过打造公益生态环境而促进社会团体等社会建设主体的发展。

---

[1]《习近平等分别参加全国人大会议一些代表团审议》，2018 年 3 月 7 日，http：//www.xinhuanet.com//20//2018 - 03/07/c_ /c_ 1122503168. htm，最后访问日期：2019 年 1 月 8 日。

B.3
深圳民办非企业单位发展报告

谭逸丹　曾伟玲　张晓红*

摘　要： 深圳民办非企业单位保持持续快速增长态势；提供服务收入占总收入的八成左右，民非经济贡献作用凸显；专职工作人员素质在行业内相对较高，但薪酬水平仍较低；民非服务领域多元，教育类民非占比超过五成。深圳民办非企业单位在政府购买服务等系列扶持政策中成长起来，在"三社联动"框架下参与社会治理，在社会需求的催生下朝专业化、精细化和规模化发展，在社会创新、科技创新的浪潮下逐步发展出本地特色。然而，社会服务领域信息化与资源整合度不高、自身能力建设不足、人才发展瓶颈、评估体系不完善、配套税收政策难落实等多个挑战，也制约了民非的发展。本报告建议通过拓宽资金来源、增加组织透明度和信息公开、优化社会服务评估方式、扶持社会服务专业人才队伍建设和优化税收优惠政策等措施，来提高民办非企业单位的可持续运营能力、公信力和服务效率。

关键词： 民办非企业单位　社会服务　社会创新　能力建设

民办非企业单位是指企事业单位、社会团体和其他社会力量以及公民个人利用非国有资产举办的，从事非营利性社会服务活动的社会组织。《中华人

---

* 谭逸丹、曾伟玲，深圳国际公益学院社会政策研究中心高级分析员；张晓红，华南师范大学社会工作系讲师。

民共和国慈善法》出台以后，"民办非企业单位"名称改为"社会服务机构"，但实际工作中仍大量沿用"民非"一词，本报告也使用民办非企业单位这一称呼。民非主要涉及教育、卫生、文化、科技、体育、社会服务等领域。近年来深圳市响应国务院及民政部的政策和指示，率先实施系列社会组织改革，已初见成效，民非在数量、资产规模、公共服务的广度和深度以及税收红利方面，都已经显示出良好的发展趋势。

一 深圳民办非企业单位发展现状

（一）持续快速增长，区域发展不均衡

根据2008~2017年深圳市社会服务统计年报整理，如图1所示，深圳市民办非企业单位在2008年仅有1966家，到2017年已经达到了5164家，增长了1.63倍（见图1）。深圳市民办非企业单位在2008~2017年这十年间保持了8.2%以上的年增长率，年平均增长率达到了11.35%（见表1）。尤其是2012年深圳深入推进社会组织登记管理体制机制改革，将直接登记范围扩大到工商经济类、公益慈善类、社会福利类、社会服务类、文娱类、科技类、体育类和生态环境类等8类社会组织，民办非企业单位也由此进入

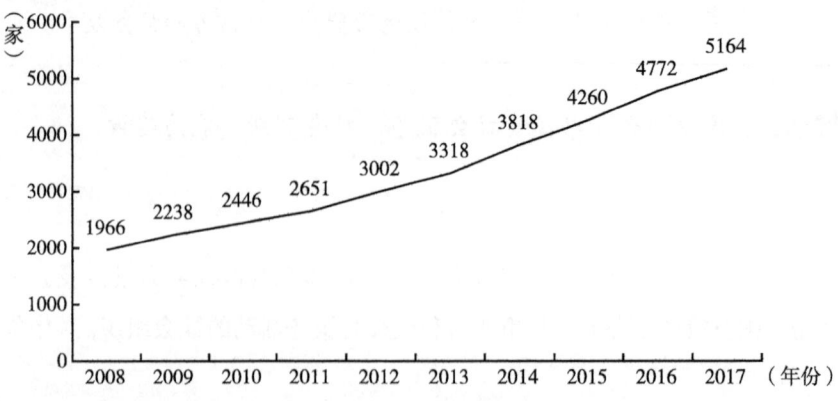

图1 深圳市民办非企业单位十年发展趋势（按登记数量统计）

数量增长的快车道，2012~2016年年增长率维持在10%以上。2017年是深圳社会组织质量提升年，在整体发展强调"提质增效"的背景下，民办非企业单位登记数量依然稳健增长，但增长率较往年有所回落。截至2018年9月30日，深圳市民办非企业单位共有6631家，其中登记数5445家，备案数1186家，占全市社会组织总量的51%。

表1　2008~2017年深圳市民办非企业单位数量

单位：家，%

年份	数量	增长率
2008	1966	—
2009	2238	13.84
2010	2446	9.29
2011	2651	8.38
2012	3002	13.24
2013	3318	10.53
2014	3818	15.07
2015	4260	11.58
2016	4772	12.02
2017	5164	8.21

从发展趋势来看，区级民办非企业单位约占全市民办非企业单位的七成（见表2），各区（新区）民办非企业单位也在逐年增长，整体发展势头较好。但区域间发展也不均衡，在行政区中龙岗区、宝安区、南山区三个区域的民办非企业单位约占四成，民办非企业单位数量最多的龙岗区是盐田区的近6倍。区域民办非企业单位数量与区域地区生产总值存在耦合（见图2），经济发展水平差异是民非区域发展不均衡的主要原因。

表2　2017年深圳市民办非企业单位分布情况

单位：家，%

民非	单位数量	占比
合计	5164	100
其中：市级	1572	30.44
区级	3592	69.56

续表

民非	单位数量	占比
其中：福田区	410	7.94
罗湖区	368	7.13
盐田区	130	2.52
南山区	516	9.99
宝安区	713	13.81
龙岗区	772	14.95
龙华区	346	6.70
坪山区	147	2.85
光明区	153	2.96
大鹏新区	37	0.72

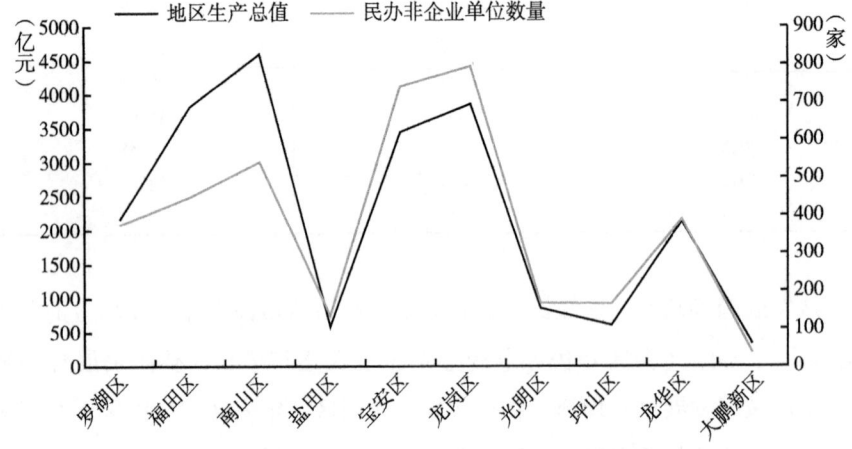

图2　2017年深圳地区生产总值与民办非企业单位数量关系

资料来源：地区生产总值的数据来源于《深圳统计年鉴（2017）》，深圳市统计局，http：//tjj.sz.gov.cn/xxgk/zfxxgkml/tjsj/tjnj/201712/t20171219_10611980.htm，最后访问日期：2018年12月19日。

（二）资产规模偏小，提供服务为主要收入来源

深圳民办非企业单位的规模整体偏小，主要体现在资产规模小、平均净资产较少。2017年深圳市社会组织年报数据显示，深圳民办非企业单位资

产合计249.63亿元,资产平均值为580万元,净资产合计128.89亿元,平均净资产为299.47万元。市级民办非企业单位的平均资产要远高于区级,两者分别为114.40万元和34.44万元。但资产在千万元以上的民办非企业单位数量仍是少数(抽样统计约占3.66%)。绝大多数的民办非企业单位家底较为单薄。

根据2017年深圳市社会组织年报数据统计,深圳民办非企业单位年度收入合计为194.63亿元,平均收入为452.20万元,支出合计为201.18亿元,支出略大于收入。民办非企业单位的收入来源以提供服务为主,其服务性收入以162.64亿元占据了总收入的83.56%,当然这部分提供服务收入也包括了民办非企业单位通过承接政府职能转移和购买服务获得的收入。其他收入来源还有政府补助收入(7.85%)、捐赠收入(1.24%)和包括商品销售在内的其他收入(7.35%)(见图3)。由此可见,深圳民办非企业单位的收入来源多元,但收入结构呈现倒锥形,在主营业务范围内通过向政府、企业、社会和居民个人提供符合需求的社会服务与公共服务成为本市民办非企业单位的主要发展模式。

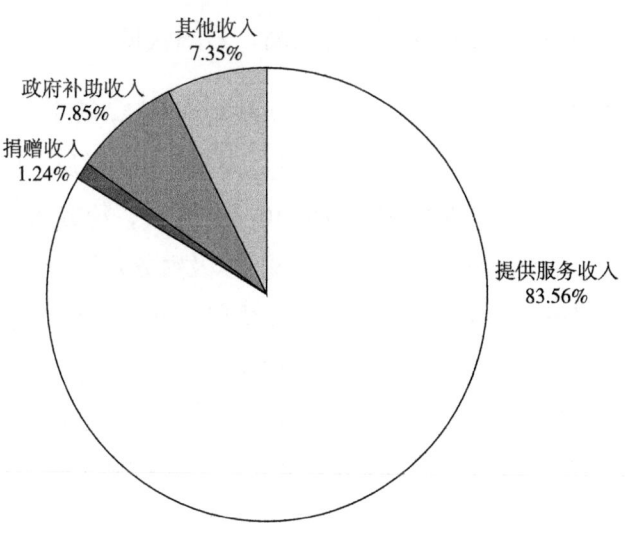

图3 2017年深圳民办非企业单位的收入来源情况

从各项收入值最大的前三个单位的领域来看，教育类、研究类、社工类机构收入较高。教育类民非的收入主要是通过提供服务获得，在以人才发展为核心的社会，大部分市民十分重视教育，愿意在教育上花费大量的时间、精力和费用；社会工作服务机构尽管主要以提供社会服务为主，但是其收入主要来自政府购买服务，极少面向服务对象收取服务费用。因此，社工机构的生存与发展对政府政策的依赖性最强，一定程度上影响其运营发展和业务战略的自主性。

从支出上看，2017年深圳民办非企业单位支出总计201.18亿元，其中业务活动成本143.39亿元（71.27%），管理费用53.22亿元（26.45%），筹资费用0.70亿元（0.35%），其他费用3.86亿元（1.92%）。由此可见，民办非企业单位的大部分支出都用在了与业务活动相关的成本上，服务对象所得到的社会服务质量得到基本保证。从同一年度的财务报表上看，民办非企业单位年度收入194.63亿元，整体支出大于整体收入，存在收支略微不平衡的情况，略微的赤字有很有可能是由当前非营利组织会计实务中对捐赠收入、提供服务收入以当年到款为确认原则所造成的收支不匹配。

（三）专职工作人员学历相对较高，薪酬较低

全市民办非企业单位共有工作人员123065人，其中专职工作人员110220人，专职工作人员占比为89.56%，专职工作人员所占比例同比增长5.70%，单个组织工作人员的中位数为10人。同时，约有六成民非聘请了兼职工作人员，兼职工作人员以专家、顾问以及财务人员为主。

市级与区级民办非企业单位的人员素质存在较为显著的差异，整体上，深圳市民办非企业单位的专职工作人员中本科以上学历者占三成左右，其中，市级民办非企业单位专职工作人员本科以上学历的比例达到59.37%，区级为23.12%。相比2015年广东省民办非企业单位大学本科及以上的职工占19.06%[①]

---

① 李伟群、彭未名、涂斌主编《广东社会组织发展报告（2015年）》，华南理工大学出版社，2015，第210页。

的数据,深圳民办非企业单位的工作人员学历相对较高。可以看出,民办非企业单位的专职队伍正在不断壮大,人员素质虽有市区差异但正在有次序地逐步提高。

深圳市民办非企业单位的专职工作人员以青壮年为核心力量。具体来看,年龄在35岁以下的专职工作人员占比为63.1%,年龄在35~55岁的人员占比为35.2%,年龄在55岁及以上的专职工作人员占比最低,仅为1.7%(见图4)。

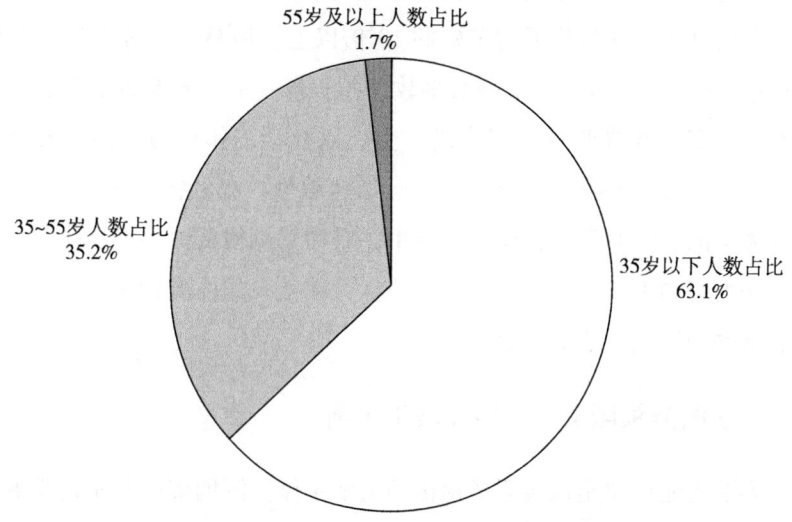

图4 深圳市民办非企业单位的专职工作人员年龄分布

从年报填写的数据来看,共有67346名志愿者参与了民办非企业单位的服务,贡献志愿服务时数1149703小时。这说明民办非企业单位总体上是能够动员志愿者资源,发挥出整合力量的优势的。

在对深圳民办非企业单位专职工作人员平均工资的有效样本分析中(样本数量为1985家)发现,平均工资低于5000元的民办非企业单位有1211个,占样本总数的61.01%。2017年深圳市人力资源和社会保障局的数据显示,2017年度民办非企业单位的平均月工资是5279.5元[①],也明显

---

① 深圳市人力资源和社会保障局:《2017年深圳市人力资源市场工资指导价位》,2017,第161~167页。

低于 2017 年深圳市月平均工资 8348 元。这表明民办非企业单位的专职工作人员薪酬相对较低，机构在维系专职工作人员队伍稳定、吸引高素质人才加入等方面存在困难，是不少机构在追求可持续发展过程中面临的挑战之一。

民办非企业单位涵盖的组织类型之间存在较大差异，一些国际性幼儿园和培训机构也属于民办非企业单位，在这些组织中，有部分人员收入较高，甚至高于民办非企业单位平均工资的 10 倍以上。但是这部分人群仅占民办非企业单位人员总量的 1%。绝大多数民办非企业单位的专职工作人员依然挣扎在低工资、低待遇的"困难线"上。以社会工作机构为例，大部分社会工作机构的员工薪酬增长幅度不大且增速缓慢，福利待遇体系不够完备，职业发展空间瓶颈明显。在调研访谈中，有社工机构负责人表示社工薪酬追赶不上深圳平均工资和生活水平，本地优秀社工人才外溢到珠三角其他城市从业和流动到其他行业的现象严重。

（四）服务领域多元，但发展不平衡

民办非企业单位是社会服务提供的重要主体。深圳市民办非企业单位在服务领域上呈现多元化发展，提供的专业服务也日趋精细化，提供的服务内容涉及教育、卫生、文化、科学研究和法律等多方面的领域，基本能够回应人民群众的不同需要，服务领域呈现多元化。从社会组织管理局的统计台账来看，截至 2018 年 9 月 30 日，提供教育服务的民办非企业单位最多，占总数的 56.20%；其次是提供社会服务的机构，占比为 14.75%；提供文化服务的占比为 10.32%，科学研究类民办非企业单位占 9.16%；而工商服务业、卫生、体育、生态环境、法律和其他类别的民办非企业单位占比都偏低，目前深圳尚未出现农村与农业发展、宗教、国际及涉外组织这三种类别的民办非企业单位。由此可见，教育领域的需求程度还是很高的，社会服务得到政府进一步的重视，呈现加快发展势头。民办非企业单位在各个领域所占比例的变化和差异，与人们的观念、政府政策和民办非企业单位自身的战略发展考量等方面都有关系。因此，未来在民办非企业单位发展的顶层设计

上,需要在宏观层面根据社会需求的转变积极引导民办非企业单位均衡化发展,加大引导民办非企业单位和社会力量进入民生需求迫切、需要社会资本进入而当前比例又极低的服务领域,创新性开拓新领域,做到符合国家发展大方向,满足人民更加多元的需求。

(五)内部治理更加健全,党建工作逐步推进

深圳市民办非企业单位内部管理制度更加健全,运行更加规范。其中,具有法人证书保管、使用管理制度的民非2599家,占比59.3%;有印章保管、使用管理制度的民非2589家,占比50.1%;有税务登记的民非2457家,占比47.6%;有固定资产管理制度的民非2414家,占比46.7%;有财务管理制度的民非2570家,占比49.8%。以上数据较2016年同期均有较大程度的增加,说明深圳民办非企业单位正朝着加强内部法规制度建设、健全管理体制的现代治理方向发展。

2017年底,深圳市民办非企业单位的党员人数共计7358人,同比增长14.65%,占工作人员总数的5.70%,占全市社会组织党员人数的24.76%。未建立党组织的原因有三个,其中,"符合建立党组织条件但尚未建立党组织"的社会组织所占比例为5.9%,"有党员但不符合党组织建立条件"的所占比例为38.5%,"无党员"的所占比例为55.6%。

(六)举办大量公益活动,积极参与对外合作交流

据不完全统计①,2017年深圳民办非企业单位共计开展公益活动110845次,活动内容广泛,形式多样。主要活动内容有环保公益活动、职业技能培训、医疗服务、义卖捐赠、心理咨询服务、理财知识讲解、手工艺传授、书籍捐赠、陪伴老人、公益招聘等;主要活动形式为公益讲座、公益服务、义卖、演出、公益课堂等。民办非企业单位开展的公益活动极大地促进了深圳市社会公益事业的发展,营造了良好的城市生活氛围,为加快构建

---

① 《2017年度深圳市社会组织相关服务业发展报告》,深圳市社会组织管理局委托课题成果。

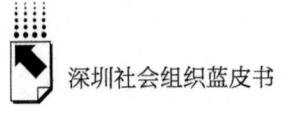

和谐社会提供了重要支持。

2017年,深圳民非开展国际合作项目共计16项,其中在境外开展的合作项目共14项,大多集中在美国以及中东地区,项目形式多为培训教学、举办会议以及商业业务;国际交流方面,民非全年累计参加国际会议141次,其中深圳市国际低碳发展研究院参加10次、深圳市源创力离岸创新中心参加12次、一带一路国际合作发展(深圳)研究院参加11次;共参加国际组织19个;组团出国(境)访问123次。总体来看,全市民非积极参与和组织了对外合作和交流活动,但合作和交流的内容范畴较为狭窄,相关主体相对集中于其中几家民非。

二 深圳民办非企业单位发展的特点

(一)在承接政府职能转移和参与公共服务供给中成长起来

深圳民办非企业单位是对接政府职能转移和承接政府购买服务的重要力量,在公共服务供给体系中扮演了重要角色。以深圳民政系统的职能转移和购买服务为例,深圳市、区(新区)各级民政部门每年通过财政预算、福彩公益金等多种方式向民办非企业单位购买专业服务。以民政系统购买社会工作服务为例,自2007年以来,全市累计开发16865个岗位社工,市区各级投入金额达13.23亿元;由福彩公益金资助社会工作试点推广、培训及行业服务的费用达2.56亿元;支持全市创建社区党群服务中心683家,每年用在社区党群服务中心的购买金额约3.41亿元。这些政府职能转移和购买服务项目的资金大量涌向了以社会工作机构为代表的民办非企业单位,为机构和社会工作行业的生存、成长和可持续发展创造了良好的政策、社会和市场环境。同时,政府购买服务力度大,项目经费高,项目服务期限长,在这样利好的政策和社会环境下,深圳市社会工作机构能够更加有力量参与社会服务供给和社区治理建设。据统计,截至2018年10月,深圳拥有社会工作服务机构186家,工作人员8515人,其中社工7162人,通过岗位、项目、社区党群服务中心三种主要途径为市民提供覆盖民政、残障、妇女儿童、禁毒、青少年、社区、司法、综治、学校教育等在内的15个领域的专业社会工作服务，累计开展个案112744个，开展小组210772节，开展社区活动420681场。①

"民生微实事"是民办非企业单位参与社区公共服务供给的重要途径之一。为了鼓励社会力量承办民生项目，提供更多便民利民的项目供全市社区选取，且为项目实施标准的制定打下基础，深圳市在2015年发布《深圳市人民政府办公厅关于印发全面推广实施民生微实事指导意见的通知》（深府办函〔2015〕140号），同年8月起宣布建立全市"民生微实事"服务项目库，推进"民生微实事"相关工作，并公开征集相关项目入库。项目征集得到了深圳市民办非企业单位的热烈响应，申报范围包含救助服务类项目、妇女儿童及家庭类项目、青少年类项目、专业技能服务类项目、社区教育类项目、法律援助类项目、公益慈善类项目、便民服务类项目、文体活动类项目、就业服务类项目等。深圳推行的"民生微实事"被部分社会组织代表认为是具有深圳特点的参与式预算的一种探索。深圳"民生微实事"项目实施五年来资金投入约5.4亿元，社会投入约0.54亿元，其中有39家民办非企业单位承接500多个"民生微实事"项目。

（二）在"三社联动"框架下参与基层社会治理成绩显著

深圳民办非企业单位积极拓展其社会价值和经济服务能力，近年来，尤其在社区、社会组织、社会工作"三社联动"的政策思路下参与基层社会治理，成绩显著。例如，深圳西乡桃源居社区走出了一条政、企、社跨界别合作的公益事业道路，桃源居社区通过由企业捐资1亿元建立起来的社区基金会将公益资源转换为推动社区治理机制的动力，大力参与到社区治理中，在社区开展文化教育、居家养老和妇女素质教育等公益服务，努力培育社区居民成为社区组织服务的输出者和社区福利的享有者，打造出独特的"桃

---

① 数据来源于深圳市社会工作者协会，数据截止时间为2018年10月10日。

源居模式",协助政府完善社区公共服务体系,引导企业家承担社会责任,形成了共建共享的多元共治和谐社区治理模式。

深圳市福田区万厦社区公共服务中心是由物业管理服务企业成立的民办非企业单位。其借助成熟的物业管理经验和对社区熟悉的优势,自2013年8月成立以来,承接了大量的社会服务管理工作,如社会治安、市容管理、环境卫生、低碳社区创建、人口管理、安全生产、安全文明小区创建、信息统计以及社区公益设施管理维护等社区辅助管理工作,已经介入社会治理和公共服务的方方面面。香蜜湖街道在不增设社区工作站的前提下,对侨香片区进行基层管理服务体制改革,将12大类100多项原本由社区工作站承担的工作交由万厦社区公共服务中心承接,一方面节省了30%的财政开支,另一方面也方便了业主。万厦社区公共服务中心基于服务型治理的社会治理方式,采用"三社联动"的模式,从"共建共治共享"的角度出发开展工作。在共建方面,依托党委引领,严格规范管理,营造良好的社区环境;在共治方面,基于促进辖区联动,构建网格化管理,注重安全问题,关注市容市貌,达到信息安全共治;在共享方面,主要接受党委监督,协同社区管理,联结辖区单位,做到信息、资源和文化上的共享。

深圳企业社会工作也在创建和谐劳资关系、促进和谐社会建设中获得了长足的发展空间。2013年,市总工会自主采购企业社工开展"工伤探视"龙岗试点服务,在前期服务成效的基础上,2015年在全市推广,2017年已在全市覆盖,各公立医院和主要的工伤职工就医医院均有企业社会工作服务,确保工伤职工的权益得到保护,并与企业共同就工伤员工的后续安排进行协调安置。企业社会工作者成为人力资源和社会保障局、总工会在劳动关系管理和职工服务中的重要力量,也成为经济建设中企业社会责任践行的重要合作方之一。

深圳民办非企业单位在发展过程中能够因地制宜,结合当地的实际情况和需要,发展出独特的创新公益模式,积极投入基层社会治理层面,成为一股新兴的力量源源不断补充到公共服务体系之中,有效解决一些基层政府无法解决的问题，同时以社会工作培育发展、桃源居社区治理为代表的优秀实践，也被兄弟省市借鉴参考。

（三）社会服务正朝着专业化、精细化和规模化方向发展

在社会分工日益精细、社会需求愈加个性化的背景下，服务专业化和精细化是整个社会服务业未来发展的必然趋势。同时，正如市场经济的主体，社会服务业的发展和社会服务带动的第三产业经济市场中，民办非企业单位也将在良性的市场竞争中实现优胜劣汰，服务质量高和可持续运营能力强的机构将有机会实现规模化发展。此处以深圳社会工作的发展实践为例，来说明社会服务专业化、精细化和规模化发展的趋势。

1. 政府主导推动社会工作人才专业化成长

2007年，深圳市率先出台了《关于加强社会工作人才队伍建设推进社会工作发展的意见》及7份相关的配套文件（简称社会工作"1+7"文件）。2008年，深圳市率先进行了政府购买社工服务试点，大大推动了深圳市专业社会工作的发展。从2008年的不足10家社工机构，不到100人的社工队伍，发展到2018年，全市共有11663名持证社工，并拥有本土督导人才1038人（其中，中级督导21人、初级督导228人、督导助理789人），形成可持续发展的专业服务人才梯队。

以深圳市社工督导体系为例，由于中国香港经过几十年的发展，已经融合了华人社会的特质，完成了本土化的转型，因此深圳市创设社会工作制度之初就凭借地缘的优势引入香港督导，一方面，香港的社会组织给予了深圳政府许多宝贵建议，促进了深圳督导制度的建立；另一方面，香港督导在推动深圳社会工作发展的同时也充当培养本地督导的角色，所以在政府大力支持推动和香港督导的培养下，深圳市社会工作自2011年产生首批本土的督导以来，如今已经建立了本土的督导培养体系，本土督导数量稳步增加，质量也稳步提高。

2. 社会工作服务朝向精细化发展

深圳市的社会工作发展从最初的岗位社工模式发展到今天，逐渐形成了

"岗位+项目+社区"的成熟服务模式，社会工作服务领域遍及妇女儿童、老年人、青少年、教育、残障、医务、司法、禁毒、企业等15个专业领域。随着服务的进一步发展，这些领域的服务又进一步细分。以医务社会工作为例，深圳医务社会工作已经从最初的医院社会工作发展出医院公共卫生、精神健康社会工作等多个分支，时至今日，医院社会工作服务逐渐细分为大病救助、慢病服务、工伤调解、医患调解、志愿者发展等多个服务类别。深圳禁毒社会工作近年来也在大量实践摸索的基础上发展出了成熟的工作体系，从传统较为单一的宣传教育、帮教服务深入到多层次预防、多种服务模式相结合的系统服务，禁毒社工通过派驻戒毒所、拘留所、街道、社区、禁毒服务中心、美沙酮门诊等岗位，为服务对象提供心理辅导、行为修正、家庭关系及社会环境改善、就业培训、跟踪帮教等多类型服务，协助服务对象达到生理和心理的双重脱毒，从而顺利回归社会；同时，禁毒社工机构和一线社工还积极创新服务模式，开展项目化运作，打造出多个禁毒服务品牌项目。2018年，有14家社工机构参与禁毒社会工作，共有禁毒社工851人，开展禁毒服务项目109个，品牌项目如温馨社工服务中心的"馨生活"戒毒康复人员社区融入计划项目、彩虹社会工作服务中心的"反毒大篷车"青少年移动禁毒教育基地项目、春暖社工服务中心的"党员禁毒先锋"禁毒教育大讲堂项目、升阳升社会工作服务社的"360非深户戒毒"项目等，深圳市众多禁毒品牌项目的服务对象涉及戒毒康复人员、青少年、来深建设者、党员、志愿者等多个群体。

3. 社会工作机构迈向规模化扩张

深圳的社会工作机构成熟发展，并将经验复制到珠三角地区乃至全国。以深圳市鹏星社会工作服务社（以下简称"鹏星"）和阳光家庭综合服务中心（以下简称"阳光家庭"）为例，鹏星创办于2007年，至今已经发展成为拥有222名在职员工（含133名社工）的社工机构，在十几年的发展过程中，鹏星不断成长，逐步涉及妇女、残障、学校、家暴和精神卫生防治等多个领域，形成了"岗位嵌入+项目化运作"的双轨服务局面和"品牌项目+多元化服务"综合发展的模式。鹏星还带动区域社会工作人才的培养，多次承接全国各地民政局和高校等单位的培训，将鹏星成功经验传播出去，也因此成为广东省社会工作专业人才重点实训基地和深圳经济特区社会工作学院首批专业人才重点实训基地。

阳光家庭则是本身由妇联品牌成功转型成为社区服务中心，走上项目化运作模式的道路。2018年，阳光家庭在全市承接18家党群服务中心和1家家庭综合服务中心、3个行政窗口公共服务项目、3个社区综合管理和信息化服务项目、3个社区体制改革和治理创新服务项目、2个园区女工和流动儿童以及家庭服务，同时还承担了社工督导、专业培训、项目孵化和运营以及课题研究等服务项目，服务延伸至广东省内外8个城市，受益人群近50万人。逐渐形成了"妇工+社工+义工"的工作模式，搭建起社区的服务平台，探索社工本土化路径。由于阳光家庭的项目收入95%来自政府，少部分来自基金会和自筹，因此阳光家庭努力寻找更多外部资源，在2017年尝试引入商业模式促进自身造血，其"商业+公益"项目运营模式已初显成果。同时，阳光家庭在发展过程中也将其独具特色的模式推广到其他区域，深圳阳光家庭现为广东省社会工作人才重点实训基地和深圳市社会工作专业人才培养实训基地（A级），也是深圳大学、南京大学、厦门大学和华北电力大学等高校的校外实习基地。阳光家庭还在2016年1月设立"阳光家庭社工·社区基金"，用于资助机构专业项目发展，发挥专业特色，推广区域特色社会工作的模式。

（四）科技类民办非企业单位得到长足发展

在科技创新、产业创新的驱动下，深圳坚持政府引导、市场主导的模式，尊重科研机构的创新主体地位，培育和扶持科技类社会组织的成长，科技类民办非企业单位因此获得了长足发展，日渐成为科技创新的重要载体和技术转化的重要渠道。2012年，社会组织登记管理的改革明确了科技类社会组织可以直接登记，推动了科技类社会组织的蓬勃发展。在深圳登记注册为科学研究类的民办非企业单位从2014年的243家增长至2017年的444家，年平均增长率超过23%（见图5）。

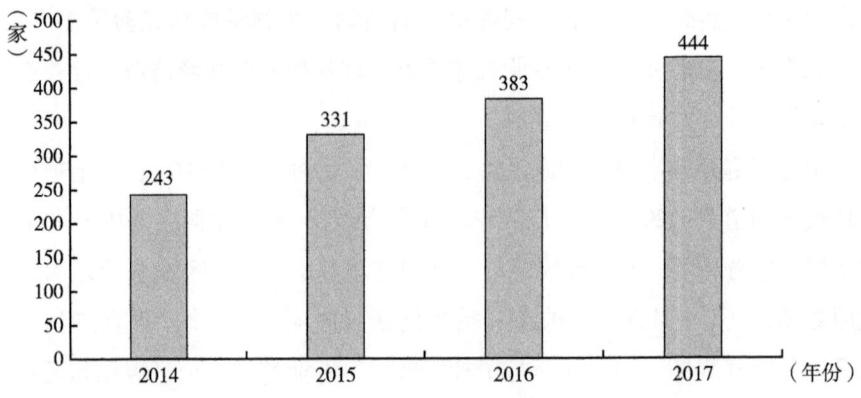

图 5　科学研究类民办非企业单位统计（2014～2017 年）

（五）探索符合深圳实际的社会服务创新路径

近几年，公益创投在深圳遍地开花，各级政府部门主导的公益创投成为其扶持培育社会组织、遴选优秀社会创新项目的主要渠道；商业资本也逐渐关注公益创投项目，部分资本开始向公益创投领域倾斜。公益慈善项目大赛的成功催生了更多政府主导的公益创投行动，这和政府购买服务有较大的不同。政府购买服务会比较明确地规定购买的内容与具体的要求，而公益创投的目标和计划都由公益机构自己来定，投资者提供资金、技术等方面的支持，确保目标的实现。这个过程能促进项目或机构的成长，并会鼓励社会创业者挖掘新的社会问题，提出创新性的解决方案。

随着社会企业理念被越来越多的社会工作者、社会企业家和社会创新者在实际工作中运用，社会企业近年来在中国落地和发展，这种以创新的手段可持续地解决社会问题的组织运营方式和服务模式，逐渐被深圳本土的民办非企业单位采纳。深圳再次走在了社会创新的前沿，不仅涌现出大量优秀的社会企业实践，而且由深圳市中国慈展会发展中心联合深圳国际公益学院等机构自 2017 年发起的中国慈展会社会企业认证，正成为受国内认可的行业标准引领全国社会企业的发展。在 2017 年首批中国慈展会社会企业认证名单中，约四成的社会企业是民办非企业单位，其中深圳市智家喜憨儿成长关爱中心、深圳市罗湖区晴晴言语康复服务中心两家来自深圳的民办非企业单位荣获"金牌社企"荣誉。深圳市罗湖区晴晴言语康复服务中心是一家致力于听力言语障碍儿童康复训练的社会福利机构，自2009年成立以来，已成功为500余名听障儿童提供康复服务。该中心还积极动员社会力量帮助贫困家庭中的听障儿童，通过接受爱心人士慈善捐赠，使逾百名因家庭贫困面临辍学的听障儿童返回康复中心完成康复，取得良好社会效应。

三 深圳民办非企业单位发展的挑战与原因分析

（一）社会服务领域信息化程度与资源整合度不高

目前依托深圳民政在线"社会组织信息公开"网站、深圳市社会组织总会运营的"深圳组织网"以及社会组织自行建立的官网，初步完成了社会组织管理与信息披露的第一步工作。但总体而言，社会服务领域的信息化建设仍然比较落后，与深圳作为改革开放前沿的高科技之城地位不匹配，表现在如下几个方面。一是缺乏统一的、集约化端口查找全市市级和各区（新区）登记备案的民办非企业单位的基本信息，缺乏纵向的历年总体发展数据和各区（新区）横向比较的信息，让公众乃至监管者无法对深圳民非发展有一个全景式的认知。二是民非的分类标准不明确，无法通过关键词搜索和定位某一类型的机构，无法对民非进行精细化的分析和管理。三是各职能部门关于民非政策（例如购买服务）的信息割裂，导致从业人员了解、搜索政策的成本非常高。四是不同层级部门存在重复搭建信息化平台的现象，不仅造成财政资源的浪费，也加剧了社会组织信息碎片化的状况。信息的分散化和匮乏，导致很多管理、研究和资源对接工作效率低下。

自2011年以来，深圳市已连续成功举办了六届"中国公益慈善项目交流展示会"（以下简称"慈展会"），参展地区覆盖31个省（自治区、直辖市）和港澳台地区，累计约8273家中外机构参展，共对接项目约3061个、对接金额300多亿元。慈展会已成为全国最具影响力的慈善发展成果展示平台、公益慈善信息的发布平台、全国慈善资源的对接平台和现代公益慈善文化的传播平台。但是深圳市的慈善公益未来依然面临着较多的挑战和新的问题，项目方与资金方的对接途径和平台依然未形成常态化、专业化，社会服务资源对接和整合的效率还有待提高。在专场调研座谈会中，有民办非企业单位代表表示当前缺乏有效、透明的供需信息发布平台，政府购买服务的招投标信息获取不及时、缺少基金会和企业等主要资助方的资助信息获取渠道，导致不少民办非企业单位错失了拓展服务的机会。

（二）民办非企业单位能力建设不足

深圳民办非企业单位普遍面临自身能力建设不足，难以满足机构可持续、高质量发展的需求。一般来说，社会组织的能力建设主要包括内部治理能力、运营能力、服务能力和社会影响力。在内部治理方面，还有相当数量的民办非企业单位内部治理制度、管理制度不健全、不完善，间接导致组织运营风险增加。以市级民办非企业单位为例，2017年民非年报数据显示，还有26家民非没有设立法人证书保管、使用管理制度，28家无印章保管、使用管理制度，21家无财务管理制度，95家无固定资产管理制度，41家无档案管理制度。内部治理和管理制度不健全的单位累计211家，占当年度提交年报的市级民非的16.08%。

在运营能力方面，民办非企业单位普遍面临可持续运营的压力，这从民办非企业单位的资产负债情况就可窥见一斑。据2017年民办非企业单位年报统计，深圳民非资产合计249.63亿元，净资产合计128.89亿元，负债规模较大，分析其负债结构，应付款项占负债总额的21.34%，预收账款占20.20%，减去应付款项和预收账款后民非整体的负债率为35.65%。考虑到一般民办非企业单位资产规模偏小，较难获得银行贷款且整个行业资金杠杆比率不高，负债结构中应付款项、应付工资和其他流动负债占一定比例，这说明不少民非在财务上存在可持续运营的明显压力。

在服务能力方面，有政府职能部门在调研中表示，尽管政府有意愿以购买服务的方式扶持社会组织发展，但部分社会组织的服务能力还满足不了公共服务供给的基本要求，与企业相比还缺少核心竞争力，或是因社会组织发展不均衡导致有些领域缺少足够的社会组织竞标，有些购买服务项目实则"选无可选"。

在社会影响力方面，一些外部评价指标和资质评审结果也能够间接反映民办非企业单位的能力建设情况。例如，截至2018年9月底，获得社会组织登记评估4A级以上的市级社会组织共有154家，其中民办非企业单位只有29家，4A级以上的民非仅占市级民非总数的1.76%。登记或认定为慈善组织的民非数量也不多，仅有19家。此外，只有8家民办非企业单位符合公益性捐赠事前扣除资格①，在民非总数中占比也极低。这些外部评价和资质申请的数据结果与民非广泛参与社会服务供给、推动公益慈善事业发展的丰富实践不匹配。这既有评价体系复杂、认定标准严格、评估过程烦琐、评价结果难应用等客观原因，也存在民非因自身能力建设不足难以达到评价标准、进而动力不足的主观原因。这也间接反映出大部分民非在规范化运作、可持续运营以及扩大社会影响力方面缺少长远规划。

（三）社会服务人才队伍建设遭遇发展瓶颈

深圳市一直重视当地民办非企业单位人才队伍的建设，先后落实了社会组织人才引进和激励政策、设立社会组织人才职业发展通道、引进和培育专门的社会组织人才培训机构等多项举措。但是，由于整个社会服务业的社会价值和经济价值在现阶段还没有完全、充分地发掘出来，民办非企业单位的人才队伍建设也遇到了行业发展初级阶段的常见问题。一方面，薪酬低、社会认同度低导致行业人才吸引力弱、流动性大、流失率高等结果；另一方面，民非工作人员能力素质跟不上、人员队伍稳定性低又反过来成为制约民非单位发展的因素，两者容易形成恶性循环。

---

① 《关于深圳市2017年度符合公益性捐赠税前扣除资格社会组织名单的公示》，http://www.szmz.sz.gov.cn/cn/ywzc_mz/shzz/tzgg/201805/t20180522_11927237.htm，最后访问日期：2018年12月12日。

若以社会工作人才建设作为例子可以窥见其中一二，深圳社工人才流失率从2008年的8.2%一路攀升到2014年的22.2%，并自2015年开始有所回落，经过持续调整一系列人才发展政策、落实措施，到2018年9月深圳在岗社工流失率为5.5%。[①] 2018年初，深圳市民政局在网上发布《关于促进社会工作发展的若干措施（征求意见稿）》[②]，该征求意见稿拟参照"卫生和社会工作"行业工资指导价，定期动态公布助理社工师、社工师的薪酬指导价，有望解决以往社工薪酬提升的被动局面。

（四）社会服务评估体系有待优化

政府对于社会组织承接的转移职能和购买服务项目，通常会在事前、事中、事后采用至少一次评估，以确保采购绩效和服务质量。一般来说，在一年的购买期内对服务进行两次评估，即中期评估和末期评估，评估结果影响项目的续签和经费的划拨。受到科学主义范式和市场化运作方式的影响，评估机构会运用标准化的运作程序（Standard Operation Procedure，SOP）来考察社会服务过程的专业化和规范化。由于社会服务过程的产出不同于一般的商品，其社会影响力和服务质量很难进行量化的鉴定、评估和测量，而且服务评估都是采用事后评估方式，评估方只能依据服务"证据"进行考量。在社会服务需求与供给都井喷式增长的同时，对社会服务的评估也产生了巨大需求，以社会服务业评估为主要业务的专业性评估机构应运而生，深圳市现代公益组织研究与评估中心、深圳市鼎城技术评价中心等就是以民非登记注册的专门性评估机构代表。由于政府各职能部门采购第三方评估服务缺乏连续性和稳定性，同一项目在连续年份中采用不同评估机构也是常见情况，而各个评估机构的评估标准、评估方式不同，评估员素质也难免参差不齐，因此，对于项目执行过程、项目结果和成效的评价也有所不同。多头评估、重复评

[①] 深圳市社会工作者协会：《深圳市社会工作季度数据报告（2018年第3季度）》，内部资料，已征得同意。

[②] 《关于促进社会工作发展的若干措施（征求意见稿）》当前还处在征求意见与多方协商阶段，正式文件尚未出台。

估、评估方式僵化、评估结果难应用成为当前社会服务评估的主要弊病。

深圳社工行业自2009年初步建立第三方评估机制以来，基本形成了政府购买委托、第三方评估机构组织实施、评估委员会审核认定的现代评估体系。随着深圳社会服务的专业化发展，社会组织年检、社会组织等级评估、社工服务机构绩效评估、社区服务中心运营评估、社工岗位评估等考核应运而生。这些考核存在一定的交叉与重叠，致使机构承担大量重复评估工作，面临极大的评估压力。以社区党群服务中心为例，每2~3年都要经历招标、评估、换标。其评估内容纷繁复杂，不仅包括社工专业服务，还涉及场地管理、财务管理、宣传推广、资源链接、团队管理等。每次评估，反馈的意见都有不同，为了应对评估中的不确定，社工只能应评估方的要求做足材料。各类制度规范、计划、活动记录、反馈表、签名表等。行业内不少社工抱怨花费了大部分的时间在文书工作上，事事都要"留痕"，原本社会工作是"对人的工作"（people work），在评估高峰期则常变成"文书工作"（paper work）。这种为了评估而开展的服务，往往忽视了服务的本质要求，违背了"以评促建"的初衷，导致评估资源的浪费，不利于评估效益最大化。

（五）配套税收优惠政策有待落实

2017年《中华人民共和国慈善法》实施效应逐渐显现，社会捐赠稳步增长，社会组织蓬勃发展，法治体系逐渐完善，行业发展环境逐步优化。根据中国慈善联合会发布的《2017年度中国慈善捐助报告》[1]，2017年度我国接收境内外款物捐赠再创新高，共计1499.86亿元，较2016年增长7.68%；捐赠总额占同年全国GDP的0.18%，人均捐赠额107.90元，比上年增长7.11%。《中华人民共和国慈善法》规定，慈善组织可以采取基金会、社会团体、民办非企业单位等组织形式。在《中华人民共和国慈善法》公布前已经设立的基金会、社会团体、民办非企业单位等非营利性组织，可以向其登记的民政部门申请认定为慈善组织。

---

[1] 中国慈善联合会：《2017年度中国慈善捐助报告》，2018年9月。

在调研中，许多民办非企业单位尽管也申请了慈善组织认定和公开募捐资格，但依旧将政府购买服务作为资金筹措的主要来源，捐赠在整体收入中所占比例非常低，2017年民非年报数据显示，捐赠收入仅占当年民非收入的1.24%，而深圳仅有8家民非获得公益性捐赠税前扣除资格。其中主要的原因在于以下几点。第一，对于企业和个人来说，通过捐赠获得的税收优惠政策很难实现。根据《中华人民共和国慈善法》第八十条，自然人、法人和其他组织捐赠财产用于慈善活动的，依法享受税收优惠。但是在企业和个人向税务机构申请税收优惠时流程繁杂，而且税务机构的认定也有差异。对于民办非企业单位而言，有些经费是通过慈善会的公益创投实现的，原本属于捐赠类，可以免税，但是地方税务机构却认定这属于收入，应该纳税。因此，即使国家为推进慈善事业发展，出台了相关的法律和制度，但是在落实上存在着政府各个部门之间在认定标准上的不一致。第二，一线民办非企业单位主要面向的是较为聚焦的社区或群体，在筹措资金方面，以小额和零散的形式为主，甚至有些捐赠以志愿服务和物资捐赠为主，这些资助只能划归为服务项目的资源链接，直接用于服务，其中物资类和志愿服务类都很难以具体的经济数额进入机构的财务系统。第三，民办非企业单位属于非营利性质，主要承接政府购买服务，但是在税收方面并没有体现出更多的优惠政策。由于购买服务的特殊性，一般政府的经费划拨会根据项目合同，按照首期评估、中期评估、末期评估三个阶段分期拨付一定比例的款项。这就出现了一些潜在的税收风险，例如项目是跨年度的，在税务部门那里要进行预提，否则会认为是企业所得，但是预提时税务局会有自己的认定标准，而项目结项后进行经费划拨，也意味着许多机构要筹措资金预支人员工资和其他活动费用。

四 深圳民办非企业单位发展的政策建议

（一）多样化拓宽资金来源，支持民非可持续发展

多样化扩宽民非资金来源，是促进民非可持续发展的重要基础。从

2017年民非的年报统计来看,民非的收入中提供服务收入占到了83.56%,政府补助收入占7.85%,捐赠收入占到了1.24%,其他收入占比为7.35%。就民非而言,提供服务的收入占了绝大部分,政府购买服务部分也被纳入了提供服务收入进行统计。

因此,首先,促进民非的可持续发展可以加强对民办非企业单位的财税支持和监管,并持续推进政府的职能转移,进一步增加财政支持力度,为社会组织的成长提供空间。其次,完善和实施税收优惠政策,对民办非企业单位开展公共服务所获取的收入,只要这些收入仍然用于公益性服务,就应实行相应的免税政策。最后,鼓励企业和个人的慈善捐赠流向民非,并积极争取对这种捐赠实行免税政策。虽然民办非企业单位的显著特征是非营利性,但并非所有的服务都应该是免费的。在政策法规允许的情况下,鼓励机构可以依据其服务性质,适当收取费用,增强其自我造血功能,以确保机构的持续化运营。机构可以在政府允许的资金使用范围和比例下,形成完备的激励机制和体系,提高工作人员的薪资待遇水平,注重人员的个人职业生涯发展规划,推动工作人员在岗位上大胆创新,锐意进取,努力提高专业服务水平,增强其对机构和工作的归属感和自豪感,吸引越来越多的专业人才加入其中。

(二)增加公益信息透明度,增强民非的公信力

"阳光是最好的防腐剂",通过引入阳光制度,对外公开慈善捐赠的流程与资金的来龙去脉,保护公众的爱心之举,提升公众的信任感。同时,对善款使用过程建立起惩罚机制,对发生违规违法行为的及时给予严肃处理,并且让公众参与到善款使用的监督体系之中。只有真正使公益慈善信息实现"阳光化"才可以解决公益慈善信息不对称的问题,使社会慈善事业重新充满活力和生机。

公益信息的透明度直接关系到社会组织的公信力建构。公信力的建构直接关系到机构资源的可持续性发展和品牌打造。部分民非已经意识到这个问题,通过机构网站及时披露年报及财务状况,对于向公众募捐的项目也通过

各种渠道及时反馈给捐赠者。这种公信力的建构能促成良性的循环，越是透明，公信力越高，公信力越高，能筹集的资源就越多，有助于机构的品牌建设和长远发展。

（三）优化社会服务评估方式，促进民非良性发展

深圳社会组织评估经过多年实践，已取得明显成效。在评估体系逐步成熟的同时，也不能因为注重形式而忽略了评估的实质价值，即通过评估保证服务质量，推动社会组织良性发展的初衷。社会服务本身既是专业又是艺术，有其科学性、中立性、客观性的特质；人的需求本身就是多样和特别的，服务又有因人而异、因地而异的特殊性。因此，社会服务的评估也应该同时兼顾这两点。

一方面，规范评估，整合评估体系，将多重评估整合统一，减少机构和项目应对的重复评估问题；另一方面，评估要具有针对性，在规范评估标准的同时也要考虑到机构和项目的特殊性，针对一些微小的民生服务，不应该套用社区综合服务中心的评估标准和内容。创新评估形式与评估方式，在社会服务领域积极探索社会影响力评估（SIB）、社会投资回报率（SROI）等评估模式的应用。

（四）建设专业服务人才队伍，提升民非的服务水平

人才是社会服务的基础，也决定了社会服务的质量。因此，建设专业服务人才队伍，是提升民非服务水平的关键。吸引更多的专业人才加入，一方面，要提升社会服务价值，提高公众对于社会服务的认可度；另一方面，要提高工作人员的福利待遇，完善薪酬激励制度及工作人员的职业生涯发展路径。另外，要分层次打造人才梯队。扩大一线专业服务人员队伍，补充和充实公共服务供给；培养中高层服务管理人才，提升服务管理的专业化和精细化；引进和扶持高层次社会服务领军人才，引导社会服务的前瞻性和创新性发展。

（五）优化税收优惠政策，提高民非的运营效率

目前民办非企业单位虽然有税收方面的政策优惠，但一直存在争议难以落到实处，在未来民办非企业单位的发展中，建议在国家层面使法律文本实现可操作化，澄清民办非企业单位免税的部分，明确哪些可以免税，哪些不可以免税，将其具体化和操作化。从顶层设计上推动税务部门和民政部门的跨部门合作，将《中华人民共和国慈善法》中关于社会组织的税收优惠政策普及到一线税务工作人员。在现有的政策条件下，税收优惠认定难、申请难、执行更难，往往没有惠及民办非企业单位，反而增加了运营的负担。简化相关程序，减少民办非企业单位申报税收优惠的流程，提高民非的竞争力，让税收优惠政策真正成为促进民办非企业单位发展的动力。

B.4
深圳基金会发展报告

饶锦兴*

摘　要： 过去十年间，深圳市的基金会经历了快速发展的过程。根据2017年深圳社会组织年报统计情况，本报告概述了深圳基金会的发展现状，并总结了深圳基金会的发展特点和改革创新之处，分析了深圳基金会发展的现状。本报告总结了其面临的主要问题，包括政策不配套、角色定位不清晰、专业人才不足、公共服务平台缺失等。本报告探讨了深圳基金会的发展趋势，如登记数量快速增长，专业化发展程度提高，社会公益事业参与广度和深度日益变化等。在对现状、问题和趋势的分析总结基础上，本报告认为要进一步促进深圳基金会发展，就应该从特区立法层面尝试突破基金会管理制度障碍，加强基金会专业化能力建设和人才队伍建设，搭建公共服务平台，落实相关税收优惠政策等。

关键词： 基金会　社区基金会　专业人才　公共服务平台

一　深圳基金会发展总体情况

2008年被誉为中国慈善新纪元，中共深圳市委办公厅、深圳市人民政府办公厅印发了《关于加快我市慈善事业发展的意见》（深办〔2008〕60

---

* 饶锦兴，深圳社会组织研究院院长，深圳国际公益学院研究员。

号),明确提出要全面提升全市慈善事业发展水平。2009年7月,民政部和深圳市政府签订了《推进民政事业综合配套改革合作协议》,深圳市开始了基金会登记管理试点工作。得益于法律环境改善和政策利好,深圳市基金会发展势头强劲,2014年、2015年、2016年的年增长率分别为43.3%、43.3%和37.9%,稳居全国前列。本报告呈现了2017~2018年深圳基金会发展的状况。

(一)数量增长情况

根据2008~2017年深圳市社会服务统计数据,2011年末深圳市民政局登记的基金会仅有19家,到2017年末基金会总数达300家,年增长速度高于19%。截至2018年9月30日,在深圳市民政局注册的基金会共有335家,占全市社会组织总数的3%。图1显示了2011~2017年深圳市基金会数量增长情况。

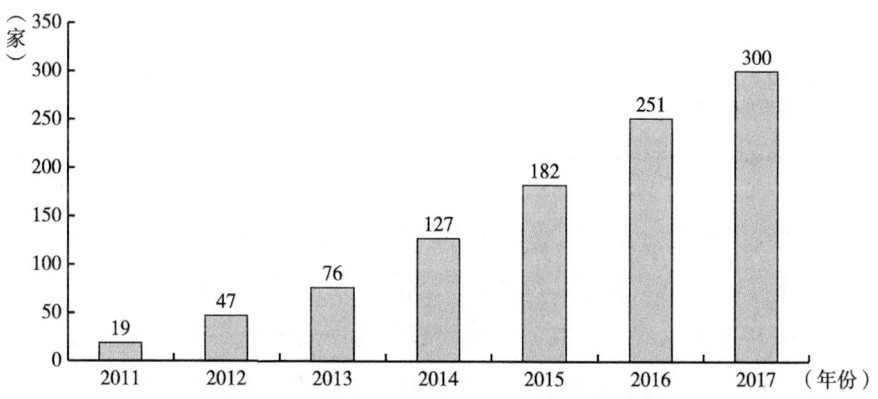

图1 2011~2017年深圳市基金会数量增长情况

在深圳登记的公募基金会9家,其余均为非公募基金会。非公募基金会数量增长迅猛并占绝大多数,说明深圳市高净值人群和民营企业的社会责任意识不断增强,按照自己的意愿捐赠财产设立基金会,常态化、可持续参与社会公益事业。

按照民政统计台账分类统计,截至 2018 年 9 月 30 日,深圳市 335 家基金会从事社会服务的基金会 254 家(占 75.82%);从事教育、卫生、文化、体育和生态环境的基金会 66 家(占 19.7%)。具体领域分布情况见表 1。

表 1　深圳市基金会领域分布

单位:家,%

类别名称	数量	占比
工商服务业	0	0.00
农业与农村发展	0	0.00
科学研究	9	2.69
教育	39	11.64
卫生	12	3.58
文化	7	2.09
体育	3	0.90
生态环境	5	1.49
社会服务	254	75.82
法律	0	0.00
宗教	0	0.00
职业及从业者组织	0	0.00
国际及涉外组织	0	0.00
其他	6	1.79

以上提及的均为在深圳登记注册的本土基金会,除此之外,截至 2017 年底,还有 43 家在广东省、11 家在民政部登记注册而登记住所在深圳的基金会。这 54 家基金会由广东省、民政部负责登记管理,基金会登记地址设在深圳,其资产规模通常较大,所开展的公益活动和项目往往具有较大的社会影响力,是深圳基金会不可缺少的部分。

(二)资产规模状况

据不完全统计,2017 年深圳共有 257 家基金会提供了净资产方面的信息,其净资产合计期末数总额为 30.43 亿元,平均净资产合计期末数为 1180.59 万元。表 2 是前 40 家基金会 2017 年净资产期末数。

表 2　前 40 家基金会 2017 年净资产期末数

单位：亿元

序号	基金会名称	2017 年净资产合计期末数
1	深圳壹基金公益基金会	3.71
2	深圳市香港中文大学(深圳)教育基金会	3.40
3	深圳大运留学基金会	2.15
4	深圳市现代创新发展基金会	1.93
5	深圳市明德实验教育基金会	1.90
6	深圳市南方科技大学教育基金会	1.89
7	深圳市深圳大学教育发展基金会	1.43
8	深圳市爱佑未来慈善基金会	1.07
9	深圳市国际交流合作基金会	0.67
10	深圳市亚太国际公益教育基金会	0.63
11	深圳市华强公益基金会	0.54
12	深圳市桃花源生态保护基金会	0.44
13	深圳市创想公益基金会	0.37
14	深圳市关爱行动公益基金会	0.37
15	深圳市宝教教育发展基金会	0.33
16	深圳市爱阅公益基金会	0.21
17	深圳市桃源居社区教育发展基金会	0.31
18	深圳市桃源居中澳实验学校教育发展基金会	0.31
19	深圳市长江商学院教育发展基金会	0.29
20	深圳市同心慈善基金会	0.26
21	深圳市盈安慈善基金会	0.24
22	深圳市宝湾慈善基金会	0.20
23	深圳市志愿服务基金会	0.19
24	深圳市慈缘慈善基金会	0.19
25	深圳市深大土木教育基金会	0.18
26	深圳市北大创新发展基金会	0.18
27	深圳市妇女儿童发展基金会	0.16
28	深圳市美丽深圳公益基金会	0.15
29	深圳市华会所生态环保基金会	0.15
30	深圳市坪山区坪山社区基金会	0.14
31	深圳市红树林湿地保护基金会	0.13
32	深圳市龙越慈善基金会	0.12
33	深圳市一个地球自然基金会	0.12

续表

序号	基金会名称	2017年净资产合计期末数
34	深圳市宝能慈善基金会	0.12
35	深圳市张连伟体育发展基金会	0.11
36	深圳市陈一丹公益慈善基金会	0.11
37	深圳市同佳岸慈善基金会	0.10
38	深圳市郑卫宁慈善基金会	0.10
39	深圳市龙光慈善基金会	0.10
40	深圳市大疆公益基金会	0.10

资料来源：2017年深圳市基金会年度工作报告，截至2017年12月30日。

2017年，净资产合计期末数上亿元的基金会8家，占提供净资产信息的基金会总数的3.11%。深圳市2017年捐赠收入前10名的基金会名单见表3。其中深圳壹基金公益基金会、深圳市爱佑未来慈善基金会、深圳市龙越慈善基金会3家为公募基金会，其余7家为非公募基金会。

表3　2017年捐赠收入前10名的基金会

单位：万元

序号	基金会名称	金额
1	深圳壹基金公益基金会	23527.71
2	深圳市爱佑未来慈善基金会	16000.24
3	深圳市佳兆业公益基金会	13604.80
4	深圳市香港中文大学（深圳）教育基金会	9571.20
5	深圳市亚太国际公益教育基金会	6067.82
6	深圳市正中公益慈善基金会	5080.00
7	深圳市华强公益基金会	4198.90
8	深圳市龙越慈善基金会	4058.90
9	深圳市桃花源生态保护基金会	4047.40
10	深圳市慈缘慈善基金会	3669.91

资料来源：2017年深圳市基金会年度工作报告，截至2017年12月30日。

（三）工作人员情况

2017年末深圳市300家基金会中共有228家提供了工作人员数量，共计有855名工作人员，平均每家为4人。只有1家基金会工作人员在50人以上，总人数达81人；有9家基金会工作人员为10～50人；有38家基金会工作人员为5～10人；有63家基金会工作人员为3～5人；其余有117家基金会工作人员只有1～3人。由此可见，大部分基金会的工作人员在5人以下（见图2）。

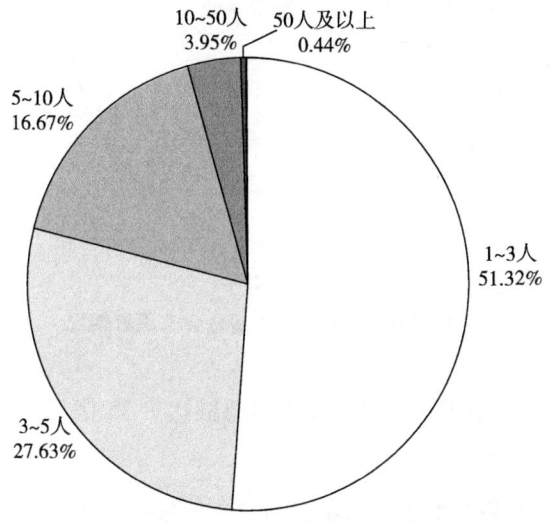

图2　2017年末深圳市基金会工作人员情况

（四）志愿者情况

根据2017年基金会年度报告数据统计，共有85家基金会披露了志愿者资源使用情况，志愿者总人数达到132989人。有3家基金会的志愿者数量为1000人以上，最多的高达119391人，志愿者人数为100～1000人的基金会有16家，为10～100人的基金会有42家，为1～10人的基金会有24家。

（五）公益事业支出情况

基金会对社会的贡献主要表现在公益事业支出方面。截至2017年末，深圳市300家基金会中有228家基金会提供了基金会支出数据信息，支出总

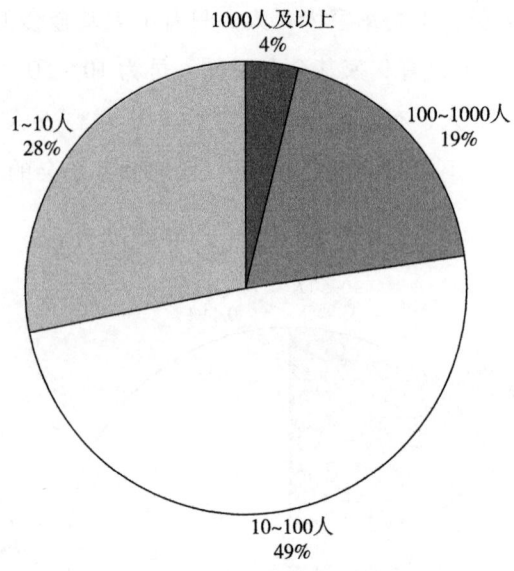

图3　2017年末深圳市基金会志愿者情况

额为8.59亿元,其中用于公益事业支出总额达7.75亿元,平均每家基金会339.91万元。

表4显示,在公益事业支出中,94.3%的基金会用于公益事业支出总额在1000万元以下,而只有0.88%的基金会公益事业支出在1亿元及以上。其中,深圳壹基金公益基金会的公益事业支出最多,高达1.73亿元。

表4　2017年基金会公益事业支出情况

单位:家,%

公益事业支出区间	数量	比例
1000万元以下	215	94.30
1000万元~1亿元	11	4.82
1亿元及以上	2	0.88

资料来源:2017年深圳市基金会年度工作报告,截至2017年12月30日。

表5是2017年公益事业支出前10名的基金会名单,其中大多数还是非公募基金会。

表5 2017年公益事业支出前10名的基金会

单位：亿元

序号	基金会名称	总支出
1	深圳壹基金公益基金会	1.73
2	深圳市佳兆业公益基金会	1.36
3	深圳市爱佑未来慈善基金会	0.85
4	深圳市龙越慈善基金会	0.36
5	深圳市TCL公益基金会	0.35
6	深圳市亚太国际公益教育基金会	0.31
7	深圳市现代创新发展基金会	0.27
8	深圳市关爱行动公益基金会	0.25
9	深圳市李伟波慈善基金会	0.18
10	深圳市铁汉生态公益基金会	0.18

资料来源：2017年深圳市基金会年度工作报告，截至2017年12月30日。

二 发展特点和改革创新亮点

（一）深圳市基金会呈现全面发展态势并具有全国影响力

自2009年以来，深圳市基金会从无到有，总数迅速达到2018年的335家。在数量稳步发展的同时，基金会净资产也在不断增加。据2017年基金会年度报告统计，基金会期末净资产的中位数是221.8万。基金会在平均资产方面远远超过社团和民非。同时，基金会培养出一批素质较高的专业从业者，这些从业者的学历和能力也超出社会组织的平均水平。

不少深圳基金会在规范管理、优化治理、公信力建设和公益项目设计方面不断探索提升，日渐成为具有全国示范效应的典范机构。深圳壹基金公益基金会（以下简称壹基金）于2010年12月在深圳市民政局的大力支持下正式注册成立，是全国第一家由民间发起成立的公募基金会。自成立以来，壹基金致力于传播创新的、人人参与的公益文化，搭建公信透明的、可持续发展的公益平台，接受捐赠总额和公益支出比例一直名列前茅，在灾害救助、儿童关怀与发展、公益支持与创新等三大领域有丰硕的成果。2018年9月，壹基金荣获民政部颁发的第十届"中华慈善奖"。深圳市关爱行动公益基金会（以下简称关爱基金会）成立于2011年，是深圳首批5A级基金会和全国先进社会组织。关爱基金会构建透明、阳光、专业、诚信的公益慈善综合服务平台，为捐赠人提供公益捐赠税前扣除、公益项目运作、公益资源对接、公益信息披露和公益文化传播等综合性服务，并推动实施了"募师支教"行动、"白衣天使关爱工程"、"女工关爱工程"、关爱地中海贫血症儿童的"燃料行动"等一系列具有本土品牌的公益项目，助推了深圳这座移民城市的精神文明建设。

住所在深圳的省级、部级基金会，不仅以自身发展丰富了深圳公益慈善事业的生态圈，也通过具有全国影响力的公益项目将改革开放成果以慈善的方式回馈全国各地。腾讯公益慈善基金会牵头发起的"99公益日"活动充分发挥"互联网+公益"的力量持续助力中国公益行业的进化与变革，2018年"99公益日"腾讯公益慈善基金会的配捐金额达到2亿9999万，并新增1亿元作为支持慈善组织成长基金，超过2000家企业加入。[①] 深圳市社会公益基金会以"社会创新资源枢纽的公益创投平台"为建设使命，倡导和推动多元跨界力量联合。2012~2017年连续在深圳举办六届"中国公益慈善项目"大赛，来自全国31个省区市和港澳台地区的5789个项目报名参赛，累计获奖项目达390个，共撬动福彩公益金投放资金1620万元和社会化资金5200多万元，社会影响力颇大。

（二）基金会捐赠收入主要来源于境内捐赠

2017年深圳市基金会的捐赠收入（见表6）来自大陆的捐赠为

---

① 《2018年99公益日开创"理性公益"新时代》，2018年9月11日，https://gongyi.qq.com/a/20180911/064392.htm，最后访问日期：2018年12月17日。

135178.69万元，占绝大部分。来自境外的捐赠仅为2532.99万元。这说明深圳市基金会动员本土捐赠资源的能力大幅增强。

表6　2017年基金会接收境内外捐赠收入对比

单位：万元

	总额	最大值
来自境内的捐赠（合计）	135178.69	—
来自境内的捐赠（现金）	124287.72	22874.07
来自境内的捐赠（非现金折合）	10890.97	8415.52
来自境外的捐赠（合计）	2532.99	—
来自境外的捐赠（现金）	1377.31	568.94
来自境外的捐赠（非现金折合）	1155.68	1155.68
捐赠收入合计	141701.80	—

资料来源：2017年深圳市基金会年度工作报告，截至2017年12月30日。

（三）涌现一批具有专业特色的基金会

目前深圳市的基金会活跃在社会公益事业的各个领域，各具特色。既有像深圳壹基金公益基金会这样募款能力强、社会关注度高、资助领域多的资助型基金会，也有专注某一领域、特色鲜明的运作型基金会，如有支持孩子阅读的深圳市爱阅公益基金会、倡导环境教育的深圳市红树林湿地保护基金会、支持教育改革实验的深圳市明德实验教育基金会、保护和发展艺术的深圳市雅昌艺术基金会、促进对外交流的深圳市国际交流合作基金会等。

深圳市爱阅公益基金会以"高品质儿童阅读推动美好未来"为愿景，致力于推动儿童阅读的发展及儿童阅读品质的提升，让每一个孩子通过高品质阅读打开探索世界的大门，享受阅读的乐趣，成长为终身阅读者。其"阅芽计划"项目是在深圳起步的早期阅读计划，为符合领取条件的

家庭免费发放"阅芽包",通过科学化、系统化的引导,倡导家庭亲子阅读,给予每个孩子一个成功的开端,开启智慧阅读人生,深受广大家长称赞。

(四)率先发展社区基金会,动员社会资源参与基层治理

深圳是中国大陆最早发展社区基金会的城市。2008年11月18日全国第一家以支持社区发展为目标的基金会——桃源居公益发展基金会在北京成立并落户深圳。以"党委领导、政府管理、企业投资、居民共建"的模式,桃源居公益发展基金会通过资助和发展社区内的公益组织,开展社区服务,培育社区资本,来完善社区的公共服务和福利体系。

2014年,深圳市把培育发展社区基金会列入了《2014年全市社会建设工作要点》,大力推动社区基金会的试点工作。深圳先后制定出台了《深圳市社区基金会培育发展工作暂行办法》《深圳市社区基金会工作指南》《深圳市慈善会社区冠名基金管理办法》等文件,为社区基金会(社区基金)完善内部治理结构、规范运营管理、加强能力建设等提供了规范性指引。光明区(当时为光明新区)成为社区基金会国家级试点,成立了包括凤凰社区基金会在内的6家社区基金会。社区基金会在深圳迅速发展起来。按照其发起模式可以分成三种:政府推动、企业主导和居民发起,如盐田区在政府推动下成立了永安社区基金会、梅沙街道社区基金会,福田区在部分企业主导下成立了华强北街道社区基金会,南山区蛇口社区居民发起成立了蛇口社区基金会。

截至2018年第三季度,深圳共有社区基金会27家,数量居全国第二。其中2014年和2016年有集中性增长,其余年份的增长较为缓慢。2017年共有23家社区基金会提交年报,它们的期末净资产总计9329.83万元,其中报告了捐赠情况的14家社区基金会,2017年获得捐赠收入790.55万元,其中来自自然人的捐赠总额为68.90万元,占捐赠总额的8.72%,社区基金会的主要捐赠方为境内组织。

社区基金会成为深圳社区慈善救助体系的重要补充。根据社区特点

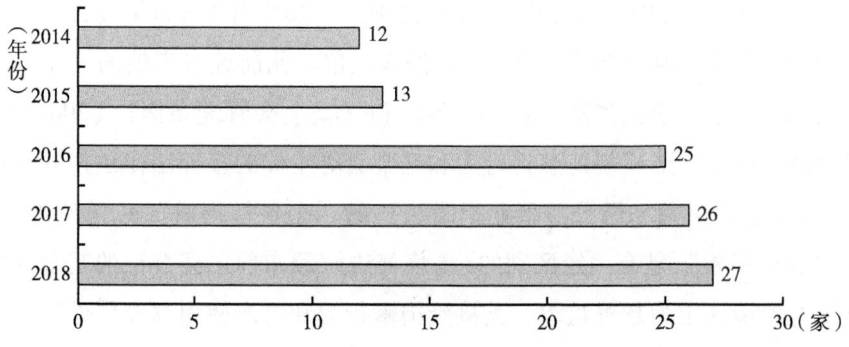

图 4　深圳社区基金会数量增长趋势

开展特色活动、引导居民主动参与、营造社区归属感是社区基金会的长处。深圳南山区蛇口社区基金会是由当地居民发起成立的，每年资助举办"蛇口无车日"社区嘉年华活动，并挖掘社区历史故事，致力于营造最适于文明和文化生长的社区公共空间。光明区凤凰社区基金会设立专项资金支持社区足球队"绿茵追风足球俱乐部"，资助保障足球队的日常训练经费，青年足球队获得了全国青少年足球赛一等奖，成为社区靓丽的名片。

作为全国第一个先试先行推动社区基金会发展的城市，深圳探索了社区基金会多元化模式，为其他地区培育发展社区基金会提供了借鉴经验，也为构建共建共治共享的社区治理新格局提供了思路。

三　目前面临的主要问题和挑战

深圳市基金会登记数量在快速增长的同时，也面临一些问题和挑战，其中很多问题是由基金会管理制度导致的共性问题，也有一些是深圳市特有的。

（一）多部法律法规并存和冲突，政策不配套

近年来，国家相继出台《中华人民共和国慈善法》（2016年）（以下简

称《慈善法》)、《中华人民共和国民法总则》(2017年)(以下简称《民法总则》),确立了基金会的组织形式和法人地位。此前颁布实施的《中华人民共和国公益事业捐赠法》(1999年)和《基金会管理条例》(2004年)仍然继续适用,形成规范慈善行为和基金会等主体的多部法律法规并存局面。《中华人民共和国公益事业捐赠法》的"公益性捐赠"和《慈善法》的"慈善捐赠"是有一定区别的,《慈善法》颁布前已经登记的基金会如果没有申请认定为慈善组织,其接受捐赠行为和财产使用方式是否受《慈善法》约束目前不是很明确。基金会原来分为公募基金会和非公募基金会,《慈善法》则分为面向社会公众公开募捐的慈善组织和面向特定对象定向募捐的慈善组织,不是慈善组织的基金会能否在发起人、理事会成员和会员等特定对象以外的范围募捐目前也不明确。特别是《慈善法》实施两年多来,促进慈善事业发展的配套政策措施迟迟没有出台,许多《慈善法》颁布前已经登记的基金会对是否申请认定为慈善组织采取观望态度。

(二)公益事业中的角色定位不清晰

《基金会管理条例》明确基金会是利用自然人、法人或者其他组织捐赠的财产,以从事公益事业为目的依法成立的非营利性法人。《民法总则》规定了"具备法人条件,为公益目的以捐助财产设立的基金会、社会服务机构等,经依法登记成立,取得捐助法人资格"。而《慈善法》只规定慈善组织可以采取基金会、社会团体、社会服务机构等组织形式。也就是说,现行法律法规对基金会的基本功能和财产制度都没有进行具体规范,同样具有捐助法人资格的基金会和社会服务机构区别在哪里不明晰,同样是慈善组织的基金会、社会团体、社会服务机构三者有何功能差异也没有法律规定,这样不利于基金会确定其在公益事业中的角色定位。绝大部分基金会以自己组建专业团队运作执行公益项目为主,较少基金会将筹集到的资金主要用于资助其他公益组织运作公益项目,公益事业发展难以形成良好的生态链。

（三）专业人才不足

历年年报数据统计显示，目前基金会的专职工作人员数量平均不超过5人。专职工作人员的状况在一定程度上反映了深圳市基金会的规模状况，专职工作人员较少也在一定程度上制约了基金会的发展，更何况绝大部分基金会秘书长没有非营利组织管理专业背景，又或缺乏公益行业从业经验。《基金会管理条例》关于基金会工作人员工资福利和行政办公支出比例的规定以及《慈善法》关于慈善组织年度管理费用比例的规定，限制了基金会通过提高工资待遇吸引优秀人才的尝试。基金会因为社会认知度低，薪酬待遇缺乏保障，吸引不了专业人才。中共中央办公厅、国务院办公厅印发的《关于改革社会组织管理制度促进社会组织健康有序发展的意见》（以下简称《意见》）提出了要完善人才政策，把社会组织人才工作纳入国家人才工作体系。令人遗憾的是，近两年来明确基金会等社会组织人才发展的具体措施尚未出台，特别是在深圳市人才优先发展政策中没有看到"慈善人才"的字眼，也没有基金会等社会组织人才认定标准。《慈善法》提出了建立慈善组织负责人的信用记录制度和问责制度，慈善组织有违法行为的，直接负责的主管人员和其他直接责任人员将被追究法律责任。《意见》更加强调加强对社会组织负责人的管理，要求民政部门会同有关部门建立社会组织负责人任职、约谈、警告、责令撤换、从业禁止等管理制度，落实法定代表人离任审计制度；建立负责人不良行为记录档案，强化社会组织负责人过错责任追究，对严重违法违规的，责令撤换并依法依规追究责任；推行社会组织负责人任职前公示制度、法定代表人述职制度；等等。没有足够吸引力的薪酬待遇加上过重的法律责任，让很多专业人士对从事基金会行业望而却步。

（四）公共服务平台缺失

可以说，目前深圳市社会组织公共服务体系十分不健全。既没有促进深圳社会组织发展的专门条例，也没有支持社会组织发展的专项资金。深圳市社会组织管理局为市民政局直属副局级行政单位，主要负责市级社会组织的登记和管理工作，但没有像深圳市中小企业服务署那样的事业单位专责为社会组织提供公共服务。近几年来，深圳社会组织创新示范基地、深圳社会组织总部基地（福田）、深圳市妇女社会组织服务基地、罗湖社会创新空间、龙岗社会创新中心等社会组织孵化平台纷纷建立，为社会组织培育发展提供了能力建设支持，已经初见成效。但与社会组织改革创新的新形势、新要求相对照，这些平台建设的专业性、创新性还有很大的提升空间，资源没有得到有效的开发利用。特别是由于运营机构的专业性局限，这些基地基本上没有配置专业为基金会培育发展提供服务。基金会运行过程中，工作人员由于缺少专业知识，往往遇到很多很基础的问题不知如何处理，动辄打电话咨询登记管理机关的工作人员，导致登记管理机关工作人员每天应对大量重复性的咨询电话。因此，需要加强为基金会提供专业服务的公共平台建设。尤其是设立基金会要求有专职工作人员和固定住所的规定加大了基金会运营管理的成本，如果有相应的公共服务平台提供支持，则基金会可以大大减少运营管理成本，将更多资金和精力用于开展公益活动。

（五）基金会登记管理权限变化

作为我国改革开放的"窗口"、"试验田"和全国经济中心城市，深圳经济特区积极发挥先行先试作用，一直大力推进社会组织改革发展和规范管理工作，特别是2009年7月民政部和深圳市政府签订《推进民政事业综合配套改革合作协议》后，深圳市率先试点在省级以下人民政府登记管理基金会。实践证明，试点工作对深圳市基金会和慈善事业发展产生重要的积极影响。民政部于2018年8月3日向社会公开征求意见的《社会组织登记管理条例（草案征求意见稿）》，要求基金会由省级以上人民政府的登记管理机关负责登记管理，设立基金会的注册资金不得低于800万元人民币，基金会登记前须经业务主管单位审查同意的，发起人还应当向登记管理机关提交业务主管单位的批准文件。如果相关法规正式出台，则这些规定将大大提高基金会登记管理的门槛，将对深圳市这样的非省级以上人民政府未来开展基金会登记管理工作造成困局。

四 深圳基金会发展趋势

（一）基金会登记数量将继续快速增长

深圳经济特区作为我国改革开放的"试验田"和"窗口"，不仅是全国经济中心城市、国家自主创新示范区，也是全国最具爱心和最慷慨的城市。多年以来，党和政府为慈善事业与社会组织发展提供了支持政策，深圳市慈善捐赠总额和社会组织登记数量持续增长，"关爱之城"、"志愿者之城"和"慈善之城"日益成为深圳一张张闪亮的新名片，营造了市民积极参与公益事业的良好氛围。与此同时，深圳是国内最年轻的超大城市，在快速城市化进程中，历史遗留问题和新问题相互交织，人口规模迅速膨胀，社会建设滞后于经济发展，城市治理能力亟待提升，这些问题的有效解决呼唤着社会创新。基金会被称为社会创新的"发动机"，在以上两方面因素的影响下，可以预见将有更多有识之士、有责任的企业捐赠财产设立基金会参与社会公益事业，深圳市基金会登记数量和资产规模将持续增长。

（二）基金会专业化发展程度不断提高

一方面，基金会登记数量不断增长，对专业人才的需求自然增加。另一方面，随着政府加强对社会组织的监督管理、促进社会组织健康有序发展措施的不断落实，对基金会的专业化要求也会不断提高。目前，基金会专业化程度不高，主要体现在捐赠收入的可持续性较差和公益活动的有效性较弱两个方面。绝大多数基金会设立时的原始基金数额较低，用于开展公益活动的资金规模较小，面对基金会行业性发展难题，基金会同行需要共商对策，共谋专业化发展路径。

（三）社会公益事业参与广度和深度日益变化

目前，基金会已经渗透到社会公益事业的各个领域，但基本停留在较浅层次。深圳市人口规模快速扩张、人口结构严重"倒挂",教育、医疗等公共服务资源不足,政府在不断加大民生领域投入,弥补在社会民生事业发展方面的较多欠账,在此过程中将大力引导社会资本参与公共服务。《慈善法》将捐赠财产促进教育、卫生等事业发展的行为确定为慈善行为加以鼓励,《民法总则》将基金会、社会服务机构等捐助法人和事业单位法人并列归类为非营利法人,为基金会等社会组织参与社会公共事业提供了广阔的制度空间。可以预见,将有越来越大捐赠规模的基金会出现,这些基金会将捐赠设立非营利性大学、医院等公共设施,不断推动社会体制改革与创新。

五 进一步促进深圳基金会发展的政策建议

(一)立法层面尝试突破基金会管理制度障碍

鉴于《慈善法》和《民法总则》颁布实施后,现行国务院令第400号颁布的《基金会管理条例》仍未修改,出现多部法律法规并存和冲突局面,建议深圳根据《慈善法》和《民法总则》的立法精神以及中共深圳市委办公厅、深圳市人民政府办公厅印发的《关于深化社会组织管理制度改革促进社会组织健康有序发展的若干措施》,加快出台加强基金会监督管理、促进基金会健康成长的政策措施,在基金会登记管辖、设立条件、功能定位、治理机制和监管要求等方面做出创新规范,加大社区基金会培育发展力度,进一步促进深圳市基金会和公益事业健康有序发展。

(二)进一步落实《慈善法》规定的相关税收优惠政策

为克服目前在税收征管中依行为课税而不是依主体课税带来的弊端,建议深圳税务主管部门设立专门针对基金会等非营利组织的税收服务部门,一方面克服基层税务机关对社会组织税务服务质量参差不齐的现状,节约税务部门人力成本,另一方面有助于社会组织税务工作的普及与开展。目前如果难以设立专门的部门，还可以考虑设置专门服务非营利组织的税收专管员。基金会经登记或认定为慈善组织的，自然并同时可以获得公益性捐赠所得税税前扣除资格和非营利组织免税资格，无须再申请免税资格认定。针对基金会接受非货币性资产捐赠日益增多的情况，建议财税部门出台非货币性资产捐赠的相关税收优惠细则，给予捐赠人、基金会税收减免优惠并优化减免程序。民政、财政、税务和金融主管部门联合建立正常的协调机制和统一的信息平台，在完善税收服务体系的同时强化基金会的税收监管，监督基金会对慈善捐赠资金和政府补助资金的使用管理，对违规募集、使用财产行为以及未按规定履行信息公开义务的予以严惩。

（三）引导基金会角色定位，加强专业化能力建设

加强基金会专业化能力建设，政策引导基金会回归公益事业捐赠管理机构的角色定位。公益事业发展需要行业生态链建设，针对目前基金会角色定位不清晰、专业能力不足的状况，建议政府提供社会建设专项资金加强基金会专业化能力建设，提高工作人员的职业技能，通过公益项目合作等方式引导基金会发挥公益事业捐赠管理机构的功能，将更多资源用于资助其他社会服务机构执行公益项目。

（四）加强专业人才队伍建设

人才缺乏成为制约基金会专业化发展的瓶颈，建议民政部门及人力资源和社会保障部门会同有关部门尽快出台加强基金会等社会组织人才工作的具体措施，在基金会专业人才引进、培养和激励机制建设方面积极探索。具体包括：建立基金会秘书长任职资格制度和负责人培训制度，制定相应的人才补贴等激励制度；按照《深圳市人才引进实施办法》和《关于加强高层次专业人才队伍建设的意见》，在未来五年时间内引进国内外100名高层次慈善专业人才；建立多层次的基金会专业人才培养体系，支持深圳国际公益学院和深圳经济特区社会工作学院等社会组织人才培养机构的发展；依托行业组织建立基金会专业人才服务体系。

(五)加快基金会公共服务平台和行业自评组织建设

社会组织培育发展需要公共服务资源,建议借鉴政府推动中小企业发展的经验,大力加强社会组织公共服务体系建设,努力提高社会组织服务和监管的有效性。鉴于基金会专业化程度要求较高,建议加强基金会行业自律组织建设,通过行业自律组织进行自我服务、自律规范,同时设立"基金会中心"为基金会提供集中登记住所、联合劝募、人才培养、项目监测评估和资金监管等综合性服务,降低基金会管理成本,助力更多运作型基金会向资助型基金会转型。

专题报告

Special Reports

B.5 深圳社会组织党建工作：现状、特色与趋势

谢清顺[*]

摘 要： 社会组织是城市基层党建工作的新领域，也是基础最薄弱的领域。为了在社会组织中推进党建工作，深圳市出台的《深圳市社会组织党的建设工作规定（试行）》，对社会组织的党建工作做出了系统规划。截至2018年10月，深圳共建立社会组织党组织1980个，覆盖全市94%的社会组织，党员32144名。深圳党建工作具有以下特色：强调顶层设计、多方齐抓共管、党建业务融合、定向精准施策、服务中心工作、强化基础保障。但也存在社会组织党的组织单独组建难，社

---

[*] 谢清顺，深圳市社会组织党委办公室副主任、纪委副书记，联学联建领导小组办公室主任，民政局"扬帆计划"培训班社会组织党建调研组组长。

会组织党建工作责任有待进一步细化落实，党建与业务工作融合度有待进一步提升，社会组织党建工作机构工作力量薄弱，社会组织党组织和党员管理教育、作用发挥难等问题。为进一步推动深圳社会组织党建工作，本报告提出了进一步建立健全社会组织党建工作机制、建立健全社会组织党建工作机构、研究制定"三同步""五嵌入"具体实施细则、科学探索社会组织党组织设置模式等八条对策建议。

关键词： 社会组织　党建工作　"两个覆盖"　社会组织党建

社会组织是城市基层党建工作的新领域，也是基础最薄弱的领域。习近平指出，"加强党的基层组织建设，关键是从严抓好落实。要以提升组织力为重点，突出政治功能，健全基层组织，优化组织设置，理顺隶属关系，创新活动方式，扩大基层党的组织覆盖和工作覆盖"①。深圳各级领导历来高度重视社会组织党建工作，多位领导把社会组织党建及行业自律作为书记项目亲自主抓。2018年7月，深圳以党内法规的形式制定发布了《深圳市社会组织党的建设工作规定（试行）》，坚持以党的政治建设为统领，对社会组织业务主管单位抓党建工作的职责做出细化规定，强化党在社会组织的影响力，以提升组织力为重点，引领社会组织健康正确发展方向。

一　深圳社会组织发展概况

近年来，深圳把"加快培育发展和规范管理社会组织"作为推动新时

---

① 《习近平出席全国组织工作会议并发表重要讲话》，http://www.chinanews.com/gn/2018/07-04/8556689.shtml，最后访问日期：2019年1月10日。

期社会建设全面发展的重要内容，以"打开门、管到位、环境优、发展快、效果好"为总体要求，以政策创制为重点，以简化登记流程为切入点，以综合监管为保障，以激发社会组织活力为目标，全面深化社会组织登记管理体制机制改革，初步走出了一条体现市场经济规律、适应时代需要、具有深圳经济特区特点的改革之路，形成了政府与社会协同治理的新格局。

截至2018年9月底，全市共有社会组织13054家（含备案数），包括社会团体6088家、民办非企业单位6631家、基金会335家；其中在市、区（新区）民政部门登记注册的社会组织10190家，在区民政部门、街道办事处备案管理的社区社会组织共2864家。全市社会组织广泛分布在工商服务、科研、教育、卫生、社会服务等各个领域，在深圳市经济、文化、社会建设中发挥着独特且重要的作用。在促进产业升级方面，社会组织在研发推广新技术、承办行业展览、制定行业标准等方面已成为重要"推手"；在规范市场秩序方面，社会组织特别是行业协会通过制定行规行约，加强行业自律，倡导诚信准则，有力地维护了市场秩序；在提供公共服务方面，大多数社会组织扎根于群众，直面群众需求，有效弥补了政府缺位和市场失灵的不足；在创新社会治理方面，社会组织通过平等对话、沟通协商等办法参与社会治理，起到了缓解社会矛盾、增强社会弹性、促进社会融合的作用。

二 深圳社会组织党建工作基本情况

2018年10月，深圳市委组织部、深圳市"两新"组织党工委对全市社会组织的"两个覆盖"（党的组织覆盖和党的工作覆盖）进行了全面摸底排查。根据摸底排查结果，全市共建立社会组织党组织1980个，通过单独组建、联合组建等多种方式，有效覆盖社会组织9579个，覆盖率达到94%。2864个备案的社区社会组织全部纳入街道两新党委和社区党委兜底管理。

（一）党员队伍情况

全市社会组织共有党员 32144[①] 名，其中组织关系不在社会组织党组织的党员 13608 名；流动党员 4090 名（见表1）。

表1　深圳市社会组织党员情况一览

单位：名

类别	党员人数	组织关系不在社会组织党组织的党员数	流动党员数
市级社会组织	18203	5044	1336
福田区	550	397	8
罗湖区	1968	790	131
盐田区	947	682	369
南山区	2087	926	151
宝安区	2683	1462	906
龙岗区	3649	2529	746
龙华区	855	893	137
坪山区	386	290	141
光明区	585	414	165
大鹏新区	231	181	0

（二）党组织情况

截至 2018 年 10 月，全市社会组织共建立基层党委 96 个，党总支 95 个，党支部 1789 个，党在社会组织领域的影响力和覆盖面得到有效提升。深圳市社会组织党委共管理基层党委 47 个，党总支、党支部 1129 个；管理的党组织从 2015 年的 284 个增加到 2018 年 10 月的 1176 个，党员从 2015 年的 4100 名增加到 2018 年 10 月的 11328 名（见表2）；管理的党组织数比党委成立时增长 4 倍，党员数增长将近 3 倍。

[①] 2018 年深圳社会组织"两个覆盖"摸底排查结果显示，共有 8332 家社会组织填写了报表，其中 8089 家提交了党组织和党员数据信息，约占全市登记注册社会组织总数的 80%。

表 2　深圳市社会组织党委历年直接管理党组织和党员情况

单位：个，名

年份	管理党组织数	管理党员数
2015	284	4100
2016	594	6902
2017	974	8934
2018年10月	1176	11328

（三）党员发展情况

全市社会组织近3年共发展党员924名，其中社会组织负责人和业务骨干占到90%以上。社会组织中积极主动要求入党的人越来越多。市社会组织党委2015年全年确定入党积极分子126名、发展预备党员75名；2018年，社会组织全年共有1196人提交了入党申请书，其中725名确定为入党积极分子，全年共发展预备党员230名，提交入党申请、入党积极分子、发展对象、预备党员人数较2015年度均有大幅度提升（见表3）。

表 3　深圳市社会组织党委历年发展党员情况一览

年份	提交入党申请书人数	入党积极分子	发展对象	发展预备党员
2015	120	126	81	75
2016	521	230	161	150
2017	632	414	269	172
2018	1196	725	346	230

（四）党务工作者和群团组织情况

全市社会组织共有2499名党务工作者，其中专职党务工作者488名。全市共有279个社会组织按照规定建立了工会，60个社会组织组建了团委。

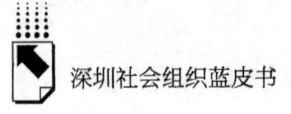

三 深圳推进社会组织党建的主要特色

深圳始终坚持把党建工作作为中心工作，与社会组织管理体制改革同谋划、同部署、同落实，确保党的领导不弱化、党建工作不断档。深圳市委高度重视社会组织党建，先后把"加强社会组织党建""推进自律工作"作为书记项目推进。

（一）谋划顶层设计，健全社会组织党建工作体系

2012年，深圳市委、市政府印发的《关于进一步推进社会组织改革发展的意见》（深发〔2012〕12号）就明确要求：加强社会组织党建和群团工作；在具备条件的社会组织设立党组织，发挥党组织战斗堡垒作用和党员先锋模范作用；加强社会组织反腐倡廉建设；探索建立社会组织基层工青妇等群团组织。

2018年7月，深圳市委、市政府印发的《关于深化社会组织管理体制改革促进社会组织健康有序发展的若干措施》（以下简称《若干措施》）明确提出"加强党对社会组织工作的领导"、"建立分级负责、条块结合、区域兜底的社会组织党建工作格局"和"将党建工作全流程嵌入社会组织登记管理、购买服务、评优评先等各个环节"。

2018年8月，深圳以首批党内法规的形式制定出台了《深圳市社会组织党的建设工作规定（试行）》（以下简称《工作规定》）。《工作规定》对社会组织党组织的功能定位、管理体制和工作机制有了明确的规定，对党的组织覆盖和工作覆盖方式提出创新的措施，对党组织和党员作用的发挥有了清晰的指引，并做出对党务工作者队伍建设及基础保障的安排。

（二）多方齐抓共管，建立分级负责、分类管理体制

早在2004年，深圳市就启动了行业协会与主管部门脱钩工作，成立了行业协会服务署并在服务署建立联合党委，对脱钩后的150多家行业协会党

组织进行集中管理，确保"脱钩不脱管"；2006年，深圳依托市民政局直属的市民间组织管理局成立社会组织联合党委，负责没有业务主管部门的社会组织党的工作；2010年，深圳在全市各社区成立642个社区综合党委，负责社区范围内包括社会组织在内的各领域党的工作，从而形成了市、区（新区）、街道、社区四级社会组织党的工作领导体制。

2014年底，深圳市委将市两新组织党工委改为在市委组织部挂牌，并依托市社会组织管理局（原民间组织管理局）成立市社会组织党委，负责统筹抓好市级社会组织党建工作，协调指导各区（新区）抓好辖区社会组织党建工作，各区和街道也参照建立相应机构，并配备专兼职工作人员。

（三）党建业务融合，全流程嵌入社会组织登记管理

为强化业务主管单位抓社会组织党建工作责任，深圳在推进社会组织党建工作过程中创新提出了"三同步""五嵌入"。

在社会组织登记过程中实行"三同步"，即"同步采集社会组织党员信息、同步组建社会组织党组织、同步指导社会组织党建工作入章程"，督促推动新成立的社会组织及时建立党的组织，开展党的工作，落实党建责任。3500多家市级社会组织已经将"本社会组织支持中国共产党的领导，执行党的路线、方针和政策"、"支持领导班子与党组织领导班子交叉任职，优先推荐社会组织领导班子中的中共正式党员担任党的组织以及纪检组织领导"和"支持党组织对社会组织重要事项决策、重要业务活动、大额经费开支、接收大额捐赠、开展涉外活动等提出意见"明确写入社会组织章程，约占市级社会组织总数的92%。

在社会组织日常管理过程中实行"五嵌入"，即"社会组织登记管理部门、业务（行业）主管单位，要结合各自职能和业务工作将党建工作全流程嵌入社会组织年检年报、等级评估、换届改选、购买服务和承接政府转移职能、评先评优等各个环节"。2017年8月1日，深圳制定出台了全国第一部社会组织的地方评估标准《深圳社会组织评估指南》，着重加大了社会组

织党建工作的评比权重。各级政府职能部门在购买服务时，也将社会组织是否按照要求组建党组织作为重要评分指标。

（四）定向精准施策，创新模式，扩大党的组织覆盖

针对深圳社会组织点多面广的特点，深圳因地制宜、结合实际创新党组织组建模式，按照有利于加强党对社会组织的领导、促进社会组织健康发展，在社会组织中进一步发挥党组织的战斗堡垒作用和党员的先锋作用，积极推行"同一类型、同一地域、同一行业"组建模式（简称"三同模式"），通过采取这种组建模式来有效提升党的组织覆盖面。

1. 根据同一类型，组建行业协会类别联合党组织

从2017年开始，深圳市社会组织党委按照"行业相近、产业互补"的原则，将307家尚未组建党组织的市级行业协会分成18大类，并从市直机关各部委挑选18名局处级领导干部担任"第一书记"，每名"第一书记"负责指导一类行业协会联合组建党委。经过18名第一书记一年多的努力，共转入1092名正式党员，新组建195个行业协会党支部，指导完成了金融服务类、健康产业类、优势传统类、科技创新类、绿色环保类、文化创意类、质量创新类、生活服务类、建筑建材类、商务服务类、新兴战略类、先进制造类等12个行业协会类联合党委的筹备组建工作。

2. 根据同一地域，推行组建以省级（地市级）异地商会为龙头的联合党委，实现同省统管

先后组建了市福建商会、山东商会、湖南商会和黄冈商会等异地商会党委，并专门成立异地商会联合党委对其他异地商会进行兜底管理。

3. 根据同一行业，推动成立行业协会党组织

将行业协会商会党建作为全市社会组织党建工作的重中之重，两次召开全市行业协会商会党的建设专题座谈会，先后指导市监理工程师协会、高分子行业协会、造价工程师行业协会、小额贷款行业协会、互联网金融行业协会、生命科学与生物技术协会等成立了行业协会党委，将党的组织和工作覆盖到各行业协会的10.4万个会员单位。

（五）服务中心工作，切实引领社会组织健康发展

深圳始终坚持把促进发挥党组织的战斗堡垒作用和党员的先锋作用作为社会组织党建工作的出发点和落脚点，积极引导党组织在社会组织领域发挥政治核心和政治引领作用。

1. 推行"3+2"工作模式

推动以"党建入章程"为核心的"3+2"工作模式，将党建工作要求和党组织的机构设置、职责任务、工作机制等写入社会组织章程，要求党组织书记参加（列席）管理层会议、参与重大决策，党组织书记参与换届人选审查；党组织与社会组织领导班子交叉任职、纪委书记（负责人）兼任社会组织监事。通过推动党建入章程"3+2"工作模式，保障了党组织在社会组织中的地位，促进了党组织和社会组织管理层之间的互相融合、和谐互动，实现了社会组织内部治理结构与党组织政治核心作用发挥的有机结合。

2. 通过党建引导社会组织自律

2018年3月，市纪委、市两新组织党工委、市民政局联合制定《关于加强党的领导推进行业自律拓展预防腐败工作领域的实施意见》（以下简称《实施意见》），明确由行业协会商会党组织主导，推动修改协会商会章程设立行业自律机构，建立健全行业自律规约、行业职业道德准则，引导本行业的经营者依法从业、诚信执业；推进行业信用体系建设、建立行业诚信"红黑名单"制度；加强行业惩戒。《实施意见》按照"谁主管谁负责"的原则，将行业自律工作列入党政主管部门绩效考评的创新加分项目，督促行业主管部门落实党风廉政建设的主体责任。深圳市纪委、市社会组织党委还先后确定深圳市注册税务师协会、市注册会计师协会、市监理工程师协会、市燃气行业协会、市互联网金融协会等30家行业协会，试点推进行业自律工作，通过行业自我监督和约束，有效地弥补了政府监管的盲点与不足，从而可以与政府监管同频共振，营造廉洁干净、风清气正的市场环境，促进深圳市社会经济的健康发展。行业自律试点工作也被评为"深圳市纪检监察

系统2017年度十大创新项目"。《中国纪检监察报》专门刊发文章《深圳探索社会组织领域防治腐败新路径》，介绍深圳加强党的领导、推进行业自律的工作经验和做法。

3. 突出对社会组织负责人的教育引导

实施推优入党计划，安排各级党员领导干部"一对一"做社会组织负责人的培养联系人，近五年全市共发展700多名社会组织负责人、业务骨干入党。

4. 通过联学联建激活社会组织党建活力

针对社会组织党建起步晚、基础薄弱、活动资源缺乏等问题，深圳市社会组织党委积极推动社会组织与国有企业党建互联互动，与交通银行深圳分行、深圳市高新投集团、深圳市社会组织总会、人民日报（人民网）建立了定期的党建工作联席会议机制，围绕"基层组织联抓""活动阵地联建""组织生活联过""发展思路联谋""志愿服务联动"共同组织开展党的工作。针对社会组织基层党务干部缺乏、经验不足等问题，由国有企业负责选派经验丰富的党务干部到社会组织担任党建指导员，帮助社会组织搭建党建阵地、规范组织生活；针对社会组织活动资源有限等问题，按照优势互补、互通有无共同组织开展党的基层组织生活，例如联合开展"不忘初心跟党走"主题活动、"廉政图片展"、"联建杯"足球赛活动，充分调动了基层党组织、党员参与的热情。

（六）强化基础保障，建立健全社会组织党建运行机制

在经费保障方面，为保障社会组织党建工作顺利开展，深圳建立了多渠道筹措、多元化投入的党建工作经费保障机制。"社会组织党组织活动经费按照党员每人每年不低于500元、党组织书记工作津贴按照每人每月不低于400元的标准，分别由市、区（新区）财政列入预算并核拨；社会组织党组织上缴的党费全额逐级返还；市区两级党委留存党费也重点向社会组织党组织倾斜"①。

---

① 《深圳市社会组织党的建设工作规定（试行）》，第七章第二十七条。

在党务工作者队伍建设方面，深圳注重建设一支结构合理、数量充足、素质优良、业务娴熟的社会组织党建工作力量。在加强党务工作者队伍建设方面，《深圳市社会组织党的建设工作规定（试行）》（以下简称《工作规定》）提出了选派"第一书记"、党建组织员等富有深圳特色、符合深圳实际的措施。比如，《工作规定》明确"可以选派退休或者不担任现职的党员干部、机关年轻干部、业务主管单位党员干部到行业影响较大或者党建工作薄弱的社会组织党组织担任'第一书记'或者党建工作指导员，帮助解决问题和困难，健全党建工作制度，提升党建工作整体水平"[1]。同时，"按照党员200人以下1名、200人以上2名的标准，向规模较大的社会组织分级选派党建组织员，专职从事党务工作"[2]。

在党的活动阵地建设方面，深圳要求"在规模较大的社会组织单独建设党群服务中心，市区两级组织部门支持具备条件的社会组织或在社会组织相对集中的区域，建设党群服务中心"[3]。6个市级社会组织党群服务中心已经开工建设，全市15个社会组织孵化基地和总部基地统一规划建设党建工作阵地，538个社区党群服务中心和248个园区党群服务中心与社会组织共享平台资源。

四 深圳社会组织党建工作存在的难点问题

社会组织是基层党建工作的新领域，面临着一系列新情况和新问题。深圳社会组织党建工作取得了一定成绩，但与社会组织的快速发展、与党对社会组织工作的要求还相差甚远，工作中面临着不少突出问题和挑战。

（一）社会组织党的组织单独组建难

社会组织规模普遍偏小，专职工作人员中党员比例低，导致党组织单独

---

[1] 《深圳市社会组织党的建设工作规定（试行）》，第六章第二十三条。
[2] 《深圳市社会组织党的建设工作规定（试行）》，第六章第二十三条。
[3] 《深圳市社会组织党的建设工作规定（试行）》，第七章第二十八条。

组建难，大多数社会组织是通过联合组建方式来实现党的组织和工作覆盖的。在全市8089家提交党员数据信息的社会组织中，有党员分布的社会组织仅有3727家，占比46%；其中，2003家社会组织有3名以上党员，具备单独组建党组织的条件，占比24.8%（见表4）。绝大多数社会组织因没有党员或仅有零星党员分布而无法单独建立党的组织。

表4 两级社会组织党员情况分布

单位：家

区域	有填报党员数据的社会组织			3名以上党员	50名以上党员
	总计	无党员	有党员		
市级	1934	630	1304	749	50
福田区	738	600	138	68	0
罗湖区	667	357	310	183	0
盐田区	247	122	125	67	2
南山区	1474	1079	395	168	6
宝安区	1104	629	475	223	4
龙岗区	965	442	523	312	5
龙华区	362	195	167	106	0
坪山区	271	147	124	50	0
光明区	216	117	99	46	1
大鹏新区	111	44	67	31	0
合计	8089	4362	3727	2003	68

（二）社会组织党建工作责任有待进一步细化落实

《工作规定》明确"落实业务主管单位抓社会组织党建工作责任，民办教育培训机构、民办医疗机构以及其他有业务主管单位的社会组织党建工作，由业务主管单位党组织领导和管理"；《若干措施》也明确"落实业务主管单位抓社会组织党建工作责任，有业务主管单位的社会组织党建工作，由业务主管单位党组织与同级社会组织党委双重领导"。但一些社会组织的业务主管部门对党建工作重视力度不足，仍然存在不想管、不愿管和不会管的现象。以市级为例，截至2018年10月，855家有业务主管单位的市级社会组织，仅有192家已经单独组建党组织，即使组建了党组织，开展的工作也比较有限。另外，业务主管单位与社会组织党委的沟通衔接机制也有待进一步理顺。目前深圳市推动社会组织党的建设工作，更多依靠市两新组织党工委领导、市区两级社会组织党委孤军奋战、单兵突进，各级党委、政府部门联合作战、齐抓共管社会组织党建工作的格局尚未完全形成。

（三）党建与业务工作融合度有待进一步提升

"三同步""五嵌入"虽然已经写入《工作规定》，但落地执行仍然困难重重，缺乏一套行之有效的可操作实施细则，对于相关业务主管部门责任也缺乏刚性约束。例如，《工作规定》明确"司法、财政、税务、教育、卫生、市场和质量监管等社会组织业务主管单位党组织，要结合各自职能和业务工作将社会组织党建工作全流程嵌入社会组织年检年报、等级评估、换届改选、购买服务和承接政府转移职能、评先评优等各个环节"，但在工作实践中如何落地，缺乏具体的操作办法。又如，党建工作虽然已经作为重要内容嵌入社会组织年检年报，但在2017年度中仅有4156家社会组织填写党组织和党员情况信息，接近60%的社会组织未按要求填报数据信息。

（四）社会组织党建工作机构工作力量薄弱

对比广东全省及广州市、东莞等地，深圳的差距较大，深圳社会组织党建工作力量配备十分薄弱，无法适应社会组织基数大、增速快的发展现状（见表5）。目前，市社会组织党委设在市民政局，统筹管理3839家市级社会组织党的建设工作，指导各区社会组织党建工作，承担着繁重的组建任务以及管理工作，但仅配置行政编制2个。2018年新出台的《工作规定》明确社会组织党委承担着审核社会组织负责人人选的工作，以市级社会组织为例，每年有近千家社会组织因新登记注册或换届改选需进行负责人审核，涉及候选人超5000人次，需要配备专门机构、专业力量负责此项工作。

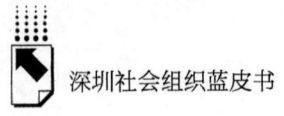

表5 各地社会组织党建工作机构设置情况

	深圳市社会组织党委	广东省社会组织党委	广州市社会组织党委	东莞市社会组织党工委
行政编制数	2个	6个	5个	11个
办公机构	无	设党群工作处	设党委办公室	设综合科、组织科

（五）社会组织党组织和党员管理教育、作用发挥难

一是党员流动大、分布广，影响了党组织的稳定运行。党组织难以组建，或者是"建了散，散了建"。党员分散、构成复杂，基层支部难以有效管理。二是基层组织生活会不规范、无新意，吸引力不强。不少社会组织党组织生活容易被业务活动冲占挤压，而且内容和形式都不适应社会组织党员年轻、学历高、思维活跃的特点，与文化建设结合不够、引领作用不强，党员参与热情不高。三是基层组织建设不健全。部分基层党组织存在换届不及时、人员调整不及时的情况。部分社会组织因被注销或撤销，党组织没有及时撤并，原有党员组织关系没有及时调整。四是部分党员意识淡薄，先锋模范作用发挥不明显，部分党员对自己的政治身份不珍惜，对自身要求偏低，影响先锋模范作用的发挥。

五 深圳社会组织党建工作的对策建议

（一）进一步建立健全社会组织党建工作机制

根据《工作规定》，细化社会组织党委、登记管理部门、业务主管部门的党建工作职责，解决党建工作责任不清问题。一是强化业务主管部门主体责任。根据《工作规定》《若干措施》文件要求，明确将抓党建工作列入社会组织业务主管部门领导班子履行党建工作职责的考核范围；明确由业务主管部门机关党组织牵头，负责协调对口业务处室共同推进社会组织党建。二是明确业务主管部门为主管理。业务主管部门负责指导主管的社会组织按照规定组建党的基层组织，开展党的工作，按照规定指导所属社会组织党组织按期换届；负责所属社会组织党组织负责人的审核任命，并报社会组织党委备案；负责所属社会组织的党员发展工作；负责指导所属社会组织开展党风党纪教育及纪律检查工作。三是强化社会组织党委的统筹协调职能。由社会组织党委统一负责社会组织的党员组织关系转接、党籍管理、党员统计、党费收缴以及党员发展指标、各类评比表彰名额分配等工作。

（二）建立健全社会组织党建工作机构

参照广东全省及广州、东莞等地的做法，在市社会组织管理局增设党群工作处，安排6个编制，明确由市社会组织管理局领导兼任党委书记和副书记，各业务处室负责人兼任社会组织党委委员。

（三）研究制定"三同步""五嵌入"具体实施细则

在市两新组织党工委牵头下，社会组织党委、登记管理部门、业务主管部门结合各自职责，制定出台落实"三同步""五嵌入"的具体实施细则。将党建工作在社会组织登记注册、年度报告、换届、重大事项报告和注销撤销等各个环节作为前置掌握、关联限制和考核指标范围，让社会组织的党建与登记管理、等级评估工作等紧密衔接、同步开展。

（四）科学探索社会组织党组织设置模式

将"应建未建"的社会组织作为工作的重点，一些社会组织党员人数不满足成立党组织条件的，可考虑采用灵活的形式，按照便于联系的原则，就近与其他社会组织中的党员联合建立党支部；同时，可根据党员工作性质、志趣爱好、专业特长、年龄、作息规律等，探索建立功能型的特色党组织，使得基层党组织设置模式更趋于开放包容，更符合党员参加组织生活的需求；由社区党委统一兜底管理分散的没有归属党组织但居住在社区的社会组织党员，实行区域化、网格化管理。

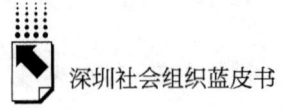

（五）加强支部标准化、规范化建设

以提升组织力为重点，结合社会组织实际，围绕组织设置、功能定位、工作职责、党员管理、服务群众、运作保障六个方面，分别制定出台行业协会商会、社团、民办非企业单位、基金会党的建设标准化文件，从严从实加强党的基层组织建设，把社会组织中党的基层组织打造成坚强战斗堡垒。

（六）加大在社会组织中发展党员的力度

注重在没有党员和未建立党组织的社会组织中发展党员，努力解决"有组织无党员、有党员无组织"的问题。注重吸收社会组织负责人、业务骨干入党，努力将社会组织中的优秀人才引进、聚集到党组织的周围。

（七）选优配强社会组织党建工作力量

注重在社会组织管理层特别是负责人中选拔、培养党组织书记。健全社会组织党组织书记和经营管理人员"双向进入、交叉任职"机制。深化"双培双推"机制，将社会组织核心骨干作为入党重点培养对象。加大选派社会组织"第一书记"工作力度。积极落实《工作规定》中对党务工作者队伍建设的要求，即"根据工作需要，选派退休或者不担任现职的党员干部、机关年轻干部、业务主管单位党员干部到行业影响较大或者党建工作薄弱的社会组织党组织担任'第一书记'或者党建工作指导员，帮助解决问题和困难，健全党建工作制度，提升党建工作整体水平"。"加大党建组织员选派力度，按照党员200人以下1名、200人以上2名的标准，向规模较大的社会组织分级选派党建组织员，专职从事党务工作"[1]。

（八）健全基层党组织和党员作用发挥机制

一是坚持以党建工作引领社会组织健康发展，通过加强党的建设，引导

---

[1] 《深圳市社会组织党的建设工作规定（试行）》，第六章第二十三条。

社会组织完善产权清晰、权责明确、运转协调、制衡有效的法人治理结构；引导社会组织规范财务管理、人事管理、资产管理等各项内部管理制度；引导社会组织严格依据法律法规和政策要求，按章程规定的业务范围开展各项活动，主动接受监督；引导社会组织规范办理登记备案年检事项，健全内部监督机制，自觉接受政府、会员和社会公众的监督，主动披露相关信息，提高透明度和公信力；引导社会组织主动向社会履行诚信承诺，积极参加信用等级评价，培育诚信服务品牌，拓展诚信服务内容。引导社会组织党员亮身份，承担社会组织及会员单位"危难险重"任务。把党建工作与政治引领结合起来，引导社会组织正确发展方向；把党建工作与社会组织治理结合起来，实现党的建设与社会组织发展互促共赢。

B.6
深圳社会组织政策法规建设报告

叶萌 田苗苗*

摘　要： 2017年以来，深圳市社会组织政策法规的发展从多点探索创新向重点深耕转变，积极出台相关法规政策以配套落实《中华人民共和国慈善法》等国家法律法规。深圳市通过一系列政策法规的有效执行，如切实发挥政策法规对社会组织健康有序发展的引导规范作用，积极推动社会组织登记制度改革，加强社会组织综合监管和探索多元慈善方式，加强社会组织党建等，来促进社会组织蓬勃发展、提升发展质量、推动社会组织创新、提高自身能力。当然深圳社会组织政策法规环境建设也面临一些挑战，包括地方性社会组织政策法规体系不健全、政策缺乏协调性、部门沟通协调机制不完善等。本报告建议深圳未来应健全社会组织政策法规体系，加强政策前瞻性、协调性和可操作性，明确并细化部门职责、完善部门沟通协调机制，加大社会组织培育发展的支持力度。

关键词： 政策法规　社会组织登记　综合监管　联合执法　培育和发展

近年来，深圳市响应国务院及民政部的政策和指示，率先颁布实施系列法规政策和举措，社会组织改革已初见成效，社会组织在数量、资产规模、

---

* 叶萌，北京师范大学中国公益研究院慈善法律中心副主任；田苗苗，深圳国际公益学院资深法务主管。

公共服务的广度和深度方面都已经显示出良好的发展势头。尤其在社会组织直接登记、社会组织综合监管以及社会组织培育发展、社会组织党建等方面都积累了丰富的经验，为国家社会组织法规制度的改革提供了重要参考，发挥了应有的地方创新作用。2016年，我国首部专门规制慈善事业各项活动的综合性法律《中华人民共和国慈善法》（以下简称《慈善法》）的出台及中共中央办公厅、国务院办公厅《关于改革社会组织管理制度促进社会组织健康有序发展的意见》（以下简称两办《意见》）的颁布和实施，为未来我国社会组织管理制度的发展确定了总体方向。随着国家层面政策法规的健全，2017年以来，深圳市社会组织政策法规的发展从多点探索创新向重点深耕转变，积极出台相关法规政策以配套落实《慈善法》等国家法律法规，特别是2018年制定出台了深圳市《关于深化社会组织管理制度改革促进社会组织健康有序发展的若干措施》（以下简称《若干措施》），深圳市通过一系列政策法规的有效执行，切实发挥政策法规对社会组织健康有序发展的引导规范作用。

一 深圳社会组织政策法规体系建设概况

随着深圳市社会组织发展的改革与创新，深圳市社会组织法规政策的发展也经历了从积极探索到协调发展、重点推进的过程，并逐步形成了包含社会组织申请登记、监督管理、组织建设等在内的较完整的社会组织法规政策体系。

（一）探索深圳市社会组织法规政策创新和发展

深圳市历来是我国经济社会各项制度的"改革区"和"试验田"。早在2009年民政部即与深圳市签订了《民政部深圳市人民政府推进民政事业综合配套改革合作协议》，授权深圳市探索包括社会组织登记管理制度在内的社会制度改革创新。[1] 近年来，深圳市在积极探索与创新的同时，更加注重

---

[1] 《民政部牵手深圳试点民政改革双方签订推进民政事业综合配套》，2009年7月21日，http://news.sina.com.cn/c/2009-07-21/070015985678s.shtml，最后访问日期：2018年11月6日。

在立法形式上的锐意创新，兼顾社会组织政策发展的实际需求与立法灵活性，发布了《深圳市社会团体换届选举指引（试行）》、《深圳行业协会法人治理指引》、《深圳市社会组织财务管理指引（试行）》、《深圳市社会组织评估管理办法（试行）》和《关于鼓励和规范社会组织积极有序参与社会治理的意见》等一系列"软法"。这些政策法规，引领着深圳市在规范社会组织登记备案，构建包括年度报告、抽查、信用管理和评估等措施在内的社会组织综合监管体系以及通过政府购买服务、公益创投等方式鼓励和支持社会组织发展等方面取得重要突破和进展（深圳市近年出台的社会组织主要政策法规见表1）。同时，在为深圳市社会组织自我管理与发展保留必要的空间，为组织"善治"提供标准和指导，使社会组织监管从事后监管向事前、事中的管理和预防转变，更有利于保障社会公益事业的健康可持续发展。

深圳市的地方创新不仅成为引领各地社会组织政策改革的榜样和标杆，在此过程中探索的宝贵经验也为国家层面立法的完善提供了重要参考，发挥了作为试点地区应有的作用。在2016年3月我国出台的首部《慈善法》中，此前已在深圳试行的年度报告制度、社会组织信用记录制度等内容被写入法条。2016年8月印发的两办《意见》也正式在全国层面为直接登记制度改革下一阶段在全国范围内的实施工作确立了制度框架。包括深圳在内的地方政府近年来在社会组织政策法规方面的一些试点经验已经在国家立法中予以采纳，上升为国家层面的法律法规并在全国范围内推广施行。

表1 深圳市近年出台的社会组织主要政策法规

类别	政策法规名称	颁布时间
社会团体管理	《深圳行业协会法人治理指引》	2008年
	《深圳市社会团体换届选举指引（试行）》	2011年
	《深圳经济特区行业协会条例》	2013年
	《深圳市民政局关于贯彻落实深圳市人民政府办公室取消全市性社会团体分支机构、代表机构登记行政服务项目的通知有关问题的通知》	2015年

续表

类别	政策法规名称	颁布时间
社会组织财税	《深圳市社会组织财务管理指引（试行）》	2011年
社会组织党建	《中共深圳市社会组织委员会　深圳市社会组织管理局关于印发〈关于加强行业协会党建工作的意见（试行）〉的通知》	2015年
社会组织党建	《中共深圳市社会组织委员会　深圳市社会组织管理局关于推动社会组织"党建入章程"有关工作的通知》	2016年
综合	《深圳市委组织部关于党政机关事业单位公职人员不再兼任行业协会职务有关问题的通知》	2004年
综合	《关于进一步推进社会组织改革发展的意见》	2012年
综合	《深圳市承接政府职能转移和购买服务社会组织推荐目录编制管理办法》	2016年
综合	《关于鼓励和规范社会组织积极有序参与社会治理的意见》	2017年
综合	《关于深化社会组织管理制度改革促进社会组织健康有序发展的若干措施》	2018年
监管	《深圳市社会组织评估管理办法（试行）》	2011年
监管	《深圳市社工委、市民政局关于构建社会组织综合监管体制的意见》	2014年
监管	《深圳市社会组织抽查监督办法》	2014年
监管	《深圳市社会组织活动异常名录管理办法》	2016年
监管	《深圳市社会组织年度工作报告管理办法》	2016年
监管	《深圳市行业协会商会与行政机关脱钩实施方案》	2017年

（二）配套落实《慈善法》，陆续出台相关法规政策

2017年以来，随着《慈善法》的颁布实施以及国家层面《慈善组织认定办法》《慈善组织公开募捐管理办法》等一系列落实配套《慈善法》的法规和规章的制定与颁布，深圳市社会组织法规建设工作的重点从积极探索向协调发展、重点深耕转变。一方面，结合地方实际积极构建配套措施，包括慈善组织登记认定、慈善信托备案、慈善募捐监管以及慈善信息的公开等，在上位法已经规定的领域，以发布办法、办事指南、通知公告等具体方式予以细化和落实。比如，在《慈善法》正式生效的当月，深圳市民政局即发布了《关于开展慈善组织登记认定等工作的公告》，并同时发布《慈善组织登记认定、慈善组织公开募捐资格申请办事指南》《深圳市社会组织年度工

作报告管理办法》等，为自然人、法人和其他各类组织根据新法开展慈善活动提供详细的指引。2018年7月，在民政部《慈善组织信息公开办法》（以下简称《办法》）颁布出台后，深圳市在2018年8月就发布了《关于贯彻落实〈慈善组织信息公开办法〉有关事项的通知》，配合《办法》的落地实施。另一方面，继续发扬深圳在综合监管、社会组织党建等方面的先进经验，深化加强社会组织相关政策法规的执行，积极注重监管实效。此外，在社会组织和慈善事业发展的前沿领域，深圳仍然不断保持和鼓励创新和探索，如社会企业和捐赠者建议基金等新型公益组织形成。

在上述总体趋势下，2017年以来，深圳市的政策法规建设工作逐步完善，并不断与国家社会组织政策法规相协调，取得以下进展。2017年7月，深圳市市场监督管理局发布标准化指导性技术文件——《深圳市社会组织评估指南》。2018年7月，深圳市委办公厅印发社会组织登记管理的综合性文件《关于深化社会组织管理制度改革促进社会组织健康有序发展的若干措施》，对党的十九大以来新时期社会组织的分类登记、综合监管体系、优化发展环境以及强化社会组织自身建设等多方面的政策发展方向提供了明确的指引。与此同时，符合深圳社会组织发展最新需求的政策法规也在不断制定和完善。2017年，《深圳市社会组织重大事项报告指引（征求意见稿）》发布并公开征求意见。《深圳经济特区社会组织信息公开条例》也开始立项起草，拟在总结2015年的《深圳市社会组织信息公开指引（试行）》的基础上进一步根据最新上位法与时俱进地为深圳市社会组织的透明度与责信提供制度保障。在社会组织党建方面，深圳近年来在全国率先探索了丰富的工作经验，2018年8月，制定党内文件《深圳市社会组织党的建设工作规定（试行）》，使深圳市社会组织党建工作在制度化方面迈进了一步。

（三）重点推动落实两办《意见》，构建深圳社会组织发展新格局

为全面落实《关于改革社会组织管理制度促进社会组织健康有序发展的意见》，2018年深圳市出台了《关于深化社会组织管理制度改革促进社会组织健康有序发展的若干措施》，《若干措施》坚持改革创新、放管并重的

原则，在总结过去经验的基础上通过实行一系列行之有效的措施方法，目标在于建立健全统一登记、各司其职、协调配合、分级负责、依法监管的社会组织管理体制和更加完善的社会组织法规政策体系，使社会组织综合监管更加有效，发展环境更加优化。并且，在优化服务、积极培育扶持的同时，又加强事中、事后监管，促进社会组织健康有序发展。

根据深圳市民政局未来的工作计划，为配套《关于深化社会组织管理制度改革促进社会组织健康有序发展的若干措施》的落实，深圳市还有针对性地制定并颁布实施细化的政策性文件，如《社会组织直接登记标准与办法》《深圳市社会组织承接政府转移职能监管办法（征求意见稿）》《社会组织法人治理指引》《社会组织重大事项报告指引》《慈善组织网络募捐指引》等。这些政策措施的实施将规范和引领深圳社会组织改革工作积极稳妥和有序地向前推进，最终形成结构合理、功能完善、竞争有序、诚信自律、充满活力的深圳社会组织发展新格局。

二 深圳社会组织政策法规发展的成效

深圳市在社会组织与慈善组织登记认定、社会组织综合监管制度完善、社会组织党建以及社区社会组织发展以及在慈善信托、捐赠者建议基金以及社会企业等新型慈善路径发展方面都积极探索，勇于创新，形成具有深圳特色的社会组织制度体系，为全国社会组织政策发展提供了重要借鉴。

（一）积极推动社会组织登记制度改革，促进社会组织蓬勃发展

1. 率先探索社会组织登记制度创新

在社会组织登记方面，深圳市是较早试点社会组织直接登记改革的地区之一。在2008年以前，深圳市即在全国率先试点工商经济类、社会福利类和公益慈善类社会组织的登记制度改革工作。2009年，《民政部深圳市人民政府推进民政事业综合配套改革合作协议》签订后，深圳进一步逐渐探索扩展直接登记适用范围，培育发展各类社会组织。在2012年深圳市委、市

政府发布的《关于进一步推进社会组织改革发展的意见》中，深圳市社会组织直接登记的范围扩展到工商经济类、公益慈善类、社会福利类、社会服务类、文娱类、科技类、体育类和生态环境类八类组织。此后，深圳市的社会组织数量出现了一个快速增长的阶段。与此同时，全国范围内其他省区市也陆续开始试行社会组织直接登记制度。

2. 在国家政策引导下进一步深化登记制度改革

在总结近几年各地直接登记试点的经验与教训的基础上，2016年的两办《意见》明确提出"稳妥推进直接登记"，优先发展协会商会类、科技类、公益慈善类和城乡社区服务类组织，在这四类组织范围内落实直接登记制度。2018年，公开征求意见的《社会组织登记管理条例（草案征求意见稿）》也将该四类组织直接登记的规定写入了法条。深圳市社会组织登记管理制度也随着国家政策法规的制定和出台与上位法相协调，从大胆广泛探索向统一制度回归。2018年出台的《关于深化社会组织管理制度改革促进社会组织健康有序发展的若干意见》提出实施社会组织分类登记的制度改革，优先发展行业协会商会类、科技类、公益慈善类和城乡社区服务类组织，对于这四类组织实施直接登记制度。而对于社会需求不足或竞争过度领域，则防止社会组织无序过快发展，对于成立不符合国家法律法规和相关政策规定的社会组织更要严格依法禁止。深圳市分类登记制度的发展，是社会组织登记管理制度深化改革的体现，在近年来大胆探索的基础上，总结经验教训，进而审慎完善改革，进一步适应当前经济社会发展对于设立社会组织的实际需求。

从社会组织登记制度政策改革的实施效果看，直接登记政策对社会组织数量的增长有着较为明显的影响。自2012年实施八类社会组织直接登记以来，深圳市社会组织每年的增长率保持在20%左右。[①] 截至2018年9月底，深圳市全市范围内共有社会组织13054家，其中直接登记的数量是3633家[②]，占社会组织总体的27.83%。而从2017年直接登记制度进一步改革以

---

① 数据来源于深圳市民政局调研访谈。
② 本数据由深圳市社会组织管理局统计。

来，社会组织增长趋缓，从单一数量增长的发展模式转变为质量优先的发展模式。

（二）推动和加强社会组织综合监管，提升社会组织发展质量

为改革以往"严准入、宽监管"的社会组织登记管理模式，深圳市较早开始探索注重社会组织运营发展过程中监督管理实效的综合监管体系。所谓综合监管，即综合包括年度报告、抽查、异常名录、评估以及重大活动报告等多种相互补充、相互配合的监管手段，也包括监管部门、行业管理、组织自律和公众监督等多方多角度来共同提高社会组织的自律与诚信体系建设，保障社会组织有效实现组织使命、提高公信力。

1. 通过积极探索社会组织管理体制改革，不断完善社会组织监管机制

2014年12月，深圳市社工委和深圳市民政局联合出台《关于构建社会组织综合监管体制的意见》（以下简称《意见》），提出构建完善社会组织领域的行政司法监管、社会公众监督、社会组织自律、社会组织党组织保障"四位一体"的综合监管体系，深圳市社会组织的综合监管制度正式在政策文件中确立。"四位一体"的综合监管方式具体包括："1. 梳理登记管理机关、业务主管单位、其他各职能部门的职责，明确各相关职能部门对社会组织监管的具体职责，形成任务分工清晰、信息沟通顺畅、协调配合紧密的社会组织监督管理体系。2. 引导社会组织加强自身建设，完善法人治理结构和科学民主决策机制，保证社会组织有效自治，依法开展活动。3. 通过媒体、网络等多种载体促进社会组织信息公开，方便和鼓励公众了解社会组织信息，参与对社会组织的监督。4. 加强社会组织党建及群团工作，让社会组织始终团结在党委和政府周围，成为一支积极参与社会治理和公共服务的可靠力量。"[①] 值得注意的是，在完善行政监管机制方面，该《意见》提出建立权责明确、分工协作的行政监管机制，各部门联合监管。《意见》明确界定了市社工委、市民政局、市公安局、市财政委、市人力资源和社会保障

---

① 参见《关于构建社会组织综合监管体制的意见》。

局、市审计局、市市场和质量监管委、市国税局、市外事办（港澳办）、市台办、市预防腐败局在社会组织监管中需要履行的职责。各方职责的明确界定，明确确定各部门之间的权责范围，有利于提高监管效率，也可避免不同机关之间的监管出现重叠或漏洞。

而在近年来的政策法规建设工作中，深圳市也切实按照"四位一体"的综合监管体系逐步落实细化各项工作机制，逐步摸索出一套行之有效的社会组织新型监管制度。其一，在行政司法等各主管部门的分工协作方面，深圳市建立了由政法委（社工委）牵头的社会组织综合监管联席会议制度，包括民政、财政、税务、公安、外事、宣传、统战在内的登记管理机关、业务主管单位以及各相关管理部门。通过联席会议机制，社会组织监管工作的责权分工更加明晰，以联合执法等方式开展工作亦提高了社会组织监管的效率和效力。盐田区、大鹏新区等区级行政机关也在2017年陆续建立了自身的综合监管工作联席会议制度。① 其二，在社会组织自律方面，深圳市先后出台了《深圳行业协会法人治理指引》《深圳市社会组织财务管理指引（试行）》等加强社会组织内部治理和组织自律的指导性文件，从多个角度和多个层次提升鼓励社会组织践行"善治"。其三，在加强社会公众监督方面，深圳市一直以来致力于提高社会组织的信息公开水平，2015年9月，深圳市民政局印发《深圳市社会组织信息公开指引（试行）》，在《慈善法》出台前即对社会组织信息公开的内容、方式以及相关信息管理的要求和程序做了指引性的规定。目前，随着国家法律的进一步演进，深圳市也制定了《深圳经济特区社会组织信息公开条例（草案）》。其四，在社会组织党建工作方面，深圳市也率先在全国启动了社会组织党建的特色工作方式。有关深圳市以特色模式开展社会组织党建工作的具体情况，本报告将在后文专门探讨。

2018年，深圳市最新发布的《关于深化社会组织管理制度改革促进社

---

① 《盐田区召开社会组织综合监管联席会议》，http：//www.yantian.gov.cn/icatalog/bm/zfw/08/dt/201709/t20170922_8808750.htm，最后访问日期：2018年12月20日；《大鹏新区召开社会组织综合监管联席会议专项工作会议》，http：//www.dpxq.gov.cn/xxgk/xxgk/bmdt/201711/t20171113_9659093.htm，最后访问日期：2018年12月20日。

会组织健康有序发展的若干措施》也将社会组织综合监管体系的建设放在社会组织管理制度改革非常重要的位置。该文件总结深圳市近年来社会组织综合监管工作经验，并结合最新社会组织法律法规和开展活动的工作实际，将"完善综合监管工作联席会议制度和联合执法机制"作为改革社会组织管理制度的重要内容，发扬现有联席工作会议的有益经验，联席会议由市政法委（社工委）、市民政局联合召集，业务主管单位、行业管理部门及相关职能部门参加。同时，建立政法部门牵头，民政、网信、台办、财政、市场和质量监管、公安、审计、税务、外事、国家安全等相关职能部门参加的社会组织联合执法机制。就执法手段而言，该文件规定通过随机抽查、行政约谈以及信用信息管理等方式保障社会组织政策法规的执行。

2. 采取多种执法方式，加强社会组织监管制度落实

深圳市在构建社会组织综合监管制度的过程中也发展出一系列功能各有侧重、相互补充的监管工作方式和方法，以保证相关政策法规的有效执行。

深圳市是较早实施年度检查制度向社会组织年度工作报告与日常抽查相结合的信息监管体制改革的地区之一。深圳市民政局于2014年10月颁布《深圳市社会组织抽查监督办法》以来，民政部门以年度例行抽查与不定期分类抽查相结合的方式，按照随机原则，选择已登记社会组织总数的5%～10%进行抽查。相应的抽查结果也及时在深圳市民政局的官方网站上予以公开。[①] 民政部《社会组织抽查暂行办法》出台后，深圳市在政府官方网站详细公布了《深圳市社会组织管理局随机抽查事项清单》，对11个社会组织相关事项予以细化和明确，为社会组织自律自查提供有效指引，以实现通过抽查工作促使社会组织加强自身组织治理的目的。

深圳市于2016年10月和12月12日分别发布了《深圳市社会组织活动异常名录管理办法》和《深圳市社会组织年度工作报告管理办法》，旨在加强社会组织的信用信息管理，也通过相关信息的公开，充分发挥社会公众对

---

① 《2016年深圳市社会组织抽查结果公告》，http://www.szmz.sz.gov.cn/cn/ztfw_yw/qsxmbfqydw/tzgg/201703/t20170315_6068885.htm，最后访问日期：2018年11月10日。

社会组织的监督作用。目前，深圳市社会组织所填报的年度工作报告已实现电子化和信息公开，公众通过深圳市民政局的官方网站即可查询社会组织所填写的年报信息。[①] 同样，对于纳入异常名录的社会组织名单以及纳入名录的依据和具体事项，深圳市民政局也会及时送达《列入活动异常名录事先通知书》。[②] 从上述政策与规范执行的具体情况来看，深圳市切实将年度报告、活动异常名录和信用信息管理的工作抓手落到实处，而不是仅停留在政策文件的层面。社会组织相关监管措施的有效执行，保障了社会组织日常监管的有效性，为社会组织的持续健康发展奠定了重要基础。

2018年7月，深圳市进一步落实了社会组织法定代表人离任审计和注销清算审计的有关制度，通过公开招标的方式确定了4家进行离任审计和清算审计的会计师事务所，民政局将以随机分配的方式确认具备相应资质的会计师事务所在法定代表人变更和注销清算之时进行审计，对相关政策法规所提出的"加强社会组织负责人"管理等要求进行了具体落实。

此外，为实现"以评促建"，鼓励社会组织提高组织内部治理和工作绩效水平，深圳市不断深化和完善社会组织评估工作的开展。2017年7月，深圳市市场监督管理局、市民政局组织制定标准化指导性技术文件《深圳市社会组织评估指南》，使深圳市社会组织评估工作的开展更加规范与统一。在对违法违规组织进行监管和处罚的同时，也对制度健全、运作规范和绩效显著的优秀组织予以背书和认证，以实现社会组织发展的正向激励。

3. 通过联合执法与公众监督，重点打击和整治非法组织

对于未在民政部门登记的非法社会组织，深圳市也充分发挥社会组织监管联席工作会议和联合执法机制的作用，与有关行政机关组成合力，对假借社会组织名义开展活动的非法社会组织进行整治和清理。例如，2018年4月1日至12月31日，市民政局、市公安局联合在全市范围内开展打击整治

---

① 参见http://www.szmz.sz.gov.cn/cn/xxgk_mz/xxgknb/，最后访问日期：2018年11月11日。
② 《深圳市民政局〈列入活动异常名录事先告知书〉送达公告》，http://www.szmz.sz.gov.cn/cn/ztfw_yw/qsxmbfqydw/tzgg/201808/t20180824_13968723.htm，最后访问日期：2018年11月11日。

非法社会组织专项行动，对未依法获得相应法人资格而以"中华""中国"名义，或以"一带一路""精准扶贫"为旗号开展活动的非法组织进行查处。① 通过联合执法的方式查处社会上假借公益慈善或社会组织名义进行招摇撞骗的非法组织，突破了民政部门管辖权限的限制，维护了社会组织的公信力和严肃性，提高了社会公众辨别合法社会组织的能力。

与此同时，民政部门还畅通举报途径，充分发挥社会公众的监督作用，为查处非法组织活动提供线索。2018年7月，深圳市民政局发布《关于提供非法社会组织活动线索的公告》，详细公布举报方式、内容和接受部门，并承诺对举报人的信息进行严格保密。通过公众监督的方式来获得查处非法社会组织的线索是提高对非法社会组织监管实效的重要手段。

4. 依法对社会组织违法活动开展行政处罚，维护法规严肃性

为保证法律法规及政策的有效执行，必须对违法违规社会组织活动进行必要的行政处罚。根据深圳市民政局官方网站所公开的信息，2017～2018年，深圳市民政局共做出社会组织处罚决定410个，处罚决定包括警告、限期停止活动和撤销登记等，处罚事由包括连续两年以上未按规定参加年度检查、未依法开展募捐活动等。② 深圳市根据相关法律法规对群众举报以及在年度报告、社会组织抽查过程中的违法行为进行查处，依法做出处罚决定并将处罚结果在统一的平台予以公告，有力地保护了相关法律法规的权威和政策执行的有效性。

案例分析——"同一天生日"募捐

2017年12月，有关"同一天生日"募捐的倡议信息在朋友圈等网络空间迅速传播和转发。项目发起方为在深圳市民政局登记的具有公开募捐资格的慈善组织爱佑未来慈善基金会。由于为贫困山区孩子筹款项目的号召力和

---

① 《深圳10家社会组织被取缔或劝散》，http://www.chinanpo.gov.cn/1942/115044/index.html，最后访问日期：2018年11月10日。
② 参见 http://113.98.246.4：7013/mw/h/a/maincfgs.html，最后访问日期：2018年11月10日。

捐赠与本人同一天生日的孩子的活动形式所激发的同理心，该项目迅速得到大量的关注。在相关筹款信息不断传播的同时，一些细心的捐赠人发现，项目信息中存在一张孩子的照片同时出现在两个不同生日日期等情况，并进一步根据《慈善法》对互联网公开慈善募捐活动开展的要求进行核查，发现该项目发布募捐信息所使用的平台并非民政部指定的慈善信息平台，而是由"分贝筹"公司所运营的微信公众号。随着质疑声音的不断发酵，该筹款项目很快被关闭。而后深圳市立即启动调查程序，最终在2018年6月发布了对爱佑未来慈善基金会给予警告行政处罚的公告。由于爱佑未来慈善基金会在开展"同一天生日"的网络募捐活动过程中未依法将公开募捐方案向民政部门备案，也未在法律法规要求的指定平台发布信息，违反了《中华人民共和国慈善法》第二十三条第三款和第七十一条的规定，深圳市民政局给予深圳市爱佑未来慈善基金会警告，并责令限期改正。

从本案例看社会组织执法，一方面，相关法律法规要求的普及与宣传工作还需要进一步加强。由于近两年《慈善法》及其配套法规规章以及地方相关的配套政策法规层出不穷，包括社会组织、一般公众甚至少数监管部门工作人员对相关法律法规的要求还不是非常清楚。社会组织常常在不了解自己的法律义务的情况下就违反了相关法律法规的规定，因此民政部门应当加强法律宣传和普及，将日常开展活动的有关要求清晰地传达给行政相对人。另一方面，公众的举报或关注可以为民政部门查处社会组织的违法行为提供重要线索，与此同时，民政部门也应不断积累经验，通过专项检查或定期抽查的方式，对于社会组织开展相关活动违法风险较高的环节进行主动查处。及时到位地查处违法行为也会对其他社会组织产生警示作用，进而有效防范类似行为再次发生。

（三）探索多元慈善方式，扶持和培育社会组织创新发展

1. 鼓励多种方式参与社会事业，支持深圳社会组织发展

首先，支持社会组织提供公共服务。将政府部门不宜行使、适合市场和

社会提供的事务性管理工作及公共服务，通过政府采购方式交由社会组织承担。2016年深圳市出台了《深圳市承接政府职能转移和购买服务社会组织推荐目录编制管理办法》，配合国家《关于通过政府购买服务支持社会组织培育发展的指导意见》等法规政策的实施，进一步完善政府向社会组织购买服务制度，扩大政府向社会组织购买服务的范围和规模。2018年，深圳市发布的《关于深化社会组织管理制度改革促进社会组织健康有序发展的若干措施》也做出规定，将对民生保障、社会治理、公益慈善、行业管理等公共服务项目，同等条件下优先向社会组织购买。

其次，公益创投是深圳市扶持社会组织发展的创新型特色制度。深圳市自2009年开始以公益慈善创投方式，举办公益项目创意大赛，即为公益慈善组织提供创业及发展资助，包括综合性能力建设及员工志愿者在内的多维协助，提升民间公益慈善组织的技能和经验。公益项目以比赛的方式向社会呈现，吸纳社会资源与优秀项目对接，持续放大公益慈善项目的社会影响力和效益，引导更多的主体参与社会公益行列。对于获奖的公益项目，提供相应的资金支持，因而也是一种"社会投资"的方式。而深圳市公益创投的发展也日渐辐射和深入到区级民政部门，自2012年起，深圳市坪山区已连续五年开展社会组织公益项目创投大赛，并且向坪山区以外的社会组织开放，目前已累计投入近400万元资金，选拔了44个优秀项目，涉及公益、文化、社会服务、助残等领域。深圳市龙华区连续实施公益创投六年，累计投入已达3000多万元，侧重于孵化本辖区内的社区社会组织。在政策制度上，龙华区还出台了《龙华区扶持公益创投专项资金管理办法》，使公益创投项目的开展更加制度化、规范化。

最后，社会企业作为结合社会目的与企业运作模式的新型组织类型，是设立社会组织以外的另一种实现公益事业目标的途径和方式。自2016年起深圳市即依托中国慈展会，发起制定了"中国慈展会社会企业认证标准"，目前该标准已经实施三年。与此同时，深圳市在慈善信托和捐赠者建议基金等多元化从事慈善事业的方式方面进行积极探索，在相关领域先行先试一直是深圳社会组织政策发展的特点。

2. 政策护航与积极实践，大力培育发展社区社会组织

社区社会组织是社会组织参与我国社会治理结构创新与转型的重要体现。两办《意见》将促进社区社会组织发展放在重要位置专门予以强调。深圳市的社区社会组织发展工作启动较早，多年来也形成了较好的政策制度。

2010年9月，深圳市民政局率先出台了《深圳市社区社会组织登记与备案管理暂行办法》，确立社区社会组织登记与备案的"双轨制"，由区级民政部门负责管理。放宽社区社会组织的登记条件，注册资金要求降低至1000元。对于尚未达到登记条件的社区社会组织，可向区民政部门申请实行备案管理。根据该文件的规定，该办法范畴内的社区社会组织是"以满足社区居民不同需求为目的，非营利性、公益性、服务性或互益性的社区社会团体和社区民办非企业单位"。

而对于以基金会为组织形式的社区基金会，深圳也陆续出台了专门的政策予以扶持。2014年5月，《深圳市社区基金会培育发展工作暂行办法》出台。[①] 与此同时，深圳市光明新区6家试点社区基金会正式获得深圳市民政局的批准成立，首期募集原始基金1400多万元，是全国首批试点成立的社区基金会。与其他基金会相比，社区基金会更立足于服务社区居民生活，提高社区治理能力，以非公募的方式在本社区范围筹集慈善资金。同时，社区基金会在推动社区志愿服务和基层慈善文化建设方面也将发挥更多作用。根据《深圳市社区基金会培育发展工作暂行办法》，进一步放开社区基金会的准入门槛，成立社区基金会的注册资金达到100万元即可成立。截至2018年9月，全市已正式成立27家社区基金会。

由于深圳市社区社会组织在区一级登记和备案，近年来深圳各区民政局、新区统战和社会建设局也不断加强政策法规建设，出台了符合本区域发展特色的社区基金会培育和管理制度。例如，深圳市坪山区2015年出台了《坪山区关于培育和发展社区社会组织的实施意见》和配套细则，每年投入100万

[①] 《2015年全国民政工作视频会议地方工作亮点：深圳》，http://mzzt.mca.gov.cn/article/qgmzgzsphy2015/gzld/201412/20141200749000.shtml，最后访问日期：2018年11月10日。

元资金，通过成长关爱、孵化关爱、小项目大建设和人才关爱四大工程来扶持社区社会组织发展，率先实行社区社会组织的星级管理，并通过在街道层面推进社区社会组织联合会来促进社区社会组织间的信息共享与联动。2017年9月，南山区也出台了《深圳市南山区"党建+"社区社会组织改革工作指导意见》，除了配套落实深圳市社会组织党建工作以外，也引导社区社会组织服务民生、服务群众。①

2017年底，民政部印发《关于大力培育发展社区社会组织的意见》，将深圳等地在社区社会组织方面的政策探索上升为国家政策。2018年，深圳市发布的《关于深化社会组织管理制度改革促进社会组织健康有序发展的若干措施》也将"大力培育发展社区社会组织"写入文件，提出"对在社区开展养老照护、公益慈善、文体娱乐等活动的社区社会组织，优化服务，简化登记程序，支持鼓励发展"。该文件体现出深圳市社区社会组织经过多年的发展，其在开展社区服务和社区自治等方面的优势与作用逐渐显现，因而从政策法规层面上进一步予以支持，并引导社区社会组织从事优势领域的业务活动。

（四）加强社会组织党建工作，提升社会组织自身能力

1. 结合社会组织特点与实际，深入开展党建工作

深圳市社会组织党建工作开展较早，也实行了一套贴合社会组织实际情况并行之有效的工作方法。如上所述，深圳市在2014年出台的《关于构建社会组织综合监管体制的意见》中就将社会组织的党建工作作为社会组织综合监管体制中的重要一环。社会组织作为在政府部门和商业部门发展后逐渐出现的第三部门，在党建工作方面的基础相对薄弱，也缺乏可借鉴的以往经验。针对社会组织党建工作的特殊情况，深圳市主动创新，结合社会组织日常管理工作各环节，将社会组织登记、检查、评估等工作环节与社会组织党建结合起来，并通过选派党建组织员到社会组织的方式指导社会组织党建

---

① 《南山区民政局2017年工作总结及2018年工作计划》，http://www.szns.gov.cn/ydmh/xxgk_112440/ghjh_112455/201805/t20180511_11894869.htm，最后访问日期：2018年11月10日。

工作。2018年，深圳市出台党内法规试点文件《深圳市社会组织党的建设工作规定（试行）》，开创了社会组织党建工作政策制度化的先河。该工作明确了社会组织党组织"保证政治方向"、"教育管理党员"、"引领服务群众"、"推动事业发展"和"加强自身建设"五大职能。确立社会组织党建工作机制，为社会组织党组织选派"第一书记"或党建工作指导员。从经费保障方面，按照一定标准每人每年提供党组织活动经费津贴，社会组织党组织上缴的党费全额逐级返还。针对社会组织党建工作基础较为薄弱的情况，该项工作规定也采取了循序渐进的党组织建设方式，对于暂不具备组建条件的社会组织，采取"党建工作指导员、联络员，以及建立工会、共青团、妇联组织和开展统战工作等方式，做好联系职工群众、培养推荐入党对象等工作，条件成熟时及时建立党组织"①。

2. 区县层面积极开展社会组织党建工作创新

在区级层面，深圳市各区（新区）社会组织党建工作也逐渐摸索出一套行之有效的工作方法。以深圳市龙华区为例，龙华区于2017年6月启动社会组织党建工作，建立特有的"1+6+N"的模式，即以党委为核心，同时通过6个街道社会组织促进会联合党支部为纽带，发挥N个枢纽型社会组织的辐射作用，从而带动全区社会组织党的工作的建立。深圳市党建工作取得的卓越成效为全国社会组织党建工作的推进提供了有益借鉴。

三 深圳社会组织政策法规发展的挑战与建议

（一）健全和完善社会组织政策法规体系，加强政策前瞻性和灵活性

深圳是一座速度之城和创新之城，在社会领域的实践活动也日新月异。而法律制度的建立，往往是滞后的。最近两年，在深圳市的辖区范围内，就发生过"罗尔事件""同一天生日"等引发广泛关注和激烈讨论的相关事件，对民政部门掌握和运用法律，回应公众关切的能力提出了很高的要求。

---

① 《深圳市社会组织党的建设工作规定（试行）》，第三章第十四条。

在这样的背景下，深圳市的社会组织政策法规建设应当加强法规的前瞻性和灵活性。例如，针对一些难以预见、具体表现形式尚不明确的开展慈善组织活动或提供社会服务的新形式，可以根据现有法律法规的精神制定原则性条款。再出现类似上述案例的情况时，以此类原则性条款作为判断的依据和准则，从而做出既符合立法精神又满足各方关切的决定。

提高政策法规的前瞻性还有保持社会组织政策创新的另一层含义。自2009年民政部与深圳市签订部市试点协议以来，深圳市很好地完成了地方社会组织政策试点创新的使命，多项具有地方特色的政策制度已经被纳入《慈善法》等国家法律法规。然而，这一阶段性成果的实现并不意味着深圳市社会组织政策法规不需要再创新。相反，社会组织相关活动还有很多《慈善法》管辖范围以外的内容。例如，随着"一带一路"倡议的深入，中国社会组织开始尝试"走出去"，而相关活动的政策法规还需要建立和健全。

（二）注重加强法规政策间的协调统一，保证法规政策的可操作性

近年来，随着社会组织改革工作的深入开展，国家相继出台了《慈善法》等多部法律法规和政策文件，这就必然会产生新旧法律以及国家和地方法律相衔接的问题。深圳在执行国家法规政策并制定适合自己的法规政策的同时，一方面，要保证与国家上位法相一致，在相关上位政策法规出台后，深圳市需要再次依据相关法律法规对本市的相应政策法规予以修订和调整；另一方面，在国家层面和深圳地方层面社会组织政策法规同时改革和完善的过程中，不可避免地会出现法律文件协调和适用方面的问题。为了防止对社会组织和其他相关单位、个人造成困惑，也为了保证相关政策法规的明确性和权威性，有关政策制定者和主管部门应当定期、有计划地进行法规梳理工作。对于需要废止的政策文件应当及时予以公告，对于需要修订的政策文件应当尽快起草和出台修正案。同时，充分发挥行业性、枢纽型组织的作用，支持鼓励行业性、枢纽型组织发布政策法规汇编、法律指引等行业手册，以保证社会组织之间以及社会组织与管理部门之间对现行社会组织政策法规理解的一致性。

另外，要充分考虑法规政策的可执行性和可操作性，不能因法律规定不清楚而给执法带来障碍，即保证社会组织监管部门执法"有法可依"。比如，监管部门在社会组织抽查过程中发现了一个较普遍的问题，有些社会组织在法定代表人、地址变更后，不在法律规定的期限内到登记管理部门申请变更登记。由于相关的法律法规对此行为的处罚措施规定得比较笼统，导致监管部门在执法时不好把握处罚的标准和尺度，给执法带来不便，因此也不利于对社会组织的监督管理。

（三）明确和细化各部门职责和分工，完善部门间沟通协调机制

1. 建立社会组织直接登记标准和办法

社会组织直接登记工作是深化行政体制改革、推动政府职能转变、加强和创新社会治理的重要举措。两办《意见》进一步明确了四类社会组织登记的范围和内容，为全面开展社会组织直接登记提供了依据。深圳市接下来要制定社会组织直接登记的范围和标准，加强直接登记审核。对直接登记范围之外的社会组织实行登记管理机关和业务主管单位双重负责的管理体制，并通过制定法规政策明确业务主管部门对社会组织登记前置审核的职责和权限，以强化登记审查。

2. 建立制度化的部门沟通机制，构建比较完善的社会组织管理体系

随着《慈善法》的出台和社会组织开展活动方式的日益多元，监管部门的职责也日益多样化。以民政部门为例，《慈善法》出台后的主管职能，在原有的社会组织登记与管理基础上，又增加了慈善组织登记、慈善组织认定、公开募捐资格管理、公开募捐活动备案、慈善信托备案、慈善信息统计与公开以及相关法律政策的普及等工作职能。这也意味着，民政部门不同处室之间，民政部门与业务主管单位以及财政、税务、银监等相关职能部门之间需要相互分工、且相关配合的工作更为庞杂。深圳市已经有社会组织联席工作会议的机制基础，但有必要在此基础上进一步细化各部门职能，加强常态沟通机制。

一方面，根据新的法律法规的要求进一步细化各部门、各处室的责权清

单,同时,在慈善信息统计、资金政策扶持等方面做好统筹工作;另一方面,在现有社会组织联席工作机制基础上有必要制定联席工作会议的具体工作制度并以政策文件的形式规定下来,定期加强部门间的沟通与协调。

(四)进一步加大对社会组织培育发展的支持力度

目前,社会组织在我国新时期经济社会发展的有益作用还有待进一步充分发挥。慈善捐赠占国内生产总值比例相较于美国、英国等慈善部门发达的国家也相对落后。《慈善法》实施以来,慈善组织登记和认定以及慈善信托备案的积极性还有待进一步提升。从本报告调研访谈过程中,登记管理部门和社会组织的反馈来看,目前个人和组织登记或认定慈善组织或设立慈善信托的积极性不高,一个重要的原因是与慈善组织、慈善信托相匹配的激励和奖励措施还非常有限。《慈善法》促进措施一章,除了税收优惠外还规定了行政费用减免、用地优惠以及金融扶持等多项优惠措施,这是在鼓励和发展社会组织。深圳市目前已经确立了分类培育和发展社会组织的工作计划,有必要在总结以往公益创投等成功工作经验的基础上,持续加大对社会组织发展的扶持力度,不仅在财政资金上予以必要的支持,还提供政策优惠,鼓励银行等金融机构加大对符合条件的社会组织的金融支持力度,为社会组织持续发展提供助力。

B.7
深圳社会组织人才队伍建设报告

陈德明*

摘　要： 人才是第一资源，是社会组织快速健康发展的重要支撑。近年来，深圳市在社会组织人才政策扶持、薪酬待遇、培训赋能和建立人才中心等方面做出了一定成绩，人才队伍呈现总体年轻化、学历层次逐年提高、薪酬待遇持续提升等特点，但也存在专职工作人员少、专业化程度不高、激励政策机制待完善、留不住优秀人才等问题。本报告通过年报数据、查阅文献、问卷调查、个案访谈和座谈会等途径，在摸清社会组织人才队伍存在的问题基础上，指出要搞好深圳社会组织人才队伍建设，就必须抓好顶层设计、促进领军人才优先发展、运用大数据建设动态管理平台、加强从业人员创新运营能力培养、营造环境吸引优秀人才加盟以及充分发挥专业人才服务机构的作用等方面的工作。

关键词： 人才队伍建设　人才专业化和标准化　能力建设

社会组织人才是指社会组织中具有一定管理与服务技能，并能够进行创造性劳动，具有奉献精神和创新意识，乐于为社会组织做出积极贡献的工作人员。社会组织人才主要由理事会成员、有酬员工和志愿者三部分组成。

当前，我国正处在经济转型升级和社会改革深化的关键时期，各种社会

---

* 陈德明，深圳大学副教授、深圳市现代社会组织人才发展中心主任。

矛盾和问题不断涌现，已经影响到社会稳定与社会和谐发展，而社会组织作为政府、市场之外的第三部门，在社会治理中发挥着独特和越来越重要的作用。

从深圳的情况来看，截至2018年9月30日，全市共有社会组织13054家（含备案2864家），近十年平均年增长率超过10%。深圳社会组织领域多元，社会价值与经济贡献日益凸显，在参与基层社会治理、助力深圳经济发展和构建现代城市慈善文化方面都扮演着重要角色。在深圳市社会组织快速发展的同时，各种健康发展的制约因素也逐渐显现，特别是作为经济社会发展的第一资源——人才方面的问题已经成为社会组织健康与可持续发展的主要瓶颈，人才问题已经引起社会组织管理部门、社会组织高级管理人员以及一线从业者的高度关注与普遍忧虑。

本报告采用年报数据、查阅文献、问卷调查、个案访谈和座谈会等方法，对深圳市社会组织人才队伍现状进行深入调查与分析，力图找准制约社会组织人才队伍发展的问题，进而提出完善深圳社会组织人才建设与发展的对策与建议。

一 深圳社会组织工作人员现状

（一）工作人员基本情况

1. 数量

2017年深圳市社会组织年度报告填写数据显示，截至2017年底，全市社会组织共有工作人员146258人，如表1所示，民非工作人员规模最大，有123065人，占比84.14%，是全市社会组织就业人数的主体力量；社会团体工作人员次之，有22338人，占比15.27%；基金会的工作人员则占很少，约0.58%。可以看出民办非企业单位是吸纳社会组织工作人员的主要阵地。从市级和区级来看，市级社会组织工作人员共有40747人，占工作人员总数的27.86%，区级社会组织工作人员有105511人，占工作人员总数的72.14%。

在146258名社会组织工作人员中，专职工作人员有118770人，占主体的81.21%。整体上看，全市社会组织的工作人员以专职工作人员为主，兼职工作人员为辅。但不同类型社会组织间存在明显差异，民办非企业单位的专职工作人员占其工作人员总数的比例最高（89.56%），社会团体则仍以兼职工作人员为主。

表1 2017年深圳市社会组织工作人员情况

单位：人，%

社会组织类型	全体工作人员	专职工作人员	专职工作人员占比
民 非	123065	110220	89.56
社会团体	22338	7983	35.74
基金会	855	567	66.32

2. 学历

截至2017年底，社会组织专职工作人员大专及以上学历者占32.50%，同比呈现小幅增长，但整体仍以大专以下学历者为主。

3. 年龄

总体而言，深圳市社会组织的专职工作人员以年龄在35岁及以下的青年为主。但不同组织的工作人员的年龄存在明显区分。以宝安区为例，2017年，宝安区民办非企业单位专职工作人员中年龄在35岁以下的占比为63.1%，年龄为35~55岁的人员占比为35.2%，年龄为55岁及以上的专职工作人员占比最低，仅为1.7%。而社会团体工作人员则以35~55岁人群为主力军，占比为53.0%，55岁及以上的工作人员占比为28.7%，35岁以下的工作人员占比仅为18.3%。可见，宝安区社会团体的工作人员以中老年人为主，年龄结构偏老化。

4. 政治面貌

根据深圳市社会组织总会2016年底的抽样调查数据，社会组织工作人员中，中共党员占34.43%，民主党派人士占2.36%，共青团员占21.70%，其他占41.51%（见图1）。

深圳社会组织人才队伍建设报告

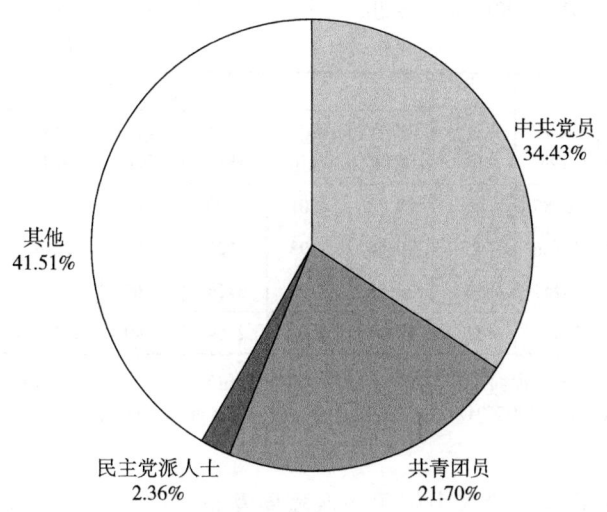

图1 社会组织工作人员政治面貌

（二）工作人员社会保障情况

1. 人工成本

2017年深圳市人力资源和社会保障局联合深圳市社会组织管理局开展社会组织从业人员薪酬调查，对社会组织的人工成本进行摸底调研。通过有效样本（395份）统计核算，全市社会组织的平均人工成本为72588元/年，其中基金会的平均人工成本最高（79247元/年）。在人工成本的构成要素中，劳动报酬占比都超过75%。劳动报酬成本占比最高的是民办非企业单位，而基金会劳动报酬成本占比相对较低，其福利费用、教育经费和住房费用这三项费用占比则要高于社会团体和民办非企业单位（见表2）。

2. 薪酬

深圳市人力资源和保障局于2017年开始连续发布深圳市社会组织工资指导价位，不仅能够为市场经济条件下政府进行收入分配宏观调控提供参考，而且有助于社会组织了解本行业薪酬水平，促进社会组织领域劳动关系

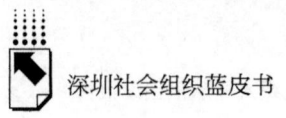

表2 2017年社会组织的人工成本构成（分组织类型）

单位：元/年，%

组织类型	平均人工成本	平均人数	分项占比						
			劳动报酬	福利费用	教育费用	保险费用	劳动保护费用	住房费用	其他成本
社会团体	76483	6	79.13	4.01	0.90	9.86	1.86	3.04	1.19
民办非企业单位	65166	45	80.64	3.93	1.23	8.88	1.20	2.35	1.78
基金会	79247	6	76.88	5.71	3.26	8.67	1.03	4.30	0.15
总体	72588	31	77.24	5.02	2.64	9.49	1.15	3.52	0.93

资料来源：《2018年深圳市人力资源市场工资指导价位》，http://www.szhrss.gov.cn/xxgk/tjsj/zxtj/201809/t20180913_14086047.htm，最后访问日期：2018年12月11日。

和谐发展。根据深圳市人力资源和保障局发布的《2018年深圳市人力资源市场工资指导价位》，理事长/会长/总干事工资指导价平均值最高，为9992元/（人·月）；其次是客户服务总监和公共关系总监，平均值分别为9533元/（人·月）和9548元/（人·月）。超过9000元的综合管理岗位还有秘书长和人力资源总监。就高位值而言，理事长/会长/总干事工资价位最高可达18831元/（人·月），其次是秘书长17500元/（人·月）。低位值最低的职位则是保洁员、保安和食堂厨师，分别为2365元/（人·月）、2548元/（人·月）和2701元/（人·月）。

与2017年社会组织各工种工资指导价相比，2018年，公共关系主管、秘书长、公共关系助理是工资平均值涨幅最大的三个岗位，涨幅分别为17.46%、16.63%和16.46%。涨幅超过15%的工种还包括客户服务总监、客户服务助理、教务主任和护士等。同时，部分工种工资平均值也出现了负增长，如副理事长/副会长/副总干事工资平均值与2017年相比下调了3.06%，保安下调了3.63%，食堂厨师下调了3.25%，人力资源总监下调了1.29%。这也体现了市场经济供需关系对社会组织从业人员薪酬水平的影响。

3. 劳动合同

根据深圳市社会组织总会2016年底的抽样调查数据，机构与从业人员签订劳动合同的比例为96.7%。尚有3.3%的工作人员未签订劳动合同。

4. 户口调入

根据深圳市社会组织总会2016年底的抽样调查数据，有83.02%的社会组织为工作人员办理了户口调入。

5. 社会保险

根据深圳市社会组织总会2016年底的抽样调查数据，工作人员基本上都购买了保险（见图2）。

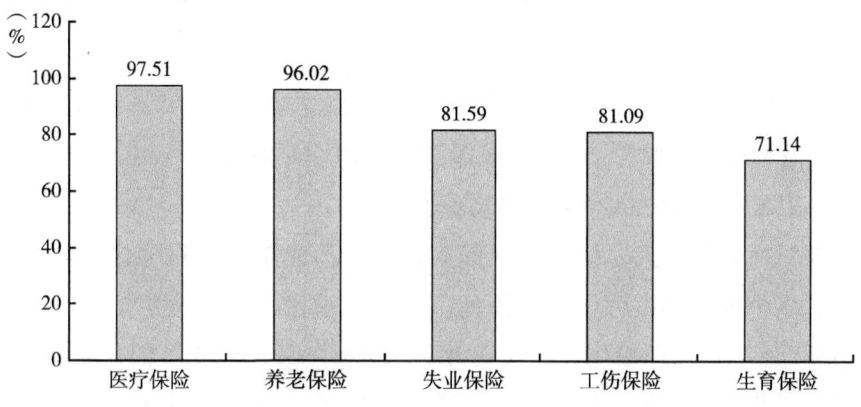

图2 社会组织工作人员参保情况

二 深圳社会组织人才发展的主要举措

社会组织是创新社会治理的重要力量，而人力资源是社会组织最宝贵的资源。近几年，深圳从政策扶持、待遇保障、培训赋能以及建立人才发展中心等方面，多举措推进社会组织人才发展工作。

（一）制定和完善社会组织人才引进与激励政策

1. 社会组织人才可享受全市普惠人才优待政策

根据深圳人才政策规定，在人才引进入户、生活补贴、档案管理方面，社会组织与其他企事业单位享受同等待遇。

人才引进方面,社会组织在申报方式、引进指标方面没有政策限制。社会组织人才只要符合年龄、学历、专业资格条件或受市委市政府表彰、经认定为高层次人才的,均可以顺利入户。2017年还新增居住社保入户渠道,在深工作年限长的社会组织人才可以通过居住社保积分入户,满足了社会组织多层次人才入户的需求。

人才服务保障方面,社会组织的应届毕业生、在职人才、归国留学人员可以按深圳人才政策享受新引进人才生活补贴,补贴标准为:本科15000元/人,硕士25000元/人,博士30000元/人。

人才档案管理方面,深圳为包括社会组织人才在内的全市人才提供公益化公共管理服务,取消了人事档案保管费等20多项收费。

2. 市区联动探索社会组织人才发展政策措施

在对社会组织人才优先发展的问题上,不光是市级层面进行推动和探索,多个区也都出台了促进措施。南山区出台了对社会组织人才给予"领航人才"认定的措施,经认定为不同层级"领航人才"的社会组织人才可获得相应的荣誉和优惠待遇。福田区在2016年度产业人才租赁住房配租政策方面将社会组织纳入配租范围,对在福田区登记注册的、满足配租条件的社会组织人才进行配租。宝安区则制定出台了《宝安区社会组织人才信息库建设工作方案》和《宝安区人才信息库管理暂行办法》,明确了纳入社会组织人才信息库专业人才的评选条件、职责、退出条件和考核办法等规定,整合社会组织各行业、各领域的专家学者,建设规模合理、结构优化的社会组织人才队伍,为全区社会组织发展设立了"智囊团"。

(二)以社会工作者为突破口提高社会组织人员待遇

1. 社会工作者薪酬逐步得到提升并可申请轮候安居房

在深圳市社会组织管理局的支持和推动下,深圳市社会工作者服务整体打包购买标准从最初2007年的6万元/(人·年)提高到9.3万元/(人·

年），薪酬水平位于全省前列。同时，深圳市社会工作者协会向市住建局申请到一批安居房，接受深圳社会工作者申请，按照行业年限、学历、督导资格等条件进行积分，按积分排队轮候并向社会进行公示，部分满足了社会工作者的安居需求。

2. 各区（新区）纷纷出台社会工作者的奖励扶持办法

福田区实施"福田英才荟"计划，对辖区在岗社会工作者新获得高级、中级、初级社工师资格的，给予每人5000元、3000元、1000元奖励。光明新区（后更名为光明区）出台了《光明新区社会工作人才扶持激励办法》，每年新区财政安排130万元用于扶持新区社工人才成长，使得新区的社工流失率由28%降低到7%，远低于全市的平均流失率。龙岗区、龙华区及大鹏新区也纷纷出台了社工人才的扶持办法，从社工人才认定、激励和培养措施等方面精准扶持社工人才发展。

（三）依托特色教育平台开展全人才链赋能培训

1. 培育精英领袖，引领行业发展

在深圳市社会组织管理局的牵头和协助下，深圳成立了全国社会组织教育培训基地、深圳经济特区社会工作学院，并引进深圳国际公益学院等特色教育平台。这些教育平台已经成功开展了基金会秘书长育英计划培训项目、公益星火计划、国际慈善管理课程（EMP）、全球善财领袖计划（GPL）和哈佛大学慈善管理高级领导人项目（ELP）等系列培育行业领军人才的课程，对提升社会组织人才发展的创新性、专业化和跨界融合起到重要作用。

2. 赋能工作人员，提高职业素养

全国社会组织培训基地近两年均依托中央财政资助开展多种培训，从税收优惠、政府采购到内部治理、职业发展管理等，开展了多维度的职业素养教育，增强了社会组织从业者的职业认同感，提升了其职业技能。深圳经济特区社会工作学院以社会工作14个服务领域的专业课程为基础，开发了153门专业课程，举办了2500余场次的培训，参训人员超过8万人，将培

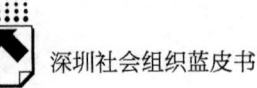

训课程输出到上海、江苏等20多个省市，为全国社工人才的培养提供了范本。

3.开展公众教育，传播政策知识

除了理论化、体系化、技能型的培训，深圳已连续多年举办公众培训教育课程，从《中华人民共和国慈善法》等法律法规解读到年检年报流程、税务申报、换届大会和年会如何召开等操作性极强的实务细节都进行了普及教育，已有上万名社会组织工作人员从中受惠。

（四）整合社会力量建立社会组织人才发展中心

2018年3月，深圳市现代社会组织人才发展中心（以下简称人才中心）正式成立，该中心由深圳市社会组织总会发起，是深圳第一家以社会团体、民办非企业单位、基金会为主要服务对象的专业性、创新性、非营利性的市级人才服务机构，业务范围包括牵头社会组织人才标准制定与认定、建立领军人才库、职业素质测评、职业生涯辅导、专业技能提升、举办人才论坛、推动政策制定、开展国际交流等。人才中心先后策划实施了首届中国（深圳）行业-企业-高校人才合作研讨会暨就业创业资源对接展、秘书长职业能力九段研习所、社会组织空中面试产品发布会、社会组织校园专场招聘会、高校人才考察合作团等活动，在省内外宣传了社会组织，促进了社会组织与高校在人才培养、输送等方面的紧密合作，在国内社会组织人才建设方面开辟了新路子。

三 深圳社会组织人才队伍建设的主要问题

2016年9～11月，深圳市社会组织总会深入开展了"深圳市社会组织人才队伍现状"问卷调查工作，共通过各种渠道发放调查问卷800份，回收有效问卷212份。有效样本调查人群占比为理事会（会长）8.5%，副理事长（副会长）5.2%，秘书长19.8%，中层（部长）34.0%，员工32.5%（见表3）。

表3 社会组织工作人员职务

单位：人，%

	人数	百分比	累积百分比
理事长（会长）	18	8.5	8.5
副理事长（副会长）	11	5.2	13.7
秘书长	42	19.8	33.5
中层（部长）	72	34.0	67.5
员工	69	32.5	100.0
合 计	212	100.0	

根据"深圳市社会组织人才队伍现状"问卷调研汇总信息，集中反馈出如下主要问题。

（一）队伍规模不大，专职工作人员少

调查显示，工作人员10人及以下的社会组织占比为59.91%，50人及以上的仅为15.09%（见图3）；而社会组织人员中的专职工作人员比例更低，5人以内的占了65.57%（见图4）。

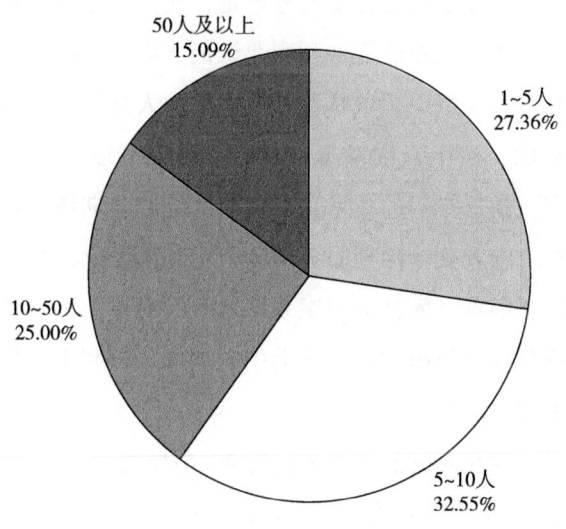

图3 社会组织工作人员规模

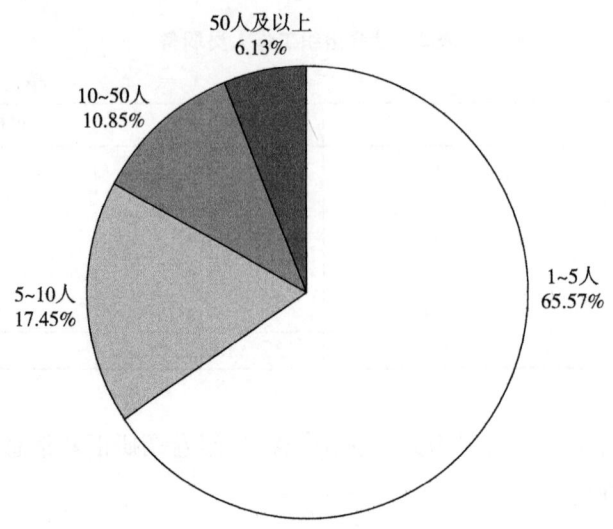

图 4　社会组织专职工作人员情况

（二）工作人员专业化程度不高，整体技能水平需要提升

调研显示，无职称的工作人员占 54.72%（见图 5）。目前深圳市各类社会组织中拥有专业技能的复合型人才不足，在高校专业培养中没有设立社会组织管理这个专业，在专业资格和职业认证方面也没有专门的社会组织管理系列，导致整个社会组织领域具备专业职称的人员较少。少部分有专业技术职称（如工程师、医生）的基本上是在其他领域取得的。对多数社会组织工作人员而言，缺乏专门的技术素养和系统的专业训练，常常依靠热情和经验去开展工作，随着社会治理服务的复杂化和精细化，社会组织人员将面临越来越多的现实困难。而社会组织系统本身没有专业认定和职称评审这一现状，又会影响到社会组织在整个社会中的地位，不利于吸收优秀人才进入社会组织领域工作。

在对社会组织存在问题的回答上，有 40.61% 选择了"整体技能水平不高"，有 37.06% 选择了"人数偏少"（见图 6）。

"在社会组织希望获得的管理能力"选项中，高居前三位的是"日常运

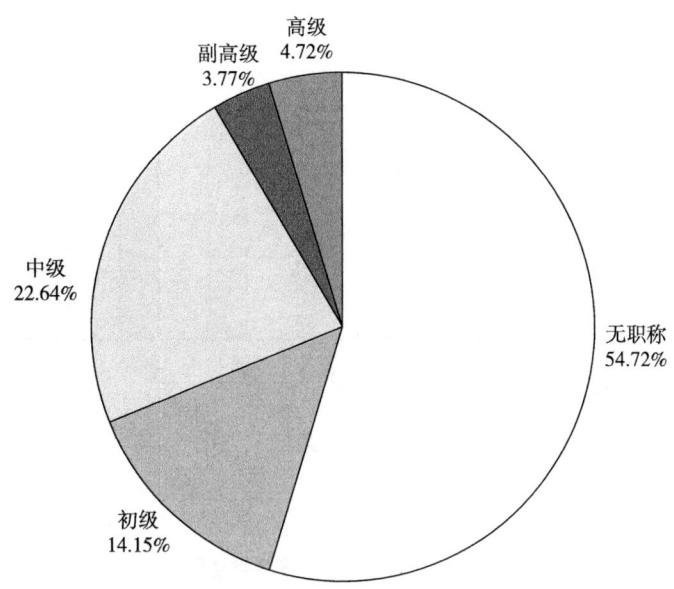

图5　社会组织工作人员专业技术职称拥有情况

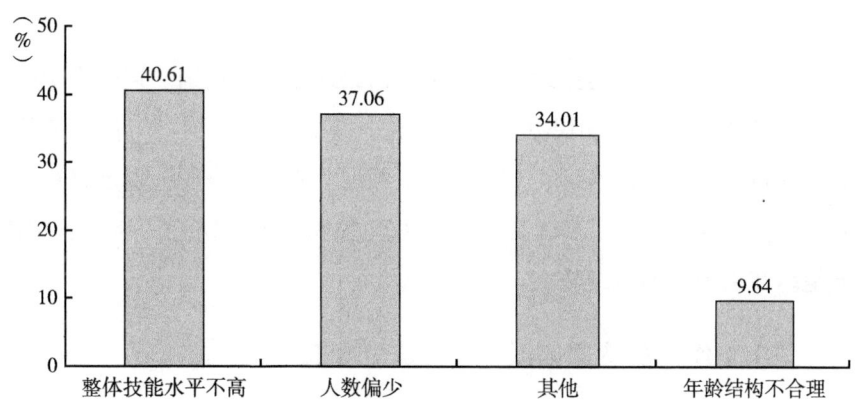

图6　社会组织人员队伍存在的主要问题

作组织管理能力"（73.66%）、"谋求组织创新与发展的能力"（69.27%）、"开发有偿经营项目的能力"（56.59%），表明对如何运营、如何创新运营社会组织并获得持续发展的能力需要加强（见图7）。

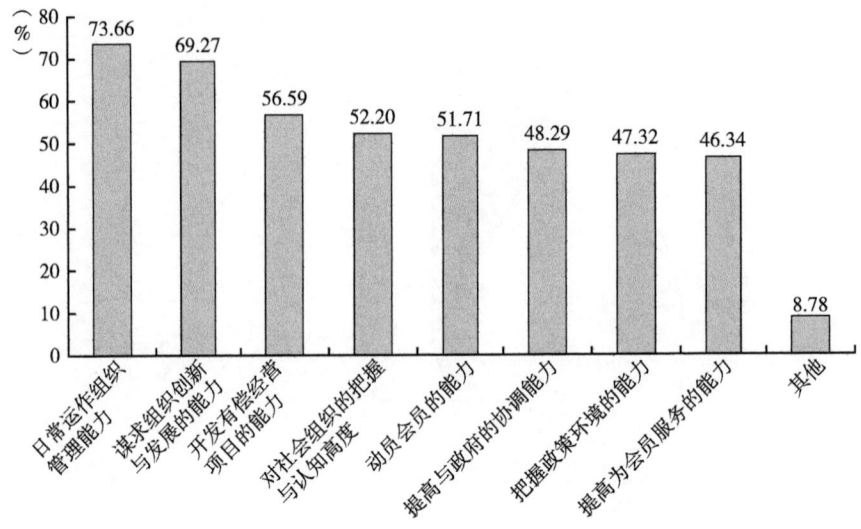

图 7　社会组织希望获得的管理能力

在对个人的调研中，认为自己现有的知识和技能"完全满足"工作要求的仅占 6.60%，"说不准"和"不能满足"的两项合计为 37.73%（见图 8）。

以上结果反映出社会组织工作人员普遍缺乏必要的培训。通过小型分类别（社会团体、基金会和民办非企业单位）座谈会了解到，工作人员基本没有参加过统一的岗前培训，对社会组织领域全貌、自身职业发展路径、可以获得的资源支持等不了解，更缺少针对性的职业生涯辅导。与企业相比，社会组织在培训方面差距较大。

（三）工作人员待遇偏低，社会认可度低

社会组织工作人员待遇偏低。调研样本显示，年收入在 6 万元以下者达46.23%（见图 9）。

对自己的年收入，工作人员中表示"很满意"的仅占 2.36%，"比较满意"的占 18.40%，"不太满意"和"很不满意"的两项合计 32.08%（见图 10）。

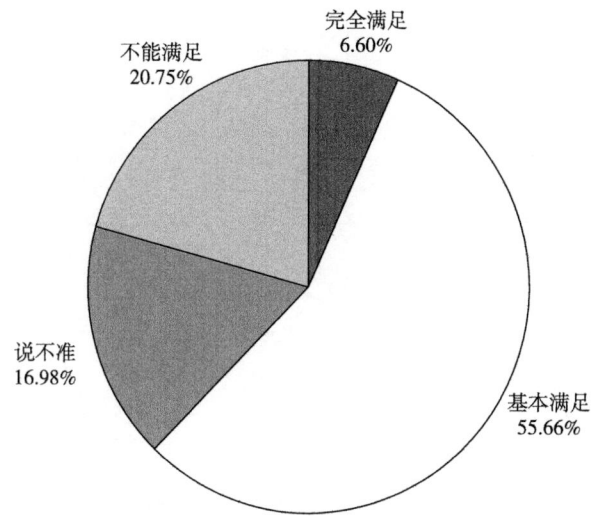

图8 社会组织工作人员知识技能满足工作要求情况

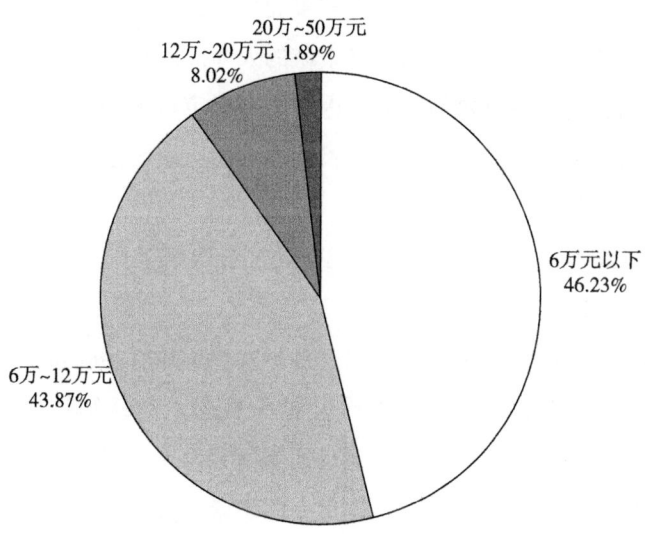

图9 社会组织工作人员年收入状况

在另一项"工作不满意的主要原因"中，高居首位的仍然是"工作待遇低"（占36.76%，见图11），这应引起有关主管部门的重视，切实提高

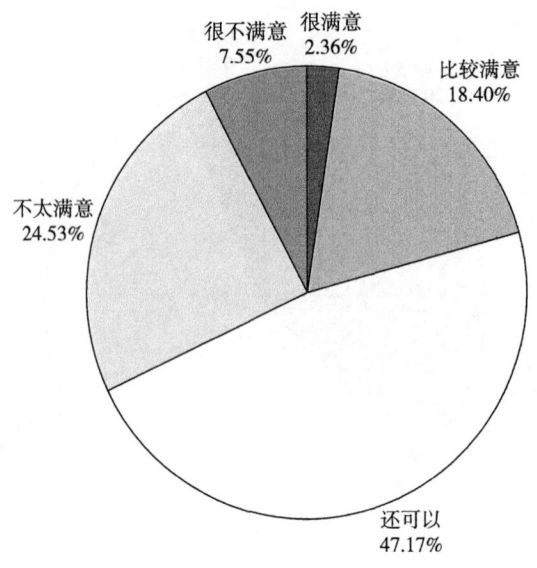

图 10 社会组织工作人员的年收入满意度

工作人员的待遇。社会组织不像政府和事业单位,有专门的财政拨款;也不像企业,有完善的市场运作机制和高素质的人才。对相当一部分的社会组织而言,生存仍然是第一重要的问题。因为没有稳定持续的收入来源,为了节约开支,压缩人工成本便成为首选。长期不高的工资待遇,迟早会影响到人才队伍的稳定性和积极性。

在工作不满意的因素中,有28.68%的社会组织工作人员表示"社会认可度低"(见图11)。

社会组织发展历程相对较短,加之自身宣传和品牌经营意识不强,媒体宣传力度不大,人们对社会组织这个"抽象概念"的认知甚少,对社会组织工作人员缺乏足够了解,有的甚至对他们抱有偏见。根据对若干高校主管学生工作的校领导、就业指导中心负责人的访谈,发现高校领导和老师容易将社会组织与公益组织相混淆,认为可以去社会组织做志愿者、实习,但不鼓励和引导大学生去就业。从在深圳大学和深圳职业技术学院举办的几场社会组织校园招聘会来看,大学生对去社会组织就业的热情不高,到场人数不到其他同等规模企业校园招聘会的1/3。

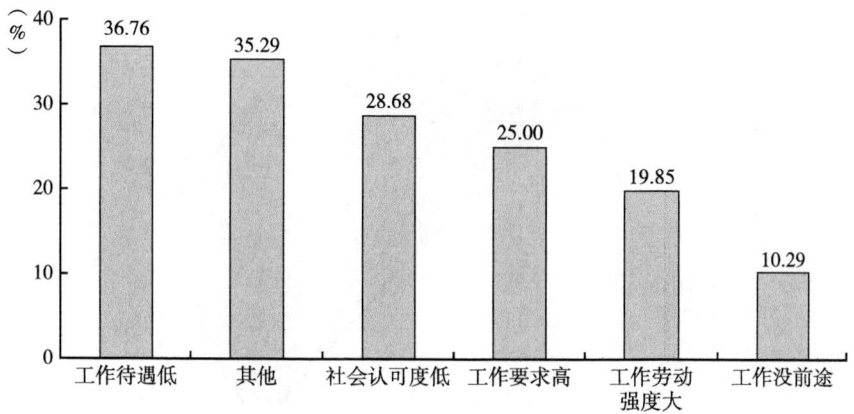

图11　社会组织工作人员工作中不满意的因素

（四）人才保障和激励制度不够完善，有些政策不尽合理

调研样本显示，有54.42%的社会组织工作人员认为没有政策激励机制。社会组织人才相关政策和制度滞后，从全国到地方，民政部门对社会组织人才发展都十分关注，有很多地方出了调研报告、发展意见，但是出台了落实措施和办法的较少，原因是多方面的：一是社会各界对社会组织人才的重视程度不够，导致社会组织人才发展比其他公共服务领域人才发展相对慢一些；二是社会组织类别众多，服务领域涵盖教育、扶贫、养老、经济服务、科学研究等几乎所有公共领域，服务对象人群分散，人才产生的社会效果难以集中测量；三是社会组织人才与其他公共服务人才会有交叉重叠，如医生、教师、养老护理员等都有各自行业人才发展的政策，区分认定难度较大。

在"让员工发挥专长的机制"建立情况的调研中发现，有38.21%的受访者明确表示已经建立了，有48.58%的表示基本建立，有13.21%的表示根本没有建立（见图12）。这说明发挥员工专长的制度还需完善。

在小型分类座谈会调研中发现，有不少人提到社会组织人员薪酬不高与政府限制最高薪酬的政策有一定关系。在社会组织申报政府采购项目时，不

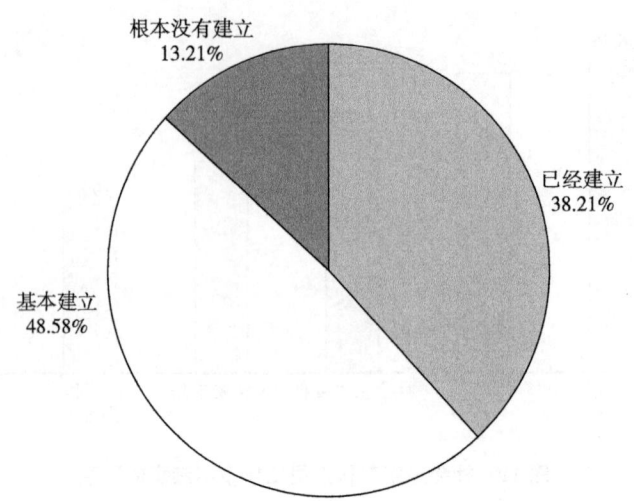

图 12　员工发挥专长机制建立情况

允许列支工作人员工资，对专家讲师课酬限定太死，审批的课酬不足以邀请到高素质的专家讲师等，说明相关政策措施还需要进一步完善。

（五）社会组织吸引力不足，难以留住优秀人才

在"您从事社会组织工作最主要的原因"调查中，有58.42%选择了"兴趣"，51.98%选择了"社会责任"，47.03%选择了"情怀"，还有34.16%选择了"谋生"（见图13）。

从社会组织人员培训班中做的调查显示，有70%~80%的工作人员属于"社会型"职业人格，这个类型的人关心社会，关心身边的环境，乐于助人，愿意帮助这个世界，使其更美好、更和谐。这是社会组织群体的主要特征。同时，调查也显示，社会组织中"管理型"职业人格只占百分之几，这类人的特征是追求成就，善于运营和传播，让更多人接受他们的思想和产品服务。这类人主要分布在政府和商业机构。因此，吸引这类人进入社会组织，会对社会组织的运营效益和社会影响力有较大提升。

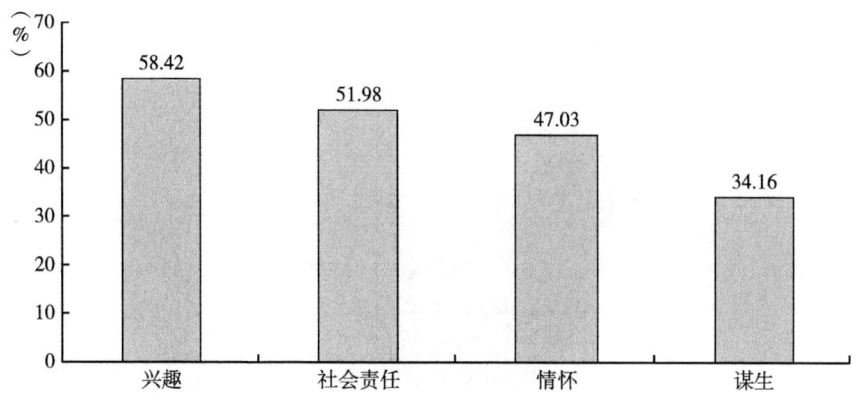

图 13 从事社会组织原因

不容忽视的是，有 34.16% 选择了在社会组织领域"谋生"。既然是"谋生"，就要"追求经济回报"，这也说明社会组织必须具备让人生活下去的能力，与其他就业领域一样，是可以提供收入保障的。

在"您希望继续在社会组织工作岗位上工作多少年"这个选项中，选择 5 年以下的占了 51.18%。这就意味着，5 年之后，深圳市社会组织人员将有超过一半的人可能流失到别的领域。相当一部分工作人员将社会组织工作当作"过渡岗位"和"职业跳板"，在积累了一定的工作经验和人脉资源后，就选择到其他领域发展。有 21.33% 的人选择将社会组织作为终身职业，这是有关政府主管部门需要重点关注和培养的群体（见图 14）。

（六）社会组织人力资源建设需求大，渴望得到切实支持

在"能力建设方面您希望得到哪些支持"的回答中，选择"开展社会组织人力资源培训教育工作"的占 81.63%，选择"建立社会组织人才服务中心"的占 67.84%，选择"建立社会组织领军人才库"的占 57.14%，选择"开展社会组织多维度人才评价与认定工作"的占 56.12%（见图 15）。

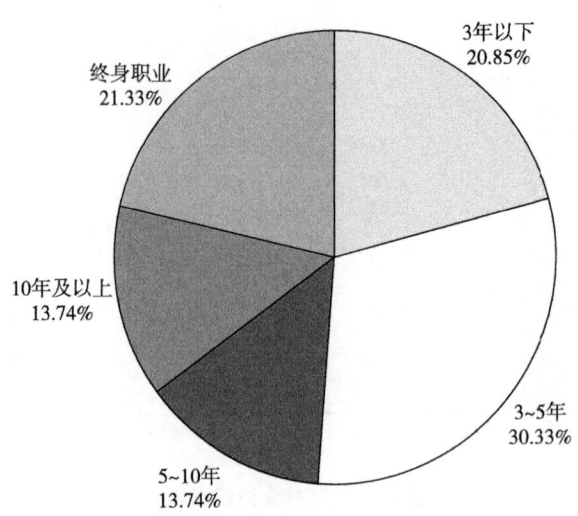

图 14　希望继续在社会组织工作的时间

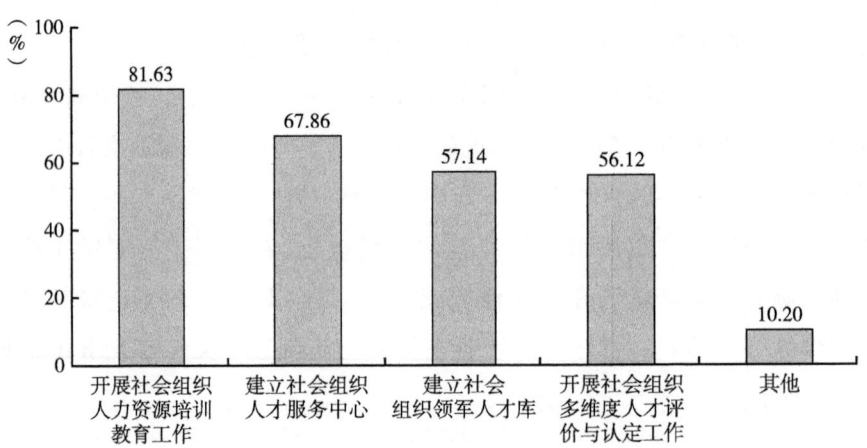

图 15　希望获得支持的事项

社会组织人才队伍建设，离不开专门机构的落实。调研时深圳市还没有一个市级社会组织人才中心，现在深圳市现代社会组织人才发展中心已经建立，应该着手去解决深圳市社会组织人才队伍建设的紧急问题和突出问题，政府主管部门也理应给予指导与支持。

四 深圳社会组织人才队伍建设的对策建议

党的十九大报告有多次提到要发挥社会组织的积极作用，表明党和政府非常重视社会组织建设。因此，加强社会组织人才队伍建设，是国家社会治理与社会创新的客观需要，是构建与社会组织发展相适应的人才发展机制的内在要求，更是提升社会组织从业人员归属感和自豪感的迫切诉求。

结合深圳社会组织发展的具体情况，在今后几年内，建议重点做好以下几项工作。

（一）抓好规划，将社会组织人才放在优先发展的位置

发展是第一要务，创新是第一动力，人才是第一资源。社会组织要创新发展，必须坚定不移地将社会组织人才建设摆在优先位置。

《国家中长期人才发展规划纲要（2010~2020）》提出"把非公有制经济组织、新社会组织人才开发纳入各级政府人才发展规划。制定加强非公有制经济组织、新社会组织人才队伍建设意见"。《民政事业发展第十二个五年规划》也提出制定社会组织人才政策，健全和落实社会组织从业人员职称评定、薪酬待遇、社会保险等政策。2015年，新修订的《中华人民共和国职业分类大典》颁布，将社会组织服务类的"劝募员"与"会员管理员"纳入新的职业大典中，并将"社会组织管理员"作为拟新增职业。①

深圳市委、市政府已于2016年3月23日印发《关于促进人才优先发展的若干措施的通知》，提出20类81条人才优先发展措施，措施的操作性很强，含金量很高，优惠力度很大。但遗憾的是，因体制性沿革、结构性缺失等原因，社会组织领域的人才特别是领军人才尚无认定标准，无法套用81条人才优先发展措施。建议将以会长、秘书长为核心的社会组织代表人士纳

---

① 李长文：《我国社会组织人才职业化成长的现实困境与路径选择》，《中国非营利评论》2016年第1期。

入深圳市人才优先发展计划。充分认识社会组织人才优先发展工作的重要意义，高度重视社会组织人才政策的制定与落实工作，建议尽快将社会组织人才优先发展纳入深圳市人才优先发展工作计划和政策体系。通过权威性的政策和制度来保障和维护社会组织工作人员的各项权益，解决优秀人才的后顾之忧，使他们能够享受与深圳市经济、科技等领域人才同等的待遇。

深圳作为在社会组织建设方面全国领先的城市，目前还没有一个系统的关于社会组织人才队伍建设的规范性文件，因此，建议由市委组织部牵头，民政、人社等部门协同，就社会组织人才队伍建设问题深入研究论证，广泛听取意见，尽快出台《深圳市关于社会组织人才队伍建设的若干意见》这种基础性政策文件，对今后一段时期内社会组织人才队伍建设的发展目标、工作重点和保障措施做出明确安排，为社会组织的人才招聘、户籍、安居、流动、激励、职称、薪酬、保险等方面提供系统政策支持。

（二）依靠科技，建设社会组织人才大数据动态平台

随着互联网时代的到来，社会组织人才的管理只有运用大数据技术，才能适应新时代对人才发展管理的要求。目前，国内对社会组织从业人员还没有建立统一的信息管理系统，在登记机关，虽然也有从业人员的基本信息，但还没有关于从业人员比较全面的信息，包括其人才素质测评报告等资料。

建议由民政部门牵头，与专业人才机构合作，依托社会组织专门招聘网站平台建立全市社会组织从业人员的实时数据档案，对从业人员进行动态管理；在平台开展对从业人员的人才素质测评，并建立相应的测评结果电子报告；依托平台开展对从业人员的技能需求调研和职业生涯发展需求调研，有相关培训信息及时通过数据平台点对点自动推送给有需要的从业人员。有了人才数据平台，每年都可以发布全市社会组织人才需求指数、薪酬指数以及培训、职业生涯辅导等数据报告。

除了建立人才数据库，还应建立领军人才数据库、专家学者数据库、培训讲师数据库和后备人才数据库（与高校合作挑选大学生入库）。领军人才数据库先立足深圳建立，而后拓展到广东、北京、上海等社会组织发展较好

的区域，乃至国外，为深圳社会组织实现国际化以及开展国际交流提供人才保障。

（三）强化培训，提高社会组织人才整体的开拓运营能力

调研反映出，社会组织从业人员很多没有专业技术职称，缺乏应有的专业技能，待遇偏低，社会认可度不高，等等。这些是结果，其本质原因是缺乏在互联网时代如何创新开拓运营社会组织的能力，缺乏将公益与市场相结合的能力。之前的调研结果也证明了这点。因此，在对社会组织从业人员进行培训时，一定要抓住重点和本质的东西。

一是要重视对社会组织负责人的培训，包括会长培训班和秘书长培训班。之前也开设过这类培训班，但总体而言，在内容设置上有些面面俱到。建议将重点内容放在战略层面、政策层面和创新经营层面。

二是提升骨干人员的管理运营能力。增加和强化资源整合、市场拓展和自媒体传播等方面的内容。

三是增加具备市场运营实战经验的培训师资。社会组织从业人员大部分是社会型人才，缺乏市场型人才，希望通过实战型培训，提升从业人员整体运营水平。

（四）营造环境，吸纳职场精英、大学生到社会组织就业和创业

根据20世纪90年代萨拉蒙对36国非营利部门的国际统计，包含发展中国家和发达国家在内的36国非营利部门吸纳就业人口4550万人，约占这些国家经济活跃人口的4.4%[1]，发达国家非营利组织发展相对较成熟，人才吸纳能力较强，是个充满就业机会的朝阳产业。目前，非营利组织已经成为发达国家解决就业问题的主要领域；如今美国社会组织就业人员总量已达到1050万人，占美国就业人口总量的10%左右。美国社会组织的蓬勃发展

---

[1] 李长文：《我国社会组织人才职业化成长的现实困境与路径选择》，《中国非营利评论》2016年第1期。

无疑成为拉动美国就业的重要引擎。①

截至2017年6月底，我国社会组织已达71万个，有760余万名专职工作人员和620余万名兼职工作人员从事相关工作。2017年末全国就业人口有77640万人，社会组织专职工作人员仅占全国就业人口的0.98%；深圳市2017年度工作报告数据显示，全市社会组织工作人员146258人，全市城镇非私营单位工作人员456.23万人，不计私营单位就业人数，社会组织工作人员占全市就业人口的3.5%。

从对国家的贡献来讲，社会组织是解决人才、解决劳动力就业的一个很重要的领域。我国目前社会组织的力量还不是很大，产业链还不是很长，未来可开拓的领域非常多，比如民办学校、民办医院、民办博物馆、民办养老服务机构等，它们需要大量的服务性人才，这可以解决很多大学毕业生、下岗职工、农村到城市再就业人员的求职需求。

随着社会组织的深入发展，社会组织的战略规划、内部治理、会员管理、募集资金、公益资金运营、理论研究等日趋专业化和职业化，社会组织通过会员、理事、常务理事、名誉理事等途径和形式，凝聚、团结了数千万各行业、各领域的高层次、高技能、高水平的人才。在人才队伍建设方面，社会组织必将成为吸纳就业的重要渠道，成为培养人才的重要途径和专业人才评价的重要平台。

结合深圳市的实际情况，建议在以下五方面做好吸引优秀人才的工作。

一是政策扶持。2014年6月，为进一步促进高校毕业生就业创业工作，成都市政府办公厅下发文件，鼓励市属国有企业及其他大中型企事业单位、社会组织创建高校毕业生就业见习基地，鼓励各类高校、工业园区、现代农业示范园区、科研院所、社会组织积极参与创业孵化平台建设，对认定为国家级大学生创业孵化示范基地的，成都市政府给予30万元的一次性奖励，对认定为省级大学生创业孵化示范基地的，成都市政府给予10万元的一次

---

① 郁建兴：《美国社会组织的人才培养模式和经验》，《中国社会报》2018年6月11日，第007版。

性奖励,所需资金在市级高校毕业生创业补贴资金中支出。① 因此,建议深圳市政府也出台吸引人才到社会组织就业和创业的优惠政策。近期出台的关于提高社工人才薪酬待遇的政策在社会上形成了良好反响。建议与高校建立人才培养的战略合作,为社会组织人才队伍输送高素质、高意愿的新鲜血液。

二是树立榜样。以深圳市社会组织总会2016年启动的"深圳社会组织风云榜"评选为契机,依托社会组织领军人才库,广泛搜集、发现社会组织领域的领军人才。第一,全力搞好一年一度的"社会组织年度人物"、"年度杰出贡献社会组织"和"年度创新型社会组织"和"社会组织年度事件"的风云榜评选活动;第二,对有卓越贡献和重大贡献的杰出人士,提请授予深圳经济特区勋章或荣誉称号;第三,修订市政府特殊津贴人员选拔管理办法,力争津贴制度适度向社会组织倾斜;第四,力争举荐更多的社会组织领军人才进入人才主题公园和人才星光大道以及人才事迹网络展示馆。以此不断提升社会组织人才的荣誉感、自豪感与归属感。

三是舆论宣传。目前,媒体渠道对社会组织的报道总体上太少,亮点也不多。这需要民政部门、社会组织和媒体加强沟通,做好策划,实施形象工程。将社会组织人才成长事迹与事业成就宣传纳入深圳市各新闻单位重点宣传计划。充分利用现代媒体宣传社会组织人才对推动社会经济发展的贡献和作用,大力宣传社会组织人才的优秀代表和事迹,提高社会各界对社会组织的认知度和美誉度,改善社会组织人员的社会从业环境。

四是拓宽渠道。美国社会组织的人才主要有以下几种来源:(1)在公共卫生、国际关系、医疗、社会工作、工程、政治科学和传媒等领域深造的人才;(2)高度专业化、经过训练并持相关专业证书的专业人员(社会工作协会会员);(3)在政府部门或企业界具有较高声誉、较大影响力的人员(高级管理者或顾问);(4)掌握多种语言,拥有广泛游历经历,在国外学

---

① 蔡波毅、和慧卿:《成都市社会组织人才队伍建设工作调研报告》,《中国社会组织》2015年第11期。

习、生活和工作过的人；（5）在特定事件所处地区或环境工作过，对其特点及事件影响力有充分了解的人；（6）主动性和参与感强，常常参加志愿活动的人；（7）对特定服务人群及相关组织有极强奉献精神的人。因此，作为改革开放的前沿，深圳在吸引人才方面也要大胆吸收那些有情怀、有能力的跨界人才。

五是招聘支持。吸引人才一定要有畅通的渠道和平台。目前，由深圳市社会组织总会指导、深圳市现代社会组织人才发展中心参与开发的社会组织专门招聘平台已上线，社会组织可以充分利用好这个招聘平台。

（五）加强统筹，开展社会组织人才专业化标准建设

加强与改进社会组织人才队伍建设，离不开专业机构的支持。建议民政部门与人才培养与建设的专门性社会组织建立合作伙伴关系，推动各系列人才队伍的建设与发展，维护人才建设发展的系统稳定和可持续性。

首先，重点是社会组织人才分类分层的专业化建设。依据现代社会组织的社会定位的特质，进行人才类别的划分。可划分为：以社会事务为基础的社会公共事务专业级别（包括行业协会秘书长、基金会秘书长、社团秘书长）；依据现有已具一定规模"社会工作者"的社工机构的定位定性特质，维持社会工作者专业人才队伍的级别类型；依据以人文理念、理据、专业技术为基础的社会服务企业为定位定性特质，创建社会服务类专业类别，即社会服务专业级别（社会维权、社会心理、社区服务三个等级）；以社会公益领域各类专业技术建设与开发为基础的社会服务专技人才类别。

其次，将人才队伍建设配以专项资金支持，并按项目运营。由项目组推动创建"人才委员会"，由政府、社会组织、企业、学校等跨界代表人士组成，设立牵头责任人，形成日常工作机制、自律机制，建立建设发展策略方案和常态工作机制。下设各类"人才建设与发展"委员会，提出相关人才促进方案，包括依据标准、社会功能、等级标准、运营模式等。

最后，要加强社会组织人才的专业化标准建设，包括链接标准化建设指

导资源、政策资源等，对标准化注册、申办等事务的统筹与运营，这是人才建设工作的第一个重点。人才建设工作的第二个重点是促进资源统筹，资源范围包括政策支持、公共资金、社会资金，其中统筹与落实相关政策可以确保口径的规范与一致，落实公共资金可确保基础设施的运营，调动社会资金并加强监管以确保公开透明。人才建设工作的第三个重点是构建"大数据"动态监测平台，参照"社工平台"创建"社会组织人才发展动态数据"监测平台，包括登记、注册、公示、动态监测等；定期、定时、定向发布"动态公共信息"，确保"社会组织人才建设发展"整体推进的规范管理。

B.8
深圳社会组织助力精准扶贫：
现状、成效与趋势

刘峰 姚楠*

摘 要： 精准扶贫是2018年度中国公益领域分量最重的关键词之一。社会组织作为不可忽视的社会力量，成为推动我国精准扶贫事业的重要生力军。深圳社会组织在带动相对贫困地区实现脱贫、促进本市社会保障和公共服务均等化方面发挥了重要作用。深圳市、区（新区）两级慈善会是筹集社会扶贫资金的主渠道，基金会倡导人人公益和"商业向善"，引导个人捐赠和企业捐赠流向扶贫领域；社会团体通过加强扶贫项目的专业化、透明化，逐步打造公信力；行业协会商会助力产业扶贫；民办非企业单位则持续创新帮扶模式，一大批社会企业涌现。与此同时，社会组织专业化程度和扶贫精准化、社会组织扶贫的本地化水平与扶贫模式的延续性、社会组织扶贫的可持续性与扶贫任务的艰巨性都存在明显的差距。而商业与公益融合、金融与扶贫融合、互联网大数据与扶贫融合将是社会组织参与扶贫助困的三大趋势。因此，进一步增进深圳社会组织参与精准扶贫的广度、深度、强度，构建稳定脱贫的长效机制，对助力2020年国家精准扶贫攻坚战目标的实现具有积极意义。

关键词： 社会组织 精准扶贫 对口帮扶 公共服务均等化 社会企业

---

* 刘峰，深圳国际公益学院公益研究中心公益文化部主任；姚楠，深圳国际公益学院公益研究中心公益文化部分析员。

社会组织扶贫，是指包括人民团体在内的各类社会组织以农村贫困人口或贫困家庭为扶持对象，采取一系列的扶贫措施，帮助其脱贫脱困的过程。《中国农村扶贫开发纲要》指出，加强规划引导，鼓励社会组织和个人通过多种方式参与扶贫开发，积极倡导扶贫志愿者行动，构建扶贫志愿者服务网络。越来越多的社会组织活跃在精准扶贫领域，且逐渐成为推动我国精准扶贫事业的重要生力军。

自 2010 年"广东扶贫济困日"确立以来，深圳市的扶贫济困工作蓬勃发展，尤其是公益慈善类社会组织在扶贫工作中发挥了不可替代的作用，积累了较为丰富的扶贫经验，同时在近几年推动精准扶贫的实践中又不断呈现新的趋势和发展特点。

一 深圳社会组织参与扶贫助困的政策环境分析

（一）政策与社会环境分析

党的十八大以来，以习近平同志为核心的党中央把脱贫攻坚工作纳入"五位一体"总体布局和"四个全面"战略布局，作为实现第一个百年奋斗目标的重点任务，做出一系列重大部署和安排，全面打响脱贫攻坚战。实现贫困地区基本公共服务主要领域指标接近全国平均水平，主要表现在：贫困地区具备条件的乡镇和建制村通硬化路，贫困村全部实现通动力电，全面解决贫困人口住房和饮水安全问题，贫困村达到人居环境干净整洁的基本要求，切实解决义务教育学生因贫失学、辍学问题，基本养老保险和基本医疗保险、大病保险实现贫困人口全覆盖，最低生活保障实现应保尽保。集中连片特困地区和革命老区、民族地区、边疆地区发展环境明显改善，深度贫困地区如期完成全面脱贫任务。

广东省颁布的《广东省贯彻落实〈教育脱贫攻坚"十三五"规划〉实施方案》鼓励社会力量广泛参与。支持广东省扶贫基金会、教育基金会等公益组织参与教育脱贫工作。积极发挥金融助力教育脱贫的作用。落实社会力量投入教育脱贫的激励政策，通过公益性社会团体或者县级以上人民政府及其部门向贫困地区学校进行捐赠的，其捐赠按照现行税收法律规定在税前扣除。根据党中央和国务院扶贫开发工作文件，深圳市制定了《关于新时期精准扶贫精准脱贫三年攻坚的实施方案（2016~2018年）》。2016~2018年，深圳市定点帮扶相对贫困村共323个，其活动资金来源于贫困村专项帮扶资金和民营企业、社会组织、个人等帮扶资金。为了更好地实施精准扶贫，深圳抓实产业扶贫、实施金融扶贫、开展电商扶贫，推进科技扶贫、探索股份扶贫、配合培训就业、完善基础设施、助推教育文化、协助改善环境和夯实基层基础。由此可见，深圳开展的扶贫项目种类繁多，推行力度大，采用分类指导，创新发展行走在多渠道、多元化的扶贫开发路径上。

2018年8月，中共深圳市社会组织委员会、深圳市社会组织管理局发布《行动彰显社会责任，大爱谱写扶贫华章——全市社会组织参与脱贫攻坚的倡议书》（以下简称《倡议书》），《倡议书》指出社会组织是脱贫攻坚重要力量，是联系社会帮扶资源与农村贫困人口的重要纽带；2018年9月，第六届中国公益慈善项目交流展示会（下称"慈展会"）在深圳会展中心举办，以"聚焦精准扶贫，共创美好生活"为主题，全面展现深圳社会力量在参与脱贫攻坚中的典型模式、优秀项目和主要成果，为深圳社会组织参与脱贫攻坚提供最佳平台。据统计，第六届慈展会吸引了31个省、自治区、直辖市和港澳台的789家机构、876个项目和312种消费扶贫产品参展，共有49个扶贫项目实现资源对接，意向帮扶和对接金额近130亿元；举办了1场国际公益峰会、5场分议题会议，邀请100多位国内外嘉宾围绕减贫脱贫等议题进行了深入研讨；观展民众近15万人次；营造了扶贫向善、济困光荣的良好社会氛围。

（二）深圳带动相对贫困地区实现脱贫责无旁贷

1. 深圳对口扶贫地区的投入

深圳始终坚持"感恩改革开放、回报全国人民"的特区理念，自觉将先发优势转化为先行责任，自1991年开展对口支援工作至今28年来，举全市之力贯彻中央和省的脱贫攻坚各项工作部署，先后与全国 16 个省（区、市）、105 个县（市、区）开展帮扶和合作。据不完全统计，截至 2018 年 5 月底，深圳市安排财政性扶贫资金已逾 330.5 亿元，其中省内帮扶约 165.1 亿元，省外约 165.4 亿元；共援建乡村道路、农田水利、种植养殖、农房改造等公共服务设施，教育卫生、产业园建设、城市建设、基础设施建设等较大项目约 4 万个，培训干部和专业人才约 4 万人次；引导对口地区来深创业和务工人员超过 200 万人次；选派支医支教人员、义工、社工及挂职干部约 3200 人次。①

仅 2017 年一年，深圳就投入财政帮扶资金 73 亿元，实施较大项目 255 个，主要投入在受援助地区的脱贫攻坚、民生保障和产业发展等方面，2018 年，深圳市共安排帮扶资金 24 亿元，用于对口扶贫的任务。②

2. 深圳社会组织参与对口扶贫的成效

目前深圳市重点对接对口扶贫点广西百色、河池，新疆喀什，四川甘孜、重庆巫山、广东河源和汕尾等地。除了深圳官方力量，深圳本地还有一大批社会组织和爱心企业积极参与扶贫工作，成功走出了一条具有深圳特色的精准脱贫道路，为全省扶贫开发工作提供了重要助力，有力地促进了扶贫"双到"工作任务的完成。除了官网直接的对口扶贫工作，深圳还发起了"圳在扶贫"对口百色、河池的网络扶贫行动，联合孔子基金会、深圳市乐学乐园儿童性格养正研究中心开展活动，依托腾讯公益平台和技术，在贫困村进行癌症筛查的项目。还有深圳市慈善会的参与，进行专题网络募款，著名的腾讯、大疆等科技公司也积极参与其中，深圳社会力量得以融合。

深圳市对口支援新疆（喀什）社会工作站（以下简称深喀社工站）成立于 2011 年 3 月，是南疆三地州第一家由政府指导、民间组织自主运营的社会工作专业服务机构。深喀社工站目前已成为南疆社工服务机构的领头

---

① 参见《"慈善之城"深圳打造攻坚脱贫"主阵地"》，《深圳特区报》2018 年 9 月 21 日，第 A06 版。
② 《深圳今年安排 24 亿财政资金帮困扶贫 确保全面完成对口帮扶任务》，http://www.sznews.com/news/content/2018-03/08/content_18610325.htm，最后访问日期：2018 年 12 月 20 日。

羊、首批全国社工服务标准化建设示范单位。这是深圳首创社会建设援疆模式，以民间社会组织及社工力量介入援疆工作，坚持政府指导、社会参与、市场运作、多元投资原则，形成合力，不断创新援疆工作模式和运作机制，在所有的援疆省市中独领风骚。截至2017年，深圳共派出了54名援疆社工奔赴喀什，共引入资金3291万元。

"牵手计划"于2017年12月由民政部门发起，引导先发地区社会工作服务机构结对帮扶贫困地区社会工作服务机构，每年甄选出100对机构结对互帮互助。深圳五家机构深圳市社联社工服务中心、深圳市日月社会工作服务社、深圳市东西方社工服务社、深圳市龙华区启明星社工服务中心、深圳市龙岗区百合社会事务服务中心分别对口帮助湖南省三地的五家机构，支持培训社工专业人才、实施社会工作服务项目、建立完善的工作机制，提高伙伴的社会服务水平。

深圳社会组织对口扶贫工作从资金投入、人才投入、技术投入、能力建设等方面入手，提供的援助服务质量和硬件投入之高，体现了深圳践行互助互爱的"善精神"，毫无保留地将资源共享、能力互惠。

（三）深圳率先实现社会保障和公共服务均等化势在必行

1. 深圳困难群体概况

据官方文件[①]的分类，深圳将低保对象、特困人员、重度残疾人和精神智力残疾人等困难群体纳入本市居民基本养老保险扶贫的范围。但这只针对深圳市户籍人口，其他的困难人群，如流动人口、青工、非户籍人口等，深圳市并未针对这些人群颁布适用性保障条款。

深圳市的数据显示，最低生活保障线以下人数5126人，全年共发放最低生活保障金4464.42万元。尽管领取财政补贴的低保人口显著低于全国平均水平，但不能忽视深圳户籍人口与非户籍人口存在"倒挂"的客观事实，有相当大的一部分城市贫困人群和"支出型"贫困家庭未能进入统计视野。

---

① 《关于调整完善深圳居民基本养老保险基础养老金标准等待遇的通知》。

2017年末，深圳市常住人口达1252.83万人，其中常住户籍人口434.72万人，增长11.3%，占常住人口的比例为34.7%；常住非户籍人口818.11万人，增长1.4%，占常住人口的65.3%，是四大一线城市户籍人口不达一半的唯一一个特大城市（见图1）。深圳的人口结构以外来流动人口和密集型劳动力为主要力量。根据"十三五"规划，到2020年，深圳市常住人口发展目标将达到1480万人。扩大户籍人口规模、优化人口结构和素质成为深圳经济社会发展中亟待解决的问题之一。这要求深圳市政府需增加非户籍人口的上升空间、加快政策立法以及公共设施的配套建设。

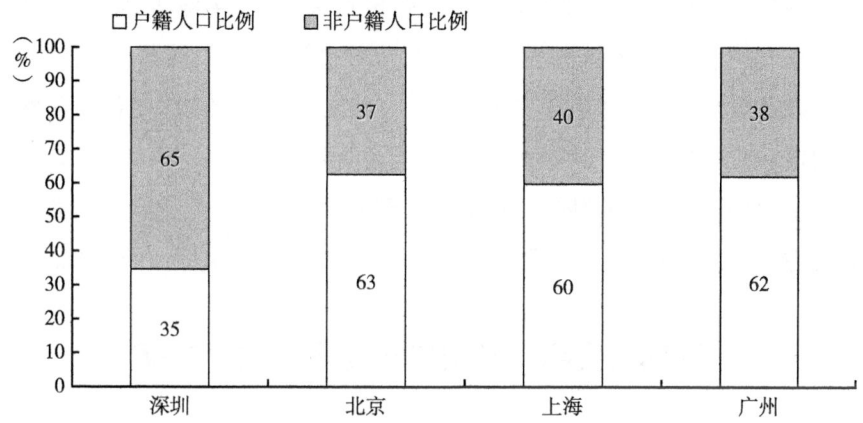

图1　2017年北上广深户籍、非户籍人口占比情况

资料来源：《深圳市2017年国民经济和社会发展统计公报》，2018。

2. 深圳市社会保障和公共服务均等化方面的行动

随着"来了就是深圳人"的理念渐渐深入人心，深圳也一直践行这一理念，深圳的发展和崛起离不开那些背井离乡的非户籍居民。但深圳作为新兴的国际大城市，发展建设需要大量的劳动密集型、技术密集型专业人才；又因近年来发展较迅速，公共服务、社会保障特别是教育、公共医疗、住房等不能很好地与快速的经济发展相匹配，导致许多来深工作的非户籍居民无法享受与户籍居民同等的待遇，只好"保持流动"。

2011年起，深圳市委、市政府联合发文《中共深圳市委市人民政府关

深圳社会组织蓝皮书

于加强社会建设的决定》；2018年深圳市民政局印发《特困人员照料护理标准》，提高低保人群的保障力度；2018年，深圳市教育局颁布《深圳市第二期特殊教育提升计划（2018~2020）》《深圳市非深户籍人员子女接受义务教育管理办法》，其中已将非深户籍子女的义务教育纳入规划统筹安排，联动了全市超过十个相关单位。据《深圳晚报》的一份报道统计①，深圳市政府从2010年至2015年，在教育、医疗卫生、社会保障和就业、住房保障等九大民生领域的投入累计达5000亿元，投入水平在全国副省级城市中处于领先地位。深圳也是全国非户籍参保人数比例最高、保障力度最大的城市。盐田区在2015年率先制定出台了《盐田区基本公共服务均等化规划（2015~2020年）》，并创新性地提出了"7+2"模式。公共教育、就业服务、社会保障及服务、医疗计生、住房保障、公共文化和基础设施是盐田区确定的7项核心规划内容。除了鼓励辖区企业自建保障性住房，解决户籍、非户籍职工住房困难以外，还鼓励社会资本加入到公共服务体系当中，鼓励非营利机构的建立，并发挥社会组织的作用，为居民提供更多公共服务的选择。

二 深圳社会组织参与扶贫助困的现状与亮点

深圳社会组织是深圳社会扶贫工作的主体之一，在动员社会力量、整合社会资源帮扶城乡贫困人口、弱势群体和困难群众方面发挥了重要且积极的作用。据统计，2010~2017年，共有177家来自深圳的社会组织获得了广东省扶贫济困"红棉杯"的荣誉，其中获得"金杯"的社会组织超过20家。

在改革开放40周年之际，深圳迎来了科技经济进步的硕果，也绽放出深圳乐贫助困的风范。本土社会组织大多数在改革发展、经济腾飞的助力下，找到社会价值的定位，即饮水思源，回馈乡梓，服务深圳，助困助贫。整体来说，在扶贫攻坚的大背景下，深圳社会组织参与扶贫助困的积极性是有目共睹的，其工作成效是显著的。不同社会组织在扶贫助困中发展出了不

① 《5年5000亿改善公共服务 有种自豪叫"来了就是深圳人"》，《深圳晚报》2015年4月23日。

同特色，呈现多元化发展趋势，探索了具有各自特点的扶贫模式、助困经验，其中不乏具有全国影响力的经典案例。

（一）市、区（新区）两级慈善会：扶贫社会资金筹集的主渠道

深圳市、区（新区）两级慈善会在全国较早地开始了转型探索。各区（新区）慈善会已在2016年和2017年陆续由官办慈善组织转型为社会慈善组织，深圳市慈善会于2017年3月实现了理事会换届选举，开始探索组织的现代化治理。市、区（新区）两级慈善会一直以来都是深圳筹集社会扶贫资金的主渠道，在历年广东省扶贫济困系列活动中，在地区劝募、对接帮扶资源、慈善表彰与激励、营造区域慈善文化等方面发挥了重要作用。

1. 深圳市慈善会：牵头构建扶贫助困生态

深圳市慈善会自2002年创建至今开展慈善募捐和实施慈善救助，是目前深圳最大规模的具有公募资质的枢纽型慈善组织，也是深圳市募捐的主要渠道，捐资总额达30亿元人民币。自2010年起，深圳慈善会连续8年协办"广东扶贫济困日暨深圳市慈善日和慈善月"活动，2012年更首创联劝模式，号召社会力量参与扶贫济困，截至2017年，共发动筹资约12亿元，直接帮扶323个贫困村的3万户共11万贫困人口。[①] 深圳市慈善会的价值倡导和典范树立，为深圳市的扶贫助困生态起到了引领的作用。

2. 深圳市宝安区慈善会：深圳首家区级慈善会

深圳市宝安区慈善会成立于2007年1月18日，至今共发放赈灾款和救助金4.2亿多元，救助宝安区内困难群众4700多人次。在筹资模式上，宝安区推陈出新，除了成立冠名基金、举办慈善晚宴外，还开通宝安区慈善会的微信公众号，拓展线上捐款业务，并举办"与爱同行"慈善微跑活动。

响应服务均等化的号召，立足宝安区本土困难人群，在救助范围上不断扩大。深圳市宝安区慈善会修改完善了《深圳市宝安区慈善会关于资助宝安户籍困难居民重大疾病医疗暂行办法》《深圳市宝安区慈善会关于资助劳

---

① 李罗力主编《深圳市慈善事业发展蓝皮书（2016~2017）》，花城出版社，2018，第37页。

务工重大疾病医疗暂行办法》等，救助病种扩大至16种，简化了救助的申请流程，也重新出台了《深圳市宝安区慈善会关于困难群众个案救助暂行办法》，特别对见义勇为等行为造成严重受伤或死亡导致生活困难的家庭、大病群众等给予救助和关怀，扩大了受助群体范围。① 除此之外，深圳市宝安区慈善会还设立了更多新的救助项目和提高了救助金额。

（二）基金会：响应扶贫济困，倡导人人公益与商业向善

1. 基金会参与扶贫助困的整体情况

截至2018年末，深圳市注册登记的基金会超过300家，其中2017年，提交年检并开展项目1018个，扶贫、助困类项目约166个，占比16.3%；其中137个项目为异地帮扶，只有29个项目的帮扶对象和开展地是在深圳，这些受助对象大部分是因大病致贫、非户籍流动儿童、妇女、孤寡老人等。

其中最具代表性的壹基金于2007年落户深圳，作为国内第一家民间公募基金会，以"尽我所能，人人公益"为愿景，在扶贫工作上做出了艰辛的努力。2017年6月，开展"万有暖力"活动，给贫困地区的特殊孩子送上温暖包；2018年1月，联合各方力量发起"新疆维吾尔自治区扶贫与净水计划项目"。壹基金以政府、企业、国际组织多元化合作方式，延续可持续发展精神，开启脱贫攻坚任务。

2. 民政部注册企业基金会立足深圳，辐射全国

深圳开放的经济和政策环境吸引了一批民政部级注册基金会的总部落户于此，这些基金会有受深圳政策环境感召而来的，更多的是能力雄厚的深圳本土企业，如腾讯公益基金会、壹基金、顺丰基金会、万科基金会和华润基金会等都在各行各业内积极开展扶贫助困工作，立足深圳，辐射全国，特别是极贫地区的民众，在精准扶贫中表达了深圳态度和深圳精神。

腾讯公益基金会借助公司庞大的研发团队在产业扶贫、健康扶贫、教育

---

① 李罗力主编《深圳市慈善事业发展蓝皮书（2016~2017）》，花城出版社，2018，第67页。

扶贫、金融扶贫等多个业务领域展开了探索。腾讯公益基金会自从2015年开展"腾讯'为村'开放平台"和"全国互联网+产业扶贫云"的扶贫项目以来，为全国3269个村庄进行了重新规划，利用"互联网+"助力乡村社会治理、脱贫攻坚和乡村振兴战略。腾讯公益基金会将继续探索"互联网+"时代下的创新扶贫模式。

顺丰公益基金会陆续开展四川凉山顺丰爱心班、顺丰莲花助学（资助贫困学子）、顺丰莲花小学（捐资建校）等扶贫济困公益项目。顺丰莲花助学包括莲花助学高中生、大学生助学金计划，陪伴人计划，反哺计划，新梦欢乐夏令营和梦想分享会等活动。该项目从资金资助到心灵陪伴、从上升机会支持到反哺社会的循环反哺社会，给予组织更多新鲜血液以及温暖力量。

位于深圳罗湖的华润基金会曾获评为全国5A级基金会，积极发扬社会责任感，先后参与建设了12座华润希望小镇，并且坚持四条原则坚守：以环境改造为基础、以产业帮扶为关键、以组织重构为依托、以精神重塑为目标，推行"企业包县"的示范模式，用行动践行责任，以关爱传递温暖，回馈社会的支持。

万科基金会则提出"职业教育+就业"的精准扶贫模式。通过对适龄的贫困人口进行有针对性的职业培训，提升其专业技能，使适龄贫困人口升级成为产业工人，在万科及关联方就业，从而实现贫困人口脱贫。目前万科已在贵州台江、江西会昌、湖北黄冈、云南昭通、河北顺平等地开展扶贫项目。

（三）社会团体：逐步专业化、透明化，打造公信力

1. 社会团体参与扶贫助困的整体情况

截至2017年底，深圳市共有社会团体4145家，其中深圳市级登记的680多个有效的社会团体举办的公益活动中，有150多个为扶贫助困相关的活动；提交了年检报告的709个行业协会中，有约95个明确协会业务内包含开展扶贫助困的活动。社团举办公益慈善活动主要在深圳及周边，多以知

识宣传、趣味活动、文娱会演、慰问活动为主。

2. 异地商会回馈家乡情结浓重

据上文提及的95个明确开展了扶贫助困活动的行业协会中，有64个是异地协会，扶贫助困活动比例占深圳市注册协会的67%，如深圳安徽商会、深圳市福清商会等。他们更倾向于开展回馈家乡的扶贫助困活动，体现了在深圳打拼的该地人士的风采。他们还回馈深圳本地社区，助困援困，形式有设立扶贫基金专项账户、接受捐款、资助深圳本地贫困学生上学、基础设施修建捐赠、帮扶慰问老人、残疾儿童等。

3. 扶贫助困成就协会发展：以深圳市鹏博爱心互助协会为例

深圳市鹏博爱心互助协会（以下简称"鹏博"）成立于2008年，2010年在深圳市级注册登记为社会团体。十多年来鹏博一直以资助山区贫困学生完成学业、捐赠图书室为主要工作。协会架构较简单，有全职人员三名，理事11名。2008~2011年，协会的工作人员都是以义工的身份进行协会的日常运作，直到2012年广东省民政厅捐助鹏博20万元人民币，这才帮助他们"渡过了难关"。鹏博现已拥有稳定的捐赠人，合理合法地收取管理费来维持协会的运作。目前鹏博有几个主要运作的公益项目：春晖行动、春草行动、春风行动、美丽鹏城等资助计划（见图2）。

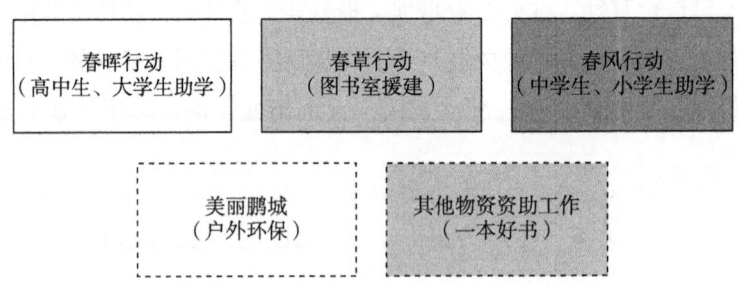

图2 深圳市鹏博爱心互助协会主要工作

鹏博一直专注助学和图书室援建工作。助学和援建作为公益扶贫助困中比较传统的工作方式，鹏博却走出了一条特色路子，协会从2008年成立以来，开展的各项公益活动有200多次。从2008年至今，协会"春风行动"

一对一助学项目资助着四川、云南、贵州、湖南、陕西、天津、河南等全国18个省区市二十多个民族的1700多名贫困学生，为贫困学生募捐助学款达1106万元；"春晖行动"高中生、大学生资助项目从2014年9月开展以来，目前资助着高中生469名、大学生52名；"春草行动"百校图书室援建项目已为全国13个省市山区学校援建了141所图书室，价值800多万元，3万多名山区孩子因此受益。

（1）第三方平台：链接资源只为扶贫助困，帮助更多人

鹏博在助学和图书室援建上一直扮演的是"第三方"的角色，他们日常带领志愿者走访合作学校，与学校的校长和老师定期更新待资助贫困学生的名单、考察贫困学生的真实情况并监督学校对费用的管理。"春草行动"的图书室援建项目就规划了统一价格的企业认捐（见表1），图书室挂牌冠名企业，鹏博作为第三方打通与学校的沟通、施工、宣传、评估、后期管理等工作。目前已援建图书室的学校超过141所，如重庆市合川区隆兴小学、云南省红河州普角小学、广东省阳山县青莲中心小学等。

表1 鹏博爱心互助协会春草行动援建图书室造价

序号	项目	明细	总额
1	课外图书	每本全新课外书4元(含运费)，共配置图书2500册	10000元
2	必读书	"中国少年儿童百科全书"和"大不列颠少儿百科全书"等150册(含运费)	3000元
3	书架	每个书架500元(含运输费)，共配置4个书架	2000元
4	阅读桌凳	每套桌凳800元(含运输费)，共配置4套(40个座位)	3200元
5	挂牌	每个300元(含运费)共2个	600元
6	项目运作管理费	每个图书室2000元	2000元
		合 计	20800元

注：经费预算：2018年开始。每个图书室20800元，市场价值6万~7万元。学校300名学生及以上按每个图书室配置2650册课外书（其中150册为必读书）、4个书架、4套阅读桌（桌凳一体化，共40个座位）的统一模式援建，少于300人的学校按每人10本书配置。

(2) 受助条件和实施办法严格：为资助人和受助人负责

助学作为公益事业的传统项目，因为受助人和资助人之间时有语言、文化甚至时间的差距，又因捐赠行为带来潜在的伦理道德风险，鹏博的角色便是在巧妙地维系双方的关系同时，能让受助人和资助人站在一个更平等的层面对话。以下为"春晖行动"受助人的受助条件以及助学实施办法节选：

☆高中阶段受助学生每学期需参与当地公益组织或学校组织的社会服务活动不少于15小时，大学阶段受助学生每学期不能少于20小时，并提供活动图片及盖有组织方公章的社会实践证明；

☆待正式工作后将向协会逐年返还大学阶段接受资助总额的60%，用于资助下一个需要资助的贫困学生；

……

由于鹏博有经常性的走访监督，一旦受助学生持续缺位，没有完成以上任务，鹏博会根据资助规则中止该生的资助款。

(3) 公信力的底线：看得见的数据

鹏博的透明度在中国慈善信息平台上一直处于前列，作为一个只有三名全职人员的社会团体，从2011年至今的工作报告、财务报告等都很完备。王彬很自豪地说，鹏博的数据信息，每个学生的名字、他/她是否还在上学、接受多少捐款、参与过几次鹏博的活动、捐款人是谁等，全部都记录在案。通过十年的经验总结出一套既接地气又有较高沟通效率的助学管理方法。

除了公众视线里的工作报告、财务报告，鹏博借助公众号的实时推送与资助人取得联系。如图书室项目，每月定期通过公众号给援建企业推送照片和信息，企业点击查看，便能看到所援建的图书室使用情况。赖于鹏博的走访监督机制，资助人还能在每学期开学前，一键查询到受助学生的期末成绩、注册情况，避免了受助人已辍学但款项还在继续的"幽灵捐款"。工作成本的增加,换来的是公众的信任成本大大降低。

(四)民办非企业单位:创新帮扶模式,助力可持续扶贫助困

1. 民非参与扶贫助困的整体情况

深圳社会组织整体数量与北京基本持平,并高于广州。截至2018年3月,深圳市共有民办非企业单位6331家。有赖于深圳特殊的经济和产业环境,民办科研机构的发展迅速,有光启、墨克瑞等一大批跻身全球领先水平的科研机构。不仅仅有民办的科研机构,在2018年度提交了年检的1799家民办非企业单位里,还有各类的社工服务中心共209家,在地服务深圳各个社区以及覆盖生活各领域。相比基金会和协会,社工服务中心大部分以民非身份注册;对比于深圳较有特色的民办科研机构,社工服务机构更倾向于在地一线服务,辐射中心所在地一定范围内的居民。

2. "以产托养":深圳市智家喜憨儿成长关爱中心

深圳喜憨儿洗车中心2015年8月8日在深圳市正式开业,作为深圳市智家喜憨儿成长关爱中心下的洗车场,深圳喜憨儿洗车中心的主要员工是十几名心智障碍者,年龄从17岁至40多岁不等,一年间洗车量累计达到11869次。当地的心智障碍者能够被培训成为合格的洗车工,进入机构或家长投资开设的洗车店工作,自食其力。由于不同的心智障碍者可能会有不同的表现,机构对他们的具体情况进行评估,根据健康状况分配到洗车作业的不同位置,确保洗车作业的每一个流程都能够完成。

心智障碍者实现了个人的经济自立,不仅减轻了他们的家庭所承受的经济负担和心理压力,更重要的是也帮助社会解决了一部分残障人士的就业问题,同时创造了可观的经济效益与社会效益。"以产托养"是一个完全具有造血能力可持续的闭环体系,最大限度地发挥了智力残疾人个体、群体、社会、政府、市场和政策等各方优势的集合作用。喜憨儿洗车中心探索形成的"以产托养"模式(见图3)的关键设计包括两个部分的内容和一个关键理念。

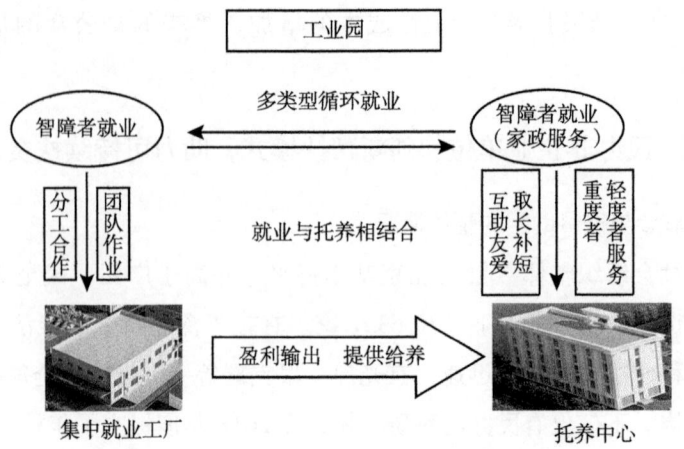

图 3　"以产托养"就业与托养相结合体系示意

资料来源:《深圳市智家喜憨儿成长关爱中心案例》,2018 年。

(1)"以产托养"经验模式

第一,前端产业:通过辅助性集中就业对外提供产品和服务,同时根据心智障碍者个体特殊性,在设置工作岗位时充分考虑其特殊要求,采用"分工协作、团队作业"的方式,将工作流程简化处理、模块化处理。每个人可负责一个工作模块,反复训练,使其得心应手,进而团队协作,为市场提供有竞争力的产品和服务。

第二,后端托养:扶贫助残托养中心以"轻度者服务重度者"的形式提供内部服务,轻度智力残疾人在托养中心完成家政工作实现多类型就业,由轻度者为重度者提供清洁、洗护、陪伴、运动等服务,目前在洗车中心正在实行这样的陪护模式。

(2)扶贫助困成效

促进心智障碍者就业。深圳喜憨儿洗车中心在 2016 年帮助和支持青海喜憨儿洗车中心开业。目前,通过深圳喜憨儿洗车中心的帮助和支持,全国已有 9 家喜憨儿洗车中心开业运营,还有 20 多家洗车中心正在筹备中。深圳市智家喜憨儿成长关爱中心还在全国范围内发起了心智障碍者批量就业计划——"春雷行动",努力推动 1000 家喜憨儿洗车中心的建立,立志解决10000~15000名心智障碍者的就业。

打造可复制模式。喜憨儿洗车中心已将洗车过程流程化、标准化、模块化，形成较完善的职业能力测评体系和职业培训体系，且全国9家喜憨儿洗车中心运营情况良好，适合推广与复制，可实现更多心智障碍者就业。目前喜憨儿洗车中心对心智障碍群体的洗车培训＋康复训练＋文化学习三位一体的系统，洗车中心的营业收入也可以支付喜憨儿工资和日常经营管理费用，但承担场地租赁、教辅人员薪资等费用压力比较大。仍待社会和政府一同加入，让心智障碍者就业和养育环境得以改善。

三 深圳社会组织助力扶贫助困的挑战

（一）社会组织专业化程度与精准扶贫存在差距

公益慈善类社会组织是深圳精准扶贫开发中不可忽视的重要力量，在改革开放进程日益深入的今天，社会组织的作用不可或缺。但是自身同样面临着严峻挑战。主要表现在经费、人力、专业化等方面，一方面，由于深圳当地公益慈善类社会组织在扶贫管理费用、人力成本方面的特殊性，机构本身的运营受到限制；另一方面，行业能够为从业者提供的薪资水平相比其他行业缺少竞争力，这大大降低了潜在专业人才进入扶贫领域的动力，也加大了社会工作者在本行业持续深耕所面临的阻力，导致了扶贫领域专业人才匮乏。这几乎是全国普遍存在的状况，在深圳社会组织扶贫领域，这一问题也是非常明显的。

事实上，精准扶贫是一个高度依赖人才的行业，从长远来看，人才缺乏的问题如果得不到解决，整个行业的发展就难以为继，深圳作为改革开放的前沿阵地，这一问题表现得尤为突出。另外，社工专业知识的匮乏也制约深圳当地公益慈善类社会组织的实际扶贫效果，尤其是在对社会贫困问题进行分析时缺乏系统化的思维方法，在项目运作过程中也缺乏科学的管理方法，这些问题交织在一起，大大降低了整体的效能。如果能够解决经费问题，提

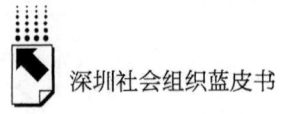

高参与者的薪资水平，那么扶贫这一领域将更有机会吸引专业人士进入，进而提高深圳当地公益慈善类社会组织的扶贫专业化程度。

（二）社会组织扶贫的本地化水平与扶贫模式的延续性存在差距

1. 对于深圳本地贫困人口、困难群体的帮扶工作应该加强

随着公益慈善领域的专业分工越来越明确，深圳当地更多的社会组织专注深耕在特定领域的竞争优势，而聚焦于扶贫领域。这样的实际效果是有力提升了深圳本地人口的管理能力、致富能力，增强了深圳本地贫困人口的互助及参与意识，逐步提升了困难群体的自我管理、自我服务水平，促进了居民自治格局的形成，对于深圳本地贫困人口、困难群体的帮扶起到了积极作用。

另外，社会组织是精准扶贫所需能力的有力建设者。深圳当地的公益慈善类社会组织通过开展扶贫项目和活动，帮助贫困人群及其家庭转变思想观念，发掘自身潜能，学习谋生技能，消除单纯救助依赖。通过帮助贫困对象调节社会关系，重构社会支持网络和信用体系，更好地适应社区和社会环境。有力地提升了深圳本地居民的管理能力、致富能力，提高了人们的互助及参与意识，对于深圳本地贫困人口、困难群体的帮扶工作意义深远。

2. 在对口扶贫地区，实现扶贫工作的本地化；由输血式扶贫向造血式扶贫发展

在深圳社会组织扶贫调研中发现，深圳当地的公益慈善类社会组织借鉴以往的扶贫工作经验，其实践既注重"输血"，更注重"造血"，为本地经济发展创造了和谐稳定的良好社会环境，帮助贫困人口走上了脱贫的快车道。譬如在河源和汕尾的对口扶贫工程中，对两市进行三甲医院的共建；在喀什的对口扶贫工作中，借助喀什丰富的自然环境和文化氛围，积极打造喀什-深圳旅游产业；在援藏对口扶贫中，依据藏地天然的气候，帮扶种植中草药等。这些都反映了深圳扶贫工作的逐步本地化，并且逐步呈现由输血式扶贫向造血式扶贫发展的新趋势。

（三）社会组织可持续性与扶贫任务的艰巨性存在差距

众所周知，深圳当地既有多元的慈善组织，也有走在前列的公益模式，

还有闻名全国的慈善交流平台。在深圳社会组织的综合调研中发现,深圳公益慈善类社会组织具有独特的地缘优势,毗邻香港,易于获取扶贫经验,具有社会组织扶贫的先行外来经验条件。中国香港的社会组织和其他国家和地区的社会组织也对珠三角地区具有很强的辐射作用,其社会组织的前沿信息和经验很容易通过学术交流、人员往来带回深圳本地后,再不断地向内地其他地区扩散,这就决定了社会组织扶贫的可持续性。

另外,深圳处于改革开放的前沿,一直都在着力打造首善之都,公益慈善类社会组织在深圳这块土地上投入扶贫工作任重而道远,扶贫任务的艰巨性不言而喻。规模化强、组织化程度高的社会组织匮乏,亟待将大量的公益慈善类社会组织像串珍珠般地串联起来,形成组织优势和力量优势,克服缺乏有效沟通的弊端,建立一个能够互相切磋、交流技术和信息,为其生产、经营和治理提供服务的场所。目前深圳的脱贫攻坚进入了深水区,很多困难问题亟待解决,如扶贫基础数据掌握不全面、扶贫对象动态管理不准确、缺乏动态监管等。因此,深圳目前社会组织扶贫的可持续性与扶贫任务的艰巨性之间存在较大的差距。

四 深圳社会组织参与扶贫助困的发展趋势

历史的车轮滚滚向前,传统的扶贫助困方式已不能完全适应新时期深圳扶贫工作的新要求。社会组织进入扶贫领域是社会发展到一定阶段必然要出现的一种治理现象,这既是社会组织发展的普遍规律,也是社会发展的必然趋势。精准扶贫需要引导各类扶贫资源优化配置,实现扶贫到户,逐步构建扶贫工作的长效机制。从直接给钱、给物到全方位鼓励、培育社会组织参与精准扶贫,是当地社会组织参与扶贫助困工作近年来所呈现的新趋势和创新方向。具体说来,深圳社会组织扶贫的发展趋势主要表现在如下几个方面。

(一)商业与公益在公益组织扶贫领域的融合、渗透

近年来,随着市场经济在中国的发展日渐成熟,作为改革开放的桥头

堡,深圳的公益慈善事业发展迅猛。公益与商业在深圳社会组织扶贫领域不断融合、渗透,产生着新的互动与碰撞,公益正在成为新的商业模式,商业模式越来越具有公益性,财富向善流动、社会价值引领商业价值,"无公益,不商业"已经成为大势所趋,善与财的融合已经在深圳创造出新的财富增长点。"善经济"的时代已经到来,商业与公益不仅不会背道而驰,反而会"相向而行""合二为一""融为一体"。毫无疑问,深圳作为改革开放的门户,作为首善之都,商业与公益的融合、渗透趋势变得尤为突出,已经深刻影响到深圳社会组织扶贫工作的方方面面。

在这个新的趋势面前,倡导用善的经济、用善的手段达到善的结果。这种新的理念不仅主张慈善作为善经济的一环,而且整个经济的活动就是要将公益慈善与商业活动实现完美契合,市场要在这个基础上发展才能对社会有益。如果出发点是善的,动机是善的,手段是善的,结果就是善的。不管是从事商业,从事非营利,都应该如此,公益慈善的目的是为善。近些年深圳大量新涌现的"社会企业"即是深圳市社会组织为应对贫困问题所开出的一剂良药。

传统的公益慈善模式大多有简单、直接的特点,譬如向困难群体捐赠物资、提供志愿服务等,这些活动虽然能够直接向困难群众提供一定的帮助,使其暂时摆脱困境,但也存在着很多隐患,持续投入资源的需要对慈善机构的筹款能力提出了较大挑战,也限制了机构扩大扶贫业务的能力。当慈善机构停止了物资和服务的资助以后,困难群体可能再次陷入困难境地,重新返贫。

近年来,深圳当地越来越多的公益慈善类社会组织开始积极探索将商业模式引入扶贫项目的方法,试图扶持困难群体实现经济自立,这样即使机构退出,受众仍然能通过已经建立起来的商业系统持续取得收入,改善生活。譬如近些年深圳本土所诞生的一些社会企业,就是公益与商业有机融合的典范,随着社企认证标准的开发与推广,深圳对社会企业发展给予政策支持的力度不断加大,如福田区支持社会企业发展,对通过认证的社会企业一次性给予3万元支持,鼓励社会企业申报福田区社会建设专项资金资助项目等。

同时，许多企业基金会深度参与扶贫助困也是商业与公益日益融合的一个表征。诚然，公益与商业的日渐融合业已成为深圳社会组织扶贫发展进程的一大趋势。

（二）金融与社会组织扶贫助困的融合

社会影响力投资已逐渐在全球悄然兴起。创新、协调、绿色、开放、共享的理念日益深入人心，全球契约、赤道原则的基本精神正在变成实际行动，追求负责任的投资广受尊崇。借助公益金融的力量推动扶贫工作持续创新升级，通过社会影响力投资，将社会影响力债券应用于扶贫领域，实现金融与社会组织扶贫助困的融合，是深圳社会组织扶贫工作中的又一新趋势。

社会影响力投资在获取财务回报的同时，以更具人文关怀和可持续发展的姿态，注重投资对社会产生的正面影响，大商之道，以义取利，义利并举。用商业智慧解决社会问题，增进社会福祉。以创造财富为体，改善民生为用，将有限的资源配置到社会最需要的地方，传承义利兼顾、以义为先的商业美德，创新以民为本、为民解困的公共政策，助力社会治理体系和治理能力的现代化，是深圳当地社会组织扶贫工作的大势所趋。

2017年底，深圳当地多家社会组织和机构在深圳达成的香蜜湖共识理念，围绕影响力投资与社会创新的实践基线，通过多种方式定期组织香蜜湖共识机构参与活动，倡导建立一套社会影响力投资评价指标体系，形成企业应变、社会促动、政府激励的良性循环，使社会影响力从无形化有形，激励更多、更好的具有社会影响意识的企业成长发展。在社会组织的发展上，深圳恒晖儿童公益基金会正在探索一套对河源地区白血病儿童因病致贫综合性解决方案的社会影响力债券项目，积极联动政府和各界社会力量，产出一套可复制的大病救助模式。

2018年深圳国际公益金融峰会的成功举办，也在一定程度上彰显了商业有道、善行天下的理念，推动社会要素服务平台建设，依托投资、运营、评估等手段，建设专业智库，实现资源、项目、成果的信息沟通，培育完整的社会影响力投资产业生态体系。近年来，深圳市福田区政府先后印发

《福田区关于打造社会影响力投资高地的若干意见》《福田区关于打造社会影响力投资高地的扶持办法》等，以期顺应金融与社会组织相融的趋势，推动实现"用五年时间打造全球社会影响力投资高地和公益金融中心"的发展愿景。

综上所述，金融与社会组织扶贫助困日益交织融合，着眼点从扶贫开发、健康养老、安全教育到环境能源，社会问题蕴藏商业蓝海，通过价值创新开创新的市场空间，推动商业品牌与社会问题相结合的探索模式，引导商业创新与社会福祉的可持续协同发展，创造新的价值增长点。这种新的趋势将赋予财富以更多的社会价值，见证资本的苏醒和回归，为进一步创新扶贫开发模式做出有益探索，在追求企业发展与承担社会责任之间进行积极尝试。

（三）互联网、大数据与社会组织扶贫助困的融合

互联网技术进步一日千里，社会变迁日新月异。社会组织作为扶贫所需资源的有力链接者，在对贫困对象的需求进行充分评估的基础上，通过互联网和大数据在受助对象与社会资源占有者之间搭建桥梁，可以帮助救助对象链接生活、就学、就业、医疗等方面的政府资源与社会资源，可以组织其他专业力量和志愿者为救助对象提供服务，避免传统扶贫容易导致的扶贫资源和需求的错配，实现精准扶贫。

以互联网思维驱动精准脱贫，联动政府和民间的力量，共同协作，增进社会福祉，促进扶贫资源措施与贫困人口发展需求相衔接，通过互联网和大数据的有效链接，将有限的资源配置到社会最需要的地方。深圳市慈善会、腾讯基金会、鹏博爱心互助协会等正通过互联网的力量"授之以鱼，不如授之以渔"，激发贫困人口的内生动力，使贫困者的劳动具有商业价值，通过贫困人口参与来获得扶贫的改变，让劳动者既有劳动技能又有劳动者尊严。众多社会组织积极投身扶贫，营造起尊重人的价值、承担社会责任的良好氛围，把社会、环境和社会组织治理等问题考虑纳入精准扶贫精准脱贫工作中，使之更具人文关怀和可持续发展的态势。

另外，互联网和大数据技术与社会组织扶贫深度融合是深圳社会组织扶贫领域出现的新发展趋势。社会组织扶贫以其专业优势，可提供扶贫的需求评估、生计发展、能力提升、精神关爱、心理疏导等服务，帮助困难群众建构支持网络、享受保障措施、改善生活境况、阻断贫困代际传递，而这些都是可以通过互联网途径实现的。通过社会组织专业社工为贫困群体提供有针对性的服务，为民分忧，预防和化解社会矛盾。发挥社会组织在脱贫中的积极作用，鼓励社会力量参与扶贫、脱贫攻坚工作，参与扶贫、脱贫工作方案和行动计划制订，与政府政策相结合，推进实施精准扶贫、精准脱贫，满足贫困人口对美好生活的需要，推动"共建没有贫困、共同发展的互联网生态"。

同时，深圳正通过互联网和大数据技术探索慈善脱贫新机制，激励更多社会组织创新脱贫模式，建立起可持续的脱贫机制，帮助公益慈善类社会组织获得有效的政策支持，与互联网和大数据相结合，与现代商业相结合，改善受助群体在教育、医疗卫生、社会保障等领域的发展状况，精确推进精准扶贫、精准脱贫的深化，广泛动员各界力量共同为减贫、脱贫贡献智慧，共同助力国家 2020 年扶贫、脱贫攻坚战目标的实现。

B.9
深圳社会组织"走出去"：
现状、成效与趋势

尼娜 冯裕坤 曹聪 李曼书*

摘 要： 深圳社会组织"走出去"有力地配合国家外交宏观战略实施，积极提升深圳国际型大都市的品牌形象，为企业国际化搭建多样化平台，直接助力深圳企业海外投资策略实施，对外交流引领深圳社会创新事业，推动深圳践行联合国2030可持续发展目标。本报告以深圳市国际交流合作基金会为案例，通过分析其开展的系列"走出去"项目，总结出深圳社会组织"走出去"要与改革开放事业有机结合、要有效整合协调各方力量、要注重项目可持续性等工作经验。同时，本报告指出深圳社会组织"走出去"面临内在驱动力不足和政府政策、资金支持等外部资源不足的两大挑战。为进一步推动深圳社会组织"走出去"工作取得更大成效，本报告认为政府与社会组织应建立更深层次的协调机制；可以通过拨付一定比例的专项资金用于扶持重点社会组织"走出去"的活动；出台政策或意见对社会组织开展的对外活动予以规范；支持社会组织引进国际成熟NGO落地深圳；鼓励各类相关社会组织与企业内部社会责任部门实现联动。

---

* 尼娜，深圳大学深圳南特商学院副教授；冯裕坤，河南工程学院助教；曹聪，深圳市国际交流合作基金会常务秘书长；李曼书，深圳市国际交流合作基金会副秘书长。

关键词： 深圳社会组织　"走出去"战略　国际交流合作　改革开放

一　深圳社会组织"走出去"的现状

深圳市地处广东南部，珠江口东岸，毗邻港澳，背靠珠三角辐射的华南地区，是中国自古以来对外交往的重要门户。这些条件使得深圳社会组织具有"走出去"的天然地理区位优势。随着国家"一带一路"倡议的推行，作为中国高科技制造业基地的深圳市在"21世纪海上丝绸之路"建设中的地缘战略优势更加凸显。此外，深圳市政府在政策环境打造中注重实现"小政府、大社会"的管理体制，以建设"精简、统一、效能"的治理体系为目标，重视政府、企业和民间的互动，为社会组织"走出去"奠定了制度基础。天然区位优势与制度优势的结合促使深圳社会组织的"走出去"实践迅猛发展，相关社会组织不但总体数量快速增长、种类规模不断扩大，而且"走出去"的形式也不断创新。

具体而言，2017年深圳市社会组织的对外活动取得丰硕成果。根据深圳社会组织2017年年报数据统计，2017年共有316家社会组织参加国际活动680次（见表1），较2016年大幅增加32.8%，活动频数较2016年明显增加。整体上，活动领域不断延伸，涉足经济、文化、科技、教育、法律、环保等多个领域；活动形式趋于多样化，包含参与国际合作项目、参加国际会议、出访/考察、参与国际组织、参加国际博览会及国际大赛等。同时，对外活动范围不断扩大，深入欧洲、北美、拉美、东亚、南亚、东南亚等地区。

第一，整体来看，在国外活动频数方面，民非与社团参与的国际活动明显高于其他类型组织，其中，在开展国外活动的316家社会组织中，民非占51.26%，社团占37.34%（见图1）；而在所有680次国外活动中，社团开展的达到49.12%，民非达到43.24%（见图2），由此可知社团平均组织开

表1 2017年社会组织国际活动情况

类型	基金会		民非		社团		行业协会	
	组织数（家）	个(次)数	组织数（家）	个(次)数	组织数（家）	个(次)数	组织数（家）	个(次)数
参与国际合作项目	6	10	10	12	10	16	5	5
参加国际会议	4	8	64	139	58	200	6	9
参与国际组织	0	0	18	19	10	12	8	10
出访/考察	1	1	66	120	34	94	1	2
参加国际博览会	0	0	0	0	3	6	2	2
接待/接受访问	1	3	0	0	0	0	0	0
参加国际大赛	0	0	0	0	3	6	2	2
在境外设立机构	0	0	4	4	0	0	0	0
合计	12	22	162	294	118	334	24	30

资料来源：《2017年深圳社会组织年度报告》。

展的活动频数较高。在项目类型方面，深圳社会组织整体集中以参加国际会议形式开展对外合作，而社团与行业协会开展的活动涉及类型较多。

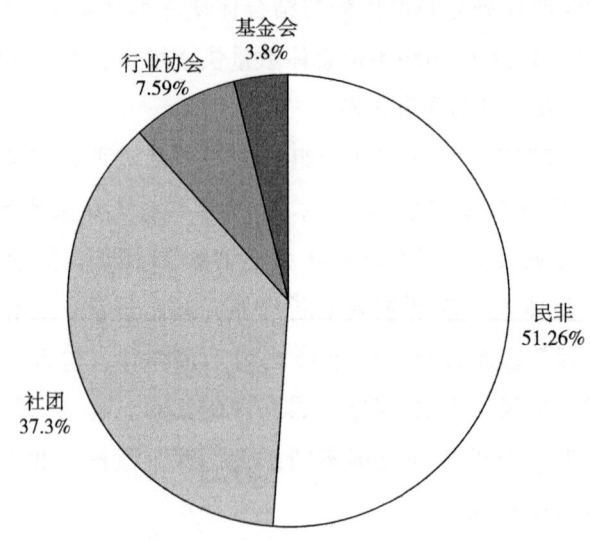

图1 开展国际活动的组织类型分布

第二，2017年度深圳各类社会组织开展的对外活动合作领域广泛。以国际合作项目为例，其涉足领域达到10个（见图3）。其中，各类社会组织

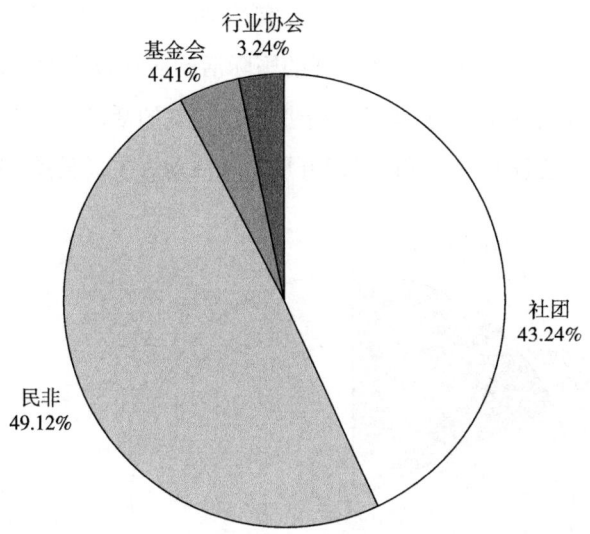

图 2　国际活动所属组织类型分布

开展的国际合作多集中在经济领域，这与当前国家"一带一路"倡议的提出有一定的联系，其次是文化、科技和教育领域。

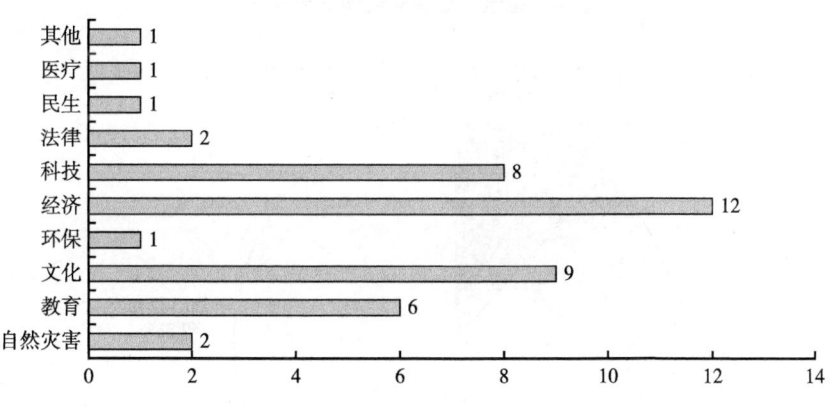

图 3　国际合作项目合作领域分布

第三，关于"走出去"的具体领域，由图 4 至图 7 可知，各类社会组织从事的活动类型的侧重点有所不同。基金会从事的国际活动类型较少，主要集中在参与国际合作项目，其次是参加国际会议（见图 4）；民非组织参与的国际活动集中在参加国际会议与出访/考察类型中，但参与国际合作项目与参加国际组织较少（见图5）；社团开展的国际活动所涉及类型虽多，但仍高度集中在参加国际会议上（见图6）；行业协会开展的活动类型分布较为广泛，主要以参加国际会议和参与国际组织开展对外活动为主（见图7）。

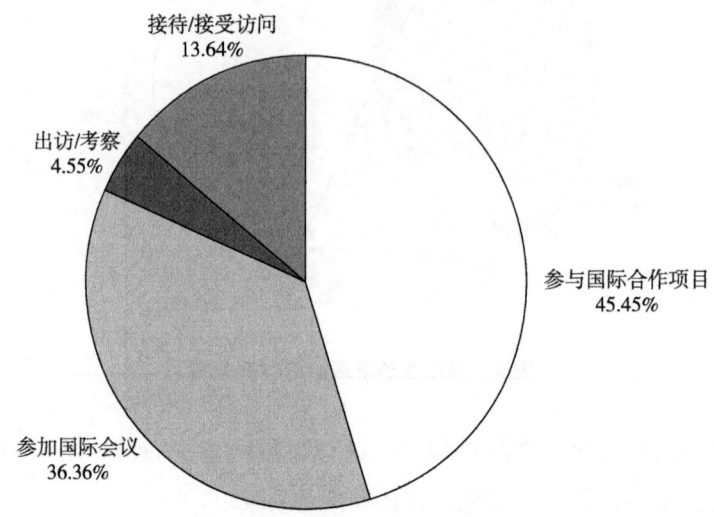

图4　基金会参国际活动类型分布

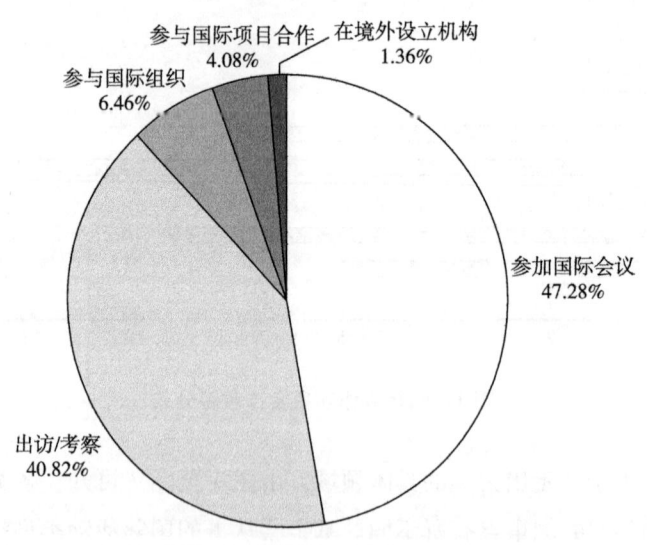

图5　民非国际活动类型分布

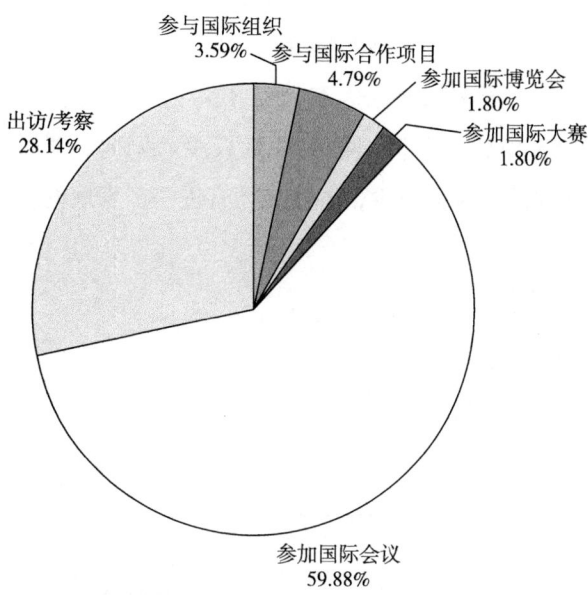

图6 社团国际活动类型分布

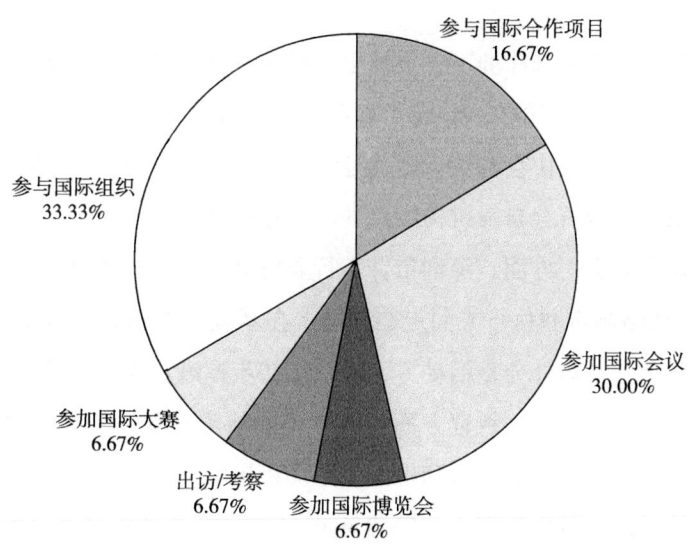

图7 行业协会国际活动类型分布

第四，在活动区域分布方面，深圳各级社会组织开展国际活动的区域集中在欧洲、北美及大洋洲地区（见图8）。以参与国际合作项目为例，2017年度各类社会组织开展国际项目达43个，其中欧洲、北美及大洋洲地区达到24个，占比55.81%，非洲、拉美地区较少。同时，虽涉及区域较广，但在各区域开展的活动频数较少，各区域还有进一步发展的空间。

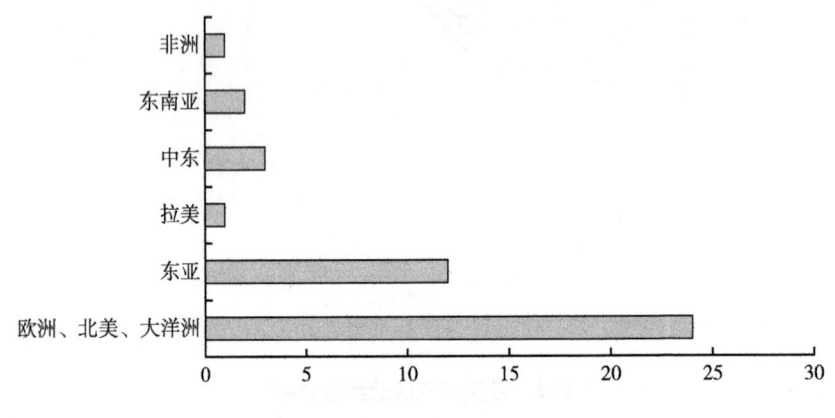

图8 国际合作项目区域分布

综合而言，近年来深圳市各类社会组织正发挥各自优势，立足自身特色积极践行"走出去"战略，形成了百花齐放、百家争鸣的良好局面。深圳市的社会团体、行业协会商会、基金会、民办非企业单位等各类型社会组织，都在积极探索符合自身机构特点的国际化道路。

在行业协会商会方面，深圳市钟表行业协会、无人机协会等社团组织在"走出去"战略制定和执行方面走在前列。在基金会方面，注册于深圳市的多家慈善基金会在对外公益活动方面进行了初步探索，深圳壹基金公益基金会着重在自然灾害救助、教育方面积极与其他国家和地区的社会组织合作，救助区域延伸至尼泊尔等国家和地区。深圳市国际交流合作基金会以多种形式开展对外活动，并为深圳企业等各领域主体搭建了对外沟通合作的桥梁，进一步扩大了深圳各主体"走出去"的规模。在社会团体方面，社会团体也在探索"走出去"的形式。如深圳市"走出去"战略合作联盟积极为联盟会员创造"走出去"的发展机遇，组织中国（深圳）-泰国（曼谷）经贸推介会与中国（深圳）-埃塞俄比亚产能对接会等经贸会议，为推动深圳城市发展与企业开展对外合作做出积极贡献。

二 深圳社会组织"走出去"的发展成效

2017年深圳市社会组织开展的高频次、多类型、多领域的国际活动取得了显著成效，主要体现在以下几个方面。

（一）有力配合国家外交宏观战略的实施

在过去一段时间内，中国的社会组织紧跟国家总体外交战略，充分盘活外事资源和民间机构力量，通过参与国际社会事务、加强国际合作以及对海外国计民生问题的关注和提供实质性帮助，助力"一带一路"沿线国家和地区建设。在这个过程中，社会组织能够与沿线重点国家行业协会开展对话交流等系列活动，加深了中国（深圳）与海上丝绸之路国家间的相互了解，从而推动深圳更好地抓住发展机遇融入全球经济，提升城市的国际知名度。在更广阔的范围内，社会组织通过保持与其他国家政要、大型国际组织等的密切沟通，从而强化中国与其他国家与地区之间互利互惠的发展和共处模式，展现中国负责任大国形象，引导正面的国际舆论，从而有利于中国外交发展。[①]

如深圳市知识产权协会，在过去几年里，多次组织会员参加INTA国际商标大会，以及每年组织30多家会员单位参加亚洲知识产权营商论坛。在这些国际场合，会员深度参与国际知识产权交流与合作，开拓国际市场营商新视野。更重要的是，在国际关注的知识产权问题上，能够有效地传播中国的声音、中国的理念，从而维护国家的经济立场和正当利益。

---

① 邓国胜、王杨：《中国社会组织"走出去"的必要性与政策建议》，《教学与研究》2015年第9期。

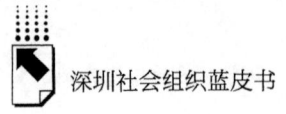

（二）积极提升深圳国际型大都市的品牌形象

在开展对外活动和国际交流过程中，深圳市社会组织身体力行，强调打造"深圳质量""深圳标准"，以实现深圳市作为全球创新城市的前景蓝图。通过贯彻"创新、协调、绿色、开放、共享"五大发展理念，坚持引导企业和社会组织在民间外交活动中围绕改革主攻方向，对外透彻分析和宣传深圳市具有引领性、示范性的创新管理模式，从而实现经济、社会和自然环境三方面的可持续发展。

2017年，深圳市潮汕文化研究会参与主办"潮团实务交流协作平台"，目前已有全球309个潮团单位加入，成为国际潮团联谊年会、国际潮青联谊年会和潮商大会的重要工作平台。发起、承办"潮人闯世界，文化传五洲"全球潮团潮人走访活动，走访了154站166家社团单位。

2017年，深圳市潮青联谊会两次赴尼泊尔举办"深圳潮青爱心光明行"慈善活动，免费为当地贫困白内障患者实施复明手术；组织前往雅加达、新加坡、加拿大、中国香港、中国澳门等地参与国际潮青联谊年会、国际潮团联谊年会等国际性会议；多次接待来访的海外潮籍侨领和相关社团；支持并参与香港沙田区盆菜活动、大埔区龙舟赛、敬老等相关活动。

这些活动不仅契合"民心交流"，也是借助国际友城网络向世界推介深圳作为一座"创新之城""开放之城""慈善之城"的有益实践。社会组织"走出去"，多会瞄准青年一代，开拓更加广阔的"鹏友圈"。

（三）为企业国际化搭建各种平台

深圳的城市国际化与本地企业"走出去"是相辅相成的。国际化程度较高的社会组织可以助力本土企业"走出去"，让企业更加稳健高效地开拓、巩固海外市场。深圳市国际交流合作基金会的两大品牌项目"深企国际化实战营"和"深企海外秀"是其代表作。

"深企国际化实战营"以国内外知名跨国企业为营地，引入国内外知名机构和商学院，通过营地企业对自身国际化成功战略、经验和经典案例的介绍与解析，结合高密度、国际化的商学院定制课程，为参加实战营的企业代表提供一个关于学习、谋划、借鉴和实施国际化战略的高层次交互平台。目前，海外篇已走过美国、阿联酋和德国；本地营则先后在万科、比亚迪和海能达成功举办。

"深企海外秀"则是通过策划深企组团出访，借参加知名国际会议和国际展会、访问大型跨国企业、拜会当地使领馆、开展企业推介会等多种方式，为深圳成长性企业提供一个海外亮相的高端平台，精准对接海外资源。

2016年7月，"深企海外秀"首尔站成功举办，中韩政商界精英齐聚一堂，探讨经贸往来、文化交流合作，为企业搭建海外展示的舞台。2015年7月，在澳大利亚布里斯班举行的"亚太城市峰会暨市长论坛"上，深圳市国际交流合作基金会携多家理事企业向与会的100余个城市的官员、专家、学者等推介深圳，并与布里斯班、釜山、特拉维夫、阿布扎比等市领导互动交流，发掘更多友城合作机遇。

（四）直接助力深圳企业海外投资策略实施

2016年9月，深圳市人民政府、德国巴伐利亚州经济部共同主办的"中国（深圳）-德国（慕尼黑）经贸合作交流会"在德国慕尼黑隆重举行。深圳的企业多是以深圳市"走出去"战略合作联盟成员的身份参与，可以和德国企业和行业协会进行精准对接。这些企业包括深圳市"走出去"战略合作联盟会长单位比亚迪有限公司、副会长单位海能达通讯股份有限公司、会员单位中集集团、创维集团，约200家中德企业应邀参加。

政府、社会组织在"走出去"具体项目中的合作，成效显著。在"深圳-德国合作项目签约仪式"上，中德双方共签署了合作项目13个，项目涉及职业教育、先进制造业、经济贸易合作等广泛领域，项目的签署有效深化了深圳与德国的贸易、投资往来。为深圳、德国巴伐利亚州双方政府、企业的友好合作提供了良好的交流、对接平台。而类似的活动此后在泰国、埃塞俄比亚等国多次举行，都收到了良好效果。

近年来，"一带一路"倡议的迅速落地为中国企业海外投资创造了新的发展良机，引发了新一轮的中国企业海外投资和并购热潮，尤其是在大型基础设施建设、能源开采等领域。然而，这些领域的涉足在推动当地经济建设的同时，也很有可能对其社会和自然环境造成一些负面影响，但目前中国企业整体上尚欠缺完善的海外企业社会责任策略规划与执行[①]，同时缺乏与媒体、NGO沟通的完备技能。

在此形势下，社会组织的"走出去"策略可以有效协助中资企业的整体市场竞争战略布局以及海外企业社会责任战略的执行。利用自身的天然组织优势和可多方联络协调多方主体的网络优势，社会组织可以协助企业制定符合当地实情的社会责任标准、实施恰当的环保和社区发展项目、搭建与社区顺畅沟通的平台和桥梁等渠道，促进企业对多方利益相关者进行有效管理，并建立公信力以及多赢目标，从而实现中资企业在海外的可持续发展。

（五）通过"走出去"引领深圳的社会创新事业

人才是创新的核心。以人才带项目、以项目聚人才，深圳市社会组织注重携手友城及友好交流城市、国际NGO和其他各类社会组织，发挥各自优势搭建人才交流平台，瞄准"跨国企业家"和"青年创客"，致力于打造一系列以"创新人才"为关键词的品牌项目。一方面，实现鹏城人才"走出去"，利用海外网络平台为深圳人才提供培训、交流、学习的机会，反哺深圳各行业发展并加速国际化进程；另一方面，将国际人才"请进来"，吸引海外高层次人才尤其是创业人才在深圳安家落户。

2016年12月初，由深圳市金融人才协会承办的第三届（前海）人才合作年会（香港站）在香港举行，深港两地业内专家与150位金融业代表分享了未来前海金融市场及人才发展的机遇，会上，还举行了前海离岸创新创业人才（香港）联络站揭牌仪式，标志着前海管理局将持续推进深港合作，建立两地金融人才常态化合作交流机制。同时，由深圳市金融人才协会发起

---

① 陆波：《2004~2014年中国基金会"走出去"：趋势、现状与前景》，载杨团主编《中国慈善发展报告（2015）》，社会科学文献出版社，2015，第166~184页。

的"前海深港金融人才合作联盟",也在第三届深港(前海)人才合作年会上举行签字仪式,拟搭建前海深港金融行业国际交流的桥梁和平台,推动前海打造国际级的金融中心。

(六)推动深圳践行联合国2030可持续发展目标

推动绿色创新与变革,探索绿色低碳发展模式,促进可持续发展和生态文明建设是深圳市过去在经济社会发展历程中取得的先进经验,也是未来深圳市建设国家可持续发展议程创新示范区的重要内容。一批扎根深圳的民非、社会企业茁壮成长,在可持续发展议题上不但充当了连接国内工作与全球治理的桥梁,在特定的领域已具备"走出去"在国际舞台上助力国家进行价值倡导的雏形。其中,由万科创始人王石先生创办的深圳市大道应对气候变化促进中心(以下简称大道中心)在支持中国企业家成为应对气候变化的行动引领者、参与应对气候变化全球行动方面成效显著。

大道中心以应对气候变化企业家联盟为平台,重点开展企业行动、绿色城乡、绿色领导力和国际合作四方面的工作。在国际合作方面,中心努力促进应对气候变化领域国际合作与交流,在国际对话中展示中国企业的实践,讲述中国民间参与气候行动的故事,为全球气候治理贡献解决方案。2018年9月,大道中心联合多家行业协会、工商企业、公益组织和研究机构在美国加州举办的全球气候行动峰会上启动"中国企业气候行动"。该行动致力于通过行业组织的引领作用带动全产业链、产业群的碳减排、绿色转型和绿色创新,促进工商企业将应对气候变化纳入企业发展战略和企业社会责任,成为应对气候变化的企业典范,积极推广可持续发展的商业模式和气候问题的解决方案,带动市场、行业及政策走向,呼吁更多企业加入"中国企业气候行动",落实《巴黎协定》框架下我国承诺的国家自主贡献目标,共筑绿色生态和美好未来。

在推动企业气候行动的同时,大道中心致力于提升青年生力军的绿色领导力,与亚洲协会美中关系中心联合主办"绿领先锋"青年环保创新计划。2018年9月,大道中心率领十名绿色环保领域的青年创业家亮相在旧金山举办的"冰与煤"艺术展,并参与青年环保创新论坛,与美国环保创业家角逐创业项目。中方选送的"让地沟油飞"、"绿色能源改善非洲金字塔底端人群生活"和"VLOOP 蔚路循环"在比赛现场获得专家一致好评,得到与会代表和媒体的关注。其中,"绿色能源改善非洲金字塔底端人群生活"为深圳青年李霞的创业项目。

综上所述,"走出去"的深圳社会组织如雨后春笋般涌现出来,它们依托得天独厚的发展优势以及丰富的政府资源支持,逐渐在国际舞台中大放异彩。但同时我们也看到,社会组织的"走出去"还处于初级阶段[①],面临着缺乏统一战略、协调沟通和资源调配等一系列挑战,因此在深化民间对外交往的实践进程中,以社会组织为主体进一步整合现有以及潜在的其他社会组织,同时进行科学引导,打造枢纽型平台对"走出去"提供支持,最终形成合力,服务国家总体外交大局十分必要。

三 深圳市国际交流合作基金会"走出去"的实践情况

(一)工作简况

深圳市国际交流合作基金会于 2014 年 12 月在深圳注册成立,由深圳市财政注资 1000 万元启动,在深圳市人民政府外事办公室指导下开展业务,是中国首家旨在通过构建国际合作网络和发起互利友好合作行动倡议,支持深圳社会各界开展国际交流合作、参与全球治理,提升深圳全球形象和战略优势的非公募公益基金会。

根据章程,深圳市国际交流合作基金会致力于整合社会各界资源,资助开展或参与深圳与友好城市间的交流合作、学术研究、咨询培训、会议研讨、城市推介、文体赛事等国际交流和民间友好往来活动;开展民生领域的

---

① 孙志祥:《社会组织"走出去"面临的机遇与挑战》,《中国党政干部论坛》2015 年第 12 期。

国际援助和社会公益活动；奖励在推动深圳国际化城市建设、开展国际交流与合作中做出显著成绩和突出贡献的团体和个人。

成立以来，深圳市国际交流合作基金会在深圳市人民政府外事办公室指导下持续开展国际交流合作品牌活动，资助项目共计60个，与30多家国内外机构签署了战略合作协议，促成国际交流合作活动240余场次，覆盖经贸、科技、教育、文化、体育、艺术、环保、友城等8大领域，受益人群多达6000多人次，对外交流足迹遍布6大洲，20个国家，28座城市，为深圳社会组织、企业、智库搭建了多元化的国际交流平台。

在开展项目方面，深圳市国际交流合作基金会在初创阶段即形成了以下五大自主品牌项目。

1. "一带一路"主题项目

配合中国和平发展基金会、北大南南合作与发展学院举办了"丝路之友：中国－东南亚对话会"、中国先锋城市深圳行交流晚宴等活动，推动深圳更好地抓住"一带一路"倡议的发展机遇，融入全球经济并提升深圳城市海外知名度。

2. 国际精英交流计划

携手深圳友城及友好交流城市、国际知名NGO搭建国际精英交流平台，资助深圳学子赴中东金融腹地参加商业青年领袖培养计划；发起面向深圳创客的国际交流公益活动"创客西游"，共选拔资助20多位优秀深圳青年创客赴美英两国与海外创客深度交流并合作开展联合项目。

3. 深企国际化实战营

推出首个以培养本土"跨国企业家"为目标的大型公益项目——深企国际化实战营。在国内，该活动已先后走进万科、比亚迪和海能达，与企业创始人和主要经营者现场分享真实案例与实战经验。在美国，来自金融、科技、教育等不同行业的20多位深圳企业家抵达西雅图和硅谷，通过华盛顿大学商学院提供的核心定制课程、"和平登山"拓展训练、中美领袖圆桌对话以及实地探访微软、波音、星巴克、谷歌、思科等知名企业，实地探寻美国互联网巨头和航空制造业的经营之道。在阿联酋，深企实战营开启了迪拜创新解码之旅，碰触和感受"未来城市"发展模式，了解创新型社会组织在发展和创新领域为城市提供的核心动力和创造的潜在价值，从而为深圳中小企业家开拓迪拜及与中东市场建立起有益"链接"。在德国，深圳市国际交流合作基金会借 2016 年深圳与纽伦堡姐妹城市结好 20 周年契机，组织深圳企业家赴德学习德国工业 4.0 和精密制造经验，并与当地工商会一对一对接合作资源，务实推动合作项目落地，同时拜访了巴伐利亚州政府和慕尼黑市政厅，为深企拓展海外市场建言献策，进一步推进和强化了深圳民间对外交流合作。

4. 深企海外秀

依托深圳友城网络资源和深圳市国际交流合作基金会海外推广网络，策划深企组团出访，通过参加知名国际会议和国际展会、访问大型跨国企业、拜会当地使领馆、开展企业推介会等多种方式，为深圳成长性企业提供一个海外亮相的高端平台，对接海外资源。

5. "深士"系列活动

为激发更多国内外人士参与深圳对外交流合作，深圳市国际交流合作基金会发起"致敬时代深士"大型人物评选，2016 年向 10 位为深圳国际化做出杰出贡献的人士授予"时代深士"称号。举办"深士对话"，先后邀请如姚明、李肇星、郎朗、陈十一、戈尔等海内外代表性人物为深圳国际化建设献言献策，形成"动态智库"。此外，每年举办"深士荟"，为展示年度民间外交成果提供活动平台。

除品牌项目外，深圳市国际交流合作基金会围绕"营造国际人文环境""促进文化学术交流""推动友好合作""建设绿色生态城市"四大方向共资助了 35 个项目。

（二）当前重点工作

1. 配合国家总体外交开展"澜湄合作"

2017 年底以来，深圳市国际交流合作基金会配合国家澜沧江-湄公河合作机制建设，创立了"深系澜湄"项目集群，遵循"政府指导、民间先行、官民共进"的工作模式，重点围绕经济和可持续发展、社会人文交流两大支柱开展务实合作，积极担当"澜湄合作"民间推动者、为打造"澜湄共同体"注入民间动力。

首批项目主要包括深圳经济特区建设经验共享体系（与深圳大学一带一路研究院合作为湄公河流域国家访团提供定制化的培训和参访行程）、地中海贫血和耳聋基因筛查（与华大基因合作向目标国家和地区捐献新生儿基因筛查检测名额）、"湄公河太阳村"（与中国民间组织国际交流促进会、南南合作援助基金、深圳光伏企业为有关国家村镇家庭和公共区域提供光伏能源解决方案）和"湄公河光明行"（与中国民间组织国际交流促进会、余彭年基金会合作为有关国家捐赠白内障手术名额）。

2. 为深圳市打造国际交流合作信息平台

2017年，深圳市国际交流合作基金会在有关部门指导下推出"城市+CityPlus"国际交流合作信息平台项目，这是一个由深圳发起、面向全球的城市社交网络，旨在助力企业、社会组织、智库等民间群体开展国际交流合作，促进有对外交流合作需求的全球城市及机构实现互联互通，推动经贸、人文、科技等各领域的全方位交流和实质性合作。自2017年底正式上线以来，已有370余家来自深圳、巴塞罗那、釜山、吉隆坡、悉尼、西雅图、旧金山、阿姆斯特丹、筑波、伦敦等城市的官方和民间机构完成了注册。2018年，将继续配合外事工作和海外城市形象推广策划相关活动，完成8个城市号的上线、5场/次大型线上活动和2场/次大型线下推广活动，建设深圳国际化城市发展的互联网新形态。

3. 为社会组织"走出去"提供能力建设平台支持

2018年初以来，深圳市国际交流合作基金会与联合国开发计划署（UNDP）建立工作联系，探讨结合其能力建设框架和全球项目网络共同构建中国社会组织参与国际合作的新生态，目前已在深圳先后进行了三轮实地调研走访和讨论，争取2018年底促成"中国社会组织参与南南合作实现可持续发展目标能力建设平台项目（CNASSC 2030）"落地深圳并发布知识成果，逐步实现系统化培训、数据库建设、评价指标开发等目标，服务于社会组织参与国际发展议题过程中存在的切实需求。未来将在国际发展合作署、"南南合作援助基金"、"和平发展基金"等机构和运作机制指导下进一步引进外部资源和工作网络，为支持社会组织"走出去"参与实现联合国2030可持续发展目标和相关领域的国际治理，以及为构建中国社会组织在国际舞台上的软实力影响体系提供平台服务。

（三）探索总结"走出去"经验

深圳市国际交流合作基金会在开展工作的过程中，总结出了深圳社会组织"走出去"的三大经验。

1. 要与中国（深圳）改革开放经验有机结合

借有关国家以期通过借鉴中国改革开放成功经验，特别是在经济特区建设方面的"独门秘方"帮助实现自身发展的心态，辅以开展民心相通项目的具体方式，增进有关国家对我国发展理念的认同，以中国模式推动有关国家政治、经贸、金融等关键领域体系的发展，其中重点以深圳特区建设经验为具体事例，用深圳故事讲好中国改革开放的故事。

2. 要有效整合、协调各方力量形成合力

围绕以"政府指导、民间先行、官民共进"为指导方针构建开放性的民间合作平台这一目标，整合深圳知名企业、公益组织、行业协会、高等院校、研发中心以及专业智库等资源，开展工作。一方面，引导不同利益相关者在各自最擅长的领域参与工作；另一方面，不断吸收积累效益好、影响广、潜力大的项目发展形成新项目。最终实现以全面开放、民间自发、可持续的方式帮助深圳市优秀民生项目和民间机构"走出去"、澜湄国家高端人才与资源"引进来"。

3. "走出去"项目要注重可持续性

在项目设计过程中注重通过设置专项基金发挥导向杠杆效应，高效吸引广泛社会资本和民间资源参与有关合作，扩大民间交流合作体系辐射范围和社会效应。另外，关注中外双方利益诉求以及项目本身核心优势、普惠性、适用性和可操作性，并在合作项目中实施优胜劣汰机制，保持项目集群的旺盛生命力。

四 深圳社会组织"走出去"的工作建议

(一)深圳社会组织"走出去"存在两大方面挑战

在深圳社会组织"走出去"取得令人欣喜成绩的同时,我们也要注意到其在战略规划、实施与管理方面仍存在两大方面的挑战。

从内部来讲,深圳社会组织自身缺乏"走出去"的内在驱动力。具体体现在以下几个方面。

一是区域性强。受自身发展阶段和能力所限,大多数社会组织的工作重点仍是国内社会领域和问题,同时与其他国家组织的合作也注重在国内区域开展,缺乏对海外地区的关注。在意识层面上,社会组织普遍对"走出去"认识不足,存在种种顾虑,难与其自身的发展战略作有机结合,这也在一定程度上限制了不同团体间开展深层次合作的可能性。

二是资金短缺。社会组织调动资金参与国际活动的比例较低,仍有较大比例的社会组织如社团、行业协会等未能在国际活动中充分调动境内外资金,一定程度上限制了对外活动的步伐。同时,有限的资金致使社会组织"走出去"的工作内容单一,如较多行业组织选择以出访、参加国际会议等形式开展对外活动,对于资金密集度较高的国际合作项目则涉足较少;同时,社团、行业协会等组织优先在自身所属领域开展国际活动,如参加国际大赛与国际行业会议、论坛等,更多是参与的角色。这些因素造成社会组织"走出去"的发展策略不平衡,特别是以民办非企业单位的参与为主,其次是社团与行业协会,而基金会较少。同时,参与活动类型以国际会议和出访为主,形式比较单一。

三是普遍缺乏对合作地区的政治、经济、文化、信息等方面精通的人才,因此在项目遴选、对接和具体操作中专业能力不足。[①] 此外,拥有外籍

[①] 王名:《关于支持我国社会组织"走出去"战略的建议》《学会》2013年第4期,第26~27页。

工作人员或志愿者的社会组织仍有较少比例，同时在境外设立机构的社会组织更是少之又少。这均在一定程度上削弱了社会组织的海外执行能力。

从外部来讲，政府在官方认可、政策扶持、资金匹配等方面可以为扶植社会组织"走出去"投入更大力度。第一，资金扶持力度有待增强①，社会组织的活动资金更多来源于自筹或会费，较少比例的社会组织能够得到政府资助。第二，社会组织开展的国际活动项目管理有待进一步规范，法规政策有待完善。如现行缺少对社会组织设立境外机构的较完善的管理条例和政策规范②，使社会组织开展此类活动时产生顾虑，进一步限制了活动。同时对于社会组织"走出去"的法律体系也较为缺乏和滞后。第三，社会组织"走出去"的活动仍需得到进一步的官方认可③，以提高社会组织参与对外活动的积极性和动力。

（二）促进深圳社会组织"走出去"的工作建议

在深圳市社会组织参与对外交往活动、积极实施"走出去"行动的大背景下，深圳社会组织正以积极进取的创新方式来摸索搭建民间外交平台的实践经验模式，取得了不俗成绩，但也存在一定问题。未来，如果相关政府职能部门能给予以下方面的政策支持，则会极大促进更多社会组织更好地发挥自身作用，进一步提高对外交流合作的质量。

第一，建立更深层次的协调机制。为全面推动与相关国家和地区的民间交流与合作，促进各部门信息的及时互通，确保政府工作、民间一盘棋，建议以市委外事工作小组名义建立合作项目协调机制，邀请市政府各部分主要负责人以及参与合作项目的主要企业、社会组织、高校、智库及民间机构代表定期就有关工作进度及未来方向进行交流，用以打通信息渠道，做好各方

---

① 邓国胜、王杨：《中国社会组织"走出去"的必要性与政策建议》，《教学与研究》2015年第9期。
② 王俊雅、彭未名：《我国社会组织走出去的现状、挑战与对策》，《改革与开放》2017年第23期，第58~59页。
③ Hsu, J., Hildebrandt, T., and Hasmath, R. (2016). "'GoingOut' or Staying In? The Expansion of Chinese NGOs in Africa". *Development Policy Review*. 34 (3): 423–439.

沟通；对当前深圳与合作国家各领域合作情况调研工作给予必要支持。

第二，通过拨付一定比例的专项资金用于扶持重点社会组织"走出去"的活动，增强资金后盾，以进一步扩大社会组织对外活动的参与类型，更多地开展持续时间长、影响广泛的国际合作项目，增强对外活动的效果。

第三，出台政策或意见对社会组织开展对外活动予以规范，进一步将社会组织参与对外活动的立项、流程执行等方面的工作规范化、标准化、模式化，提升"走出去"的效率。

第四，支持社会组织引进国际成熟NGO落地深圳，参与打造社会组织（企业等）参与"一带一路""南南合作"等的创新生态，推动深圳成为参与国际治理议题、实现联合国可持续发展目标的全球创新示范城市。

第五，鼓励各类相关社会组织与企业内部社会责任部门实现联动，积极协调资源，促使双方有效对接，从而完善项目设计和执行的整体生态系统。例如，通过搭建社会组织与企业高层或企业社会责任管理人员间的交流平台，引导并提升企业对海外社会责任项目的重视，同时增进社会组织对合作企业方的认识，从而推动民间外交活动的精准设计与成果达成。在这个过程中，充分发挥社会组织的积极性，对社会组织承办的有关活动予以官方认可和支持，自是题中应有之意。

在国家发展战略和深圳市对外发展政策的推动下，深圳市各类"走出去"的社会组织在逐渐增多，"走出去"的频次在大幅增加，地理范围越来越广，合作领域不断拓宽，形式在逐步多样化。有理由相信，在外部政策推动和社会组织逐步提升自身能力的背景下，深圳市社会组织的"走出去"形势会更加利好，更多类型的深圳市社会组织会逐步适应国际化的环境，积极开展多种类型的国际活动，推动全球治理，进一步在全球范围内展现深圳特色，展现中国风采，为打造人类社会繁荣发展的"命运共同体"贡献深圳力量。

B.10
深圳公益慈善类社会组织发展报告

朱金华*

摘　要： 深圳较早认识到发展社会组织对于城市治理的重要性，并在长期的社会组织发展实践中取得了丰硕成果，特别是在公益慈善类社会组织领域，近年来取得了新的发展成绩，从中产生了多种值得借鉴的发展模式或经验，也显示出一些新的发展趋势。进一步推进深圳公益慈善类社会组织的建设，需要加强相关法规和基层管理体制的建设，并着力激励公益慈善领域人才培养。

关键词： 公益慈善类社会组织　社会企业　政府购买服务　专业化规范化

党的十九大对于我国公益慈善事业及相关社会组织发展做出了新的要求。十九大报告指出，我国社会主要矛盾已经转化为人民日益增长的美好生活需要和不平衡不充分的发展之间的矛盾，因此新时代的慈善事业应当着力于平衡地区差异、城乡差距和贫富差距，充分整合社会力量，共同补充社会保障体系，促进教育、科学、文化、卫生、体育、环保等领域的全面发展。这些要求将指引我国公益慈善类社会组织更好地符合新时期中国社会的需要，积极转型升级，更好地服务于社会建设。同时，《中华人民共和国慈善法》（以下简称《慈善法》）的贯彻实行也对我国公益慈善类社会组织的发

---

* 朱金华，广州公益慈善书院助理研究员。

展产生重大影响。

深圳市是中国较早发展社会组织，特别是公益慈善类社会组织的城市之一。在漫长的公益实践中，深圳市公益慈善类社会组织积累了丰富的发展经验，在近几年也产生了新的发展特点。

一 深圳公益慈善类社会组织发展现状

（一）发展特点

1. 组织总数波动上升

近年来，深圳市公益慈善类社会组织[①]快速发展，体现出社会对于公益慈善的旺盛需求。其中，2014~2016年，深圳市公益慈善类社会组织在数量上获得了显著的增长。2014年全市公益慈善类社会组织为1880家，2015年增长至2199家，增长率达到17%；在2016年进一步增长至2596家，增长率为18%，首次超越了14%的社会组织总数增长率。到2016年第四季度，公益慈善类社会组织已经占到所有社会组织的23%，这反映出深圳市公益慈善类组织的快速发展。

但在2017年，在社会组织总数继续增长的情况下，公益慈善类社会组织总数减少了43家，达到2553家，公益慈善类社会组织在所有社会组织中的占比降至21%；而在2018年，组织数量又有所上升，组织总数为2689家，增长率为5%（见图1）。尽管增长率尚未达到2015~2016年的水平，在最近的五年间，深圳市公益慈善类社会组织总体而言在数量上有显著增长。

2. 组织构成逐渐改变

组织数量及增长率的变化不仅体现了深圳市公益慈善类社会组织在数量发展上的变化，更体现了质量上的变化。从组织类型来看，尽管在2014年

---

① 本报告中使用的"公益慈善类社会组织"概念为深圳市民政局社会组织统计表中登记为"公益慈善类"的社会组织。

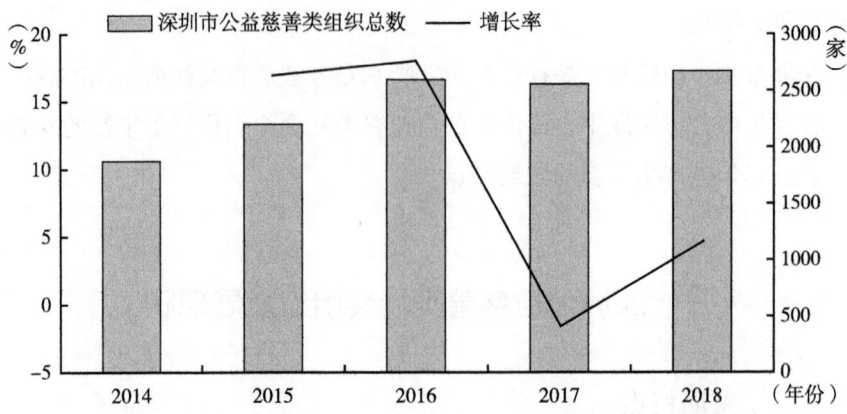

图1 2014~2018年深圳市公益慈善类社会组织发展状况

资料来源：深圳市社会组织管理局台账中公益慈善类的社会组织数量。

至2018年间，深圳市公益慈善类社会组织的总数有升有降，但总体上有所下降，而民办非企业单位和基金会两种类型的社会组织数量却始终保持上升，同时这两种类型占所有公益慈善类社会组织的比例也在不断上升（见图2）。在这一时期，发生负增长的是公益慈善类社团，同时其占所有公益慈善类社会组织的比例也逐年下降。在2014~2018年的四年间，深圳市公益慈善类社团增加了228家，而同类民办非企业单位、基金会则合计增加了581家，两种类型占公益慈善社会组织的比例也由34%增加至45%。

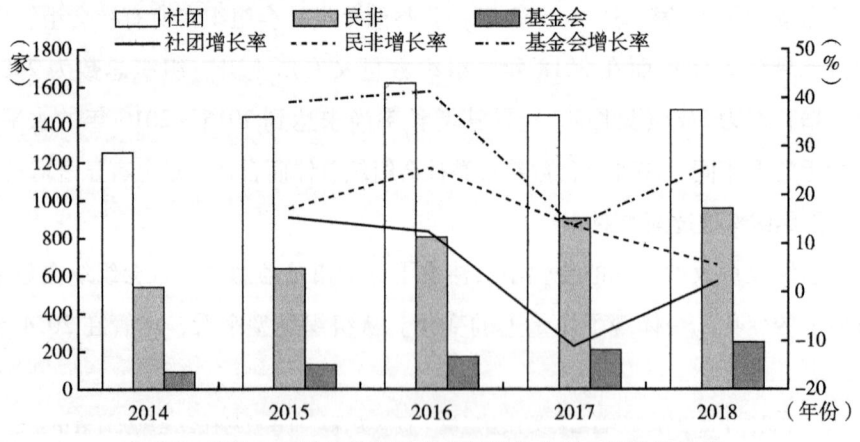

图2 2014~2018年各类公益慈善类社会组织总数及增速

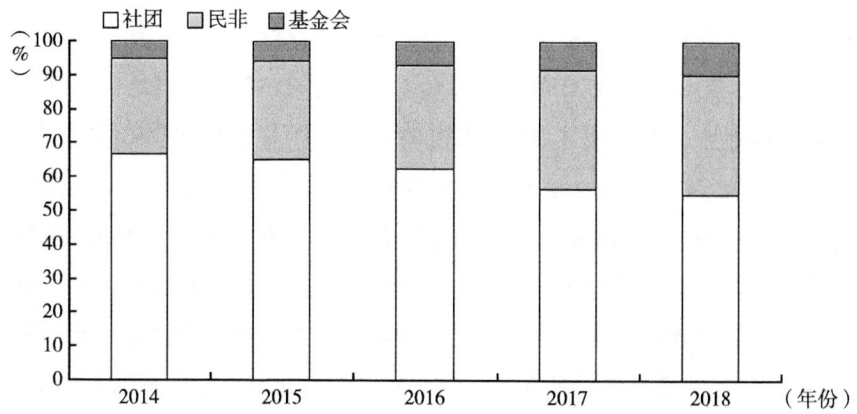

图3 2014～2018年深圳市公益慈善类社会组织各类型占比

这种不同种类社会组织间的发展差异体现出深圳市公益慈善类社会组织正在进入一个转型阶段，以民办非企业单位和基金会为代表的，相对而言更专业、更规范的社会组织正在逐渐成为该领域的主要组织形式，发挥着越来越重要的作用。

3. 服务领域多样

经过多年发展，深圳市社会组织的建设取得了长足进步。尽管在社会组织总数上略低于上海市，但是相对数量仍居国内第一，每万人拥有社会组织数量基本上达到了10个。而在质量上，深圳市公益慈善类社会组织近年来也取得了新的进展，特别是在服务领域，形成了较为丰富、完善的服务门类，包括扶贫、教育、医疗、环保、法律、救灾等多个领域。

（二）发展成就

1. 深圳市成为中国公益慈善项目交流展示会永久会址

深圳是中国公益慈善项目交流展示会（以下简称慈展会）的永久会址。慈展会是由民政部、全国工商联、广东省政府、深圳市政府和中国慈善联合会共同主办的、目前国内唯一的国家级、综合性、国际化的年度慈善盛会。在过去的七年中，慈展会已成为推动社会建设和慈善事业快速发展的重要载体，在展示我国慈善事业发展成果、促进慈善事业跨界合作、推进慈善领域创新发展、提升我国慈善事业国际影响力等方面发挥了重大作用。

据统计，2012~2016年的五届慈展会覆盖了31个省、自治区、直辖市以及港澳台地区，共吸引了7484家机构参展，并且吸引了460多家媒体、近2600名记者参与报道，发表稿件逾24500篇，在全社会营造了崇德向善的良好慈善氛围。① 2018年，第六届慈展会聚焦脱贫主题，专设精准扶贫主题展馆和消费扶贫产品专馆，展示推介了在社会扶贫领域具有创新性、可复制性和示范带动效应的优秀项目，并特别展示了312种消费扶贫产品，同时配套开展了60多场路演、沙龙、信息发布和公益体验活动，观展民众近17万人次；吸引了包括人民日报、新华社、中央电视台等中央、省、市媒体和上百名记者参与报道，成功提升了深圳慈展会的影响力，促进了中国慈善事业的创新和发展。②

2. 积极参加广东省扶贫济困日，擦亮七星级"慈善城市"品牌

2010年，经国务院批准同意，确定自2010年起每年6月30日为"广东扶贫济困日"。广东省扶贫济困日旨在广泛动员社会参与扶贫济困活动，以促进全面完成脱贫攻坚任务和全面建成小康社会目标的实现。

自2010年以来，深圳市积极响应号召，参加广东省扶贫济困日。2010~2017年，深圳累计募集扶贫济困捐赠款物近15亿元，帮扶742个贫困村10多万名贫困人口。其中，在2017年，腾讯公益慈善基金会等33个单位和个人荣获2017年度广东扶贫济困"红棉杯"奖。而在2018年广东扶贫济困日活动中，深圳市认捐善款共7.41亿元，其中拟向省级捐赠接收机构认捐4.6亿元，向市、区（新区）两级捐赠接收机构认捐2.81亿元，有力支持了对口帮扶地区改善基本生产生活条件及城乡贫困人口脱贫奔小康。③

---

① 中国公益慈善项目交流展示会组委会办公室：《中国公益慈善项目交流展示会五届总结报告（2012~2016）》，内部资料。
② 《第六届中国慈展会今日闭幕》，http://www.cncf.org.cn/cms/content/12273，最后访问日期：2018年12月20日。
③ 《2018年广东扶贫济困日活动启动 深圳认捐善款7.41亿元》，http://szonline.net/sh/20180630/20180626830.html，最后访问日期：2018年12月20日。

3. 荣登"第五届中国城市公益慈善指数城市慈善榜单"第三名

2018年中国善城大会发布了第五届中国城市公益慈善指数城市慈善榜单，从社会捐赠、志愿服务、社会组织、政府支持四个方面和"结构"、"规模"、"贡献"和"可持续性"四个维度共45项指标，综合评估了我国221个样本城市在2016~2017年的公益慈善事业状况。

深圳市以89.02分的指数总得分荣登第三名，仅次于北京市和广州市，体现出深圳在公益慈善事业中取得的成果以及深圳市在中国公益慈善领域中的显著地位。其中，在社会组织、政府支持两个方面深圳市均排名第三，社会捐赠方面排名第五，志愿服务方面排名第十九。

二 深圳公益慈善类社会组织发展亮点与经验

（一）"精细管理+加强公开"，建设公信力

2011年，"郭美美"事件引起了人们对慈善机构可靠性的关注。由于不了解捐款的去向和用途，一些民众对于慈善筹款的热情受到打击，有所下降。为了恢复公众信任，慈善机构必须要加强机构的公信力建设，包括对内优化管理、保证经费的合理使用以及对外加强信息公开、缩小机构和一般民众之间的信息差。

在这一方面，深圳市一些公益慈善类社会组织近年来在实践中取得了有益的成果，探索出了一种"精细化管理+透明化"的组合模式。例如，深圳壹基金公益基金会将其项目分为灾害救助、儿童关怀与发展、公益创新与支持、公众参与四个板块，分别聚焦于民众较为关注的几个核心问题。每个板块含有两到三个项目，这些项目都是面对本领域具体问题设立的，如"灾害救助"板块就包含儿童平安计划、联合救灾计划、灾后重建三个项目，分别为解决备灾与儿童保护、灾后救援、灾后过渡与重建方面的问题提供支持。这些项目的设计都有背景分析作为基础，因而可以确保其真正满足受众的需要；项目实施的实际成果也会通过月报、年报及其他渠道

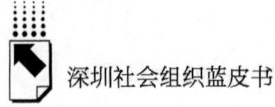

向社会公开。①

除了加强内部管理，更为重要的是，壹基金还主动加强了同捐助人的联系。通过机构官网的捐赠信息查询平台等渠道，捐助人可以实时查询自己的捐款记录，也可以看到他人捐款的记录。尽管这类措施的成本和技术难度并不大，但是它们能使捐助人直观了解自己捐款的去向，从而加强公众对机构的信任，促进机构的公信力建设。通过这一套"精细管理+加强公开"模式的建设，民众在理性层面理解了机构如何合理地使用善款，同时在感情层面建立了对机构的信赖感，因而有动力保持捐赠，并共同参与机构社会名誉的维护。

（二）着重赋能，助人自助

"赋能"是我国慈善公益领域在近两年兴起的新概念，意为赋予受众能量，激发他们的动力和主动性，使之产生更高的个人效能。与传统的慈善模式不同，除了帮助困难群众解决困难、提高生活水平，"赋能"更强调增强受助人自己的能力，使之有能力自己改善自己的情况甚至是追求个人的事业，也就是"助人自助"。

深圳市公益慈善类社会组织对"赋能"理念的实践，较为典型的方式是在帮扶体系中加入支持系统，引导受助者掌握一定的工作能力，或将其引入一个更专业、更完善的商业体系，从而使他们能够提高自己的收入水平，即使机构退出，他们仍然能够通过这一模式或工作能力持续获得收入。例如，在2017年中国慈展会社会企业认证办公室发布的《2017年中国慈展会社会企业认证发布报告》中，被评为"中国好社企"的深圳市心之海残友心理援助服务中心就针对残疾人群体开发了一套支持系统。除了传统的社区探访服务，机构还为残疾人提供咨询服务，帮助残疾人解决心理及个人发展方面的困难。同时，机构还为残疾人提供职业技能培训，帮助残疾人提高工作能力，使其更有机会就业创业，实现自立。自2000年成立以来，机构培

---

① 深圳壹基金公益基金会：《壹基金2017年年报》。

养残疾人心理咨询师 168 名、残疾人保健师 34 人、婚姻家庭咨询师 62 人、带动残疾人就业 58 人、创业 6 人，在促进残疾人士实现经济自立方面成效显著，取得了良好的经济与社会效益。

（三）培养捐助者，开辟善款新来源

保证捐款来源稳定，筹集满足项目所需的资金，对于公益慈善类组织来说向来是一个重要的工作内容。在传统的慈善机构中，这一工作大多分为两种路径，一是维持已有的捐助者，降低他们的流失率，说服其持续为机构进行捐赠；二是通过活动、推广等方式开发新的捐助者。而在最近几年，深圳市也有一些公益慈善类机构开始创新募款方式，以提高募款效率，稳定捐款来源。

通过活动吸引公众主动筹款是其中的一种模式创新。在这种模式中，公益机构通过策划组织充满趣味性的活动，来吸引公众参加。在这个基础上，机构有机会在活动中营造公益氛围，鼓励活动参加者捐赠，或以个人名义发起筹款，带动其亲戚好友共同参与募捐。例如深圳市慈善会的"益坐标·2017 深圳慈善定向赛"、壹基金的"为爱同行·公益健行"等以竞走、长跑、趣味运动赛等形式举行的公众活动，既为参与者提供了愉快的活动体验，又提高了公众对公益事业的关注，还通过活动参与者或合作企业筹集了一定的善款。仅壹基金的公益健行活动就在 2013～2018 年的六年间筹集了 4800 多万元善款。还有更多机构、更多形式的活动式筹款项目正在开发或尝试当中，充分覆盖不同的公众群体与社会议题。

除了通过活动调动一般公众的积极性，机构还可以引导受助者在摆脱困境后转变为新的捐助者。例如，深圳市鹏博爱心互助协会就积极支持受助者在自己取得经济独立后（如来自贫困家庭的大学生在资助下完成学业以后）以捐助者的角色重新进入项目，资助更多受众。这种资助形式不限于经济上的捐款，也包括人力等多种形式，以符合实际情况。例如，受到捐助的高中生、大学生每学期要完成特定的义工时，作为对于社会捐助的回馈，这也是帮助受助人体验助人之乐、培养公共责任感的过程。

（四）系统化帮扶，通过一系列措施解决社会问题

社会问题具有复杂性。一个社会问题往往不是孤立存在的，其背后可能存在着一连串不同的社会问题，它们之间相互影响，共同作为当地社会环境失序的"果"而存在。在这种情况下，只解决一个问题往往是效果有限的。为了解决这种问题，一些实力较为雄厚的机构开始尝试通过一揽子措施，系统地解决当地存在的各种问题。

在华润基金会的案例中，基金会为了解决某村面临的贫困、环境恶劣、组织涣散等问题，同时从四个方面开展了行动。

1. 环境改造

环境改造主要是关注村民的人居环境，包括住房、学校、卫生院、养老院、道路、水电、交通等设施。村民也需要参与这一改造过程，包括出一部分改造资金或承担一部分劳力。

2. 产业扶持

经济问题是一个地区较为核心的问题。在这个个案中，具有零售背景的企业基金会将该地区的农副产品纳入自身供应链，为当地带来了新的分销渠道和生产、管理模式，提高了该村乃至周边地区的收入水平。

3. 组织重塑

在每个被扶持地区，机构帮助当地建设一个党群服务中心，这个党群服务中心就是居委会、党委/党支部办公的场所，还可以把村民召集到这里，成为村内公共活动的空间。同时，在政府的帮助下，当地也建立起了"农事村办"制度，对于一些与村民生活息息相关的事务如农事、安全等，居民可以在当地政府机构直接办理，而不再需要进城奔波。

4. 精神改造

为了应对赌博的泛滥和村民间矛盾的增长，机构出资重修了祠堂。以共同祭祀祖先和维护祠堂为枢纽，有意识地突出了当地传统中符合现代社会主流价值观的部分，如尊老爱幼、勤俭节约等，同时建立了当地村民的微信群，鼓励在外务工的年轻人即时参与公共事务的管理和讨论，加强人与人之

间的联系，改善精神环境。

多领域的协同举措能够为地方环境带来更全面的改善，同时这些举措相互之间也起到了支撑的作用，一个领域的举措能够改其他举措的落实效果。通过这种"一加一大于二"系统化工程，慈善机构在社会问题的解决过程中将有机会发挥更为显著的作用。

（五）立足深圳，服务全国

除了服务深圳当地社会，越来越多的公益机构还积极在全国各地开展项目，输出资源或项目模式，服务全国。这些机构服务其他地区时所采用的模式主要有如下几种。

1. 资源输出

这类机构通常以深圳作为"根据地"，在本地筹集人、财、物等，输送至有需要的地区。这一模式较为常见，如在全国性的救灾慈善中，各地慈善组织均会在当地筹集物资，发往当地支持救灾。

2. 多地资源的整合

除向当地输送资源，也有越来越多的公益组织开始着力于当地与本地或其他地区的资源整合，通过打通地方之间资源输送的渠道，促进当地特色产业的发展。这类模式常见于地方扶贫中，如华润基金会就通过对接当地农产品和公司的零售业务，帮助当地打开了农产品销路。

3. 项目模式输出

对于一些在深圳当地已经积累了多年经验、趋于成熟的项目模式，机构也可能将其输送至当地，指导、支持当地受众根据当地的实际情况，建立相同或类似的项目模式，使得受众可以直接利用当地的资源解决困难。

除全国性的公益组织，也有越来越多的本地组织开始参与到服务全国的行列当中来，这是一个值得注意的趋势，体现出深圳在公益慈善领域正在逐渐形成城市品牌。

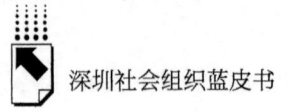
深圳社会组织蓝皮书

三 深圳公益慈善类社会组织发展面临的问题

（一）政府购买服务的不足

政府购买服务是推动政府职能转变、创新公共服务提供方式、优化社会治理的重要举措，而对于社会组织来说，政府购买服务也是其重要的项目来源。很多社会组织，特别是公益慈善类社会组织，通过承接政府提供的服务需求来取得经费，同时实现其组织愿景。但是，在由相关政府部门、社会组织代表参加的访谈中，各方均提出了政府购买服务领域存在的一些不足。这些不足可以分为如下几类。

1. 发展粗放，重"量"不重"质"

由于考核指标的要求，地方政府在提出政府购买服务需求时，有过度关注活动或服务次数、参与人数或规模的倾向，能够快速组织数量多、规模大的群众活动的项目方案更受欢迎。但是，公益慈善领域和其他任何领域一样有着自身的发展规律，活动多、规模大未必能真正满足群众需要，在很多情况下一个在地项目与当地居民间往往需要一定时间的磨合才能够建立起密切关系，才能相互了解与信任，只有在此基础上才能够提供真正有效的服务。政府购买服务招标过程中重量不重质的倾向很容易打击社会组织深耕当地、优化服务的热情，损害项目效果。

2. 项目数量少，僧多粥少

尽管政府购买服务规模较往年已有所增大，但是相对于社会组织的庞大数目仍然显得比较有限。在座谈会中，很多机构反映，为了争夺有限的项目名额，社会组织之间产生了恶性竞争的倾向，原本有机会相互交流、合作的组织间相互提防，阻碍了社会组织广泛学习其他机构经验、优化自身服务模式的进程，也与政府购买服务的初衷背道而驰。

3. 微观管理过多，行政程序烦琐

一些社会组织代表指出，在接受了政府购买服务以后，政府部门对于项目实施和经费分配的细节进行了过多干预，特别是对人员经费等模块有过多要求；在项目进行过程中，机构需要频繁向主管部门提交活动方案、报告、预算等大量文件，一些机构甚至反映其在制作文件、提交审批上消耗的时间和精力远远超过运营项目本身。这些行政管理方面的不足无疑打击了民间慈善组织开展工作的积极性，浪费了大量人力。

这些缺陷严重限制了政府购买服务的潜能，使其无法充分发挥本应发挥的作用和意义。

（二）基层管理的不足

在基层管理方面，社会组织同样遇到一定挑战。根据政府部门和民间组织的访谈记录，这些挑战可以总结为三个方面。

1. 在行政依据上，《慈善法》与"三大条例"[①]的矛盾对基层管理提出了挑战

《慈善法》与"三大条例"都在不同程度上涉及了公益慈善组织的管理问题，是基层部门的执法依据，但是这些法律或条例之间存在着冲突。例如，在社会组织的退出机制上，《慈善法》规定的方式是吊销，而《社会社团登记管理条例》规定的则是撤销登记或注销。由于这三个概念在法律上差别较大但又并存，所以基层管理人员在遇到此类业务时往往难以选择适用的条例。

2. 在行政体系上，政府部门条块分割，行政成本高

社会组织办理行政事务，往往需要在多个部门之间来回奔走，白白消耗人力和时间。同时由于不同部门使用的管理条例存在差异，在一个部门获得通过的申请事项在另一个部门可能被退回，对于机构而言增加了行政工作的不确定性，降低了其依法备案、登记的积极性，对社会组织监管产生挑战。

3. 在行政执行上，人员不定，效率较低

由于民政局主管社会组织特别是公益慈善类组织的板块人员编制较少，

---

① 指《社会团体登记管理条例》、《民办非企业单位登记管理暂行条例》和《基金会管理条例》，下同。

所以这些板块的工作人员常常不能满足深圳社会组织的需要，造成行政效率低等问题。

社会组织的健康发展离不开政府基层部门的监管，但是目前存在的这些问题大大降低了政府部门的监管能力，也降低了社会组织开展服务的积极性。

（三）慈善组织自身面临的挑战

深圳市公益慈善类社会组织自身同样面临着挑战。这些挑战包括经费不足、人力不足、专业知识缺乏三个方面。

1. 经费的不足

对于"草根"组织而言，筹款向来是一个充满挑战性的问题，对机构的渠道、公信力等条件有较高要求。缺乏经费，机构的内外管理及项目就难以顺利进行。另外，需要注意的是，由于公益慈善类社会组织在经费管理上受到的监管比一般部门更多，特别是在管理费用、人力成本上受到更多限制，所以尽管有的机构在总经费上较为充裕，在个别模块上却捉襟见肘，机构的运营也受到限制。

2. 公益慈善类人才的不足

尽管公益慈善领域对于人才具有较大需求，并且在人才种类上也力求跨界，如具有社工、商业或文创等不同背景的专业人才可能同时出现在一个公益项目或慈善机构中，从而帮助机构整合来自不同领域的资源，提高项目效果。但是，由于公益慈善机构或项目在其人力成本上常常受到限制，机构能够为从业者提供的薪资水平较为有限，相比其他行业缺少竞争力，这大大降低了专业人才特别是即将毕业或者是毕业不久的青年人才进入这一领域的动力，也降低了已经从事本行业的专业人才持续深耕的动力。

3. 专业知识的缺乏

民间社会组织往往具有"草根"的特点，这些组织往往首先是由热心市民基于其公益热忱自发组织起来的，在后来的发展中才逐渐规范化。这种草根性一方面体现出这些组织的精神力量，但另一方面也暴露出它们在相关领域上可能缺乏专业背景，因此在对社会问题进行分析时缺乏系统化的思维方法，在项目运作过程中缺乏科学的管理方法，在一些行政管理事务如财务管理上同样不够规范。

以上是深圳市公益慈善类社会组织实现进一步发展所必须解决的问题。这些问题互为因果，其核心是经费（特别是管理费用）的不足。如果能够解决经费问题，提高社会工作者的薪资水平，那么这一行业将更有机会吸引专业人士进入，提高机构的专业化程度。

四 深圳公益慈善类社会组织的未来发展趋势

（一）专业化

社工的专业化是深圳公益慈善类社会组织发展的一个基本趋势。在长期的公益慈善实践中，人们已经认识到社会问题具有复杂性，社会问题的产生往往同时存在政治、经济、文化等方面的原因，并且社会问题在一地常常扎堆出现，这些社会问题之间也存在着多样的联系。这使得传统的以志愿服务为主体的公益慈善活动已经难以有效地解决问题，想要解决问题，慈善组织就必须实现专业化。这些专业化包括以下几点。

1. 问题分析的专业化

慈善机构对于某个社会问题的认识必须超越直观感受的层次，通过专业的理论模型来分析这个问题的内部逻辑与外部环境，理解这个问题何以产生、是否与其他社会问题有内在联系，并进一步探索是否有与之相关但是尚未被发现的其他社会问题。

2. 行政管理的专业化

在很长的时间里，公益慈善类社会组织大多是基于热心市民的志愿行动而产生的，其内部管理较为松散、随意，主要是通过人际关系来维持的。这种"草根"式的内部管理在当时虽然行之有效，但是当社会问题变得日益复杂以及公益项目规模不断增大时，这种粗糙的管理模式已经难以满足需要。公益慈善类社会组织需要建立更为专业的内部组织结构、分工方式以保证其行动方案能够真正得以实施，并最大化发挥组织效能，也需要引入更加规范的资金管理方法以提高机构的公信力。

3. 项目设计的专业化

在对社会问题进行解决的环节中，专业化趋势同样越来越重要。近年来，慈善机构的项目设计已经不再满足于以简单、一次性的活动为代表的传统模式，而是更注重项目设计的系统性，要求项目方案应该具有完整的逻辑，能够触及问题的本质以实现长久效果，而不只是对表层的问题"头疼医头，脚疼医脚"。例如，近年来"设计思维"类课程在珠三角的非营利机构中较为流行，越来越多的社会组织工作者主动参加相关的课程，学习专业的项目设计模型。

4. 项目运营的专业化

当慈善机构将方案落地，项目运营的过程就开始了。在早期简单的公益活动中，这些项目实际上很少有"运营"的过程，一个组织办完活动或者将善款送至受众手中，项目便宣告结束。但是随着公益项目愈加复杂、长期，公益慈善机构也开始寻求更加专业的运营技术，包括提高资金利用效率、实现工作效果和创造长期价值等。

5. 一线社工的专业化

公益慈善项目的执行任务最终会落到一线社会工作者身上，这些社工的工作能力和态度将直接影响整个项目的实际效果。在深圳民办非企业单位座谈会中，很多机构都表示目前社工的专业程度十分有限，难以为受众提供专业的服务，也不能向管理层传达足够的反馈信息和建议。

6. 项目评估的专业化

项目评估是项目管理中的重要环节。通过评估，项目的管理者能够发现计划与实际是否有差别，并通过检查项目效果来及时调整项目方案。公益项目的评估同样也需要实现专业化，包括采用合适的测量维度、指标和测量工具，并使用专业模型对测量结果进行解释。

公益慈善类社会组织专业化的核心是人的专业化。最近几年中，越来越多的机构开始重视专业化的意义，积极向内部员工引入培训课程，同时在新员工招聘中增加对专业背景的考察。但是，也有很多现实问题阻碍了专业化进程，例如社工行业相对较低的薪资水平严重降低了专业人才进入这一行业的意愿。

（二）规范化

在中国公益慈善类社会组织的发展历史中，"草根"公益组织曾占有重要地位。这些组织大多由热心民众自发组织，针对他们所关心的某一个社会问题展开行动，例如组织照顾孤寡老人、帮忙打扫街道卫生、向灾区筹集捐款等。这些组织往往具有独立性，即它的设立和行动几乎是完全独立于本地的行政管理系统的，政府部门并没有参与对其活动的监管，甚至根本不清楚它们的存在。随着中国社会治理方式的转型，社会组织在社会治理中的地位越来越凸显，因而社会组织本身也必须实现规范化转型，以在新时期的社会治理中找到合适的位置。这些规范化转型包括如下几个方面。

1. 组织备案、登记注册的规范化

公益慈善类社会组织在实际成立后，如实向当地主管部门进行备案或登记，确定其性质和类别，及时更新注册信息。在此基础上，社会组织可以并入当地的社会组织网络，能够同其他社会组织更充分地相互了解和交流，政府部门也可以及时将当地社会问题或需求的新信息传达给社会组织，发挥其服务社会的潜能。

2. 组织架构的规范化

在内部架构上，组织也需要根据其所属性质（社团、民办非企业单位、基金会等）的要求建立起相应的组织架构，确定各层级管理人员及负责人。

3. 行政管理的规范化

组织对于其内部管理，特别是对于涉及财务、法律的部分以及党建工作等板块的事项，将逐渐避免组织建立早期时的往往不规范的管理方式，而逐步引入专业的管理人员，按照《慈善法》及"三大条例"的要求来进行管理和记录，方便监管部门或公众质询。

4. 社会服务的规范化

包括明确社会服务的范围、机构准入条件、加强监督管理、优化项目评估等方面。

（三）应用商业模式

传统的公益慈善模式大多有简单、直接、单次的特点，例如向困难群体捐赠物资、提供服务等，这些活动虽然能够直接向困难群众提供一定的帮助，使其暂时摆脱困境，但也存在着很多问题。例如，这一模式的可持续性较为有限，持续投入资源的需要对慈善机构的筹款能力提出了较大挑战，也限制了机构扩大业务的能力。当慈善机构停止了物资和服务的资助以后，困难群体可能再次陷入困难境地。另外，"长期作为受助者"的经历也可能对受众的心理造成压力，降低其个体的力量感和社会评价，带来不好的影响。因此，近年来深圳也有很多公益慈善类社会组织开始积极探索将商业模式引入公益项目的方法，试图扶持困难群体实现经济自立，这样即使机构退出，受众仍然能通过已经建立起来的商业系统持续获得收入，改善生活。

社会企业是商业组织与公益组织的结合体，它"不以股东和所有者利益最大化，而以社会目标为基本的企业，同时其获得的利润全部再投入企业或社会当中"。早在2004年社会企业概念就已经进入我国，而在2015年中国慈展会也发布了中国社会企业认证制度，但总体而言中国社会企业的认证进程仍然不尽如人意，只有不到10%的社会企业得到了认证。① 尽管如此，深圳市公益慈善类组织在建立社会企业方面也做出了一些尝试，这些尝试大体分为以下两种。

1. 针对特定人群的社会企业

在这一类项目中，机构着眼于某个特定的人群如残障人士、单亲母亲、外来务工者等，引导这些群体加入组织或者加入到一个商业体系当中。这些

---

① 韩文琰：《社会企业融资：英国经验与中国之道》，《东南学术》2017年第3期，第137~145页。

商业体系的建构或挑选主要是基于这一人群自身的条件，包括知识背景、劳动能力、经济状况等。在深圳市智家喜憨儿成长关爱中心（喜憨儿洗车中心）的案例中，受助者为智力障碍人士，他们尽管在智力上有一定障碍，但是仍有能力从事简单的体力劳动。因此机构在对其进行了一定的技能培训后，将其安排在洗车店工作。通过这种方式，这些智力障碍者得到了就业岗位，能够自食其力，不仅减轻了他们家庭的经济压力，也对提高社会就业率产生了积极作用。

2. 针对特定地区的社会企业

基于特定地区的社会企业通常和定向扶贫有密切联系，这些地区往往经济条件相对较差，还面临着一系列社会问题。在这类项目中，机构一般会关注当地的物产和人力资源，在此基础上建立一个地方型公司，如经营当地农副产品的特产公司等。在很多案例中，机构所服务的地区本身实际上有一定的生产能力，但是由于信息闭塞、交通不便、缺乏营销等原因没能建立稳定的销售渠道，所以机构的工作不仅是组织生产、加强管理，常常还包括帮助当地产品或服务进行包装、开辟渠道、组织营销活动。在项目的后期，机构还要培训当地居民参与管理和领导项目运作，这样等到机构退出以后，当地民众仍然能够持续运作其项目。

对于社会企业的实践是一个漫长的探索过程。尽管目前在各方面，社会企业仍然受到一些挑战，但是从近几年的案例来看，这种慈善模式相比传统的捐赠帮扶模式更具有发展性和可持续性，因此成为慈善组织发展中的一个重要趋势。

五 进一步推动深圳公益慈善类社会组织发展的政策建议

（一）优化政府购买服务

作为社会组织的重要"甲方"，政府购买服务亟待优化，以使经费能够

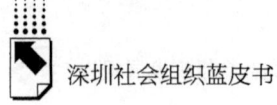

真正产生社会效益，同时促进社会组织的发展。对政府购买服务的优化应当包括如下几个方面。

1. 优化项目的定位

深圳市社会组织相关座谈会中有人指出，政府部门虽然能主动发布新的政府购买服务项目，但自身对于这些项目的定位、预期成效缺乏把握。这暴露出相关部门对本区存在的社会问题实际上缺乏深入认识。因此，政府在发布政府购买服务项目之前，可以先邀请调研或咨询机构深入当地进行考察和评估，调查本区实际存在着哪些问题或不足，以及这些问题的成因和内部联系。这一评估过程不仅能为政府购买服务的项目提供支持，同时评估成果也将为后续介入的机构提供重要参考，增强项目效果。

2. 优化项目的组织方式

在对本区社会问题进行全面评估以后，在对拟作为政府购买服务项目的组织上，政府部门可以采取更加灵活的打包方式，将不同的社会问题分门别类地进行组合或拆分，根据实际情况外包给能够提供一揽子解决措施的"大而全"型机构或能够为某个具体问题提供专业解决方案的"小而美"型机构。同时，政府应着力引导本区各公益组织共同参与某个综合项目，在此过程中实现各组织间的取长补短和相互协作，避免恶性竞争，促进社会效益最大化。

3. 优化项目的监管方式

在对外包机构的管理上，政府应当坚持"简政放权"的相关精神，切实减少对机构的微观干预，适当提高机构分配资源的自主权，以充分发挥机构自身的智慧和力量。

（二）优化基层管理模式

在法规上，针对《慈善法》与"三大条例"之间的矛盾，政府可以推进制定统一的深圳市公益慈善类社会组织管理条例，融合《慈善法》与"三大条例"的主要精神，制定能够涵盖社团、民办非企业单位、基金会等组织形式，统一规定准入条件、行政规范、工作规范等有关机构活动的标准,并由各部门协同实施,进行联合监管。

在制度上,"行政监管、公共监督、社会组织自律、法律保障"的"四位一体"是深圳市社会组织监管的特色模式,这一模式结合了不同监管模式的长处,形成了一个综合监管系统,提高了对社会组织的管理效率。政府可以继续发扬这一模式的精神,进一步加强各部门间与社会组织有关的业务板块的融合,尽可能打破部门条块分割的现状,降低社会组织处理行政事务的成本,提高管理效率。

(三)出台配套政策,落实扶持措施

1. 出台社工行业人才计划

人是公益慈善事业中的重要力量。但是,由于薪资水平普遍低于其他行业,公益慈善行业对人才的吸引力十分有限。同时,国内高校的公益相关专业(如社会工作、慈善基金会管理等专业)的发展也比较有限,很多大学生毕业后并未进入公益领域。为了广泛吸收人才,政府可以考虑设立公益人才引进计划,例如为公益慈善领域从业者提供福利、补贴等优惠政策,吸引各行业人才进入公益领域,丰富人才储备。

2. 落实《慈善法》配套政策

为了进一步发挥《慈善法》对于激发社会力量参与公益慈善事业的潜能,建议尽快落实《慈善法》配套政策,包括慈善组织认定办法、慈善组织信息公开办法、慈善组织活动支出与管理费用标准、慈善组织公开募捐管理办法、慈善组织募捐平台管理办法等,完善慈善法体系,促进深圳市公益慈善事业的健康快速发展。

B.11
深圳科研类民办非企业单位发展报告

程传海 王梅*

摘　要： 科研类民办非企业单位已成为深圳科技创新领域不可忽视的力量。本报告结合2015年深圳市开展的科研类民非调研结果及2018年开展的科研类民非座谈会资料，通过深圳光启高等理工研究院、深圳市墨克瑞光电子研究院、深圳市北科生物治疗技术临床转化研究院这三个具有代表性的科研类民非案例，呈现了深圳科研类民非发展现状，在此基础上总结出深圳科研类民非聚焦战略性新兴产业和未来产业领域、产学研相结合的源头创新、坚持走国际化的发展道路、采用市场化运作方式的发展特点。深圳良好的科技创新创业氛围、尊重科研机构的创新主体地位、政府强力支持与引导、社会组织登记管理体制改革被认为是深圳科研类民非蓬勃发展与成效凸显的主要因素。同时，科研类民非也存在规模小、抵抗风险能力较弱，基础研究与源头创新仍需加强，中高级人才匮乏、人员流动大等发展问题，并面临专门性政策法规支持缺乏、管理机制待改革创新、市场竞争处于弱势等挑战。为进一步促进科研类民非发展，本报告提出了建立科研类民非集聚的园区与孵化基地、设立科研类民非发展专项资金、建立专门为科研类民非提供服务的联合窗口、建立科技成果转化

---

* 程传海，综合开发研究院（中国·深圳）研究员；王梅，综合开发研究院（中国·深圳）研究员。

的政府投融资支持体制等七条工作建议。

关键词： 科研类民非　科技创新　政府支持　服务配套

深圳的科研类民非以民办非企业单位的"身份"，已成长为深圳科技领域的"第三支力量"，在航天航空、石墨烯、光学物理、基因研究等方面做出了积极贡献，有力地推动了深圳科技新生态的形成。本报告结合2015年深圳市社会组织管理局组织开展的科研类民非相关调研结果及2018年开展的科研类民非座谈会的资料，对深圳科研类民非的发展现状、挑战和发展趋势进行分析。

一　深圳市科研类民非发展现状

（一）科研类民非发展总体概况

经过近几年的培育，深圳市科研类民非数量呈井喷式增长。根据深圳市民政局的统计数据，截至2018年9月底，深圳拥有的科学研究类社会组织702家，占社会组织的比例达5.38%。其中，科研类民非500家，占全市社会组织总量的3.83%，占科研类社会组织的71.2%。2018年第三季度深圳市科研类民非数量比2015年末的331家，翻了将近一番，年均增长将近14.7%。深圳的科研类民非呈集群式发展，涌现出深圳市绿航星际太空科技研究院、深圳光启高等理工研究院等一大批跻身全球领先水平的科研机构。这些科研类民非作为科技领域的"第三支力量"，充分利用了民办非企业单位举办科研机构灵活高效的体制优势，同时吸取政府兴办科研机构的有益经验，有力地推动了科技体制深化改革和科技创新生态的形成。

从研究领域来看，科研类民非的业务活动基本与全市科技产业布局相一致，同时体现出较强的公益性。根据2015年的调研，位列首位的行业为生物医药业，该类科研类民非占比达 23.5%，其次为电子信息业，再次为先进制造业。近年来，与深圳市未来产业布局相关的航天航空、石墨烯等行业机构涌现，这些行业均为深圳市发展较好、潜力较大的优势领域。同时，环保资源、人口健康、现代农业三大领域合计占比达到了 16%，体现了科研类民非较强的社会公益属性。此外，从事科技成果转让与扩散、科技服务等科研平台类机构也占到了一定比例。从地域分布来看，科研类民非在全市均有布局，但主要分布在南山区、福田区。从机构资金与人员规模来看，科研类民非呈小、散、弱的特征，各个机构之间的发展基础相差较大，注册资金多数低于 1000 万元，机构工作人员超 50 人的较少。

根据机构抽样问卷调查结果，科研类民非由个人和企业出资创办，其中以某自然人或法人单一出资开办居多。工作人员年龄偏小，人员素质较高，但学历和职称水平与传统科研机构相比仍然存在一定差距，且机构与机构之间发展不平衡。科研类民非的经费来源主要以投资人持续出资和机构所承担的纵向和横向科研项目经费为主，其中横向项目居多。大部分机构采用按岗定酬、按绩效定酬的多样化工资制度，并建立起有效的激励晋升机制。从治理模式来看，科研类民非建立了不同于传统科研事业单位的现代法人治理结构。理事会（或董事会）是机构的最高权力机构与决策机构，在理事会（或董事会）的领导下实行院长（总经理/所长/主任）负责制，与国家要求和国际趋势相一致。

（二）深圳市代表性科研类民非

1. 深圳光启高等理工研究院

深圳光启高等理工研究院（以下简称光启）是于 2010 年在深圳市注册成立的民办非企业单位，2012 年由于设备进口免税障碍纳入深圳市事业单位编制。在军民融合领域，光启是一家以尖端技术创新著称的领军机构，主要从事超材料隐身技术、超材料装备以及创新型航空器的研究、开发与应用。光启集团有两家上市公司，包括在内地深交所上市的光启技术（002625.SZ）与香港主板上市的光启科学（00439.HK），其产品被应用于国防军工、交通装备、智慧城市与公共安全领域。光启建设了一系列源头创新和产业化平台，包括深圳光启高等理工研究院、超材料电磁调制技术国家重点实验室、光启科学有限公司、光启技术股份有限公司、深圳光启智能光子技术有限公司等，涉及了航空航天工业、新型空间服务、智能装备、智慧城市、新型无线通信等产业。累计申请专利超过4600件，授权超过2600件。创新机构遍布5大洲21个国家与地区，员工总数超过2600人。综合分析光启的快速发展与成功之道可以发现主要有以下几个方面的原因。

首先，建立了一套民办公助的运作体制。光启在运营模式上定位为民办公助、自负盈亏的非营利性研究机构。"民办"即研发机构由非官方的核心团队申请创办、运作和支撑，"公助"即政府在一定时间内给予限定额度的资金支持，"养事不养人"。组织架构是理事会领导下的院长负责制，理事会成员包括政、产、研各方代表，以确保研究院的发展方向。内部则完全按照企业化管理方式运作，营造了利于创新的管理机制和环境。

其次，以资本、技术、标准、产业为纽带进行协同创新和开放式创新。资本方面，发起成立光启松禾超材料产业基金、光启创新技术投资基金，通过科技与金融的紧密配合，拉动源头科技上下游产业链的快速发展；技术方面，科技部依托光启建立了超材料电磁调制技术国家重点实验室，着重超材料及电磁调制技术的科学研究；标准方面，国家标准化管理委员会成立了全国电磁超材料技术及制品标准化技术委员会，光启作为秘书处，着重超材料及相关产业的标准化建立；产业方面，民政部批准光启成立超材料产业联盟，以及建立发展光启智能光子技术战略联盟、光启尖端技术战略联盟、光启临近空间技术战略联盟、国际科技创业园，驱动联盟上下游企业共同发展。

再次，吸引了一批优秀的科研创新人才。光启的五位核心创业团队成员都是海外博士毕业，具有世界一流大学和科研机构的教育背景与研究经历。光启先后被纳入广东省引进海外创新科研团队、深圳市孔雀计划科研团队等项目和团队。在人才引入上光启坚持实施国际化人才招聘策略，以人才引人才，通过顶尖科研人员去吸引、甄别和引入高水平人才，打造精英团队。同时光启还注重科研团队和配套实验设备的引进，为创新奠定基础。

最后，探索建立一套良性循环的产业化模式。光启不断探索和建立一套在新兴交叉科技领域进行源头创新及成果转化的可持续创新体系，将"科学发现、技术发明和产业发展"结合起来，打通创新链条，实现从创新到产业化的无缝连接体系。目前所实行的是从基础研究、项目转化到收益再投资的发展模式。政府和研究院成果转化公司共同投资光启，成果转化公司拥有对研究成果的优先购买权。如果某一研究项目成熟，成果转化公司可以成立项目公司对其进行产业化，获取收益回报继续投资光启，完成从投资、研究、产业化到再投资的良性循环。

2. 深圳市墨克瑞光电子研究院

深圳市墨克瑞光电子研究院（以下简称"墨克瑞"）是由超多维光电子有限公司（以下简称"超多维"）于2012年出资设立并注册成为民办非企业单位。墨克瑞主要从事下一代光电子技术研究，主要研究领域包括：液晶光学透镜、复眼成像系统与场景重建、立体交互、基于双目成像的场景感知和理解、视差自适应视频采集、基于立体渲染的可编程架构芯片、带有力反馈的触摸技术。墨克瑞所从事的研究属于软硬件交叉的跨学科领域，通过海外引进人才与项目，墨克瑞的科研团队获得了广东省创新团队和深圳市孔雀团队的资助。墨克瑞作为一家科研类民非，虽然机构规模不大，但发展势头良好。其成功除了广东省及深圳市良好的政策环境，还主要有以下几个方面的原因。

一是具有战略眼光和资金实力的投资者。随着超高分辨率显示的日渐普及，裸眼3D显示技术引领行业新的发展方向，逐步应用到手机、平板电脑等移动终端，并在医疗、教育、建筑、工业设计等众多领域拥有广阔的市场前景。基于此，为了加强裸眼3D技术的储备和基础研究，超多维成立了墨克瑞这一科研类民非专门从事科研。但科研是高投入但短期内难以出成果，只有长期不断的积累才有可能出成果。正是由于超多维的长远战略更为典型的特征是，通过眼光持续不断地对下一代光电子技术的研发进行投入，才有了墨克瑞的成就。设立研究院，将创投工作内部化实际上是超多维在企业内部进行创业投资与孵化，并在未来获得回报。

二是给予科研工作和科研人员很大的自由度。裸眼 3D 技术兼具基础研究与应用开发，不仅需要科研人员能够安心于基础领域取得突破，也需要技术的发展方向紧跟市场并能引领行业发展。为此，墨克瑞给予了科研工作和科研人员很大的自由度。项目的立项具备较大的自由度，只要技术符合超多维未来发展方向，就可以自主选题，由技术总监和商务部门组织进行立项验证，综合衡量技术方向、人力投入和时间等因素后决定研发工作的开展。对于公司觉得非常有前景的一部分立项项目，通过阶段性安排决定研发工作的进度。在科研过程中，超多维与墨克瑞也积极创造良好的科研氛围，通过建立基础研究与应用开发相结合的科研平台，加上灵活的扁平化管理，使得不同专业领域的科研人员能够通过技术交流与合作，不仅提高科研工作的效率和科研人员的科研能力，也能进一步提高科研人员的科研兴趣，避免了纯科研机构的枯燥无味。同时，良好的科研待遇使得科研人员没有后顾之忧，安心于科研工作，科研人员的创造力被充分激发出来。

三是以知识产权管理为科研工作保驾护航。对于处于市场中的科技企业来说，科研最终是用来创造效益的。由于科研工作需要大量的投入，要保持这种投入的可持续性，就需要有持续的科研经费。超多维的科研经费主要来源于三部分：股东投入、国家支持、专利和技术授权收入。鉴于超多维在 3D 裸眼领域的技术领先地位，超多维在行业内不仅能做硬件，还能提供算法、芯片设计，即整个 3D 系统解决方案。此外，超多维在国际国内拥有大量的专利，可以以专利和技术授权方式允许投资伙伴和国内外企业使用，从而获得补偿，先后和友达、民机、东芝、索尼等企业开展了技术授权合作，超多维作为技术整体解决方案服务商向合作方收取费用。

3. 深圳市北科生物治疗技术临床转化研究院

深圳市北科生物治疗技术临床转化研究院是深圳市北科生物科技有限公司（以下简称北科生物）于 2014 年注册成立的科研类民非，与北科生物实行一体化运作。北科生物创建于 2005 年 7 月，是我国早期专业从事战略性新兴产业生物治疗技术临床转化及技术服务的国家级高新技术企业，是深圳市战略性新兴产业的高新技术企业代表，致力于干细胞技术、免疫细胞技术、基因工程等生物医学技术的基础研究和转化性研究，拥有从体外实验、动物模型、临床前研究、转化性研究的一体化产学研体系。经过多年的发展，北科生物积累了目前世界上规模最大、数据最全面的体细胞临床研究安全性及有效性数据库和亚洲最大的综合性干细胞库群。北科生物成立民非性质的研究院主要是基于以下几个方面的考虑。

一是北科生物自成立以来一直按照科研机构模式实行企业化运作，除了对员工的各项激励以外，公司未曾分过红，与非营利组织相一致。以前公司曾打算注册为科研机构性质的研究院，但由于之前我国对科研类民非准入特别是冠以"研究院"名称的民非有所限制，直到准入放开，北科生物才注册成立了科研类民非。

二是科研类民非更方便申请各级政府的科研课题与项目。受制于我国科研体制的掣肘，我国政府投入的科研经费在逐年大幅提高的同时，大量的科研项目在应用研究方面也难以与产业化对接，部分在理论方面也缺乏前瞻性，大量科研经费被浪费或低效使用。一些体制内科研机构没有科研转化压力；大量体制外的企业研发部门有很强的产业化能力，但即使同时具备很强的科研能力，也往往因身份限制很难申请到国家科研课题。而当企业注册为科研类民非后，虽然仍不属于体制内科研机构，但基于科研机构的身份，申请各级政府的科研项目就相对容易很多。

三是民非性质的研究院有利于对外开展科研合作。以企业身份与国内外科研机构、院校以及科研人员进行科研合作存在诸多不便或障碍，而使用研究院身份因其非营利性质利于品牌形象塑造，并可增加合作方对科研人员的学术身份认可，方便对外开展科研合作。

四是民非性质的研究院有利于人才培养方面的合作。由于拥有灵活的机制，直接面向市场，科研类民非在人才培养方面有一些优势，培养出来的人才不仅能够适应社会需要，而且能够满足实践需要，但是由于没有学位授予权，解决这些人才的学位学历问题就有必要，因而需要与大学、科研机构开展人才培养合作，但企业身份难以与这些机构开展联合培养工作，而研究院的身份限制就较少。

五是在企业内部搭建科研与产业的桥梁。产业化是以营利为目标的，而科研类民非虽然可以营利，但营利只能用于再投入，不能分红，因此，可以避免短期行为，更利于长远目标的实现。通过设立研究院可以更好地衔接科研与产业化。

二　科研类民非发展特点及成功因素

（一）深圳市科研类民非发展的特点

近年来，随着科研类民非准入的改革，深圳市科研类民非如雨后春笋般快速发展，不仅有绿航星际、光启等规模较大的科研机构，也有一些规模适中的科研机构，还有大量小型科研机构。这些机构既不属于企业，也不是政府机构，没有业务主管部门，因取得一批重大原创性技术成果受到世人瞩目，他们共同构成了深圳科研类民非的亮丽风景线，引领珠三角地区在科研类民非发展方面走在全国前列。深圳市民办非企业科研机构的发展具有如下几个方面的特征。

1.聚焦战略性新兴产业和未来产业领域

深圳市科研类民非充分利用深圳市的创新资源，重点集中于深圳市鼓励发展的战略性新兴产业与未来产业领域进行科技创新，发挥其贴近市场需求的优势，同步开展科学研究和产业化开发，实现将源头创新快速转化为新技术和新产品，并最终实现产业化。通过融合科技、产业和资本等要素资源，极大地促进了共性技术和核心技术的推广使用，迅速实现相关成果的产品和产业化转化，带动了传统产业转型升级，催生了新兴产业的孕育和发展。

2.产学研相结合的源头创新

深圳科研类民非瞄准了产业变革和科技革命的历史机遇，紧跟世界新兴前沿技术，进行源头创新和开放性创新，坚持产学研一体化，在项目上进行多方合作，建立了贯穿基础研究、应用研究、技术开发、产业化应用和企业孵化的科技创新产业化链条，打造高质量的创新平台，同步研发和交叉开发，激活存量科技资源。

3. 坚持走国际化的发展道路

深圳科研类民非从创立到发展，在引进投资主体、选择项目合作方、促进人才引进交流、构建创新与管理体制等方面都逐步实现国际化。这些科研机构充分利用深圳市发达的创投与私募股权市场，通过金融杠杆效应引进国内外投资基金和投资者，实现投资主体的百花齐放。在科研项目开发上积极利用国际科研资金调整的机会，通过委托研究等方式开展科研合作。在人才引进上广纳百川，吸引国内优秀创新人才、海外科技人才和优秀留学人才，采取核心人才带动、团队引进等多种方式引进国内外优秀人才。众多的归国留学人员与国际人才成为广东省创新团队与深圳市"孔雀计划"的资助对象，围绕核心团队集聚和培养了一大批具有原创精神和源头创新能力的年轻研究人员，极大提高了机构的创新力和影响力。

4. 采用市场化运作方式

与国有事业单位类型的研发机构相比，科研类民非没有体制性的束缚，激活了研发主体的独立性和自主性。深圳市科研类民非普遍采用市场化方式运作，坚持自主经营，自负盈亏，使得这些机构与传统体制内科研机构相比拥有灵活的运行机制。一是观念新。科研类民非通过体制机制创新充分释放创新活力，树立创新是根本、创业是目的、创富是动力的观念。二是治理机制多样。科研类民办非企业单位采用了与传统科研机构不同的治理机制，突破了原有体制的弊端。在治理结构与运作体制方面，探索了民办公助等运作体制、理事会管理体制，运行机制灵活多样。三是科研机制新。创新的指向非常明确——市场需求，使科研管理、知识产权管理、风险承担与成果分享相结合，通过逆向创新、交叉创新，极大地增加科研创新成果、提高科研创新效率。四是管理机制新。科研类民非虽然属于非营利性社会组织，但实行企业化管理，普遍采用了合同制、匿薪制、动态考核、末位淘汰等管理制度。论文、奖励、专利等不再是机构绩效评价的唯一指标，同时，在人员聘用和晋升上，不论年龄，不论学位资历，大胆任用具有创新胆识和创新能力的年轻人，激发其创新意识和创业雄心。

（二）深圳市科研类民非的成功因素

深圳市民办非企业科研机构的发展之所以令人关注并引领全国，综合分析，其成功的主要因素有以下几点。

1. 良好的科技创新创业氛围

深圳市作为国家创新型城市，目前已成为国内重要的科技、资本与人才要素密集区，被誉为中国的"硅谷"。因其拥有强大的产业配套能力、良好的创新环境氛围和适宜创新创业的土壤，深圳已成为国内甚至国际上创新的沃土和创客的乐园。从科技创新创业氛围来看，一是深圳有高度市场化的营商环境。深圳作为我国改革开放的前沿阵地，积极奉行着"小政府、大市场"的发展思路，坚持政府引导、市场主导，使得深圳拥有较高的市场化和法制化营商环境。二是发达的多层次资本市场体系。深圳不仅拥有证券交易所等公开市场，也拥有国内强大的创业投资基金与私募股权基金市场，它们与银行、政府产业投资基金、互联网金融、小贷公司等组成了创新创业的综合金融支持体系，科技与金融的融合给深圳创新带来持久的动力。三是深圳有众多的公共创新载体。多年来，深圳通过科研机构与企业建立了大量的创新载体，包括工程实验室、重点实验室、工程中心、企业技术中心、公共技术服务平台、科技企业孵化器等。这些创新载体的共享极大地降低了创新成本，提高了创新效率。四是深圳有强大的产业配套与服务能力。深圳市拥有众多大大小小的产业聚集园区，包括高新技术产业园区、总部基地及其他基地，这些聚焦园区能够提供完善的配套服务。深圳市发达的高新技术产业与战略性新兴产业能够保障创新创业所需的各类零配件实现本地采购，强大的产业配套能力促进了创新创业活动的开展。

2. 尊重科研机构的创新主体地位

深圳市充分利用经济高度市场化的优势，明确企业与民非等新型科研机构在创新型城市创建中的主体地位。董建中和林祥在研究新型研发机构的体制机制创新时曾归纳总结为："一是自主选择科研方向。科研类民非的科研项目选择既不需要政府主管部门审批，也不需要专家评审通过，就可以根据研发团队的专业背景、研发优势、产业化需要和市场导向，自主确定研发方向，制定研发战略，从事研发活动，从而增强研发活动的开创性和实效性。二是自主组建科研团队。科研类民非在用人体制上，既不受编制所限，也可以不拘一格，在全球范围内吸收各种优秀的专业型和复合型人才，根据研发需要自主组建自己的研发团队，快速形成具有世界级研发水平的团队人才优势。三是自主实施科研管理体系。科研类民非不再采用传统科技研发机构的行政化管理模式，而是根据自主科技创新、核心技术控制、产业化应用和社会资源整合的需要，按照企业化的管理方式，自主实施以科技研发战略目标为导向的国际化、标准化运营管理体系。"① 总的来说，深圳科研类民非充分尊重创新主体的自主意愿和科研决策，在方向选择、人员构成和运营管理方面的自决，激发了主体的创新积极性。

3. 政府的强力支持与引导

首先，政府的强力支持与引导体现在政府通过产业政策引导民非等新型科研机构的发展。深圳通过制定产业发展规划，让产业资源向民非等新型科研机构聚合，整合产业资源和构造从创新源头到产业化的链条，推进和带动新型科研机构做大做强。部分代表性科研机构的科研领域和研究方向均被纳入战略新兴产业发展规划，在建立孵化基地、产业基金、产业基地、产业联盟等方面得到了政府的支持。其次，政府作为主导推动科技体制改革，推动多方合作共建。深圳市在科技体制改革过程中坚持企业与科研类民非的创新主体地位，采取政府出地、出资，核心团队出人、出资的模式，推动双方或三方合作共建。政府通过服务创新，针对重点科研机构设计不同的方案，提供全程个性化的服务。在传统的科研体制下，大多数体制内科研机构的经费支持方式通常是"事业费（人头费）+ 竞争性经费（项目费）"。深圳进行体制创新，引入民办公助的运作体制。政府不负责科研类民非的事业费，而是采取"非竞争性经费（专项补贴）+ 竞争性经费（项目费）"的支持方

---

① 董建中、林祥：《新型研发机构的体制机制创新》，《特区实践与理论》2012 年第 6 期，第 28~32 页。

式，提高了科技经费的使用效率。此外，政府对科研机构给予创办初期仪器设备购置、房租补贴和前期发展经费等专项补贴，一定程度上保障了研究机构的研究基础条件。支持科研机构在战略性、前瞻性研究等方面的自主研究部署，培育科研机构自主发展的能力，为争取"竞争性经费"奠定优势竞争力，最终形成自造血的良性循环。最后，深圳通过制定政策，全方位提高深圳市对高层次人才的吸引力，助力科研机构的人才体系建设。鉴于深圳市在高等教育人才培养方面的劣势，为了构建深圳市在全国的人才政策洼地，深圳市政府始终不遗余力制定竞争性人才引进政策。2011年6月，深圳颁布了"孔雀计划"及其5个附件，为引进海外高层次人才团队创建新型科研机构制定了一系列配套政策。"孔雀计划"的政策措施及时解决了海外高层次人才在居留和出入境、落户、子女入学、配偶就业、医疗保险等方面的问题和困难。

4. 社会组织登记管理体制改革

深圳市通过社会组织管理创新，探索与改革民办非企业单位的市场准入与管理，包括登记、认定、监管、政策扶持等工作。长期以来，社会组织和主管部门政社不分，存在千丝万缕的利益联系，行政化色彩浓厚，妨碍了社会组织的健康发展。自2004年开始，深圳市采取"小步快走"策略，逐步深入推进社会组织登记管理体制改革。2012年，深圳市委、市政府印发《关于进一步推进社会组织改革发展的意见》，实行科研类等8类社会组织直接登记，再次把社会组织登记管理体制改革推向深入，促使科研类民办非企业单位有了突破性的发展。科研类民非登记改革彻底释放了科技创新活力。2018年7月，深圳市委、市政府专门出台《关于深化社会组织管理制度改革促进社会组织健康有序发展的若干措施》，行业协会商会类、科技类、公益慈善类、社区服务类社会组织可以直接登记，这些类型的社会组织得到了优先发展。此外，深圳市对在社会组织评估工作中获得3A级（含）以上的社会组织给予四项优先权，包括优先获得政府购买服务及承接政府转移的职能项目、优先享受政府公益性捐赠税前扣除、非营利组织免税资格认定等有关税收政策。相关支持政策大力推动了深圳市科研类民非的发展。

总之,深圳市科研类民非的快速发展既是经济发展到一定阶段的必然结果,也是科学技术创新发展的内在驱动。从科研类民非的发展经验来看,只有不断深化改革,完善科技创新的体制机制,优化创新环境,才能激发创新活力。人才是创新的主体,随着人才、理论、技术等创新要素的全球流动,要吸引海内外的优秀人才,学习和推广其他国家或地区的经验,尊重科研机构的创新主体地位,激活创新活力。再者,科技创新需要一个过程,短期难以见到成果,政府强力的支持与引导不可或缺。深圳经验里,政府从人才政策到对科研机构的场地、经费、基础设备的支持,为科技创新铺平了道路。最后,基础研究、应用研究和技术开发研究之间的界限越来越模糊,科技创新的链条越来越短,适应这种短平快模式,做好产业集成配套,为从科技源头创新到产业化的转化过程提供有利条件。

三 深圳科研类民非发展面临的问题和挑战

(一)科研类民非发展面临的主要问题

虽然深圳市引领了珠三角科研类民非的发展,在短短的几年时间就走在全国的前列,无论是数量还是成绩都非常突出。但是,深圳市科研类民非的发展仍然面临着一些困难和问题,需要在未来发展中继续不断完善解决。

1. 规模小,抵抗风险能力较弱

深圳科研类民非目前还存在小、散、弱的问题,除了光启、绿航星际和深圳微软技术中心少数几个人员数量较多外,其他机构人员较少。虽然科研类民非因其充满活力而拥有较强的生命力,能够适应科技与市场的变化,但与中小企业类似,抗风险能力较弱。这其中,对于一部分依托企业设立的科研类民非,科研资金等来源较为稳定可靠,相对来说抗风险能力要强一些。而对于一些小微科研类民非,既没有可靠的投资来源,也没有稳定的科研经费和项目,相对来说,抗风险能力较弱。即使是大型科研类民非,也存在产业化扩张与科研方向选择之间的衔接矛盾，一旦政府扶持政策到期，也会存在持续扩张所带来的风险。另外，对于科研类民非来说，其抗风险能力来源于其综合价值，这种价值主要通过与风投、PE等金融市场嫁接进行市场估值，一旦全球经济与科技行业发生变化，整个科研类民非所面临的行业风险是难以回避的。

2. 基础研究与源头创新仍需加强

通常而言，科研创新活动划分为三种类型：基础研究、应用研究和产业化开发。深圳市缺乏公立科研机构和高校资源，在源头创新上较为薄弱，急需补齐基础研究短板。另外，以企业为主体的技术研发是深圳的强项，在应用研究和产业化开发方面有较强的竞争优势。虽然深圳市科研类民非中，出现了光启等拥有较强基础研究与源头创新能力的机构，但多数机构由于机构规模小、人才少，本身就缺乏基础研究的能力，制约了机构的长期良性发展。而对于科研类民非来说，生存问题是其所面临的第一大问题，这就决定了科研类民非只能更多地将科研与市场结合，以需求为导向，难以顾及基础研究。因此，要从根本上提升深圳市的创新能力，协助科研类民非提升基础研究能力是不能忽视的。

3. 中高级人才匮乏，人员流动大

由于科研类民非普遍规模较小、发展实力较弱，薪酬竞争力不强，加上深圳居高不下的房价和物价，科研类民非难以吸引中高级人才，人员流动较大。根据2015年市社会组织管理局组织的问卷调查，47家被调查机构中有29家机构反映存在该问题，占机构总数的61.7%，共有8家机构认为该问题"非常严重"，占机构总数的17.02%。尽管样本量比较小，调查结果不具有代表性和推论意义，但也在一定程度上反映了科研类民办非企业单位在人才上的迫切需求。

（二）科研类民非发展面临的挑战

科研类民非正处于我国以科技创新促进经济转型发展、科技创新制度环境不断优化的新发展阶段，面临巨大的发展机遇。但也应该看到，科研类民非未来发展也面临挑战，除了所有行业共同面临的国内宏观经济下行压力、中美贸易冲突带来的科研创新不确定性因素加大，科研类民非还面临着本行业所独有的挑战。

1. 科研类民非缺乏专门法规与支持政策

目前，我国国家层面专门针对科研类民非出台的政策较少，主要集中在准入标准、会计管理以及税收优惠领域。大部分管理办法仍比照民办非企业单位有关政策、非营利科研机构有关政策执行。

在法律法规上，针对科研类民非的法律基础尚不健全，法规和政策性文件缺乏系统性和协调性，某些方面还存在法律空白，比较滞后，难以适应科研类民非的快速发展。从发达国家的经验来看，制度是非营利科研机构自身发展与外部监管的保障，而我国既没有出台专门的非营利机构法，也没有对非营利机构设置专门的税收法律制度。"非营利机构法方面，尽管有一些与非营利科研机构相关的行政法规，但是这些法规：（1）大都属于行政立法或部门规定，权威性不足；（2）多属程序法而非实体法，对非营利机构无系统规范；（3）缺乏针对性和特定性；（4）仅确定了非营利机构外部监督的多样化监督主体，但在监督内容、程序和需要的信息渠道等方面依然存在'一法独揽'的状况，同样缺乏针对性和可操作性。"[1] 非营利机构税收法律法规方面，目前各种非营利机构相关的税收政策规定散见于各税法的有关规定以及政府零散文件之中，相关的规章制度甚至有时候会发生冲突，需要制定专门的非营利机构税收法规。

在支持政策方面，各类扶持政策也有待整合。近年来，深圳市、各区（新区）政府以及各有关职能部门均相继出台了一些培育扶持政策和措施，但分散在各种政策文件中，不配套、不成体系，政府和社会资源没有得到有效整合。比如税收优惠政策，如非营利组织免税资格、公益性捐赠税前扣除资格、科技类民非进口科学研究和教学用品免税资格、社会团体和基金会进

---

[1] 郭军灵：《非营利科研机构的外部监督机制探讨》，《科学学研究》2008年第2期，第311~317页。

口慈善捐赠物资减免税等,在深圳的具体落地和执行上还不够到位。再比如,在人才政策上,社会组织人才中除了社工,其他从业人员还未纳入深圳人才工作体系和人才规划,无法享受应有待遇和补贴,导致人员流动性大,难以吸引高端专业人才。

2. 科研类民非管理机制仍存在改革的空间

通过社会组织注册登记体制改革,科研类民非设立的障碍已没有了,但在登记中仍存在一些局部限制性要求,如民非研究院发起人与企业发起人相比所存在的限制,外籍人士不能担任民办非企业单位的理事长、理事的限制等。此外,科研类民非所从事的科技研发具有高投入和高风险的特点,科研类民非在起步阶段,需要来自政府或社会的大量支持。然而政府在提供了无偿资助与优惠补贴之后,如何对科研类民非的科技创新实施有效的评估和监管是在管理体制中有待解决的问题。注册登记机关缺乏相应的专业知识实施监管,业务主管部门没有清晰的权责去做审查。厘清登记机关和业务主管部门的权责,在保障科研创新的主体性的同时实施有效的监管有待进一步探讨。此外,科研成果的产业化往往有巨大的经济效益,如何对科研类民非从事非营利性活动进行有效管理也是需要长期关注的议题。

3. 科研类民非在市场竞争中处于弱势地位

科研类民非在支撑和促进新兴科技产业发展中起着非常重要的作用,然而在市场竞争中却往往处于弱势地位。首先,科研类民非的身份介于事业单位和企业之间,与事业单位相比,两者都具有公益属性,但在税收优惠、政府支持、人才待遇等方面与事业单位差距甚远;与企业相比,在收益分配、资产处置、薪酬待遇等方面受到的制约比较多,但获得的政策支持却跟企业没有明显区别。基于非营利机构的性质,科研类民非的盈余和清算后的剩余财产只能用于社会公益事业,不得在成员中分配,在一定程度上会影响科研人员的工作积极性与人才队伍的稳定性,进而影响科研类民非的核心竞争力。

其次,与传统科研机构相比,虽然科研类民非在成果转化和扩散方面具有独特的优势和作用,但在国家重大科技项目申请以及科技财政专项资金支持等政策中，科研类民办非企业单位仍然不能完全作为平等主体参与竞争。由于没有财政经费的稳定支持，政府科研类项目对于研究经费中人员成本支出的严格规定，使得以人才为核心的科研类民非在运营时容易捉襟见肘。此外，"一个项目不完成不能申请新项目"这项政策也制约了科研类民非的战略发展。

再次，科研类民非的科技人员在职称评审上虽然形式上与体制内人员同等对待，但实际评审过程中并没有考虑机构性质与特点，科研类民非科技人员的职称晋升相比而言更为不易。

最后，科研类民非发展的支持政策缺乏普惠性，除普惠性人才政策外，其他扶持政策通常大型机构才能享受，而小微型机构难以享受。

四　科研类民非发展的对策建议

（一）设立科研类民非集聚的园区与孵化基地

目前深圳市科研类民非还处于各自分散发展状态，为了进一步发展壮大深圳市科研类民非，需要借鉴其他行业做法，通过建立科研类民非园区与孵化基地实现集群发展。政府可以通过与社会资本以 PPP 方式合作，选择有办公空间的成片楼宇专门用于科研类民非的办公场所和孵化基地。在园区内配备公共研发平台免费供入驻机构使用，并提供其他的科研活动公共配套。给予入驻机构所得税、营业税等一定年限、一定比例的税收减免或补贴；给予办公场所租金补贴；对科研类民非参与大型科技交流活动，建议按照不超过实际发生展位费用的一定比例给予一次性补贴，最高金额不超过一定标准；对进入科研类民非实习的硕士及以上毕业生通过审核后给予实习费补贴；对提供科研类民非孵化的园区运营主体给予一定的补贴。

（二）设立科研类民非发展专项资金

将对深圳市科研类民非的支持力度提升到与战略性新兴产业和未来产业

同等的高度，借鉴深圳市产业发展专项资金做法，设立科研类民非发展专项资金，将其纳入政府基金预算中，每年保证能够安排。科研类民非发展专项资金主要用于支持科研类民非发展的各类资金补贴、人才保障、财税支持等。同时可以探索将部分专项资金作为引导基金以投资方式扶持科研类民非的发展。

（三）建立专门为科研类民非提供服务的联合窗口

由深圳市社会组织管理局联合市科创委、人力资源和社会保障局、财政局等多部门在市民中心服务大厅设立专门的服务窗口，共同为科研类民非提供服务。一是加大政府配套政策宣传力度，提供政策解释与咨询，让更多科研类民非了解相关政策；二是建立机构诉求表达与沟通反馈渠道，使得更多的小微机构能够拥有直接向政府部门表达诉求的渠道，能够及时解决问题；三是建立科研类民非推介交流平台，通过举办展会、论坛协助对外推介科研类民非，协助科研类民非建立科技创新联盟，深化产学研合作关系和资源共享，加快科技成果的共享与产业化。

（四）建立科技成果转化的政府投融资支持体制

由于科研类民非的社会组织属性和非营利属性，建立科研类民非的科技成果转化的投融资体制特别是政府的投融资支持体系在现有的体制下有一定难度。政府在科研类民非投融资中可以发挥三个方面的作用。一是公共平台的投资，包括公共研发平台、知识分享平台、信息交流平台等的建设。二是充分发挥深圳市在市场牵引科技成果开发方面的优势，解决科技成果转化过程中存在的信息不对称问题，引导市场的投资方向，完善科技成果转化的投融资支持体系。这方面主要可作为的支持方式是，每年从科研类民非发展专项资金中拿出一部分作为引导基金，通过与风险投资、私募基金等机构合作，对科研类民非的科技成果转化平台进行投资。三是建立知识产权定价机制与环境，由科技成果拥有者自主决定科技成果的转让、许可或作价投资。

（五）完善政府购买科技服务机制

加大政府对科研类民非的普惠型扶持政策力度，建立和完善政府对科研类民非的服务采购体系。制定政府从科研类民非购买科技类公共服务的具体措施，使得科研类民非能够与事业单位、大型企业平等参与项目竞争。积极支持科研类民非科技成果进入政府采购目录，在同等质量产品条件下，民办非企业科研机构科技产品优先参加政府采购项目。

（六）改革与优化政府扶持资金使用管理制度

改革政府科研项目与专项资金使用规定，增加资金中材料、劳务、学术交流费用列支，提高非仪器设备类项目支出比例。建立有效的发明专利与转化奖励机制，给发明专利拥有者提供维护费补贴，减少专利维护成本，缓解专利发明人经济负担。

（七）明确财税优惠与政府补贴的主体资格

部分现有科技政策支持方式、科技政策，没有把科研类民非作为一类重要主体进行考虑，造成科研类民非发展规划顶层设计的缺位。建议科技类相关政策的制定与修订，要把科研类民非作为一类独立的重要主体进行考量。同时要兼顾科研类民非发展的差异性，保障大型和小微科研类民非都能较为均等地享受扶持政策。财政部、科技部等于2012年联合出台了《关于科技类民办非企业单位进口科学研究用品免征进口税收的规定》，将符合条件的科技类民办非企业单位纳入现行科学研究和教学用品进口税收优惠政策范围。该政策减轻了一批具有较强研发实力的科技类民办非企业单位的成本压力，但对大部分规模较小的科研类民办非企业单位来说，难以达到其资产和人员要求。在重点实验室建设方面，参照对高校和科研事业单位的做法，对其适当给予补助。尤其在申报和承担政府主导的战略新兴产业和未来产业中，建议专门针对民非设立填报表格。降低科研基地（或者是孵化基地）和申请各级政府部门的项目经费申请条件，适当放松对民非的账面现金价值要求，弱化政府在科研资金申报中对科研类民非的营业收入要求。

（八）加大中高端人才补贴力度

加强对中高端人才的补贴，帮助科研类民非留住人才。参照高校和科研事业单位人才引进的做法，加大对科研类民非人才引进的补贴和完善落户政策；针对中高端人才的安居工程，探索更为完善合理的补贴政策。普及对民办非企业单位科研人才社会保障政策和房补政策，放宽人才子女入学等政策，协助解决人才难觅、难留的瓶颈问题。

区域报告

Regional Reports

B.12 福田区:管理服务创新引领社会组织高效发展

曹九如　颜弋琴[*]

摘　要: 近年来,深圳市福田区社会组织迅猛发展,社会组织服务能力不断增强,参与社会治理的作用也不断体现,这与福田区所采取的一系列促进社会组织发展的重要措施是分不开的。同时,福田区社会组织仍存在发展不均衡、创新措施未得到进一步提升、社会组织的培育和发展存在一定的局限性、法人治理意识和观念淡薄等问题。促进福田区社会组织进一步发展需要从多方面入手,政府和社会组织自身都要有所作为。

关键词: 社会组织　社会组织发展创新　社会治理发展创新

---

[*] 曹九如,福田区社会组织管理局局长;颜弋琴,福田区社会组织管理局工作人员。

近年来,福田区民政局认真贯彻落实中央、广东省、深圳市有关决策部署,积极发挥中心城区优势,坚持培育发展和规范管理并重,不断深化社会组织改革发展,引导社会组织参与社会治理和公共服务,形成了共建共治共享的社会治理新格局。

一 福田区社会组织发展现状

(一)福田区社会组织基本情况

2002年,经上级批准,福田区民政局设民间组织管理办公室,2008年民间组织管理办公室改为福田区民间组织管理局,2014年更名为福田区社会组织管理局。目前共有工作人员5名,其中,公务员2名,劳务派遣3人。2017年6月,福田区社会组织党委成立,现有党支部14个,党员83名。

截至2018年10月底,福田区共有社会组织730家,其中社会团体法人登记276家、民办非企业单位法人登记454家。2017年社会组织年报统计数据显示,福田区社会组织全年收入10.4亿元,其中承接政府购买服务或补助收入1.95亿元,提供服务收入约9549万元。工作人员共8560人,其中专职工作人员5893人,志愿者2141人。社会组织成为福田区经济社会发展不可忽视的一支重要力量。

图1、图2、图3直观地展示了2013~2018年深圳市福田区社会组织的发展状况。从图1可以看出,2013~2018年,福田区社会组织登记数量呈逐年上升趋势,不论是民办非企业单位还是社会团体的数量都有了大幅增长,尤其是民办非企业单位更是发展迅猛。福田区社会组织2013年为455家,截至2018年10月为730家。

从图2可以看出,在福田区各类民办非企业单位中,占据前三位的是教育类、艺术类和民政类,分别占总数的45%、22%和14%。

从图3可以看出,在福田区社会团体的各类型中,占居前三位的是社会服务类、体育类和文化类,分别占总数的45%、17%和16%。

图1 福田区社会组织发展趋势

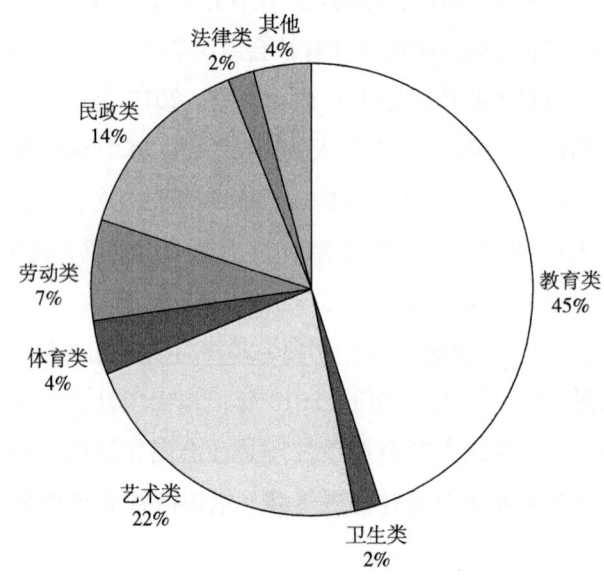

图2 福田区民办非企业单位分布状况

福田区：管理服务创新引领社会组织高效发展

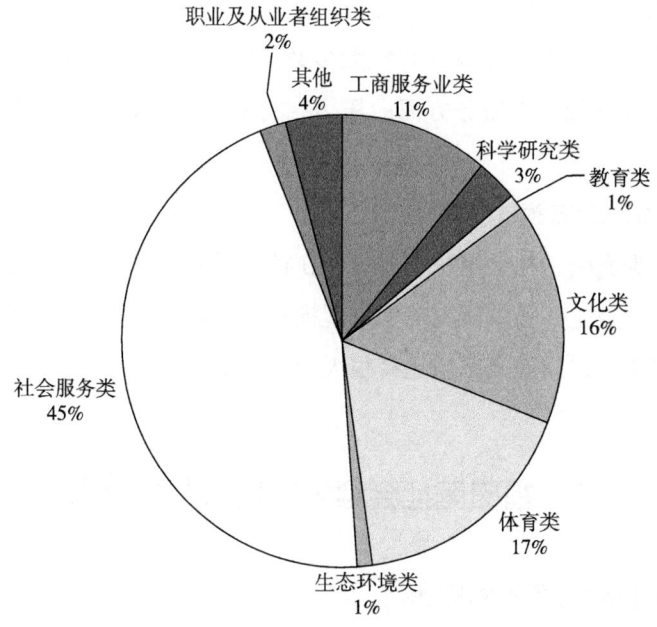

图3　福田区社会团体分布状况

（二）福田区社会组织发展的特点

通过调查发现，福田区社会组织发展呈现如下几个主要特点。

1. 总体保持迅猛增长趋势

2013～2018年，福田区的社会组织总体上保持了健康快速的发展趋势，整体增加了275家，增长率为60.4%，年均增长率为9.9%。从登记注册的社会组织类型来看，民办非企业单位的发展速度大大超过了社会团体的增长速度。这从侧面反映出社会组织对于福田区的经济社会发展起到越来越重要的作用。

2. 社会组织参与提供公共服务

统计数据表明，民办非企业单位占比最高的是教育类，涵盖138家幼儿园、41家校外培训机构、14家学校等民办教育类服务机构。据统计，全区民办幼儿园占全区幼儿园总数的86%，解决了42283个学位；民办学校解决了20145个学位。此外，福田区还有33家居家养老机构和13家社工机构，这类社会组织的服务对象大多数为辖区居民。这在很大程度上减轻了政府在教育和养老服务方面的压力，有效弥补了政府在公共服务领域的不足。

3.社会组织分布领域不均

统计数据表明，社会组织主要集中在社会服务、教育、文化、体育等方面，在法律、卫生、科学研究等领域规模不大。这也从侧面反映出社会组织在法律、卫生、科学研究领域还有很大的发展空间。

二 福田区社会组织管理与服务亮点

（一）管理服务不断完善

1.创新社会组织年度报告工作方法

大力实施简政放权，制定工作方案，通过购买服务的方式，积极吸收专业机构开展年度报告审核工作。推进"互联网+政务服务"改革，在社会组织成立、变更登记材料实行网上提交、网上预审流程的基础上，创新政务服务，实现全流程网上办理，通过邮寄送达方式，让办事群众将办理事项的纸质资料以邮寄方式提交区社管局，从而实现了办事群众零次跑动，简化了办事流程。

2.推动社会组织承担公共服务

积极落实《福田区转变政府职能事项目录》，采用政府购买、委托承担的方式，支持社会组织提供公共服务。注重社会组织自身能力建设，积极开展社会组织能力培育活动，每年开展具备承接政府职能转移和购买服务资质确定工作，政府职能转移呈常态化、制度化。2016年和2017年分别有92家和121家社会组织具备承接政府职能转移和购买服务的资质，且这一数量有逐年增长的良好态势。

3. 创新社会组织等级评估机制

采取利用公共财政向社会组织购买服务的方式，遵循"社会组织自愿报名、登记管理机关审核参评"的原则，按照"政府指导、社会参与、独立运作"的模式实施，每年定期开展社会组织等级评估工作。评估内容包括依法登记和接受监督、内部治理、业务活动、财产管理、信息公开五大类。通过定期开展等级评估，规范和促进社会组织向制度化、专业化方向发展。目前，福田区5A级社会组织有14家，4A级有14家，3A级有16家。

4. 编制社会组织异常名录

邀请业务主管单位工作人员和法律服务机构、会计师事务所等专业机构人员组成两个抽查小组，按照总数量10%的比例，对合法登记的社会组织进行重点监督检查，并将未提交年度报告的社会组织一并纳入抽查范围。将社会组织年度报告存在问题、抽检和日常监管发现问题以及从其他途径获知的存在违法违规的社会组织列入异常名录。创新社会组织信用监督方式方法，强化信用监督建设。目前，列入异常名录的社会组织共71家。

5. 实施社会组织信息公开制度

通过指定渠道和方式，向社会公开社会组织登记信息、年度报告信息、等级评估信息、承接政府职能转移和购买服务信息、活动异常名录和活动异常永久名录等，建立社会组织公众监督机制。

6. 建立社会组织综合监管联席会议制度

初步形成以登记、年检、评估、监督等为基本链条的综合监管体系，制定了福田区社会组织联席会议制度，建立并完善由政法委（社工委）和民政部门牵头的区、街两级社会组织综合监管联席会议，推动形成统一登记、各司其职、协调配合、分级负责、依法监管的社会组织管理体制。

（二）积极探索发展创新

1. 签订局区合作协议

2015年4月，为加快深圳市社会组织建设改革创新步伐，同时为推进福田区社会组织建设不断深入发展，发挥中心城区在社会组织改革创新的带头作用和引领效应，深圳市民政局与深圳市福田区人民政府签订了《深圳市民政局深圳市福田区人民政府推进社会组织建设改革创新合作协议》（以下简称"局区协议"），该协议包括培育发展、规范管理和其他三个方面12项创新措施，在福田区试点实施，期限为2年。该协议实施以来，推动了福田区社会组织的快速发展和规范运行，为探索深圳市社会组织建设改革创新提供了经验。

2. 推进社会组织直接登记与社区社会组织登记备案双轨制

探索福田区社会组织在创新社会治理中的作用，并先后出台了《福田区社会组织综合监管体系建设方案》《福田区社会组织登记管理办法（试行）》《福田区社区社会组织登记和备案管理规定（试行）》，稳步推进社会组织直接登记与社区社会组织登记备案双轨制。

3. 降低社区社会组织准入门槛

福田区坚持"简化登记、依法管理"的基本思路和"民间化、自治化、规范化"的发展方向，努力探索社会组织管理体制创新，在社区社会组织注册资金、发起人数、会员数、注册场地等方面大幅降低准入门槛。在社区社会团体登记会员数量方面，个人会员和单位会员最低标准从50个降到15个，注册资金标准从3万元降为1000元。社区民办非企业单位开办资金从3万元也降为1000元。对暂不符合登记条件的，由区民政局备案。

4. 率先成立福田区社会组织总会

重视发挥联合性枢纽型社会组织的桥梁和纽带作用，建立区级社会组织服务平台，逐步形成社会组织自我管理、自我服务和自律自治的工作机制。2011年11月，福田区率先成立了深圳市第一个区级社会组织——深圳市福田区社会组织总会，为日益发展壮大的社会组织搭建了一个交流与合作的平台。福田区社会组织总会现有会员123家，2014年被评为福田区5A级社会组织，并荣获"福田区年度规范建设社会组织"荣誉称号。

5. 理顺公益慈善体制机制

福田区慈善会自2008年成立以来，共筹集慈善资金11898.26万元，并形成了"扶贫济困""慈善一日捐"等慈善品牌项目。2016年8月，福田区慈善会完成转型改革，新任理事会成员全部由社会人士担任，这标志着政府主导、社会主办、企业家为主力的慈善新格局的形成。以区慈善会为主导的福田区慈善事业朝着"首善之区、幸福福田"的建设目标迈进新阶段。

（三）倾力投入扶持培育

1. 投入专项资金扶持发展

坚持发挥社会建设专项资金扶持作用，截至2018年10月，福田区政法委（社工委）共受理专项资金项目申报8期，资助项目688个，资助金额9715万元。培育出"大爱福田——涉罪未成年人帮教工程"项目、"家事调查、调解制度改革"项目和"社会化专业化青少年普法'新雨计划'"项目等品牌，有效提升了社会治理的精准度和实效性。

2. 加强深圳社会组织总部基地（福田）建设

建立全市首家社会组织孵化园——由政府出资、建筑面积为3500平方米的深圳社会组织总部基地（福田）。通过免租金、免部分办公费用的形式，引进专家团队组织专题培训，重点扶持培育基础良好、有发展潜力的社会组织，目前已有"福田区社会组织总会""启航公益服务中心"等十余家社会组织入驻。截至2018年10月，累计提供年度报告培训服务1445次，提供政府职能转移和购买服务资质初审服务136家，提供评估服务90家，提供财务、人事、法律等相关服务3266家，并提供媒体宣传推广服务443次。

3. 通过购买服务增强"造血"功能

通过政府购买服务、资金注入扶持社会组织发展，引导其聚焦社区及社会需求有所作为。例如福田区"民生微实事"项目，区财政每年为每个社区安排200万元专项经费用于保障项目开展，鼓励社会组织针对居民需求开展服务。2017年在该项目中，工程类有701个，服务类有1064个，财政资金支出达1.93亿元，吸引社会投入1198.35万元。其中，459个工程类项目精准指向民生基础设施短板，助力提升社区环境和城市质量；839个服务类项

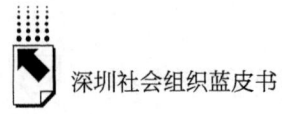

目推动社区服务多元供给，进而有效培育、发展、壮大了一批社会组织。

4. 奖励先进加强示范引领

为进一步提升社区社会组织的专业服务水平，福田区开展优秀社区社工服务项目（党群服务中心）评选活动，采取"以奖代补"的方式，对优秀社区社工服务项目进行表彰奖励，激励扶持社区社会组织的发展。

（四）党建引领健康发展

1. 抓组建力度，确保"两个覆盖"到位

通过社会组织登记、年度报告、等级评估等工作，掌握党组织和党员分布情况，建立工作台账。采取上门走访的形式，6天内完成18家社会组织的走访调研工作，实现对社会组织党组织"底数清、情况明、信息准"的目标。按照"先易后难、分类指导、有序推进、全面覆盖"的原则，采取单独组建、联合组建等方式，加大组建力度，成立了14个党支部，管理党员96名。

2. 抓创新机制，确保党建与业务"双到位"

探索推行党员领导干部挂点基层党组织党建工作联系制度，每位党委委员挂点2～3个基层党组织，并按要求把抓基层党建工作情况纳入领导班子年度考核。推行党建工作与社会组织登记管理"三同步""五嵌入"，即在社会组织登记管理的过程中同步采集党员信息、同步组建党组织、同步指导党建工作写入组织章程；在社会组织年度报告、等级评估、换届改选、购买服务、承接政府转移职能和评先评优时嵌入党建工作，有效调动社会组织推进党建工作的积极性，实现党建工作与业务工作"双到位"。

3. 抓规范建设，确保阵地保障到位

召开专项督查工作推进会，督促指导基层党组织对照专项工作清单完善党建工作台账，为社会组织党建工作规范化、标准化建设打下基础。按照"无组织抓组建、有组织抓规范"的原则，依托登记管理职能，把好注册登记和年报两个关口，切实做好党组织的组建监督工作。实现"两学一做"学习教育常态化、制度化，推进"三会一课"制度，组织专题课、集中学习、座谈交流、小组讨论等活动5次，党员参与200人次。

4. 抓经费投入，确保资金保障到位

针对社会组织普遍存在资源有限、资金短缺的特点，建立多渠道筹措、多元化投入的党建资金保障机制。由区委组织部划拨50万元专项经费作为党委启动资金，为每个新建党组织制作党建标牌，购买党旗、党徽、党建图书等，为福田区社会组织党组织规范化建设提供资金保障。实施党费返还制度，按上年度党支部缴纳党费的60%返还党费，保障社会组织党建工作顺利开展。

5. 抓活动载体，确保党建服务到位

建立"社会组织党建信息交互平台"网站，及时更新社会组织党建活动，定期推送组织工作动态，向社会组织中的党员传送学习资料、党课资料、党建信息等。充分利用互联网、微信、QQ群等现代传播手段和信息化技术，搭建工作平台，创新活动载体，增强党组织活动的吸引力，确保党建服务到位。

三 福田区社会组织发展与管理的问题和挑战

（一）创新实验逐步完善与转型

为期两年的"局区协议"创新实验成果是在登记、服务、监管等方面先行先试，打开了工作局面。在年度报告、抽查监督、等级评估、活动异常名录等方面不断深化，形成了较为完善的操作路径。但是随着国家、广东省、深圳市有关社会组织政策、制度的出台和修订，"局区协议"的内容需要调整和取消一些不符合当前政策和要求的内容，比如在登记方面，在使用广东省政务服务网后，调整了注册资金的认缴制和注册地址的要求等，实现了与深圳市社会组织的登记要求和标准的统一。但对已经推行的做法进行转型，不仅面临着巨大的工作量，也有一些问题需要解决。因此，需要做好政策宣讲和解读，也要使前后政策有序衔接和过渡。

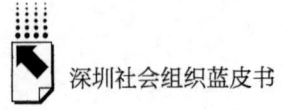

（二）扶持和监管需密切协同配合

目前，福田区对社会组织的扶持工作主要体现在深圳社会组织总部基地（福田）和福田区社会建设专项资金，由福田区政法委（社工委）具体负责，而对社会组织的监管主要由福田区民政局负责，扶持和监管各自独立运行，形成了扶持和监管分离的局面。因此，需要政法和民政部门密切配合，协同步伐，形成促进社会组织健康有序发展的合力。

（三）法人治理须进一步规范和推行

《广东省民政厅关于社会组织法人治理的指导意见》（以下简称《意见》）出台后，福田区全面规范社会组织法人治理。结合《意见》的要求，编制了福田区社会组织章程模版，对辖区社会团体、民办非企业单位分别使用统一的章程，强制性进行变更，使社会组织依照章程运行。但是有相当数量的社区社会组织和老年人社会组织，对章程的理解和执行还不到位。因此，需要大力开展宣传教育活动，不断巩固和强化社会组织从业人员尤其是高级管理人员的法人治理意识和观念，进一步加大监管工作的深度和广度，全面规范社会组织运行，切实纠偏纠错，推动福田区社会组织规范发展。

四 福田区社会组织发展与管理工作展望

（一）推动中心城区社会组织健康有序规范发展

推动社会组织管理机制创新，进一步深化"局区协议"的创新经验和举措，巩固实验成果，推动社会组织管理上台阶。探索建立福田区民政局和福田区政法委（社工委）对社会组织监管和扶持协调运作的整合机制，解决监管和扶持分离、相互掣肘的问题。

（二）中心城区社会组织党建全面覆盖深度融合

坚持党建与社会组织全面发展的各项工作深度融合，从组织体系、突出重点、作用发挥、服务群众、规范运行等方面，构建起层次分明、有机衔接、务实管用的社会组织党建工作体系，探索出具有中心城区特点的社会组织党建工作新思路、新举措。

（三）完善中心城区社会组织监管体系和措施

加强社会组织行业自律，引导社会组织加强诚信建设，树立良好社会公信力，共同履行社会责任。进一步健全社会组织管理规章规定，结合社会组织目前发展面临的突出问题，有针对性地提出相关监管措施。

（四）发挥中心城区社会组织培育和扶持效能

进一步加强社会组织自身建设，进一步加大对中心城区社会组织的扶持力度，增强其"造血"功能，促进社会组织健康有序发展。

B.13
罗湖区：迈向高质量发展的社会组织成长之路

苏媛媛*

摘　要：　罗湖区深化社会组织改革发展，坚持依法治区，通过出台多方面政策，从党建、孵化培育、能力建设培训、规范发展、诚信建设、年度报告、抽查监督、活动异常名录、激励扶持等方面系统推进社会组织培育发展和综合监管，实现了社会组织由量变到质变的飞跃，探索出符合罗湖区经济社会发展的社会组织发展之路。

关键词：　社会组织　高质量发展　综合监管

罗湖区是深圳最早设立的行政区，其社会组织的发展起步较早、发展基础相对较好。罗湖区委、区政府认真贯彻落实中央、广东省、深圳市的社会组织改革发展政策，依据区情实施改革，走出了一条适合罗湖区经济社会发展实际的社会组织高质量发展之路。

一　罗湖区社会组织成长历程

1989年，罗湖区首家社会组织登记成立。2000年之前，罗湖区社会组

---

* 苏媛媛，罗湖区民政局职员。

织发展缓慢,党的十八届三中全会以来,罗湖区的社会组织发展进入快车道。

(一)罗湖区社会组织数量稳步增长

1989~1998年底,罗湖区有20家社会团体登记成立,早期成立的社会团体具有明显的官办色彩。1998年,国务院对《社会团体登记管理条例》进行了修改,并出台了《民办非企业单位登记管理暂行条例》,社会组织的登记管理更为有法可依。罗湖区贯彻落实相关要求,积极推进社会组织的登记管理工作。2007年之前,每年新登记社会团体不足4家,相对较少;2007年和2008年,罗湖区大力推进基层老年协会建设,2007年登记了65家老年协会,2008年登记了30家老年协会,直至2014年,罗湖区社会团体新登记数量相对平稳。2000年,罗湖区首家民办非企业单位登记成立,截至2000年底,共登记50家民办非企业单位,主要为民办幼儿园和民办培训机构。2000年后,每年新增登记成立的民办非企业单位的数量也较为平稳。

党的十八届三中全会关于激发社会组织活力的相关措施,激励了社会组织的成长。2014年,罗湖区新登记社会组织大幅增加。为顺应发展趋势、推动社会组织改革发展,罗湖区委、区政府将社会组织改革纳入2015年全区重点改革领域,发布《中共深圳市罗湖区委深圳市罗湖区人民政府关于推进社会组织改革发展的实施意见》,出台了8个方面28项措施,全面推进社会组织改革发展。在罗湖区区委、区政府的大力支持下,每年新登记成立的社会组织数量明显增多。

罗湖区在重视社会组织登记的同时,也将社会组织的质量发展提上日程,通过社会组织孵化培育基地建设、社会组织能力建设专题培训、激励扶持评选、等级评估、卓越社会组织发展支持计划等措施,提升社会组织发展质量。截至2018年11月30日,罗湖区5A级社会组织有6家,经中国慈展会认证的金牌社企1家。

(二)罗湖区社会组织发展特点

罗湖区历年新登记社会组织数量见图1。截至2018年11月30日,罗湖

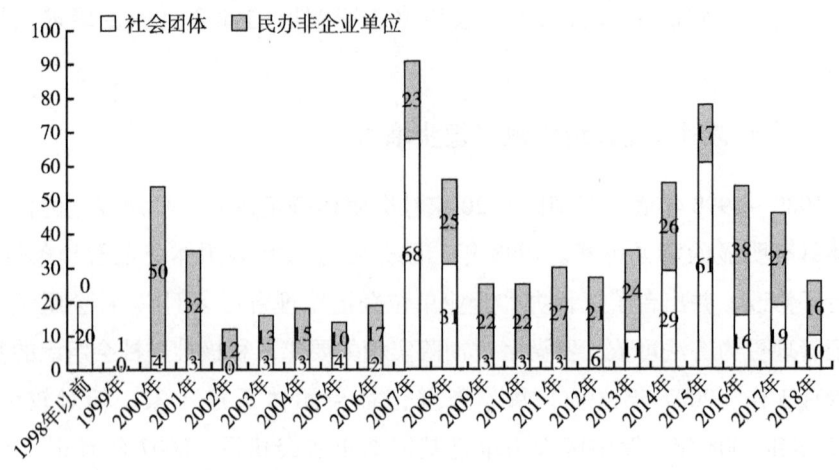

图 1　罗湖区新登记社会组织数量

说明：2018 年数据截至 11 月 30 日。

区共登记社会组织 659 家（其中，民办非企业单位 378 家，社会团体 281 家），备案社区社会组织 834 家。社会组织发展表现出以下三个特点。

1. 社会组织种类繁多，老年协会、教育类民非、文体类社区社会组织数量居多

罗湖区的社会组织业务范围涉及工商服务、社会服务、文化、体育、卫生、老年服务、教育、科学研究、法律、生态环境、心理研究等领域，种类齐全。但是，登记成立的社会团体中老年协会超过 40%，登记成立的民办非企业单位中教育类超过 70%，备案社区社会组织绝大多数为文化体育类，社会组织发展表现出明显的"扎堆"现象。

2. 社会组织蓬勃发展，但组织规模偏小

近年来，罗湖区社会组织数量增长快，质量也不断提升，但全区社会组织规模偏小。一方面，社会组织的注册资金少、资产规模小、年度收入有限。经统计，社会团体的注册资金平均为 2.2 万元，2017 年，社会团体（慈善会除外）的平均净资产为 20 万元，平均年收入为 40.5 万元。另一方面，社会组织活动范围局限本区，绝大多数社会组织的活动局限在本社区或本街道。统计发现，社会团体中有 3 人以上专职工作人员的比例较少，部分

社会团体没有专职工作人员。

3. 积极参与社会服务供给，但专业服务能力较弱

在"放管服"改革的推动下，罗湖区社会组织积极参与罗湖区乃至全市的政府职能转移和购买服务项目。据统计，罗湖区民生微实事服务类项目中，2017年，社会组织的参与率超过35%，2018年，超过50%，社会组织的参与率较高。但是，实地调研发现，罗湖区社会组织提供有效社会服务的能力较弱，提供的服务远远不能满足居民的服务需求。

二 罗湖区法治先行推进社会组织高质量发展

罗湖区坚持法治先行推进社会组织改革发展，不仅在社会组织登记管理中严格依法办事，也规范社会组织依法自治，促进了社会组织的高质量发展。

（一）探索以党建统领社会组织改革发展的新路径

社会组织是推动我国实现社会主义现代化的重要力量，是夯实党的群众基础、联系和服务群众的重要阵地。罗湖区在社会组织改革发展中始终坚持党建的统领作用，罗湖区委、区政府出台的《关于推进社会组织改革发展的实施意见》，将加强党建工作列入八大改革措施。在区委、区政府的大力支持下，区民政局成立社会组织党委，统筹指导社会组织党建工作。截至2018年11月30日，社会组织党委下属党组织34个，党员201名。

罗湖区根据社会组织自身党员的情况，因地制宜建立特色党组织。成立中共深圳市罗湖区律师行业委员会，加强新形势下律师行业党的建设；依托深圳市罗湖区懿贝斯女性社会组织服务中心，成立全市首个女性社会组织联合党支部；依托罗湖社会创新空间建立联合党支部，将社会组织的零散党员纳入管理。特色党组织的成立，凝聚了党建力量，推动了党的政策在社会组织中践行。

罗湖区设立党建专项经费，确保社会组织党建工作顺利开展。出台

《罗湖区社会组织激励扶持暂行办法》，设立"扶持社会组织建立党组织"经费，凡是在罗湖区登记的社会组织经党委批准建立党组织的，给予5000元党建启动经费。2016年以来，已扶持13家社会组织党组织。区财政专款补贴社会组织党务干部，按党员人数拨付党组织活动经费，并全额返还上年度上缴的党费用于支持党组织开展活动。

罗湖区推行党建工作与社会组织登记管理"三同步""五嵌入"，即社会组织登记成立时，同步采集社会组织党员信息、同步组建社会组织党组织、同步指导社会组织党建工作入章程；在社会组织管理工作中，把党建工作嵌入社会组织年报、等级评估、换届改选、购买服务和承接政府转移职能、评先评优，从而更好地摸清党员情况、推动社会组织党建与业务的融合。

罗湖区按照建设基层服务型党组织的要求，不断创新党建方式和服务方式，保障了党建工作开展的组织基础和经济基础，充分发挥了党组织的政治功能和政治作用，探索出了社会组织党建新模式。

（二）建立高效的社会组织孵化培育机制

罗湖区坚持培育发展与规范管理相结合的原则，区委、区政府出台的《关于推进社会组织改革发展的实施意见》，将"建立社会组织培育支持体系"作为主要目标之一，多举措加大培育力度。

1. 建立社会组织孵化培育基地

罗湖区政府大力支持、培育社会组织，拿出面积达1000平方米的空间开办罗湖社会创新空间，面向全区开展社会组织孵化培育服务。自2015年7月运营以来，罗湖社会创新空间坚持分类培育，为33家培育型组织、10家卓越计划组织、3家示范型组织提供了场地、资金、培训、业务咨询等服务和支持，社会组织孵化培育取得良好效果。

罗湖社会创新空间以孵化培育为核心，针对初创型社会组织和处于筹备期的社会组织，提供场地、资金等基础服务，通过"专家会诊"帮助初创社会组织拟定培育目标，采取一对一跟进服务，为社会组织提供党建支持、项目策划、专业咨询、资源对接、人才培养、专题课堂等综合支持服务。经过精心培育，17家筹备成立的组织中有13家完成登记。

罗湖社会创新空间以规范提升为延伸，以社会组织等级评估标准为参考，推行卓越发展支持计划。经过入驻诊断，为10家社会组织提供了业务活动、项目管理、内部治理、财务管理、信息公开、品牌传播等方面的一对一管家式贴身服务。经过系统地改善与提升，3家社会组织成长为5A级，1家社会组织成长为4A级，1家社会组织成长为3A级。

罗湖社会创新空间以服务示范为补充，通过精心选择，将3家市级社会组织引入，为入驻的社会组织提供内部治理、业务开展、品牌建设等方面的经验分享、案例分析，推动社会组织间的相互合作、相互促进、共同发展，推动罗湖区公益生态的良性建设。入驻创新空间的示范型社会组织深圳市守望心智障碍者家庭关爱协会荣获第四届"鹏城慈善典范机构"，深圳市公益救援志愿者联合会获评5A级社会组织，它们的发展和获得的荣誉进一步激励了其他入驻社会组织的发展。

2. 重点扶持具有潜力的社会组织

《罗湖区社会组织激励扶持暂行办法》明确规定重点培育行业管理、慈善救助、社区服务、养老助残、志愿服务、环境保护、维护公共利益、文化娱乐、青少年关怀、科学技术等十类社会组织，每家社会组织扶持2万元。自2016年以来，已评选出17家社会组织予以扶持，培育出3家5A级社会组织，1家4A级社会组织，3家3A级社会组织。

罗湖区重视对枢纽型社会组织的培育，重点培育和扶持了服务女性社会组织及专业妇女儿童社会服务机构的深圳市罗湖区懿贝斯女性社会组织服务中心、服务罗湖区中小学家委会及家长的深圳市罗湖区中小学家委联合会，及以孵化培育社区公益组织为宗旨的深圳市罗湖区光合春田社会组织联合发展中心。这3家组织已经有2家成长为5A级社会组织，1家成长为4A级社会组织，对引领、带动本领域内相关社会组织的发展起到了很好的示范作用。同时，罗湖区重视枢纽型社会组织之间的互动与合作，依托罗湖社会创新空间建立了枢纽型社会组织季度交流与互访机制，截至2018年11月30

日,已经开展了"共赢/营罗湖"主题交流会、人力资源主题讨论会等主题交流,参观走访了5A级枢纽型社会组织深圳市罗湖区中小学家委联合会。

3. 健全社会组织专业能力培训机制

罗湖区民政局根据区委、区政府的规划,制订了社会组织年度培训计划。近三年来,面向全区社会组织开展了7期专题培训,培训内容涉及社会组织党建、《中华人民共和国慈善法》及相关法律法规、项目策划与运作、财务管理、内部治理、等级评估等内容,共有1200余人次参与培训。

罗湖区民政局推出"罗湖区卓越社会组织发展专题研修班",推动罗湖区具有潜力的社会组织加强品牌建设。每年遴选罗湖区登记的、具有较大发展潜力、积极开展服务、内部治理较为规范的社会组织20~40家赴高校进行为期一周的社会组织能力建设专题研修。2017年遴选了22家社会组织赴上海交通大学开展了专题研修,2018年遴选了35家社会组织赴武汉大学开展了专题研修。专题研修班聘请高校教授担任课程主讲教师,借助高校专业研究人员的智力支持,助力罗湖社会组织高质量发展。

(三)打造以诚信建设为核心的社会组织管理制度

罗湖区通过出台规范化建设和诚信建设的指导意见,构建起较为完善的以社会组织诚信建设为核心的管理制度。

1. 规范社会组织运作与管理

罗湖区民政局出台《罗湖区社会组织规范化建设指导意见》,对社会组织章程、组织结构、管理制度、能力建设等方面进行了详细的规范。罗湖区民政局组织社会组织规范化建设专题讲座、依托罗湖社会创新空间开展规范化建设咨询与服务、对新登记成立和更换法定代表人的社会组织逐一进行约谈,针对行业协会商会、社会团体、民办非企业单位制作便捷宣传册和办事指引,推动社会组织规范化建设。罗湖区民政局在全区18家行业协会商会中清理规范收费行为,促进行业协会商会健康发展;在全区开展社会组织分支(代表)机构和社会组织名称管理的自查自纠,引导存在问题的社会组织及时纠正自查中发现的问题。

2. 构建社会组织诚信建设体系

罗湖区民政局围绕社会组织诚信建设，出台了《罗湖区社会组织诚信建设的指导意见》，从多个方面推动社会组织加强诚信建设。为支持社会组织诚信建设，同步出台了《罗湖区社会组织年度报告办法》、《罗湖区社会组织抽查监督办法（试行）》、《罗湖区社会组织信息公开办法（试行）》及《罗湖区社会组织活动异常名录管理办法（试行)》，与《罗湖区社会组织激励扶持暂行办法》一道，共筑诚信激励、失信惩戒的社会组织诚信建设体系。

（四）完善社会组织"全过程"综合监管体系

罗湖区在培育社会组织的同时，也很重视对社会组织的监管，通过约谈预警机制、年度报告、抽查监督、活动异常名录、等级评估、法定代表人离任审计和注销清算审计等措施，形成了贯穿社会组织登记管理全过程的综合监管体系。

1. 建立健全约谈预警机制

罗湖区建立约谈预警机制，坚持在社会组织登记成立前约谈主要发起人，在变更法定代表人时约谈现任法定代表人和拟任法定代表人，在发现运行问题时约谈主要负责人，做到党建工作必谈、诚信建设必谈、依法自治必谈、发现问题必谈，将社会组织的监管从事后监管延伸到事前、事中，实现了对社会组织登记管理全过程的监管。自 2013 年建立约谈机制以来，每年约谈的社会组织数量超过社会组织总数的 10%。

2. 建立年报 + 抽查相结合的制度

罗湖区修改社会组织年度检查为年度报告制度，同时建立抽查监督机制。罗湖区每年在 1 月底向社会组织发布填写年度报告的通知，要求社会组织在 5 月 31 日之前提交上一年度工作报告，并且通过发送短信、QQ 群提醒等方式，敦促社会组织填写年报。在社会组织年报填报结束后，聘请专业的会计师事务所开展审查。每年抽取 5%~10% 的社会组织，联合区财政局、各业务主管单位，会同会计师事务所，并邀请人大代表、政协委员、媒体代表等,进行实地检查。对发现的问题及时指出,并发出整改通知书,限期整改。对未提交年报和抽查发现问题整改不合格、不及时的,在依法履行送达《列入活动异常名录事先告知书》后,列入罗湖区社会组织活动异常名录。2018年,有54家社会组织被列入异常名录。

3. 借助专业力量加强财务监管

针对社会组织财务管理涉及内容专业性强的特点,罗湖区民政局以政府购买服务的方式、通过公开选聘,聘请专业会计师事务所对社会组织年报进行审核,给出专业建议。聘请专业会计师事务所对社会组织法定代表人变更做离任审计、对社会组织注销做注销清算审计,从而加强了对社会组织的财务监管。自2017年10月开启法定代表人离任审计和注销清算审计工作以来,已经完成了44家社会组织的审计工作,发现10家社会组织存在财务管理问题,罗湖区民政局依法做出整改要求,对存在的问题坚决予以纠正。

三 罗湖区社会组织高质量发展面临的挑战

习近平总书记在2018年全国"两会"期间参加了广东代表团审议,对广东发展提出了"四个走在全国前列"[①]的要求,社会组织作为参与"营造共建共治共享社会治理格局"的重要力量,在社会治理中将发挥更重要的作用。然而,从罗湖区社会组织发展的现状来看,社会组织要以更高质量推动共建共治共享社会治理格局的构建,还面临较大的挑战。

(一)社会组织使命认识不到位、专业能力薄弱

罗湖区自2013年实施社会组织约谈制度以来,累计约谈的社会组织超过300家次。约谈发现,很多社会组织的主要负责人对社会组织提供公共服务、参与社会建设、促进社会治理现代化的作用认知不清,有相当部分的民

---

① 《中国共产党广东省第十二届委员会第六次全体会议决议议决议》,http://www.gd.gov.cn/gdywdt/gdyw/content/post_1054183.html,最后访问日期:2019年1月15日。

办非企业单位的主要负责人仅仅是因为只能在民政部门登记才能取得合法运营资格而进行登记，还有一小部分社会组织的负责人是因为看到"民生微实事"工作中社会组织的参与，也想找一条"生财之道"。

社会组织主要负责人对社会组织参与社会治理的功能认识不到位，没有主动担当意识，甚至将社会组织视为牟取私利的工具，直接影响了社会组织参与基层社会治理的动力和能力。从罗湖区社会组织登记成立和运作的情况来看，社会组织从业人员准入门槛低，缺乏社会组织如何运作的专业知识和专业能力，导致社会组织专业能力低，提供有效的社会服务的水平不足。因此，必须强化社会组织主要负责人对社会组织使命和担当的认识，切实提升社会组织的主动作为意识和能力。

（二）区级执法力量薄弱，难以开展有效的执法监督

2014年以来，罗湖区社会组织进入快速成长期，5年来，新增登记成立的社会组织数量达到259家。然而，区级民政部门编制有限，负责社会组织登记管理的编制更为稀缺。目前，罗湖区社会组织管理局行政编制3名（实际到编2名）。在社会组织数量不断增加而工作人员数量有限的情况下，工作人员的工作主要围绕登记、变更、注销、年报、等级评估、激励扶持、抽查、具备承接政府职能转移和购买服务资质的社会组织资质认定、罗湖社会创新空间运营管理等展开，无暇开展更多的监管工作和社会组织执法。同时，目前拥有执法资格的工作人员也是行政审批的直接负责人，即使开展执法，也无法做到审执分离。缺乏专门的执法人员导致执法的范围、流程、效力等受到限制，这在一定程度上放任了社会组织的违法行为，阻碍了社会组织的高质量发展。因此，必须从源头上重视社会组织执法，配齐配强社会组织执法力量，推动社会组织执法的有效开展。

罗湖区社会组织的发展经历了从缓慢平稳发展到快速发展的阶段，目前正迈向高质量发展。上述挑战不仅不利于社会组织的规范化建设和高质量发展，也影响着社会组织参与社会治理的能力。罗湖区将以更大的政治勇气直面挑战、深化社会组织改革，推动社会组织更高质量的发展。

B.14
盐田区：动员社会力量，社区治理再上新台阶

张婧一 王岭娟*

摘 要： 经过多年的发展，盐田区形成了门类齐全、层次不同、服务领域覆盖较广的社会组织体系，环境治理类、心理健康类、社区治理类社会组织和服务项目形成品牌，成为政府社会治理的有力伙伴。2017年，盐田区通过党建"两个覆盖""三个提高""双提升·双发展"等多种举措打造社会组织党建的盐田模式；以健全社工机构监管评估机制、建立健全政府购买服务机制、率先建立专业社工职业发展体系三大措施立体式推进社会工作行业发展。当前，盐田区社会组织管理和发展面临现行政策法规相对滞后、社会组织培育监管顶层设计仍需完善、各部门尚未实现互联互通和信息共享导致监管服务水平相对落后、社会组织普遍规模偏小、缺乏领军人才、造血能力不强等问题。未来一段时间，盐田区将进一步加强党对社会组织的引领，营造社会组织发展的良好生态，深化社会组织登记改革和综合监管。

关键词： 社会组织 品牌社会组织 社会工作创新机制

---

* 张婧一，盐田区民政局社会组织管理科科长；王岭娟，盐田区民政局社会组织管理科社工。

一 盐田区社会组织发展现状

（一）盐田区社会组织发展历程

近年来，盐田区委、区政府以促进社会组织健康有序发展为出发点和落脚点，坚持党的领导，坚持创新驱动，坚持培育和监管并重，将社会组织培育发展列为区级社会创新重点工程，在社会组织培育发展方面做出了一系列积极探索：2012年底，搭建区级社会组织服务园，2013年，正式投入使用，吸纳了恩派、腾讯公益基金会等二十多家社会组织，并为其提供多维度建设指导；2013年5月，设立区级培育发展社会组织专项资金，形成了资金管理配套制度，为符合条件的社会组织提供规范、有序和常态化的帮扶；2016年1月，编制并出版了《社会组织规范发展"盐田指引"》，形成了一套具有盐田特色的社会组织培育机制，《社会组织规范发展"盐田指引"》成为全区社会组织的"案头书"和"工具书"；2016年3月，成立区级社会组织党委，积极开展社会组织党建工作；2017年，实现社区基金会街道全覆盖，激发社区基金会在公益慈善和社区治理等方面的积极作用；2018年，全力推进社会组织党建全覆盖，探索社会组织培育与党建同步的"双提升·双发展"模式。

（二）盐田区社会组织基本情况及特点

经过多年来持续不断的努力，盐田区社会组织由建区时的5家发展到2018年9月的257家，涵盖了经济类13家、科研类1家、社会事业（教卫文体等）类126家、慈善和社会服务类87家、综合（法律宗教涉外等）类30家等五大类别，基本形成了门类齐全、层次不同、覆盖领域较广泛的社会组织体系。它们有效地承接了政府部分公共职能的转移，为辖区居民提供着多样化的社会服务。尤其是2013~2018年来，辖区社会组织保持了每年15%的增长率，目前盐田区每万名常住人口拥有社会组织10.7个，位居深圳市前列，每年有超过15万人次接受各类社会组织服务。

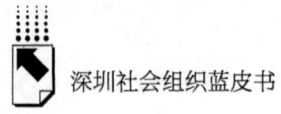

2018年7月，盐田区社会组织党委实现了党组织的"全覆盖"，目前有党支部21个，其中联合党支部13个，独立党支部8个，覆盖了215家社会组织，另有42家社会组织党组织关系隶属社区党委和非公党委。

二 盐田区社会组织发展和管理的成果

（一）盐田区社会组织发展特点

一批具有社会影响力的社会组织成为政府社会治理的有力伙伴，形成环境治理类、心理健康类、社区治理类的品牌社会组织，"构建政社合作伙伴关系"入选全国创新社会治理十佳案例，这些都是盐田区社会组织在参与社会多元共治，打造共建共治共享幸福之城中收获的累累硕果。

1. 环境治理类品牌社会组织

在环境治理领域，盐田区特有的山海环境孕育了特有的环保类社会组织，成为深圳乃至全国独树一帜的特色品牌。

例如，深圳市盐田区海洋生态环保服务中心（别名"珊瑚虫"）是由梅沙海洋环保义工队发展壮大起来的优秀的青年社会组织。它是目前广东省唯一一个由社区本地青年组建且正式注册的海洋环保公益组织，主要由梅沙本土青年、外来青工、边防部队官兵、社会知名人士等组成，目前已有会员超过两百人。该组织发挥专业特色，宣传海洋科普知识和海洋权益，进行海洋环保活动和海上救援行动，开展盐田区海域珊瑚普查工作，实施海底珊瑚、鱼类保育，并组织公益游泳教学等。该组织及其负责人已获得了多项荣誉，如深圳关爱行动颁发的"十佳创意项目"，共青团深圳市委颁发的2017年"益苗行动"深圳市优秀项目奖，等等。

2. 心理健康类品牌社会组织

心理健康领域作为社会治理的重点领域，盐田区"海山街道快乐家园""习学书院"等一些长期扎根盐田，具有一定专业水准和广泛群众基础的社会组织，整合多年服务经验和资源，打造自身品牌服务。

"海山街道快乐家园"凝聚了超过120人的志愿者队伍,专注于为辖区的外来劳务工提供心理辅导和情绪疏导等专业服务,2018年,为外来青工开展街舞、吉他、健身等各种活动40余场,服务超过2000人次,丰富了青工的文娱生活。

"习学书院"则可谓是在社会治理领域中"治未病"的社会组织,该组织致力于推广优秀中华传统文化,书院自成立以来,围绕"读好书、明事理、立人格",以践行社会主义核心价值观为主线,持续开展"千人经典诵读""经典能量诵读""中英街文化体验营"等活动,在盐田营造出传承国学经典的良好社会氛围。

3. 社区治理类品牌社会组织

社区是社会治理的基层单元,社区治理是社会治理中的关键环节。盐田区涌现出"盐田区人民调解员协会""盐田区和谐劳动关系协会"等一批高素质、有作为的社会组织品牌。它们参与到纠纷调解、劳动关系构建、和谐家庭等领域,成为政府开展社会建设和社区治理的有效补充。

盐田区人民调解员协会作为盐田港后方陆域土生土长的非营利性社会组织,创造性构建了便民服务机制(从调解时间、地点、调解员等多方面给予当事人最大的选择权,以真诚的服务态度对待每一例案件)、三方联调机制(专业人士、法律人士、社会人士"三方联合调解",增强调解工作的专业性与公信力)、诉调联动机制(诉讼外调解和诉讼调解接轨)等8项工作机制,并在实际调解中运用成熟。盐田区人民调解员协会参与和指导专兼职人民调解员调处基层社会矛盾纠纷逾800宗,开展平安宣传、普法讲座近80场,筑建了化解基层矛盾纠纷的"第一道防线",同时培养了一批优秀人民调解员,也成为政府司法行政的重要补充力量。

此外,盐田区注册志愿者达到24500名,占辖区常住人口的10.5%,志愿者们广泛参与到"平安建设示范区""生态文明先行示范区"创建以及交通、医疗、社会保障等工作中,为盐田发展提供有力支持,"岗位化"志愿服务也成为盐田对外交往的一张名片,打造志愿服务的示范岗位,有力地推动了志愿服务的自发式开展和专业化运作,志愿者成为社会治理的有生力量。

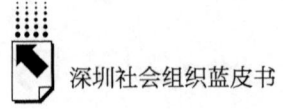深圳社会组织蓝皮书

（二）盐田区社会组织管理的工作亮点

1. 打造社会组织党建的盐田模式

一方面，抓好点线面，有效实现社会组织党建"两个覆盖"。通过点上抓提高，联合支部的"第一书记"由党委选派有基层党建工作经验的优秀党员担任，与各社会组织选出的联络员对接，点对点指导社会组织党建工作的开展；通过线上促联动，按照"地域相邻、行业相近"的原则，组建联合党支部，让联合党支部成为社会组织党支部的"孵化器"和"连心桥"；通过面上广覆盖，按照"条块结合、区域兜底"的原则，建立联席会议制度，形成区级"统"、街道"兜"、片区"接"、社区"拢"的社会组织党建格局。另一方面，抓好服务引领，有效实现社会组织党建"三个提高"。组织开展"社会组织党员志愿服务季活动"，为辖区环卫工人、军营官兵、社区长者、候鸟儿童、残障人士、中小学生等六类群体提供心灵关爱等七类服务共20个项目，增强社会组织党员党性意识，增强党组织的向心力和凝聚力，引导社会组织党支部打造"党建+"特色服务项目，提高社会组织党建品牌美誉度和影响力。同时，积极探索，创新机制，逐步形成社会组织及党组织"双发展·双提升"的盐田模式。搭建社会组织及其党组织"双发展"基地平台，开展"红色领航计划""秘书长训练营"等双培育项目，实行党组织与社会组织"三同步"开展工作。将"专业化社会工作"和"标准化党务工作"联动，实现社会工作和党建工作谋划落实"一体化"。开展"新时代·盐田区社会组织党建在行动"系列活动，发挥党组织政治优势，促进社会组织发展；发挥社会组织扎根社区、贴近群众的优势，使党的工作在与多元社会良性互动中，不断扩大党的群众基础。

2. 立体式推动社工机构持续发展

社工机构作为社会组织的重要力量，在承接政府购买服务、参与社会建设、推动行业发展等方面发挥了积极作用，但其自身面临着诸多现实困难和问题。为此，区委、区政府连续两年将社会工作纳入区级重点改革项目，全力推动政府购买服务和监管评估等体制机制创新，为社工机构创造良好环

境。健全社工机构监管评估机制。改善社会组织评估体系,特别将社工机构的评估结果与承接政府职能转移工作相结合,建立盐田区社会组织承接政府职能转移目录库、社会组织异常名录,启动社会工作服务项目预选供应商库建设,试点分部门购买,扶持优秀社工机构的持续发展。建立健全政府购买服务机制。目前政府购买社工服务由盐田区民政局牵头立项、采购、运营、监管,购买主体单一,民政部门既是"运动员"又是"裁判员",创新建立"购买前、购买中、购买后"的全链条购买机制,努力实现社会工作项目开发规范化、经费编制科学化、采购流程化、评估监督数字化。率先建立专业社工职业发展体系。出台《关于加强专业社会工作人才队伍建设的实施意见》等"1+3"文件,根据学历、职业水平等级、专业资历等要素,将专业社工划分为4个层级、9个职级。创设与职级相匹配的社工待遇薪酬体系,极大地调动了辖区专业社工的积极性。实施人才引进、人才保障、人才表彰三大工程,出台引进奖励、生活补贴、荣誉奖励、案例奖励、课题奖励等13项措施,全方位、立体化实现高端社会工作人才"引得进、留得住、发展好",为盐田区社工机构的持续发展创造良好的生态环境。

三 盐田区社会组织发展、管理的挑战和展望

(一)盐田区社会组织发展、管理的挑战

现行政策法规相对滞后,各类培育发展和监管文件系统性不强,呈现碎片化特征,社会组织培育监管顶层设计仍需完善;各部门受条块限制,尚未实现互联互通和信息共享,导致监管服务水平相对落后,进而影响社会组织培育发展速度;盐田区社会组织发展仍存有普遍规模偏小、整体能力差、缺乏领军人才、造血能力不强等问题。

(二)盐田区社会组织发展、管理的展望

1. 进一步加强党对社会组织的引领

以"平台搭建"和"机制创新"为主线,推动双工联动的社会组织及

基层党组织"双发展·双提升"模式落地,不断探索社会组织党建工作指导机制,全面开展社会组织党支部标准化建设,创新社会组织党建工作方式,力求实现党组织和社会组织同步培育、党组织建设和社会组织发展共融共通互相促进、专业化社工队伍和党员志愿者(义工)队伍联动共促党建和社会组织发展,最终实现社会组织在党的领导下规范有序健康发展。

2. 营造社会组织发展的良好生态

进一步完善政府购买服务机制,提高社会组织承接政府转移事务的能力。加快支持型社会组织建设,依托盐田区社会组织服务园,丰富社会组织服务内容,规范社会组织服务流程,通过培育、发展、服务、监督、评估、预警等综合性服务,为社会组织提供精细化服务,提高盐田社会组织发展质量;加大对工商经济类、社会福利类、公益慈善类社会组织,社区社会组织,枢纽型社会组织,支持性社会组织的培育支持力度,推动形成良好的社会组织生态。努力推动财政支持社会组织参与社会服务项目,建立健全政府向社会组织购买服务的激励机制。支持、培育有盐田特色的社区基金会,推动社区治理和服务模式创新,促进社区可持续发展。

3. 深化社会组织登记改革和综合监管

深化社会组织登记改革试点,进一步简政放权,优化登记管理机关、业务主管单位等多部门相互配合、行动一致、协调运作的监管和服务流程。建立健全对社会组织进行业务监督、执法监督、社会监督的体系,加强社会组织信息化监督,建设社会组织诚信化档案,提升诚信监管水平。完善社会组织"两建一平台"网上工作专栏,搭建社会组织交流服务及信息披露平台,进一步完善社会组织基本信息查询、异常名录公开及业务办理等服务功能。全面开展社会组织等级评估,完善年检、日常监督、执法查处等工作;以社会组织自律自治为基础,引导社会组织建立完善以章程为核心的内部治理机制,推动建立理事会议事规则、监事(会)制度、财务管理制度等,落实民主选举、民主决策、民主管理、民主监督。

B.15
南山区："互联共享、科技创新"助力社会服务

周庆芝 张富亮 朱建成 毕劼 陈文岚 周玲秀*

摘 要： 近年来，南山区社会组织数量增长迅猛，活动领域涵盖多个行业，呈现良好的发展态势。同时，南山区政府坚持党建引领，坚持培育扶持与规范管理"两手抓"，不断优化顶层制度建设，搭建互联共享的"2+8"社会组织孵化平台，培养社会组织人才，打造公益品牌项目，积极推动南山区社会组织健康发展。同时，社会组织诚信建设体系和监管力度均有待加强。未来南山区将通过加强党建引领、完善管理机制、搭建智慧信息平台、构建社会组织诚信体系、多举措培养壮大人才队伍、促进社会组织品牌建设等多个方面措施，全面提升社会组织发展和管理的质量。

关键词： 社会组织 互联共享 社会组织孵化平台 人才保障机制

南山区社会组织数量逐年攀升，社会组织已形成一定规模，根据中央、广东省、深圳市关于推进社会组织发展的文件精神，南山区高度重视社会组织培育发展工作，坚持改革创新，着力从优化政策环境、创造孵化培育条

---

* 周庆芝，南山区民政局党组书记、局长；张富亮，南山区民政局副调研员；朱建成，南山区民政局社会组织管理科科长；毕劼，南山区民政局社会组织管理科副科长；陈文岚，南山区社会创新促进会秘书长；周玲秀，南山区社会创新促进会高级研究员。

件、创新人才培养机制等方面培育和扶持社会组织发展，激发社会组织发展活力，涌现了一批具有实践创新能力和专业品牌特色的社会组织。

一 南山区社会组织发展的现状

（一）南山区社会组织数量分布情况

南山区社会组织数量逐年攀升，社会组织已形成一定规模。截至2018年9月，南山区社会组织总数为1893家。其中，社会团体398家，占总数的21.02%；民办非企业单位1495家，占总数的78.98%。数据显示，2013年以来，南山区社会组织保持24.59%的年均增长速度。另外，相对于社会团体的增长总量，民办非企业单位发展速度更加迅猛，六年内增加了969家（见图1）。

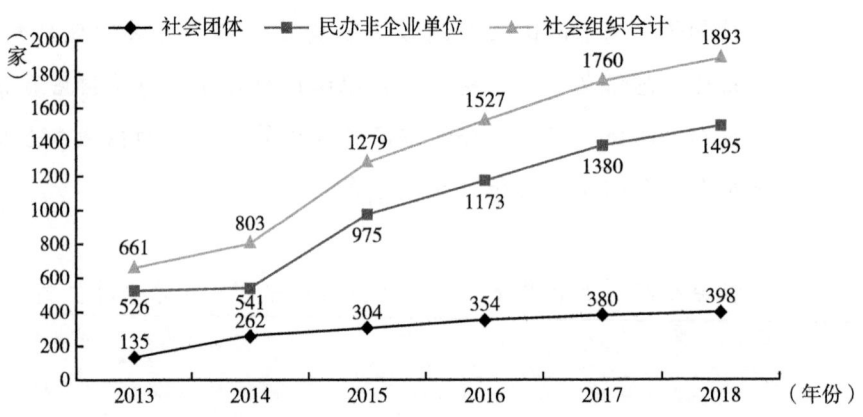

图1 2013~2018年南山区社会组织（民非和社团）数量

据统计分析，图2报告了20年来南山区年度新增登记类社会组织数量变化趋势。从绝对数值来看，南山区每年均新增一定数量的社会组织，但从2016年开始，增长幅度略有下降（见图2）。

从地域分布来看，两类社会组织在空间上分布总体均衡，各街道均有一

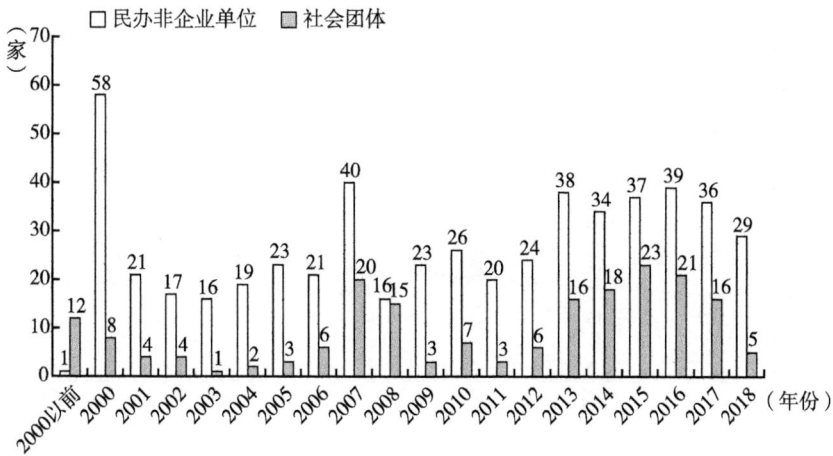

图 2　南山区年度新增登记类社会组织数量变化

定数量的社会组织落地。不过，也存在一定的地区发展差异，粤海街道、南山街道及南头街道的社会组织数量相对较多。

（二）南山区社会组织的结构分布

登记类及备案类社区社会组织蓬勃发展。从登记和备案性质的社会组织来看，截至 2018 年 9 月，南山区登记类社会组织 745 家，备案类社会组织 1148 家，分别占总体的 39.36% 和 60.64%。

数据显示，2013 年以来南山区登记类社会组织的年均增长率为 8.00%，备案类社会组织的年均增长率为 58.39%（见图 3）。

社会组织涵盖领域多元，行业细分日趋精细。南山区社会组织活动领域的分布数据显示，多元化的社会组织已经涵盖了南山区社会生活的各个方面。已登记注册的民办非企业单位中，教育类（59.82%）、文化类（18.17%）和社会服务类（15.96%）社会组织的占比最高；备案类的民办非企业单位中，文化类（53.16%）和体育类（36.95%）的社会组织占比最高。已登记注册的社会团体中，社会服务、文化、体育及工商服务业类占比最高，分别为 35.00%、23.50%、17.50% 和 10.00%；备案类社会团体的行业分布与登

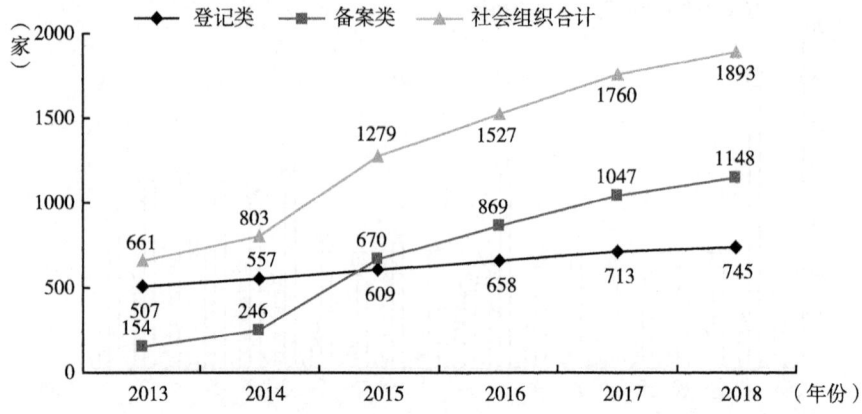

图3 2013~2018年社会组织(登记类和备案类)发展总趋势

记类相似,社会服务、文化、体育及工商服务业类为最主要的四类社会团体(见表1)。

表1 2018年南山区社会组织行业类型分布统计

单位:家

行业	民办非企业单位			社会团体		
	登记数	备案数	合计	登记数	备案数	合计
工商服务业		1	1	20	5	25
农业与农村发展			0			0
科学研究	5		5	2		2
教育	326	16	342	7	2	9
卫生	1		1	5		5
文化	99	505	604	47	51	98
体育	25	351	376	35	39	74
生态环境		1	1	3	3	6
社会服务	87	72	159	70	94	164
法律	1	1	2		1	1
宗教			0			0
职业及从业者组织			0	3	1	4
国际及涉外组织			0			0
其他	1	3	4	8	2	10
总计	545	950	1495	200	198	398

注:数据统计日期截止2018年9月。

（三）南山区本级社会组织工作人员情况

截至2017年底，社会组织工作人员（登记类，下同）总数为14140人，其中民办非企业单位工作人员13006人（占比91.98%），社会团体工作人员1134人（占比8.02%）。全体社会组织工作人员中，35岁及以下年龄段的超过一半（53.49%），36~45岁占比为25.23%，45岁以上的占比为21.28%。

表2的数据统计结果显示，社会组织工作人员中，女性工作人员占比高达74.53%。全体工作人员中，54.31%的人员接受过专科及以上教育（含专科、本科及研究生学历）。社会组织工作人员中，持有社会工作师（含助理社工师）从业资格证的比例较低，仅为0.99%（见表2）。

表2　南山区本级社会组织工作人员情况一览（登记类）

单位：人

		民办非企业单位	社会团体	合计
社会组织负责人		2022	691	2713
年末工作人员		13006	1134	14140
女性工作人员		10117	421	10538
中共党员		492	243	735
受教育程度	大专以下学历	5997	463	6460
	大专	4334	264	4598
	大学本科及以上	2675	407	3082
职业资格水平	助理社会工作师	95	9	104
	社工师/助理社工师	16	20	36
年龄结构	35岁以下	7183	381	7564
	35~45岁	3245	322	3567
	45~55岁	2050	268	2318
	55岁及以上	528	163	691

注：数据统计日期截止2018年9月。

（四）南山区本级社会组织党建的总体情况

2017年度社会组织年报数据显示，全区参加年报的522家社会组织中，其工作人员中党员数量538名,社会团体共建立了9个党支部,民办非企业单位建立了38个党支部;部分未建立党组织的社会组织主要是党组织关系不在本单位、已挂靠其他党支部或人员流动性较大、户口在异地等因素影响所致。

二 南山区社会组织发展和管理的亮点

(一)社会组织管理的工作亮点

1. 坚持党建引领,带动社会组织有序发展

2016年10月,中共深圳市南山区社会组织委员会在南山区社会组织创新苑正式挂牌成立,标志着南山区社会组织党建工作步入一个新的阶段。2017年9月,南山区出台《深圳市南山区"党建+社区社会组织"改革工作指导意见(试行)》,提出将党建工作写入社会组织章程,发挥党组织战斗堡垒作用,为社会组织发展架桥梁、搭平台、指方向。南山区在社会治理重点领域因地制宜地推进社会组织党组织和党的工作有效覆盖,通过将社会组织党建情况纳入登记管理内容、组织年检范围、等级评估指标等来实现以党建推进社会组织自我管理、自律发展。同时,不断创新平台开展党的活动,在南山区社会福利中心建立南山区社会组织党委党员爱心基地,并组建了8个街道社会组织服务中心党员志愿服务队,定期开展敬老爱老志愿服务活动。南山区积极开展党员教育项目化管理活动,例如区社会组织党委组织党支部成员用脚步丈量南山,将党建与体育竞赛、娱乐休闲等定向运动完美结合,再如南山区社会工作协会党支部组织开展东湾小学七一助学活动、南山区惠民综合服务社党支部组织开展"红色公益行活动"等,推动"两学一做"学习教育活动常态化、制度化,努力创建服务型的社会组织党组织。

2. 顶层设计不断优化,政策体系日益完善

根据中央、广东省、深圳市关于推进社会组织发展的文件精神,结合南山区社会组织发展的实际,推进社会组织规范发展,2013年以来,南山区持续加强顶层设计，优化社会组织发展制度环境。2013年6月，南山区出台《南山区街道社会组织服务中心建设指引（试行）》，明确了街道组织服务中心的基本职能、建设主体、运营方式、主要目标、重点孵化培育社区社会组织的服务功能、场地硬件配置等内容，有效引导了各类社会组织加强自身能力建设，提升服务社会、服务民生的水平。2015年9月，南山区出台《南山区社会组织创新苑管理暂行办法》（深南民〔2015〕19号），提出了南山区社会组织创新苑的主要功能与服务内容、日常运营运行机制、管理规则等。2017年9月，南山区出台《深圳市南山区"党建+社区社会组织"改革工作指导意见》（深南民〔2017〕13号），确定了南山区社区社会组织党建工作的实施内容、主要措施及工作要求等。此外，2017年出台《2017年南山区社区"领头羊""五个一"工程实施方案》，提出了培植一批热心公益的社区社会组织负责人，主要实施举措包括开展"南山区社会组织嘉年华"活动、培育符合社区实际的老年社区骨干、开展社区社会组织"千百十"人才工程及构建"双孵化"与"双优先"培育机制等。

3. 坚持互联共享，搭建"2+8"社会组织孵化平台

为推进社会组织繁荣发展，南山区搭建了"2+8"社会组织孵化培育平台，其中"2"是指"南山区社会组织创新苑"和"南山区'社创+'社会组织服务中心"，"8"是指"8个街道的社会组织服务中心"。首先，南山区社会组织创新苑通过引进一批具有影响力的合作伙伴，开展一系列社会组织服务培训，吸引一群热心公益的志愿者，培育出一批公益性、服务性强的社会组织，帮助一群人实现公益创业梦想。2016年，南山区社会组织创新苑吸引入驻组织19家，开展能力提升培训活动8场、提供交流活动12次，接待省内外各级政府、各类社会服务参访团23次。2017年，创建首家社会组织高校社会实践基地，合作高校包括深圳大学、深圳职业技术学院、暨南大学深圳旅游学院等。2018年6月，举办了首届"'益创星'2018南山区大学生社会创新项目大赛"活动，共有6所高校、124个项目报名参赛，优秀获奖项目与南山区社会组织对接落地实施。

与此同时，2018年初，在深圳湾创新广场挂牌成立了"南山区'社创+'"社会组织服务中心，5月底引入第三方机构运营管理，立足于服务园区企业及人才，孵化园区创新创业社会组织，推动"三区互联互动"，促进资源对接服务，引导社会组织为园区企业、人才提供优质服务，通过信息化手段和利用公共空间展示、宣传及推广服务内容。此外，2013年以来，8个街道的街道社会组织服务中心积极发挥街道社区社会组织孵化功能，孵化培育了一大批社区社会组织，推动了社区服务能力和水平提升。

4. 实施多措并举，不断提升社会创新人才能力

南山区不断完善社会创新人才培养机制，通过开展社会组织能力提升活动、组织社会组织人才高峰论坛、举办社会组织专业人才培育发展研修班，培养了一批具有前瞻性、具备社会责任感、专业知识扎实的社会组织领军人才，带动了南山区社会组织人才队伍建设。实施社会组织人才优先发展战略，开展"阳光启程·凝聚共享"社会组织服务与创新沙龙暨"千百十"人才工程培育计划，此项目在2017年被纳入《2017年南山区社区"领头羊""五个一"工程实施方案》。组织社会组织公益创新项目大赛，为社会创新人才提供锻炼平台，吸引优秀公益项目落地南山。每年举办南山区社会组织公益创新项目评选活动，每届有一百多个项目参与大赛，激发社会组织人才持续创新。充分发挥枢纽型社会组织力量，推动培育了一支专业社会创新人才队伍。

5. 纳入住房保障范围，有效吸引和留住人才

加大对社会组织人才的住房保障力度，将社会组织纳入南山区人才安居住房补租配租范围，推动社工人才安居。经南山区民政局反复与区住房保障主管部门沟通协调，2017年南山区人才安居政策将优秀社会组织纳入保障范围，2017年南山区的6家5A级社会组织共申请到人才住房配租10套，补租82套（按每套2万元标准发放补租金，下同），2018年有9家3A级、4A级、5A级社会组织共申请到人才住房补租43套。

6. 打造公益品牌项目，搭建全方位交流平台

"南山区社会组织嘉年华"是南山区一年一度的由政府搭台、社会组织

展示公益项目、社会公众参与体验的社会组织服务交流盛会。2017年11月,"创新服务智惠民生"——南山区第二届社会组织嘉年华活动中,有42家社会组织参加,展示了26个民生项目、25个公益体验活动、35个高质量公益演出节目,当天参与互动的居民群众3万余人次。此外,2018年,南山区"民生微实事"百强项目中有52个项目是由社会组织提供的,有效推动了社会创新发展。

(二)社会组织发展的特色

1. 以党建带社建,发挥枢纽桥梁作用

枢纽型社会组织是在同类型社会组织中发挥桥梁纽带和聚集服务功能作用的社会组织。作为南山区的枢纽型社会组织,南山区社会工作协会(简称南山区社协)和南山区社会组织总会均是南山区具有代表性的枢纽型社会组织。南山区社协是深圳市最早成立的区级社会工作协会之一,致力于为社工、机构和政府相关部门提供知识培训、专业评估、行业咨询等服务;南山区社会组织总会是南山区枢纽型、综合性、专业性的社会组织,致力于优化社会组织发展生态,构建政府、社会组织、经济产业界热心人士、国际相关组织为核心的"四位一体"服务发展体系。

历年来,南山区社协和南山区社会组织总会等具有代表性的枢纽型社会组织坚持以党建带社建,利用专业优势搭建党员为民服务平台,运用"党员+社工+义工"服务新模式,利用枢纽型社会组织平台,实践党建引领组织联动新模式,以党建为核心,联动社工机构、社会组织、志愿服务等队伍共同参与党建服务,打造服务型党组织。

2. 以"三创联动"促进发展,助力实现"三区融合"

南山区高度重视社会组织培育发展工作,坚持改革创新,着力从优化政策环境、创造孵化培育条件、创新人才培养等方面培育和扶持社会组织发展,激发社会组织发展活力,涌现了一批具有社会创新精神、富有活力的社会组织。深圳市南山区社会创新促进会(简称社创会)是为引领社会创新而成立的新兴社会团体。社创会立足南山,辐射湾区,汇集政府、企业及社

会各界力量,致力于推动品牌创新,承接16个评估类项目、13个培训类项目、17个研究类项目。以专业赢发展,推动社会创新,打造了"社区营造'沿山十景'"、民情茶馆、社区互助时间银行等一批特色创新项目,倡导发起"南山区社会组织精英联盟",探索"互联网+"社会服务交易,持续构建共创的社会创新生态圈,有效促进了"科技创新、产业创新、社会创新"的"三创联动"。同时,致力于发挥社会组织联动作用,积极主动服务街道和社区,助力南山区桃源街道打造"三区融合"南山样本,有效实现"高校校区、科技园区、公共社区"的"三区融合"。

3. 以科技促民生,构建产业联盟联动机制

南山区创新资源丰富,创新创业活跃,但科技服务业专业人才储备不足,影响产业服务发展进程。为此,南山区积极发挥社会组织力量,搭建综合性产业服务平台,促进科技人才与产业协调融合发展。深圳市南山科技事务所(简称事务所)是2007年南山区科技创新局批准成立、在南山区民政局注册的非营利性科技类民办非企业单位,致力于通过汇聚人才整合资源,为政府与企业提供决策咨询服务,构建成为产业联盟联动服务机构。历年来,事务所通过深港知识服务业技术创新联盟这一平台,对大陆和港澳台近200家科技服务机构的资源进行联动整合,依托"联盟双创学院""联盟政策导读学院"等品牌服务活动,为企业提供具有针对性的高技术服务;通过策划组织"深港高峰论坛""聚龙双创论坛""南山博士论坛""科技经济论坛"等多个高端论坛,汇聚各类行业专家人才和专业人士,搭建互动交流和分享的国际化平台。事务所凭借独特的创新机制和丰富的活动,汇聚"2000+"优秀技术项目,收集整理各级政策"4000+"项,组建了19个产业技术创新联盟,联动联盟企业"2000+"家,构建了以内部资源联动、业界资源服务为目标的资源支持模式,形成了产学研联盟的"深圳模式"。

4. 以专业人才为支撑,打造残障服务特色品牌

南山区在培育和发展社会组织过程中,注重专业人才培养,不断夯实组织发展基础,创新服务模式,打造特色服务品牌,涌现出许多优秀社会组

织。深圳市南山区惠民综合服务社是经南山区民政局批准成立的从事非营利性社会服务活动的社会服务机构。机构秉承"助残扶弱，融社惠民"的使命，以残障服务为基石，通过人才培养五部曲，努力提升员工的专业知识与技能，探索精神康复的基础服务模式、职业康复模式和社区康复模式，深化精神康复社会服务，取得显著成效。实际开展精神康复服务各类小组、活动、训练班等8000余场，服务总量约3万人次。组建了一支专业人才队伍，包括督导17人、讲师团队28名、微课开发师20余名、精神康复项目拓展团队4人和精神康复领域专业社工人才60人。打造了一系列精神康复品牌项目。

经过十年的努力，深圳市南山区惠民综合服务社已发展成为一个具有社工师、心理咨询师、康复治疗师、辅具适配师等多专业综合性服务队伍和高社会公信力的社会组织，建立了完善的精神康复服务体系和标准的服务模式，成为深圳社工行业，尤其是精神康复领域的一张闪亮的名片，2017年被评为百强社会工作服务机构和5A级社会组织。

5. 以扎根服务社区为方向，引领建设幸福社区

截至2017年12月底，在南山区提供服务的社工机构已有16家；在岗提供服务的专业社会工作者从零起步发展至1090名，其中有700多名社工任职于辖区内102家社区党群服务中心，其他300余名社工分布在民政、禁毒、教育、卫生等领域，为辖区居民提供专业的社会工作服务。近年来，南山区陆续涌现南风、惠民、绿野等一批优秀的社工机构。以深圳市南山区南风社会工作服务社（简称南风）为例。南风成立于2010年12月，专注社区为本的服务，以社区治理、国际化社区、青少年及其家庭支持、历奇辅导为四大服务品牌。目前南风运营全市37个社区党群服务中心和蛇口境外人员管理服务中心、蛇口网谷境外人员管理服务中心、南山国际化交流中心等三个国际化社区服务平台，开展青少年社区矫正项目、南山区特殊儿童社区支持项目、南山区妇女儿童之家项目等多个专业服务项目，并成立了南风历奇辅导与正向发展中心。

三 南山区社会组织发展和管理的挑战

（一）社会组织发展和管理的困境

1. 社会组织诚信体系建设有待加强

从整体情况看，绝大部分社会组织能够依法依规按照章程开展相关活动，但也有少部分社会组织存在法律意识淡薄，背离非营利的性质和宗旨、从事营利性经营活动的情况；有的社会组织内部治理不够规范，规章制度不够健全，未严格执行民间非营利会计制度；有的存在未按章程运作和开展活动；部分社会组织在发生住所、法定代表人等事项变更时，未及时办理变更登记；有的不按时向登记机构提交年报或信息公开不到位。

2. 社会组织监管力度有待加大

（1）制度建设相对滞后，监管机制有待进一步健全

近年来，南山区已陆续出台了一系列社会组织政策文件，规范社会组织管理，但政策文件在前瞻性和协调性方面略显不足，与社会组织快速发展的需要仍有一定差距。在建立登记管理机关和业务主管部门双重负责的社会组织管理体制方面，建立了以"审核、登记、年检、抽查"为主的综合监管机制，但在实际运作过程中，仍存在认识不够到位、信息共享不充分、部分业务职能部门对社会组织监管职能履行不到位的现象。

（2）监管手段较为落后，亟待提升监管的信息化

南山区民政局作为南山区社会组织的登记管理部门，内设社会组织管理科负责全区社会组织的登记、年检和监督，负责依法查处社会组织的违法活动和非法组织等。目前，监管队伍人员缺乏，信息化监管手段运用不足，难以应对日益繁重的登记、监管任务。日常管理、年检（年报）、抽查、受理投诉举报等业务工作，亟待推动管理内容电子化，加快推进大数据、云平台等信息化技术运用。

（二）对策及建议

1. 加强社会组织自身能力建设

健全社会组织法人治理结构。引导社会组织执行核心负责人的差额择选制度，落实民主推举和民主决策，完善社会组织内部的监督机制。推进社会组织内部治理结构调整和优化，不断完善社会组织内部矛盾纠纷的调解机制，实施社会组织人民调解制度，引导社会组织内部的矛盾纠纷通过调解或司法途径予以解决。

2. 加强社会组织监管

健全政策法规制度体系。开展南山区社会组织政策体系改革调研，通过调研摸清底数、查找问题，以问题为导向，完善南山区社会组织创新发展政策体系，制定社会组织相关规范性文件，推进社会组织登记管理建设工作。健全社会组织负责人任职审查、信用管理、财务管理、重大活动报备、换届选举、信息公开、评估管理等方面制度。编制活动异常社会组织名录，将不按时年检或活动异常的社会组织列入名录。

健全综合监管工作机制。健全联合执法工作机制，建立社会组织随机抽查、行政约谈等制度，各职能部门联合执法，共同查处社会组织违法行为。建立监管联席会议制度，定期召开联席会议，进行信息通报，组织开展联合执法行动。

四 南山区社会组织发展和管理工作的展望

（一）加强党建引领，助推社会组织发挥重要作用

坚持党建引领，发挥社会组织党组织的核心引领作用。有效激发社会组织党组织的各项优势，尤其是组织优势、资源优势和群众工作优势，增强社会组织服务社会事业的能力，通过社会组织的品质服务、团结、凝聚群众。继续发展社会组织党员，组织各党支部学习习近平新时代中国特色社会主义

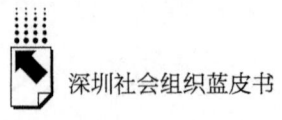

思想及党的十九大精神,继续贯彻落实"两学一做"学习教育,深入开展"三课一会"学习。

(二)完善机制政策,激发社会组织发展活力

社会组织发展坚持以居民需求为导向,以民生微实事为抓手,通过建立制度规范、创新管理模式、创新供给机制、创新监管体系等,形成科技促民生的"南山路径",打造民生服务的"南山质量",深入探索社会组织参与社会治理的路径、机制和成效呈现,营造共建共治共享的社会治理格局。

开展南山区社会组织"1+5"政策体系改革构建调研,通过调研不断完善南山区社会组织创新发展政策体系,草拟南山区社会组织发展"1+5"政策文件。推进社会组织登记备案管理规范化、标准化建设,激发社会组织发展活力,推动社会组织创新发展,发挥社会组织在实现政府治理和社会调节中的积极作用。

(三)搭建智慧信息平台,构建社会组织诚信体系

推动社会组织智慧化发展,利用信息技术和手段,构建社会组织综合智慧服务信息平台,侧重社会组织培育和监督管理,形成政社分开、权责明确、依法自治、充满活力的现代社会组织发展机制。利用智慧服务平台,融合社会组织数据,为政府提供动态分析数据,作为决策的依据;利用平台获取社会组织的诚信数据,建立诚信评价指标体系,为社会组织建立诚信电子档案。

(四)坚持多措并举,培养壮大社会组织人才队伍

鼓励有条件、有需求的社会组织引进一批能担当秘书长、总干事等主要职位的高端管理人才和骨干人才,促进社会组织人才队伍专业化发展。健全社会组织人才保障和激励机制。定期开展优秀社会组织专业人才评选活动,将业绩突出、能力卓著、社会组织认可的优秀社会组织专业人才纳入政府人

才奖励范畴。

引入高校师资力量,培育社会组织专业人才队伍,广泛提升社会组织业务骨干的实践创新能力和水平。开展2018年"阳光启程·凝聚共享"社会组织成长促进活动。为社会组织从业人员提供党建工作培训、内部治理及建设发展培训、筹资能力建设培训、从业人员职业规范培训等,促进社会组织提升自身能力和服务水平。

(五)促进社会组织品牌建设,创新社会服务供给

培育整合社会组织资源,提升社会公信力,促进社会组织品牌化和规范化,增强社会组织自治能力及社会参与活力,扶持引导社会组织打造"组织、项目、人才"三大品牌,鼓励规范社会组织积极有序参与社会治理。设立南山区社会组织发展专项基金,以货币、场地、项目、荣誉等形式,推动南山区社会组织品牌发展,全力打造一批有影响力、有知名度的品牌组织、品牌项目、领军人才。深入开展南山区社会组织嘉年华活动。展示社会组织风采,激发社会组织公益活力,进一步提升社会公众对南山区社会组织服务的知晓率和认知度,深化南山区社会组织能力建设,培养社会组织创新意识,推动社会组织多领域跨界融合。

B.16
宝安区：社会组织规模化发展下的人才建设创新

钱东升*

摘　要： 近年来，宝安区民政局坚持社会组织培育发展与管理监督并重，攻坚克难，积极探索，取得了较好的工作实效，创造了新的经验，通过创新建立社会组织人才信息库、创新搭建社会组织党建"三联动一平台"机制、设立专项资金强化扶持力度等重点工作，以党建引领、政策先行、人才支撑、资金支持的综合管理模式推动宝安区社会组织全面发展。同时宝安区社会组织管理力量和执法力量无法满足发展需求，社会组织发展质量不高。未来宝安区将通过规范社会组织登记审批、依托社会组织培育发展中心、利用扶持专项资金和人才信息库、发挥品牌示范党支部的引领带动作用，提高管理和监督效率，提升社会组织发展能力。

关键词： 社会组织　党建　人才建设　扶持资金

近年来，宝安区坚持培育发展与管理监督并重，积极推动社会组织健康有序发展。宝安区通过多项创新举措，推动宝安区社会组织发展，包括创新建立社会组织人才信息库、创建社会组织党建品牌示范党支部、创新搭建社会组织党建"三联动一平台"、设立专项资金强化扶持力度。

---

* 钱东升，宝安区民政局社会组织管理办公室主任。

一　宝安区社会组织发展现状

（一）基本情况

1. 社会组织数量分布

截至 2018 年 11 月，宝安区共有社会组织 1197 家，其中社会团体 446 家，民办非企业单位 731 家，涵盖了工商服务类、教育类、科学研究类、社会服务类、生态环境类、文化体育类等各个领域。

宝安区社会组织虽然总量在全市各区（新区）中排名靠前，但发展质量不一，特别是一些社区社会组织，从业人员素质不高，活力不足，自我发展能力不强，给管理工作带来了较大压力。

2. 社会组织工作人员构成情况

根据 2017 年宝安区社会组织年报统计，宝安区社会组织的工作人员总数达到 27166 人，其中社会团体工作人员有 2244 人，民办非企业单位工作人员有 24922 人。

（1）社会团体工作人员构成情况

宝安区社会组织年报统计数据显示，宝安区社会团体工作人员由 2015 年的 2159 人增长到 2017 年的 2244 人，增长幅度较小（见图 1）。2017 年，女性专职工作人员有 1080 人，占 48.13%。相对于 2016 年的 890 名女性工作人员，2017 年有了些许的增长。全部工作人员中有 854 人是本科以上学历，占 38.06%。在工作人员中专职工作人员有 429 人。除此之外，在所有专职工作人员中，有 102 名专职工作人员为大专以下学历。

（2）民办非企业单位工作人员构成情况

2017 年，宝安区民办非企业单位工作人员总数为 24922 人，其中专职工作人员有 22792 人，占 91.45%。专职工作人员中，女性的比例高达 84.11%，有 19171 人，相对比社会团体，女性占比明显比较高。

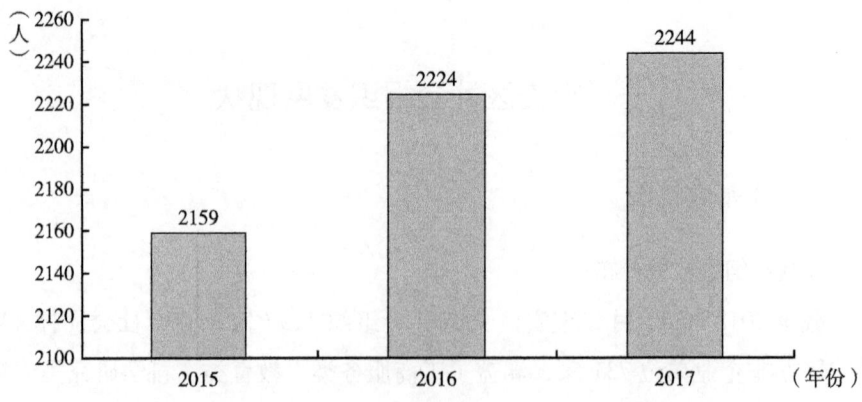

图1　宝安区社会团体工作人员人数

3. 社会组织收入与支出情况

据2017年宝安区社会组织年报统计,宝安区社会组织净资产总额为5.97亿元,其中社会团体的净资产总额为2.63亿元,占社会组织净资产总额的44.05%;民办非企业单位的净资产总额为3.33亿元。占社会组织净资产总额的55.78%。2017年,宝安区社会团体的收入合计为1.64亿元,从表1的统计中可以明显看出,宝安区的收入主要来源于捐赠收入、会费收入、提供服务收入以及政府补贴收入,而投资收益较少。

表1　2017年宝安区社会团体收入

单位:万元,%

	金额	占收入总额的比例
捐赠收入	3323.84	20.24
会费收入	3634.50	22.13
提供服务收入	3512	21.39
政府补贴收入	4365.20	26.58
投资收益	12.07	0.07
其他收入	1573.08	9.58
收入合计	16420.69	100

2017年，宝安区社会团体的总支出费用达到1.63亿元，整体来看，宝安区社会团体2017年处于收支平衡的状态。而在1.63亿元的支出中，大部分花在了业务活动成本上，剩下的也有28.85%用在了管理费用上（见表2）。

表2 2017年宝安区社会团体支出情况

单位：万元，%

	金额	占支出总额的比例
业务活动成本	11298.18	69.20
管理费用	4709.29	28.85
筹资费用	56.22	0.34
其他费用	262.17	1.61
费用合计	16325.86	100.00

而2017年宝安区民办非企业单位的收入合计为23.83亿元，从表3可以看出，民办非企业单位的主要收入来源于提供服务所获取的收入，占所有收入的比例高达86.24%。

表3 2017年宝安区民办非企业单位收入情况

单位：万元，%

	金额	占收入总额的比例
捐赠收入	567.45	0.24
提供服务收入	205523.37	86.24
商品销售收入	83.36	0.03
政府补助收入	28006.69	11.75
投资收益	62.67	0.03
其他收入	4063.06	1.70
收入合计	238306.60	100.00

在2017年中，宝安区民办非企业单位支出费用达到24.82亿元，2017年度宝安区民办非企业单位的支出略大于收入，并且在所有费用中，与社会团体同样的是业务活动成本占比最高，其次是管理费用（见表4）。

表4 2017年宝安区民办非企业单位支出费用

单位：万元，%

	金额	占支出总额的比例
业务活动成本	182512.47	73.51
管理费用	63870.59	25.73
筹资费用	238.52	0.10
其他费用	1651.64	0.67
费用合计	248273.22	100.00

（二）发展特点

宝安区社会组织类别齐全，以教育类、社会服务类和文化类社会组织为主。宝安区民办非企业单位覆盖教育类、社会服务类、文化类、体育类、卫生类、生态环境类、科学研究类，共7个类别；宝安区社会团体覆盖社会服务类、文化类、工商服务类、体育类、职业及从业者组织类、科学研究类、教育类、卫生类、宗教类、生态环境类和其他类，共11个类别。其中，教育类社会组织数量最多，约占55%，其次是社会服务类社会组织，约占30%，排名第三的是文化类社会组织，约占10%。

（三）发展趋势

当前宝安区社会组织发展总体呈现三个方面的态势。

发展机遇期。社会组织作为政府部门的"手臂"，是承接政府职能转移的重要载体，其发展与城市发展息息相关，经济社会越发达的城市，社会组织的发展越具活力。近年来，越来越多的政府职能通过政府项目的形式由社会组织来承接，为社会组织的发展提供了宝贵的机遇期。

数量增长期。随着政府职能转移，各个领域的社会组织应运而生，社会组织数量不断增加，规模不断扩大，从近三年的社会组织登记数量来看，宝安区每年新成立的社会组织数量呈逐年增长态势，2017年新增社会组织已近百家。

作用凸显期。社会组织在宝安区社会建设、构建和谐社会中，发挥了越来越重要的积极作用。一些行业协会积极承接政府转移职能，推动了行业服务和行业自律；一些社会团体利用自身人才专业优势，为社会组织提供了大量的指导和帮助，促进了经济和教育、文化等社会事业健康有序发展；一些慈善组织通过举办公益活动，引导社会力量进行社会救助；一些社区社会组织通过组织开展类别丰富的社区活动，提升了社区居民的幸福感。

二 宝安区社会组织发展和管理的亮点

（一）工作亮点

1. 创新建立社会组织人才信息库

2017年，宝安区创新搭建社会组织人才资源集聚平台，在全市率先设立社会组织人才信息库，受到社会组织的热烈欢迎，取得明显实效，具体体现在以下三个方面。第一，突出专业化导向，海选社会组织各领域优秀人才。立足全区各领域社会组织，通过机构申报和邀请加入等渠道，对优秀人才进行筛选评定，两年确定了60名专业人才，并将其纳入区社会组织人才信息库。专业人才来自公益慈善、社会服务、科技、教育、文化体育等不同界别，人员构成包括专家、学者、业务骨干、资深一线工作人员等，五年内计划发展一百名入库专业人才。第二，突出多样化形式，全方位为社会组织提供人才服务。充分发挥在库专业人才的管理经验和专业特长，利用区社会组织培育服务中心平台每周开展常态化人才服务。一是举办培训讲座。由在库专业人才主讲，集中指导解决社会组织财务管理、安全生产、自我规划等普遍性问题。二是"一对一"上门指导。根据社会组织的需求，选派在库专业人才上门指导，"结对帮扶"社会组织，通过带人、带项目，促进结对社会组织的进步和发展，做到以强带弱，以大带小。三是举办各种主题沙龙、座谈会，互相交流学习，共谋发展。第三，突出规范化管理，建立人才信息库管理制度。出台《宝安区社会组织人才信息库管理暂行办法》，明确入库专业人才的评定标准、职责和退出条件。在库专业人才由区民政局统一管理，人才评定遵循"平等公开、择优聘用"的原则。实行"准入、退出、考核"动态管理，确保社会组织人才队伍建设"识别精准、可进可出、规范运转"。

2018年，宝安区对社会组织人才库进一步强化管理，建立宝安区社会组织人才信息库成员服务项目清单，为全区社会组织提供菜单式的精细化服务，要求各人才库成员按规定履行职责，同时扩大人才库专家的服务范围，推出专家进社区服务，进一步发挥了人才库专家的积极作用，做到库内专业人才服务最大化。目前，宝安区社会组织人才信息库有60位社会组织专业人才，已经初具规模，全年常态化为全区社会组织提供人才支撑，解决了长期困扰社会组织发展的瓶颈问题，对社会组织发展起到了积极的推动作用，也得到了广东省、深圳市民政局的充分肯定，并被四川成都、浙江舟山、广西河池等外地兄弟单位参考学习。

2. 创建社会组织党建品牌示范党支部

大力推进实施党组织示范创建活动，打造社会组织党建品牌亮点。在全区各领域社会组织中，分别重点培育1至2家党建工作示范点，通过典型示范，以点带面充分发挥社会组织党组织在社会组织发展中的引领示范作用，引导和带动全区社会组织积极参与社会治理，发挥社会组织在维护社会稳定、服务人民群众、承担社会责任等方面的积极作用，为全区社会组织党建贡献一份新力量。目前，宝安区民政局已经制定了《社会组织党建品牌示范党支部评分细则》，完成了社会组织党建品牌示范党支部申报工作，正在对申报党支部进行验收工作。

3. 创新搭建社会组织党建"三联动一平台"

宝安区社会组织党委自2016年7月成立以来，创新搭建"三联动一平台"格局，全面推进组织覆盖和工作覆盖，目前共推动成立党支部31个，办理党员组织关系划转181人，社会组织党建工作水平得到整体提升，全区社会组织党建工作驶入快车道。

"三联动一平台"具体是指以下内容。"三联动一平台"一是指与业务工作联动,促进党务政务同发展。坚持社会组织党建工作与社会组织登记管理工作同安排、同部署、同落实。把社会组织年检、评优评先、资金扶持、承接政府职能资质评定等日常业务工作与党建工作挂钩。在全市率先加大社会组织等级评估中的党建分值比例,由5分增至20分,促使社会组织牢固树立党建工作的主业意识。二是指与优秀党支部联动,畅通基层党组织交流渠道。例如组织尚德社会工作服务社党支部、旭源社会工作服务中心党支部等6个社会组织党支部到桃花源科技创新园联合党委学习党建阵地建设;召开迎七一党建工作座谈会,组织社会组织党支部分享党建工作经验,探讨党建工作新局面。三是指与项目联动,打造党建工作新抓手。例如以15万元社会组织项目扶持资金,扶持海同社会工作服务中心"助力社会组织党建工作覆盖"项目,以党建项目为抓手,摸底调查全区1000多家社会组织的党建情况,并为30余家社会组织提供有针对性的党建工作指导,有力提升了社会组织开展党建工作的积极性。"平台"是指建立人才资源平台,实现党建指导常态化、制度化。社会组织人才信息库汇集各方人才,是解决社会组织人才匮乏的一项创新工作。借助在库党建专家资源,全年常态化组织开展讲座、沙龙、座谈以及"一对一"上门指导服务,目前区社会组织培育服务中心已组织了17场党建专题培训、6场党建主题座谈会,全区共有700多家(次)社会组织参加,为全区社会组织加强党建工作提供了全方位指导服务。

4. 设立专项资金,强化对社会组织的扶持力度

2015年,宝安区民政局出台《深圳市宝安区社会组织扶持资金管理暂行办法》,强化对社会组织的扶持力度,对社会组织开展公益服务类、文体教育类、社区服务类、经济和科研类等项目,择优给予项目扶持,每个社会组织每年最高可获得项目扶持25万元。2015~2018年,扶持各类社会组织项目176项,共1606万元。对其中开展实施较好的优秀项目进行了收集整理,汇编成《宝安区社会组织年度项目汇编》,供其他社会组织交流学习。

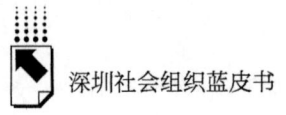

三 宝安区社会组织发展和管理的挑战及对策

（一）宝安区社会组织发展和管理的挑战

1. 社会组织管理力量和执法力量无法满足发展需要

随着社会组织的快速发展，管理滞后的问题越来越突出，现有的政府管理机构和管理模式已经难以满足实际工作的需要。目前，宝安区社会组织总量已经接近1300家，但负责社会组织管理和服务的只有民政局内设的一个社会组织管理办公室，仅有3名公务员，监督力量及执法力量薄弱、监管乏力，已经远远不能适应当前的工作形势要求，难以实现对全区社会组织的有效管理和服务。在日常工作中，宝安区民政局主要通过年度报告工作、执法、双随机抽查等一系列举措，强化对社会组织的规范管理，目前宝安区社会组织管理存在执法工作人员少、力量薄弱、执法工作量大的问题，难以保证执法质量，且监管方式多为事后监管，这种管理方式比较被动，效果并不理想。

2. 社会组织发展质量不高，自我发展能力不强

社会组织内部管理不规范，主要表现在机构内部规章制度不完善，有些甚至只是口头规定，或虽有完善的制度，但执行不到位，甚至不执行，特别是一些社会组织的安全生产管理制度、财务管理制度只停留在纸面，缺乏内部监督机制。社会组织普遍缺乏专业人才。社会组织专业化、职业化程度低，在协调互动、组织管理、危机应对、发展创新、资源动员等方面的能力不足，进而导致社会组织开展社会服务的专业能力受限，参与社会治理过程中的实质性作用有待加强。

（二）宝安区社会组织发展和管理的对策

1. 增强管理力量

政府行政体制改革的不断推进和社会形势的发展变化客观上要求政府职能部门设置和行政力量配置亦应做出相应的调整，以适应社会发展的实际需要。近年来，社会组织在社会建设领域扮演着越来越重要的社会角色，发挥着社会建设领域主力军的作用，对其管理的难度和要求也越来越高。在社会组织管理机构的设置上，从民政部到省、市民政系统都已经专门设立了社会组织管理局，但目前区一级管理机关仍是一个科室，并由其来承担管理和服务职能。其在日常工作中负责社会组织的登记管理、执法、培育服务、党建等，已经不堪重负，在管理力量上捉襟见肘，难以实现有效管理。在管理机构的设置上，应参照上级部门做法，在区民政局设立社会组织管理局，这是加强社会组织的管理和服务、满足社会组织发展需要的组织保障。

2. 提升发展能力

首先，建立科学、严格、规范的内部治理机制。这是任何一个社会组织生存和发展的基础。要通过建立和完善以章程为核心的内部管理制度，明确组织的责任，提高社会组织的规范化、制度化、民主化管理水平。其次，加强人才队伍建设。吸收素质高、能力强、有奉献精神的各类人才加入社会组织队伍，促进社会组织人才队伍职业化、专业化发展。总结完善宝安区民政局在全市创新建立的人才信息库，加强与区人才部门沟通，推动建立社会组织人才政策体系，为社会组织人才保障提供政策支持。再次，借助区社会组织培育服务中心平台，为社会组织提供借鉴学习、交流合作的机会。进一步总结完善社会组织经验交流形式，为社会组织提供相互学习、成长、发展的条件和阵地。然后，以年度工作报告为契机，促进社会组织规范化建设。对社会组织基本情况、内部管理和服务能力等方面存在的问题进行综合分析，以此为重点引导社会组织规范行为、健全内部管理、促进社会组织健康发展。最后，完善社会组织评估制度，将社区社会组织纳入等级评估范畴，强化等级评估结果的运用，推动社会组织做好组织建设、制度建设和能力建设。

四 宝安区社会组织发展和管理工作的展望

为实现宝安区社会组织的健康有序发展，一方面要不断提升社会组织的

内生发展能力,另一方面要充分发挥政府职能部门的管理和服务职能,真正监管到位、指导到位、服务到位。未来一段时间内,宝安区社会组织管理与服务工作的重点有以下几个方面。

(一)规范社会组织登记审批,强化管理力度

严格规范做好日常登记管理,进一步提升窗口业务服务质量和水平,实现办事群众不出家门就能办理登记相关业务,最大限度为群众提供便利;制定完善各项业务办理指引,借助民政局网站、社会组织QQ群、微信群、公众号等平台,为群众提供全方位的业务指引。

做到日常走访、巡查与抽检、专项治理相结合,加大执法力度。通过现场走访社会组织、查看场地、核实有关材料、宣讲相关政策法规等方式对社会组织进行执法管理;通过例行年度工作报告对社会组织进行监督评估,注重对实际效果的调查,重点检查社会组织业务活动开展、制度建设和资产管理等工作内容,对存在问题的社会组织及时督促整改,淘汰违纪违规的社会组织,达到考察服务质量的目的。

(二)发挥区社会组织培育服务中心功能

以专业服务和资源对接为重要抓手,通过培养公益组织领袖、提供初创支持和全程辅导、开展定向孵化、促进资源对接等方式,打造宝安区社会组织专业支持体系,形成支持社会组织积极参与社会建设的良性生态体系,不断提升区社会组织培育服务中心的服务能力和水平;建设宝安区社会公益资源库,汇聚和挖掘各类商会、有社会责任的企业和个人等公益资源,并对接给社会组织,营造全民公益的良好社会氛围。

(三)利用和发挥好社会组织扶持资金作用

宝安区社会组织扶持资金项目工作,是为了进一步促进社会组织的培育发展,增强社会组织服务经济、服务民生的能力,充分发挥其在加强社会建设、创新社会管理工作中的积极作用。宝安区充分调动社会组织的积极性,

鼓励社会组织积极申报项目，引导社会组织围绕区委、区政府工作重点，在公益服务、文体教育、社区服务以及经济科研等四个方面策划开展项目，鼓励社会组织积极申报，精心打造一批贴近民生、接地气的项目，力求使项目实现品牌化，服务社会，服务群众，实现发展能力的提升。

（四）总结提升社会组织人才入库工作并引领人才发挥积极作用

围绕社会组织发展需求，继续做好第三年人才入库工作，通过搭建线上平台，精准提供各类公开课及互动平台等创新举措，推出O2O线上线下双机制服务模式，全面总结三年来人才库运行经验，打造宝安区社会组织智力库。

（五）充分发挥社会组织党建品牌示范党支部引领带动作用

宝安区社会组织党委将继续在社会组织党支部中开展党建品牌示范党支部创建活动，建立和完善党建品牌示范党支部"考核""淘汰"管理机制。同时，为充分发挥品牌党支部引领示范作用，创新建立"结对共建"机制，被社会组织党委评定为品牌支部的，将通过与其他社会组织党支部结对的形式，发挥传、帮、带作用，实现社会组织党建工作以点带面、全面开花的工作格局。

B.17 龙岗区：以创新监管实现社会组织规范发展

龙岗区民政局

摘　要： 龙岗区政府通过创新培育扶持方式、创新多方评价监管机制、创新提供法务服务、创新提供人才政策，实现了社会组织有序、健康、高质量的发展，逐步形成了门类齐全、层次多样、覆盖广泛、发展有序、服务有效的发展格局。龙岗区社会组织在推动龙岗经济社会发展、营造共建共治共享社会治理格局中发挥着越来越重要的作用。但当前龙岗区社会组织管理与服务还存在法规政策相对滞后、监管执法薄弱、综合监管机制有待理顺等问题。下一步将抓住党建核心、重点推进社会组织登记和综合监管两项工作，深化社会组织承接政府购买服务评价监管机制、法务服务工作、三级社会组织培育网络等三项工作成果。

关键词： 监管执法　法务服务　党建　人才建设

龙岗区社会组织数量稳步增长、质量显著提升，逐步形成了门类齐全、层次多样、覆盖广泛、发展有序、服务有效的发展格局，在推动龙岗经济社会发展、营造共建共治共享社会治理格局中发挥着越来越重要的作用。

一 龙岗区社会组织发展现状

龙岗区社会组织已走过25年的发展历程，从单一的社会事业领域逐步拓展到经济、文化、科研多个领域，涉及公益慈善、工商服务等14个类型。截至2018年11月底，龙岗区共有社会组织1976家，其中备案社区社会组织690家，社会组织党组织133个，每万名常住人口拥有社会组织8.5个，社会组织工作人员超过3.2万人。

（一）龙岗区社会组织数量

2015~2017年龙岗区的社会组织数量有了大幅度的增加，从2015年的1221家增加到2017年的1905家（见图1）。

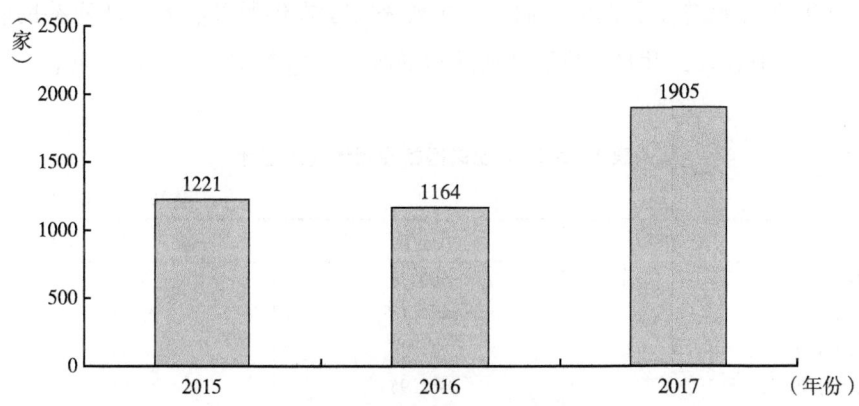

图1 龙岗区社会组织数量变化

（二）龙岗区社会团体运营管理情况

1. 资产情况

2017年，共有454家社会团体参检，相比于2016年增加了75家。2017年，龙岗区社会团体资产合计为1.77亿元，其中净资产合计为1.51亿元（见图2），龙岗社会团体净资产总额在这三年中波动增长。

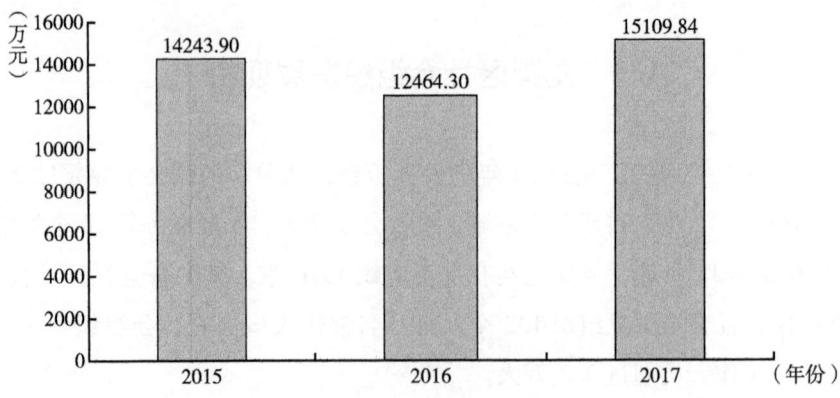

图 2 龙岗区社会团体净资产统计

2. 收入

龙岗区社会团体 2017 年的总收入为 9618.54 万元,对比 2016 年的总收入 7826.2 万元增长了 23%。而收入主要来源于提供服务收入、政府补助收入以及其他收入,并且提供服务所获得的收入高达 2731.26 万元(见表 1)。

表 1 2017 年龙岗区社会团体收入统计

单位:万元,%

	金额	占收入总额的比例
捐赠收入	509.78	5.30
会费收入	1483.1	15.42
提供服务收入	2731.26	28.40
政府补助收入	2482.95	25.81
投资收益	0	0.00
其他收入	2411.45	25.07
收入合计	9618.54	100.00

3. 支出

龙岗区 2017 年社会团体所支出的费用总计为 8597.76 万元(见表 2),因此,2017 年龙岗区社会团体收支盈余有 1020.78 万元。而在支出的费用中主要为业务活动成本,有小部分用于管理费用以及其他费用。

表2 2017年龙岗区社会团体费用统计

单位：万元，%

	金额	占收入总额的比例
业务活动成本	5009.45	58.26
管理费用	2058.08	23.94
筹资费用	0	0.00
其他费用	1530.23	17.80
费用合计	8597.76	100.00

4. 工作人员

2017年，在参检的455家社会团体当中，一共有2915名工作人员，其中824名为专职工作人员，占比28.27%，剩下的2091名为兼职工作人员。龙岗区社会团体的工作人员和专职工作人员在2015～2017年都呈现增长的趋势（见图3）。

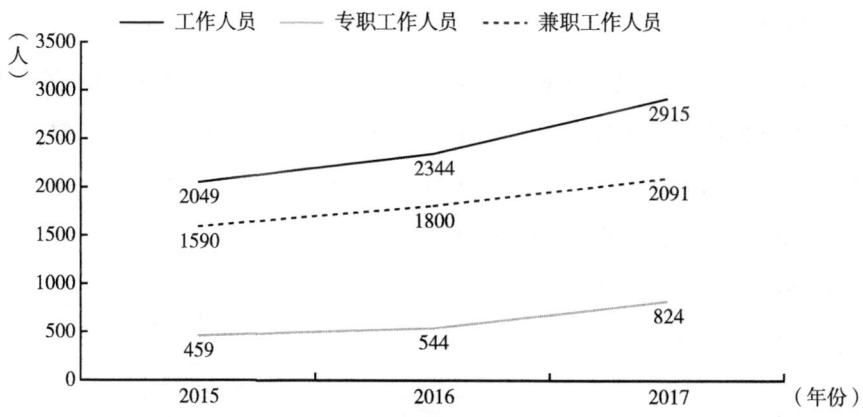

图3 龙岗区社会团体工作人员数量变化

在2915名工作人员当中，有1930名工作人员受教育程度为大专及以下，占比为66%，即有一半以上的工作人员受教育程度都是偏低的。另外，有30%的工作人员为本科学历；有4%的工作人员为研究生及以上学历（见图4）。

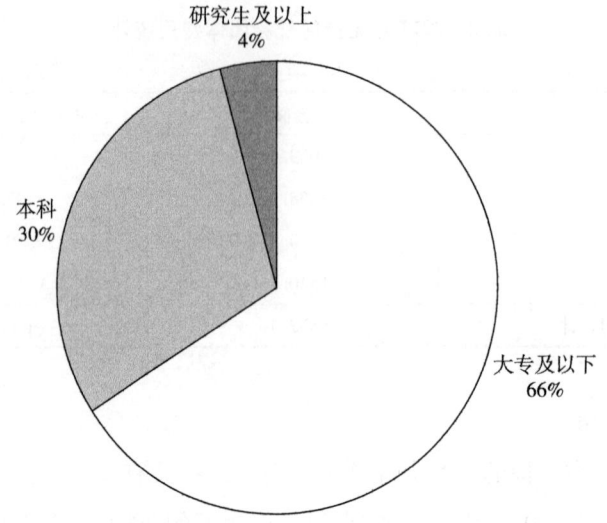

图4 龙岗区社会团体工作人员学历结构

(三)龙岗区民办非企业单位运营管理情况

1. 资产状况

2017年,龙岗区民办非企业单位共有772家参检,与2016年的744家相比,在参检数量上没有太大的变化。而2017年龙岗区民办非企业单位的总资产达到31.87亿元,净资产总计为11.56亿元,对比2016年的净资产总额11.01亿元增长了5%(见图5)。

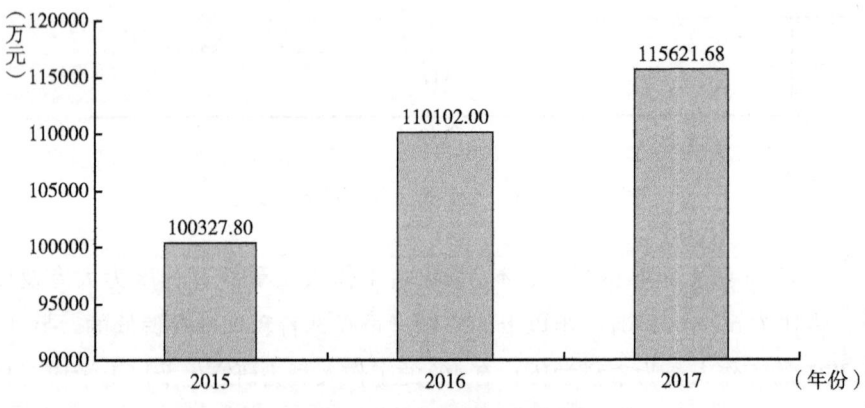

图5 龙岗区民办非企业单位净资产统计

2. 收入

2017年,龙岗区民办非企业单位收入总额为28.27亿元,同2016年与2015年一样,收入总额稳定在20亿元以上;其中大部分收入为提供服务收入,而商品销售收入以及投资收益为0(见表3)。

表3 2017年龙岗区民办非企业单位收入统计

单位:万元,%

	金额	占收入总额的比例
捐赠收入	849.2	0.30
提供服务收入	239606.5	84.75
商品销售收入	0	0
政府补助收入	34990.15	12.38
投资收益	0	0.00
其他收入	7269.12	2.57
收入合计	282714.97	100.00

3. 支出

2017年,龙岗区民办非企业单位的支出费用总计为31.04亿元,支出大于收入。大部分的费用支出是业务活动成本,剩下的小部分为管理费用(见表4)。

表4 2017年龙岗区民办非企业单位费用统计

	金额(单位:万元)	所占收入总额的比例(%)
业务活动成本	230865.85	74.38
管理费用	73163.99	23.57
其他费用	6336.45	2.04
费用合计	310366.29	100.00

4. 工作人员

2017年,龙岗区民办非企业单位一共有29854人,并且有大量的专职工作人员，除兼职工作人员人数有些许下降之外，专职工作人员的数量以及从业人数的总数都在稳步上升（见图6）。

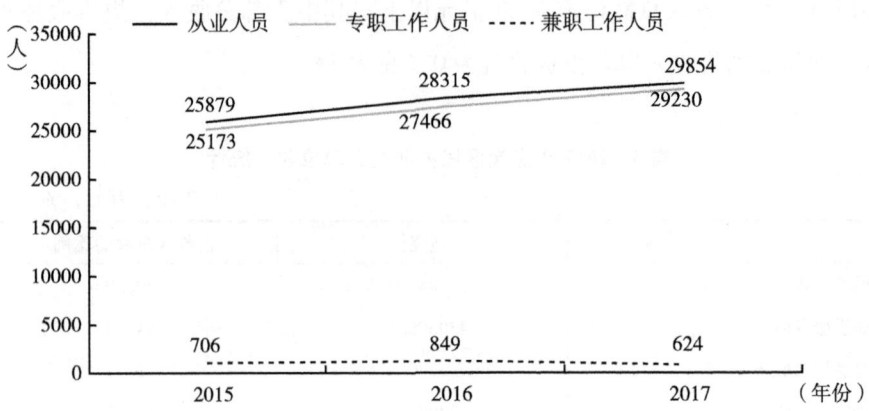

图6　龙岗区民办非企业单位工作人员数量变化

跟社会团体相似的是，在29854名工作人员中，也有大量工作人员的学历在大专及以下，占比为75.04%，多达22402人；本科学历的有7270人，占比为24.35%；研究生及以上学历的有182人，占比为0.61%（见图7）。

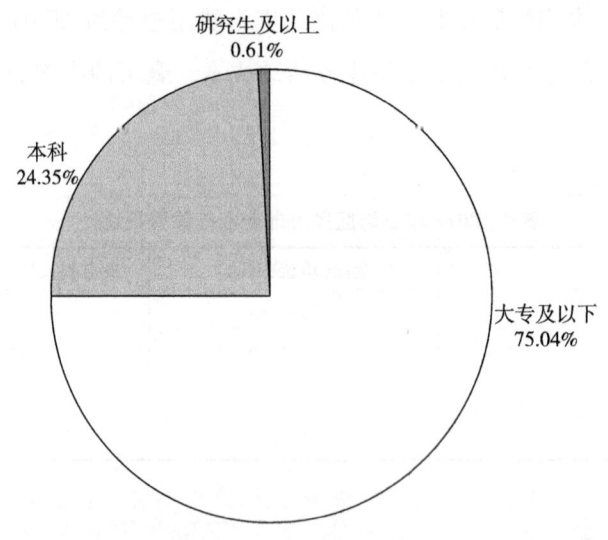

图7　龙岗区民办非企业单位工作人员学历结构

二 龙岗区社会组织管理与服务特色

（一）创新培育扶持，实现数量增长

1. 强化政策扶持

龙岗区委、区政府适时出台《关于培育扶持社会组织发展的实施意见》及配套文件，提出深化登记改革、加大财政支持力度等系列扶持措施，总的特点是：该放的放开、该扶的扶好、该接的接稳、该管的管住。与此同时，主动争取民政部支持，降低注册资金门槛，扶持创建了"南坑社区圆梦慈善基金会"，有效解决了社区治理中的服务资金问题，改变了社会管理工作由政府"单打一"的状况，打通了社会建设的"最后一公里"。民政部领导视察南坑社区时给予高度评价，认为是龙岗区扶持社会组织发展的精彩案例。

2. 强化项目扶持

龙岗区从2013年起，加大社会组织项目和资金扶持力度，设立扶持发展专项经费，每年安排200万~500万元用于社会组织培育发展。以社会组织公益创投项目评选为载体，吸引和资助更多社会组织参与项目设计和开发，搭建社会组织、公益项目、公益资本与公益智慧的对接平台，解决社会组织"有项目、无经费"的困境。奖励社会组织创先争优，对服务效果显著、引领示范作用强劲的社会组织进行表彰奖励。2013~2017年共评选"优秀项目"181个，资助奖励社会组织350家，资助奖励金额达2300多万元，形成了"以项目带项目、以资金助资金"的"蝴蝶效应"。

3. 强化经验扶持

创建社会组织项目指导工作室，创新"能者为师"的运作模式，采取"以老带新"传授发展经验和预约指导的做法，选取行业翘首为初创型、草根型社会组织打造一批学习的标杆项目，提供项目开发、设计、执行、管理等经验指导。建立区、街道和社区三级社会组织培育网络，在深圳市率先成

立了龙岗区社会组织发展培育中心、坂田街道社会组织"公共空间"、怡景社区党群服务中心等一批具有代表性的社会组织培育服务平台，面向各类社会组织提供注册辅导、活动策划、能力建设、筹资指导等综合服务，派"专职智工"为社会组织提供智力支持，为缺乏"主心骨"的社会组织引进"领头人"，成功培育了杨美社区文化促进会等45家社会组织。这些社会组织从草根成长为大咖，为幸福龙岗、美好社区建设发挥作用、贡献力量。

（二）创新评价监管，实现质量提升

龙岗区坚持"放""管"并重，将有形的监管化作对社会组织润物细无声的提升，助推社会组织发展从量的积累到质的飞跃。

1. 实施登记管理

把社会组织分成公益慈善、社会服务、教育培训等14大类进行管理，推进4大类社会组织直接登记。实行社区社会组织登记备案双轨制，授权街道办对已开展活动但尚不具备登记条件的社区社会组织实行备案管理，共有690家备案社区社会组织。深化统一社会信用代码制度改革，推行"多证合一、一证一码"办法，将社会组织法人登记证、组织机构代码、税务登记证，整合为统一社会信用代码登记证书，全区社会组织赋码率达100%，新证换发完成率近95%。加强信用信息数字化管理，打破"信息孤岛"，促进信用信息的交换共享，建立"诚信榜"和"红黑名单"信息库，实现了"有信用承诺、有信用记录、有红黑名单、有分级监管"的工作目标，既加强了对社会组织的事中、事后监管，又促进了社会诚信建设。

2. 实施多元评价

为检验政府职能转移和委托服务项目的成效和资金使用效率，龙岗区率先实施社会组织评价"1+6"文件，建立了社会组织承接政府职能和购买服务的资质管理制度、能力评价标准、服务质量标准和成效评价标准，形成购买主体、服务对象、社会公众和第三方评价的多元评价体系。自2013年起连续5年，采取委托第三方评价的方式，开展社会组织年检工作，既解决了监管力量不足问题，又确保了评价结果的公平、公正。同时，强化评价结

果的运用,对评价等级优异的社会组织,在扶持奖励及购买服务方面予以倾斜,对评价结果不理想的社会组织予以跟踪整改、促其提升,实现了"以评价促提升、以提升促发展"的良好效果。

3. 实施综合监管

龙岗区"多管齐抓",建立了行政监管、行业自律、社会监督、党组织保障"四位一体"监管体系。完善综合监管联席会议制度等协调机制,明确监管部门职责,形成各司其职、协调配合、分级负责、依法监管的社会组织监管格局。加强年度报告审查和日常抽查,2017年共审查社会组织年报1074家,实地抽查60家,下发整改通知书责令整改88家。开展社会组织等级评估,全区共有5A级社会组织9家、4A级社会组织10家。引导社会组织完善以章程为核心的法人治理结构,加强行业自律和诚信建设,共有36家工商经济类及行业协会建立了诚信档案,建档率达100%。鼓励新闻媒体和公众参与监督,畅通投诉、举报非法社会组织和违法行为的渠道,受到社会各界好评。

(三)创新法务服务,实现规范发展

围绕社会组织发展中出现的法务盲区,龙岗区坚持以问题倒逼改革,创新打造法务服务新亮点,传播法治理念,规范社会组织培育发展。

1. 搭建"法务+"平台

创建社会组织法务服务工作室,委托专业律师事务所负责运营,通过律师现场坐班、开通法务服务热线和微信公众号等方式,采取线上和线下服务相结合的办法,为全区社会组织在内部治理、资金筹集、合同纠纷等方面提供无偿的法律咨询、法律援助;帮助社会组织及时发现存在的法律隐患,完善处理预案,化解和防范法律风险,提高法治化管理能力。2018年,法务服务工作室开展社会组织法律专题培训3场(次),为社会组织提供免费法律咨询服务120次,提供法律文书审查26宗,将依法治理有效融入社会组织服务管理。

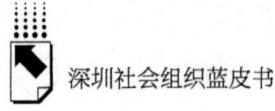

2.营造法治氛围

围绕建设"法治政府"目标,把"编制行政权责清单,加快转变政府职能"作为推动改革的"牛鼻子",在全国率先编制权责一致的"社会组织权责清单",明确政府职责边界,把"该放的放开",主动向社会组织让渡空间,共有146家社会组织入选承接政府职能和购买服务目录。定期开展法律宣传和法律知识培训,传播法治理念,增强社会组织守法、用法意识。2017年,共开展法律宣传和培训18场,发放法务宣传资料4000多份,着力营造社会组织培育发展的法治环境。

3.发挥执法功能

在坚持文明执法、依法行政基础上,创新对龙岗区社会组织的预防执法、约谈执法、回访执法、跟踪执法,对违法违规的社会组织给予预警、降级直至取缔。2017年2月,在日常检查中发现有家从事养老服务的社会组织超范围经营,且场地不符合消防要求,存在严重安全隐患,对此龙岗区社会组织管理部门立即采取行动,全面调查取证,召开听证会,依法给予该社会组织撤销登记行政处罚。深入开展社会组织领域扫黑除恶专项斗争,将87家违法违规社会组织列入《龙岗区社会组织严重违法失信名单》,查处2家非法社会组织,震慑作用明显,产生了较好的社会反响。

(四)创新人才培养,实现智力支撑

龙岗区坚持"筑巢引凤"和"筑巢育凤"相结合,突破社会组织培育发展的人才瓶颈,使人才"引得进、留得住、用得好"。

1.以优惠政策吸纳人才

出台促进人才优先发展的"深龙英才计划",发挥人才政策效应,引得"八方凤凰翩翩来"。提供人才安居房保障,通过多样化人才安居保障途径,满足人才安居需求,全区共有128名社会组织优秀人才享受住房补贴政策。放宽人才入户门槛,对全日制本科以上学历或具有高级技师职业资格的人才实行直接入户政策。完善优秀人才的子女教育保障,切实解决社会组织人才的后顾之忧,让他们安心在龙岗干事创业。

2. 以优质服务留住人才

发挥龙岗区拥有"国际大学城"的优势资源，着力推进社会组织人才在职继续教育，由政府、社会组织、个人按比例承担费用，大力鼓励人才再教育、再提升。2017年，全区社会组织人才在职培训总量超过5万人次，共有2300人获得在职培训补贴，其中5名社工类社会组织人才各获得5万元硕士学历奖励。目前，全区社会组织工作人员共有3万余人，其中具备大专以上学历的已超过50%。加强人才知识产权保护，为社会组织人才提供公益性、专业性的知识产权法律服务。建立人才信息库和综合服务平台，发布人才供需信息和人才政策，为社会组织和人才之间搭建信息桥梁，促进人才合理流动和科学配置。

3. 以良好平台用好人才

在全国率先启动社会工作试点，加快推进社会组织培育发展，为社会组织人才施展抱负、干事创业提供良好平台。通过扶持奖励、优化环境等综合性措施，一批批专业人才致力于龙岗社会组织培育发展。甘照寰就是其中一个，他早年留学德国，凭借龙岗社会组织发展的春风，他创办了至诚社工服务中心，经过几年的不懈努力，至诚社工服务中心已成为全国百强社工社会组织、深圳首批5A级社会组织，他还为迎接亚太国际社工大会在龙岗召开，组织力量编写了两本有分量的著作。龙岗区还特别注重为社会组织优秀人才搭建建言献策平台，目前在全区社会组织领域已有7名党代表、30名人大代表、86名政协委员。

三　社会组织管理与服务存在的问题与不足

（一）社会组织管理法律法规相对滞后

目前我国社会组织管理的法律法规主要是《中华人民共和国慈善法》以及国务院出台的"三个条例"（《社会团体登记管理条例》《民办非企业单位登记管理暂行条例》《基金会管理条例》）。"三个条例"颁布时间较早,目前已远远滞后于社会组织发展的需要,对基层执法机构来说,现有规定不够细化、全面,缺乏比较具体可参照的执法指引,导致龙岗区一些社会组织管理改革创新工作面临无法可依的困境。

(二)社会组织监管执法有待加强

龙岗区社会组织管理办公室(以下简称龙岗区社管办)属正科级事业单位,编制共有8个,负责全区近2000家社会组织的管理工作。事业单位不是行政执法主体,只能受行政机关委托执法,但社会组织委托执法缺乏法律依据,龙岗区社管办无法受区民政局委托执法,存在监管主体和执法主体不一致的困境。随着社会组织的快速发展以及执法业务的增加,社会组织登记业务部门除了承担日常监管检查、调查取证等工作之外,还需兼顾日常社会组织审批、管理等业务,基层执法力量严重不足,特别是《中华人民共和国慈善法》颁布实施以来,这方面的问题尤为凸显。

(三)综合监管机制有待进一步理顺

目前,龙岗区主要依靠日常管理、年度工作报告、抽查、受理投诉举报等手段对社会组织实行监管,运用大数据、云平台等先进的信息化技术的能力不强,部门间信息共享和交换机制还有待加强。社会组织信息公开平台不完善,新闻媒体、社会公众的监督还未形成合力,第三方评估机制还未真正建立起来。一些部门不愿承担社会组织监管职能,不愿做社会组织的业务主管单位。

四 未来龙岗区社会组织管理与服务的工作思路

(一)抓住"一个核心"

做实做活社会组织党建"六大经验",以龙岗区社会组织党建专著的撰写和出版工作为契机,创新推进社会组织党建"两个覆盖"提升、"两个作用"发挥、党建与业务融合发展,强化社会组织党组织的政治引领功能。同时,严格落实党建"1+2"文件,加强社会组织党群服务中心阵地建设,抓好社会组织党建规范化、标准化、制度化,强化社会组织党委把方向、管大局、促发展的作用。

(二)推进"两项工作"

一是严格社会组织登记。创新"互联网+政务服务",完善社会组织成立、变更登记程序,落实社区社会组织登记备案双轨制,探索解决社区社会组织小、散、弱,缺乏统一管理、带动作用不强等问题,引导社会组织在打造共建共治共享社会治理格局中发挥积极作用。二是加强社会组织综合监管和执法力度,创新年报、抽查、等级评估措施,发挥"异常目录""违法失信名单"管理制度的警示震慑作用,加大对非法社会组织的打击整治力度,促进社会组织健康有序发展。

(三)深化"三项成果"

一是抓好"1+3"落地生根。推动出台社会组织"1+3"文件,转化社会组织评价监管经验,打造"龙岗样板",加强社会组织承接政府购买服务事前、事中、事后全过程监管。二是巩固社会组织法务亮点。以民政部的肯定和鼓励为动力,深化细化社会组织法务服务室指导功能,完善服务流程,创新法务服务融入社会组织管理。三是提升社会组织项目指导。依托区社会组织项目指导室,完善区、街道和社区三级社会组织培育网络,创新项目指导服务内容,举办专题培训、培育打造品牌项目,建立健全品牌项目的复制推广机制。

B.18
龙华区：创新发展激励机制让社会组织"动起来"

贺平光 左楠*

摘 要： 龙华区政府持续多年致力于创新社会组织激励机制，通过"公益创投"资助五百多个优秀公益项目落地实施，助力社会组织创新成长。同时，建立区、街道、社区三级社会组织孵化平台，并动员社会力量，为社会组织提供民智与民力。通过不断地创新实践，龙华区政府实现了社会组织广覆盖、高活跃，让社会组织"动起来"。本报告对龙华区规范社会组织发展提出了以下建议：突出党建对社建的引领作用；构建社会组织有序发展的制度环境；形成多方资源培育发展社会组织的机制；创新优化社会组织支持培育发展模式；制定切实有效的社会组织人才政策。

关键词： 公益创投 支持平台 激励机制 顶层设计

一 龙华区社会组织发展现状

（一）龙华区社会组织已成规模，结构类型不断完善

2014~2018年，龙华区社会组织数量增长居全市前列。2012年至2018

---

* 贺平光，龙华区民政局（人力资源和社会保障局）副调研员；左楠，龙华区民政局（人力资源和社会保障局）社会组织管理科科长。

年9月,社会组织数量由244家增长至913家,增长率达274.18%。其中社会团体411家,民办非企业单位400家,另有备案的社区社会组织112家。每万名常住人口拥有社会组织数为5.7个,约为建区之初的3倍。

龙华区社会组织囊括社会治理、文化体育、生态环保、公益慈善、教育培训、工商服务等诸多门类,形成了种类齐全、层次多样、服务范围广泛的社会组织体系,社会组织的结构类型不断完善。

龙华区近几年成立的社会组织活跃度高,影响力强。在随机抽查的111家社会组织中,有1/3的社会组织每年开展活动在50次及以上。20～50次/年和10～20次/年的,均为26家,各占23%。总的来看,有接近80%的社会组织每年开展活动均在10次及以上。同时,有超过80%社会组织有志愿者,其中100人及以上的占14%,50～100人的占15%。

(二)龙华区社会组织在区域发展和民生领域发挥重要作用

龙华区各类社会组织积极利用专业特色,在社会治理、社会服务、文化产业等多个领域发挥不可替代的重要作用。

在劳资关系及外来青工服务方面发挥减压阀的作用。龙华区是深圳市重要的电子信息产业、先进制造业和服装产业集聚基地,劳动密集型企业多,外来劳务工超过百万人。社会组织在构建和谐劳动关系方面发挥了积极作用,如区人力资源协会、尚法和谐劳动关系促进会等社会组织免费为工业园区的劳务工提供法律咨询,参与调处重大劳资纠纷,为企业开展法律体检。

在文化教育等服务领域发挥助推器的作用。民办教育是龙华教育系统的重要组成部分,有效缓解了长期困扰居民的"就学难"问题,为龙华各层次教育做出极大贡献。龙华区现有中小学在校学生13.1万人,其中民办学校学生7.6万人,占58.0%,占龙华教育总量的半壁江山。幼儿园共有188所,其中民办幼儿园185所,民办幼儿园在数量上占了绝对优势。民办学校的教育质量不断提升,目前31所民办学校中,省一级、市一级学校为28所,占90.3%。

在经济发展方面发挥加速器的作用。红木产业是龙华特色,龙华观澜是全国最早、最大的红木艺术品生产基地及原材料交易展示基地之一。深圳市红木文化艺术协会就落户于龙华观澜，目前拥有会员企业300多家，工作人员4万多人，拥有大型红木原材料交易展示基地，全国近80%的名贵红木原材料从这里采购，年交易额300多亿元。深圳市红木文化艺术协会自成立以来，成功承办六届文博会观澜红木集聚区分会场活动，有特色、有规模、有效益；成功举办首届中国·观澜国际红木文化节，加强同"一带一路"沿线国家和地区的交流与合作；连续六年举办全国红木设计雕刻大赛，在人才培养和引进上发挥较大作用，实现经济和社会效益双丰收；连续六届举办红木艺术展览会，实现厂家、商家、消费者三赢；举办六届中国传统家具产业发展高峰论坛，办成了行业的"博鳌"论坛；连续八届举行精品红木慈善拍卖会，体现红木企业家的社会责任；连续举办七届创意12月，创新活动丰富多彩，促进行业创意创新活动的开展；2018年成功举办"第二届中国·观澜中式家具设计大赛"，打造行业发展新动能。

在社区营造及物业管理方面发挥黏合剂的作用。龙华区商品房小区与城中村并存，两类住宅有各自的管理特点，社会组织均在其中发挥独特作用。目前，龙华有100多个社区文体类社会组织扎根本社区，开展太极拳、广场舞、乒乓球、羽毛球、轮滑、瑜伽、健身、京剧等各类文化娱乐活动，丰富了居民的业余生活，加强了居民间的沟通交流，增进了邻里关系，促进了社区融合。

在社会融合方面发挥暖心仪的作用。深圳市大型保障房项目之一的龙悦居位于龙华区内，有11000余户，其中有退伍老兵340人居住在此。退伍老兵们自发成立了各类协会组织，在社区开展志愿服务活动。同时，社区的老年舞蹈协会等团体会组织为老兵及残障人士表演节目，老兵们也会开展针对残障人士的关爱服务。不同居民在这里互帮互助，实现了社区融合。

（三）形成龙华特色的社会治理、文化体育、公益慈善品牌

龙华区社会组织经过几年的发展，不仅数量不断增长，质量也在稳步提升，已经形成了若干具有龙华特色的专业品牌社会组织，在全区上上下下形

成影响力，甚至在全市乃至全国都小有名气。

形成了龙华特色社会治理品牌。2017年8月，龙华区成立社会治理公益联盟，聚合区内外在心理健康、矫治安帮、法律援助和纠纷调处等四大社会治理重点领域的优秀社会组织组建而成。龙华青原生活服务中心由一批北京大学社会学专业研究生创办，从2011年开始运营清湖社区学堂，专注龙华青年产业工人发展工作和青年共享型社区建设工作，服务产业工人群体达6万余次。学堂自成立以来，有效丰富了产业工人的业余生活，促进了龙华产业工人的社区参与，促进了龙华产业工人的社会融合，提升了政府对庞大产业工人群体的综合治理水平。

形成龙华特色慈善品牌。龙华区慈善会于2016年5月6日成立，尽管成立时间短，但成长迅速，成为深圳各区慈善会中的领头羊，成立以来吸收社会捐赠3300万元，获得2018年"鹏城慈善奖·典范机构"，成为区级慈善会中唯一获此殊荣的机构。龙华区慈善会以"聚善有福，大爱龙华"为核心愿景，以"联合慈善、专业慈善、透明慈善"为工作理念，在深入推进兜底救助的同时，不断创新形式、链接资源、服务群众、助力社会发展，开展"聚善家园"等公益项目、积极参与广东省630扶贫济困日等活动，激发公众参与慈善公益事业的积极性，逐渐形成"政府引导、社会参与、各方协作"的公益慈善新格局。

打造了龙华特色文体品牌。龙华社会组织根植于群众，来源于草根，社会组织结合龙华区域特色形成独特文体品牌。龙华区草根文学协会已举办五届草根文学奖，把龙华这一"打工文学"发源地的特色发扬光大。"草根"文学凸显普通基层群体写作的权利，为基层创作者搭建交流和发展的平台，通过草根文学奖征文评选的形式，挖掘了一批草根文学创作者，让龙华区的草根文学结出累累硕果。健身球操已成为民治街道的特色文体品牌，目前已实现"一社区一健身球操队"，1800名老年人经常性参加健身球操，辖区拥有800名健身球操骨干队员和一批健身球操教练员、裁判员。先后获得国家级、省级、市级及区级等奖项十多项。2017年，获得"大成杯"第五届健身球操全国邀请赛两个金奖。2018年，民治街道被授予"全国健身球操之乡"称号，是第三批获奖名单中唯一一个街道级获评单位。

构建了龙华特色社区服务品牌。龙华区通过六个街道社会组织促进会，培育发展社区社会组织，社区社会组织多样性高，活跃度高。景龙社区的龙之韵老年艺术协会是社区社会组织中的佼佼者。协会的一百多位会员平日结伴唱歌跳舞、游山玩水、做义工，把生活过得有声有色，当谁生病了或需要帮助时，其他人第一时间伸出援手，老人们"抱团互助"，带来满满的正能量。

二 龙华区社会组织发展和管理的经验总结

（一）通过顶层设计全面构建适宜社会组织发展的制度环境

在政策及资金扶持方面，2013年，新区社建局出台《龙华新区扶持公益创投项目专项经费管理办法（试行）》和《龙华新区社团初创支持专项经费管理办法（试行）》，对社会组织给予1万~3万元的经费资助。2013~2018年累计资助258家社会组织。2014年，出台《龙华新区社会组织扶持办法（试行）》，将培育发展社会组织的资金纳入公共财政预算，每年拿出不低于500万元的资金。同时，从注册辅导、场地支持、初创资金、公益创投项目、能力提升培训服务、鼓励承接政府职能等方面予以扶持。

在政府购买服务方面，2014年5月，龙华新区社建局出台《龙华新区具备承接政府职能转移和购买服务资质的社会组织目录管理试行办法》，并公布《龙华新区承接政府职能转移社会组织名录》，现共有170家社会组织入选。2015年，龙华新区综合办出台《龙华新区社会组织承接政府职能转移负面清单管理办法》和《龙华新区社会组织承接政府职能转移推进方案》，加快政府职能转变，推进社会组织规范有序地承接政府职能转移。据初步统计，2015~2018年，社会组织承接政府职能转移和购买服务事项共有812项，购买金额10230万元。

在登记管理改革方面，2014年7月，新区社建局出台《龙华新区社组织直接登记暂行办法》。在不违背法律法规的前提下，尽可能地放宽社会组织准入条件，降低门槛、简化程序，促进社会组织规模发展。同年9月，新区社建局出台《龙华新区社区社团备案管理暂行办法》，对达不到登记资格的社区社会组织，准许其到街道办或委托的社会组织备案，进一步加快培育发展社区社团。

（二）通过构建"1+6+N"模式发挥党建核心引领作用

龙华区社会组织党委于2017年10月27日正式成立，在做好"三同步""五嵌入"等规定性动作的同时，结合龙华特色，创新性地开展各项党建工作。

积极构建有龙华特色的"1+6+N"党建覆盖模式。以1个社会组织党委为核心，依托6个街道社会组织促进会为平台，发挥N个行业协会等有影响力社会组织的辐射效应，逐步实现党的组织和党的工作全覆盖。选派8名专职党务工作者协助党委及下辖的党组织开展党建工作。制定社会组织党建标准化规范化制度。龙华区社会组织党委制定了《社会组织党委会议议事规则》、《社会组织党委班子及成员考核办法（试行）》、《深圳市龙华区社会组织党组织建设标准》和《龙华区社会组织阵地建设及功能布局意见》等制度文件，为龙华区各类社会组织党组织的建立，从党组织设置、党员教育管理、班子队伍建设、党内组织生活、发挥作用途径、工作运行机制、基本工作保障等七大方面确立明确的指引，实现活动阵地建设和服务功能建设的标准化，社会组织党建工作步入规范化轨道。突出对社会组织代表人士的政治引领。为引导社会组织人士在推进社会建设和社会治理创新中发挥积极作用，龙华区社会组织党委强化对社会组织代表人士的政治引领，掌握社会组织代表人士的思想动态，加强对社会组织代表人士的思想政治及宣传引导。切实发挥社会组织深入基层群众，广泛联系群众的优势，通过培训、座谈、宣讲等形式开展社会组织统战工作。

（三）通过公益创投及购买服务建立社会组织发展激励机制

为激发社会组织的活力，2013~2018年持续6年开展"公益创投"项目。2013~2018年，累计资助金额达到2831.74万元，项目535个，是全市唯一持续至今面向社会组织的创投资助，对社会组织的发展起到不可估量的激励作用。

公益创投成为发现优秀项目的"伯乐"。公益创投活动通过"社会组织自主发现社会需求—设计服务项目—接受政府资助—开展社会服务"的方式，发掘一批关注社会问题、贴近社会需求、具有创新意识的优质公益服务项目。目前已经涌现出不少颇具特色的龙华草根公益品牌，如深圳市龙华区思奇特殊儿童发展中心的"助儿飞翔"脑伤儿童家长加油站、深圳市龙华区大浪童心志愿者协会的"美丽龙华，与你同行"社区志愿服务项目、龙之韵老年文化艺术协会的"深漂老人互助"等。已有41%的组织将公益创投项目复制推广，并得到其他资金资助或变为常规服务。这说明公益创投已经起到了发现优秀项目、助力组织成长的作用。

公益创投的机制不断优化和创新。区民政局社会组织管理科根据公益创投的实施情况，不断调整和优化申报机制，2017年修订了《龙华新区公益创投项目专项经费管理办法》。创新启动公益创投"1+N"项目联合申报模式，由1个3A级以上社会组织联合N个2A级以下社会组织实施项目。通过自动配对和安排分配原则，将优秀社会组织和草根社会组织联合在一起，实现"一带多"、"先进"带"后进"，实现合作共赢。重点扶持特定群体类项目，优先考虑在社区开展活动且服务对象为老、弱、病、残和青工等以及在促进社会治理方面具备创新引领作用的公益性项目。建立公益创投项目红黑名单制度，将评估不合格的机构列入黑名单。

（四）通过构建三级枢纽组织，搭建社会组织支持平台

2012年，借鉴科技企业孵化器的做法，成立了社会组织孵化服务中心，实施孵化培育和发展支持标准化工作体系，提供从培育"种子"、注册辅导、初创支持、业务开展等方面的全程辅导。同时，从完善内部管理制度、社会能力建设、外部支持、公益创投等方面提供智力支持。自2013年至今累计入驻龙华区社会组织孵化服务中心的社会团体有112家，退驻95家，

目前在驻社会组织 17 家。

在街道办一级成立社区社会组织（社区建设）促进会，发挥孵化服务、场地支持、备案管理等作用；在社区一级依托 56 个社区党群服务中心设立社区社会组织服务站，突出搭建平台、服务社群功能，发挥了萌芽、培育、扶持作用。街道和社区级的服务平台直接为辖区的社会组织提供服务。

依托街道级枢纽平台，将区级登记备案管理下沉，印发《龙华区社区社会组织登记备案管理暂行办法》，街道办以发挥枢纽型社会组织为抓手，共同打造特色服务站，充分发挥各促进会孵化培育业务熟、地理位置广、了解社区等优势，开放各街道促进会咨询点，将咨询、了解和材料筹备等工作下沉到各街道，提高后台审批效率，降低群众办事成本。

（五）通过不断创新实践探索社会组织规范发展模式

开创"托管服务"，解决社会组织缺乏专职人员的困境。通过搭建第三方财务托管、人力资源代理、法律服务平台，为社会组织提供财务、人力资源和法律等托管服务。托管服务一方面减轻了社会组织的负担，节约了人力成本，另一方面规范了社会组织的运作，起到了规范管理的作用，成为监管社会组织的有效手段。

探索"公益圆桌"、"聚力益+益"等方式，最大化地吸引各方力量，共同为社会发展出谋划策。龙华区集合各方专家资源，主办"公益圆桌"，并将其作为龙华社会发展微智库，为社区建设、公益慈善、民生服务、扶贫救助、居民自治、劳资关系、职业技能等提供针对性的智力支持。截至 2018 年 9 月，累计召开圆桌会议 11 期，为龙华区民生微实事、聚善家园、社会创新等社会治理项目提供了决策建议。同时，龙华区启动"聚力益+益"计划，社会组织代表人士和社会组织聚力联络员到基层收集民意，定期梳理汇总，选取热点、难点、焦点问题，形成区级"社情民意库"，并从中甄选出操作性强、有影响力的问题，作为政协提案和人大代表建议的线索来源，并对照提案和建议的要求，牵头对"社情民意库"问题开展调查研

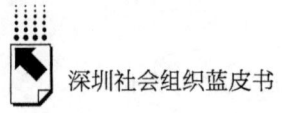

究,形成数据翔实、分析精准、建议可行、科学合理的提案和建议并交由代表或者委员根据实际情况提交。

三 龙华区规范社会组织发展建议

在设立行政区后,龙华区社会组织的发展迎来新契机,同时也面临不少挑战,包括党建对社建的引领作用不够突出,对社会组织支持发展模式比较单一,社会组织的人才不足制约行业发展,社会组织发展过于依赖政府等。这些挑战影响了社会组织参与实现共建共享共治社会治理新格局的能力和效率,是未来一段时间必须重点解决的问题。解决方案包括如下几点。

(一)突出党建对社建的引领作用

党建与组织使命相结合:以党建促业务发展。党的先锋模范作用与社会组织的专业服务相结合,让党建引领社建,让党建成为社会组织发展动力。党建与组织发展相结合:以党建促资源拓展。将党建作为平台,开拓社会组织的视野,链接资源。

党的建设与员工发展相结合:以党建促人才成长。通过党建工作,为社会组织的员工开辟新的发展渠道,让员工以党员身份发挥先锋模范作用,让优秀员工加入党组织。

党建与规范运作相结合:以党建促组织治理。在党建引领下,开展社会组织行业自律和诚信建设,党风廉政建设与社会组织的行业自律、诚信建设以及依法治理一脉相承。反腐倡廉工作在社会领域的直接体现就是社会组织的透明规范运作。期待在党建引领下,把龙华社会组织打造成最公开透明、最具公信力的机构。

(二)构建社会组织有序发展的制度环境

建立党委、政府与社会组织的沟通联系机制。推动业务主管单位、登记管理部门与社会组织的良性互动,发挥业务主管单位和行业管理部门在培育发展与综合治理社会组织方面的监管主体作用。

依托技术手段启动"互联网＋社会组织"计划。结合民政部"互联网＋社会组织"计划，开发设计龙华社会组织及公益项目微信小程序或APP，建立龙华区社会组织及公益项目展示评价平台，打造龙华公益项目的"大众点评网"。通过该平台，为社会组织、群众以及职能部门提供多方联系服务的综合性平台。

构建社会服务生态体系。构建"区－街道支持型组织—专业类社会组织＋社区社会组织—社区党群服务中心综合基层平台"的社会服务网络，形成健康有序的社会服务生态体系。区－街道支持型组织运营社会组织孵化基地，为各类社会组织提供能力建设等综合服务，协助政府部门培育和管理社会组织。专业类社会组织在某一领域提供优质的、精准性的服务，起到类似于专科医院的功能。

（三）形成多方资源培育发展社会组织的机制

政府以"配比制"方式资助项目撬动社会资源。优化财政资金对公益项目的资助方式，改变政府单一资助的模式，采用配比制的方式，通过政府投入撬动更多的社会资源，引导基金会、企业和社会公众捐赠，共同解决资金问题。

建立政府各部门之间的资源衔接机制。建立公益创投、平安创建专项资金、民生微实事、青春家园、妇儿之家等政府资助项目以及政府购买服务项目的互补与衔接机制。经评估后获评优秀的公益创投项目组成项目库，由区社会组织管理科推荐给其他各部门，这些项目可优先进入其他专项资金的预备项目库。

探索企业资源与社会组织常态化的资源对接机制。搭建面向企业的优质公益项目推介平台，帮助企业了解公益项目，并实现企业的资金、志愿者、技术、管理经验等人财物各种资源与社会组织的常态化对接。同时，让企业参与公益项目的优化和迭代过程，以商业视角和管理经验推动公益项目和社会组织的更新换代。可以通过两新组织党委、行业协会等，建立社会组织与企业之间的交流平台，挖掘、调动、对接企业资源。

盘活全区各类场地资源为社会组织提供便利。全面梳理全区可供社会组织开展服务和活动的场地资源，包括社区党群服务中心及其他公益或商业场地。按照场地面积、位置、所有权、活动类型、收费标准、预约时间等进行归类统计，建立全区可供社会组织活动使用的场地资源数据库，并通过龙华民政事业服务平台进行使用和管理。

（四）创新优化社会组织支持培育发展模式

探索公益创投分类资助与评审机制。创新探索公益创投改革，根据不同申请主体的性质采取分类评审、资助及评估机制，对于活动范围在某一社区的社区型社会组织采取简易申报法，予以小额资助（如5万元以内）；对于跨社区、跨街道的项目则采取传统申报制度。

探索公益创投过程性、实地性评估机制。创新公益创投项目的评估方式，加大过程性监测和实地考察力度，弱化末期的文案资料性评估。由相关政府部门代表、人大代表、政协委员、社会组织代表、街道及社区代表、评估专家、热心市民等组成"公益创投项目观察团"，在公益创投项目的实施期间，由观察团成员以暗访的形式直接到活动实施地进行实地性、参与式评估。

试点街道枢纽型组织的运营模式。选择某一试点街道，以购买服务的方式委托恩派等国内知名社会组织"孵化器"直接运营管理。同时，要求运营方输出管理经验，对区社会组织总会以及其他几个街道社会组织促进会进行指导和培训，提升本地化服务水平。

（五）制定切实有效的社会组织人才政策

设立社会组织专家人才库。建立集理论与实务、区内与区外于一体的龙华区社会组织专家人才库。区社会组织专家人才库可分类建设，从理论型、实务型、本土型、外地型等不同角度分类。

将社会组织人员纳入人才安居住房的申请主体。将优秀社会组织（如等级评估为4A级及以上）纳入龙华区人才安居重点企事业单位名录、产业人才租赁住房配租名录。在一定程度上缓解了社会组织工作人员收入低、流动性高的问题，解决了社会组织人才的后顾之忧。

探索社会组织从业者自选培训机制。鼓励社会组织工作人员根据自身需要参加各种培训，政府给予一定金额的补贴。

B.19
坪山区：推动社会组织参与"服务型治理"

廖 红[*]

摘　要： 坪山区通过同步推动社会组织党建、实施四个"率先"、搭建公益创投平台等系列举措促进辖区内社会组织有效管理，并逐步形成了社会组织参与构建和谐劳动关系、提供专业社会服务的发展亮点，引导和推动坪山区社会组织参与到以服务为基础、以治理为导向的"服务型治理"模式中。社会组织整体发育滞后、生存能力不强、监管力量不足是当前坪山区社会组织发展与管理的主要问题。针对这些问题，坪山区以党建引领社会组织建设、以法治思维规范管理、分类支持社会组织发展、强化社会组织信息公开为工作对策进行重点突破。完善社会组织准入机制、强化社会组织监督管理、加强社会组织自身建设、优化社会组织发展环境是坪山区社会组织管理与发展的趋势。

关键词： 社会组织　服务型治理　公益创投　劳动关系

2009年6月30日，坪山新区成立，辖区内存量社会组织32家。2017年1月7日，坪山区举行揭牌仪式，正式成立行政区，辖区内存量社会组织近400家（含登记社会组织和备案社区社会组织）。从新区到区，坪山在社

---

[*] 廖红，坪山区民政局公共辅助员。

会组织发展和管理方面，始终坚持培育扶持与监督管理并重原则，通过一系列工作举措，稳步推动辖区内社会组织发展。

一 坪山区社会组织发展现状

（一）发展历程

2011年，坪山新区对尚不具备登记条件的社区社会组织实行备案管理，通过稳步推进登记、备案双轨制，进一步加快社会组织发展；2012年，坪山新区在全市率先实现"一社区一孵化基地"，依托坪山新区社区服务中心建立社区社会组织孵化基地，配套出台管理办法，营造了良好的社区社会组织发展氛围；2013年，坪山新区组织开展首届社会组织公益项目创投大赛，投入50万元资助遴选出的5个优秀项目，增强社会组织承接政府职能转移和公益项目开发的能力，为社会组织的发展搭建平台；2014年，坪山新区组织开展首届社会组织才艺大赛，向社会各界展示坪山社会组织的活力与服务发展成果，为社会组织提供展示和交流平台；2015年，坪山新区在全市率先出台社区社会组织扶持政策，每年投入约100万元专项资金用于社区社会组织培育发展，实施"成长关爱"、"孵化关爱"、"小项目，大建设"和"人才关爱"四项工程，从政策层面明确采取政府资助、项目购买、创先评优等多种方式支持社区社会组织发展；2016年，坪山新区成立坪山新区社会组织党委，同步推动社会组织党建工作，确保社会组织发展的正确政治方向，实行党的工作和党的组织两个覆盖；2017年，坪山区改革社会组织登记备案事项，统一按照全市的政务服务标准体系，重新实行社会组织登记一般流程。区级层面停止受理社区社会组织备案事项，达不到登记条件的社区社会组织，探索在街道层面成立社区社会组织联合会，提升全区社会组织质量；2018年，坪山区人民政府与深圳市民政局共同签署《推进社会组织管理综合改革战略合作协议》，正式揭牌成立坪山区社会组织总会，全力打造社会组织参与社会治理基层实践鲜活样板。

（二）坪山区社会组织发展情况

截至2018年11月30日，坪山区登记在册社会组织共计291家，其中社会团体125家（行业协会7家，慈善组织1家），民办非企业单位166家，涉及科技、教育、卫生、文化、体育、社会服务等多个类别。

从统计数据来看，坪山区社会组织整体上保持了稳步健康发展态势，平均每年增加近30家登记的社会组织。从登记社会组织的类型结构上看，民办非企业单位数量多于社会团体。此外，新登记社会组织紧跟坪山区社会发展需求，涉及领域更多样化，科技类、行业协会商会、民办医疗机构等组织数量均有所突破。

图1、图2、图3直观地展示了2009～2018年坪山（新）区社会组织的纵向发展趋势及类别情况。

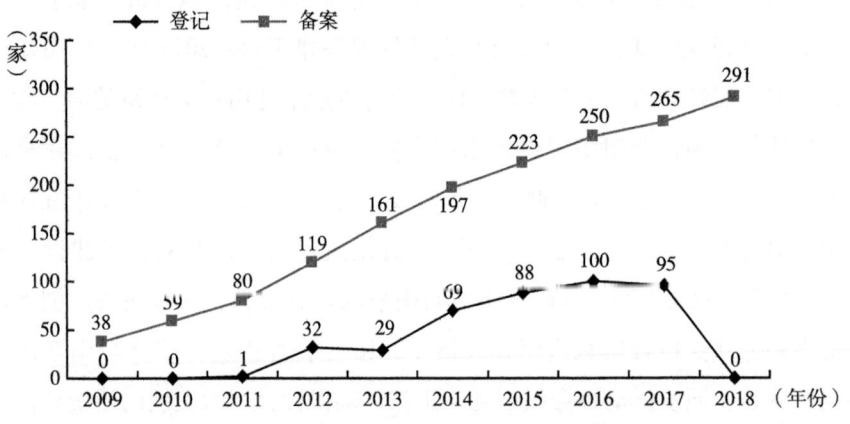

图1　坪山区社会组织发展趋势（2009～2018年）

从图1、图2、图3可以看出，近年来坪山区登记的社会组织保持稳定增长速度，民办非企业单位的数量明显多于社会团体，教育类社会组织占比近50%。2017年9月1日至2018年8月31日，因政策原因，鉴于社区社会组织不具备法人资格，没有独立的财务管理，成员流动性较大，整体质量不高，坪山区区级层面停止受理备案事项，存量备案社区社会组织逐步失效，数量降为0。

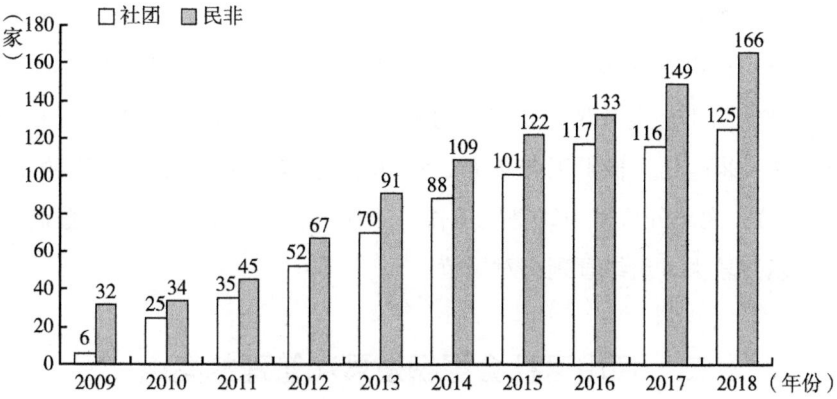

图 2　坪山区各类社会组织发展趋势（2009～2018 年）

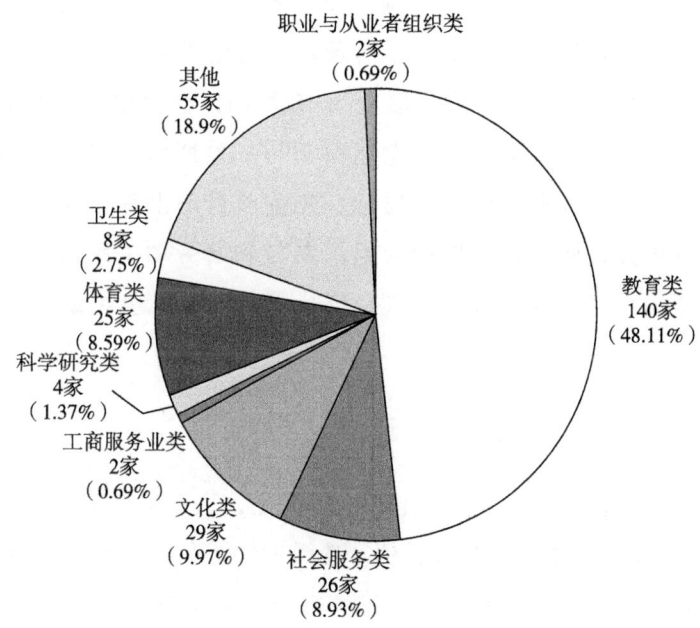

图 3　坪山区 2018 年登记社会组织类别情况

资料来源：坪山区民政局社会组织台账。

从坪山区 2017 年社会组织年度工作报告统计数据来看，96 家提交年报的社会团体以文化体育类居多，96 家社会团体中工作人员总数为 805 人，其中专职工作人员仅118人，剩余均为兼职工作人员，部分社会团体无专职工作人员。民办非企业单位中以民办学校、幼儿园、民办培训机构为主，2017年度民办非企业单位136家机构中，工作人员总计4247人，其中专职工作人员4067人，兼职工作人员180人，工作人员中女性占比约75%（3191人），大部分从事一线基层工作，工作人员的从业状态相对稳定，工作人员基数较大，组织管理相对规范。

二　坪山区社会组织发展和管理的亮点

2014年1月，坪山新区被民政部列为"全国社区治理和服务创新实验区"，通过探索实践，打造出以服务为基础、以治理为导向的"服务型治理"模式。坪山区社会组织作为活跃在社会建设和基层群众当中的一支重要力量，积极参与"服务型治理"，在坪山区社会建设中做出了积极贡献。在此基础上，坪山区通过党建引领与一系列培育扶持举措，立足本地社会需求，持续通过公开招投标、公益项目创投等形式委托社会组织开展公共服务，同时，引导社会组织参与和谐劳动关系构建，以服务推动社会组织更好地参与社会治理，形成了坪山区社会组织发展和管理多个亮点。

（一）同步推动社会组织党建

2016年8月，坪山新区社会组织党委成立，认真贯彻落实全面从严治党的要求，坚持把党建工作放在首位。选派3名优秀党建组织员，在社会组织管理和服务中，积极推动社会组织党建工作，截至2018年11月底，坪山区推动建立社会组织党组织36个，同比增长125%，党员171名，同比增长94%，确保了社会组织发展的正确政治方向。

坪山区社会组织党委注重发挥社会组织及其从业人员专业特长，鼓励直属党支部开展专业化志愿服务。每个社会组织党支部均建立一个党员志愿服务队，例如深圳市坪山区纽曼美容学校党支部成立了党员义务化妆队伍，主要服务于社区和企事业单位的大型文化活动，另外，为提升基层工作者的个人形象，他们经常到各社区开展个人形象提升公开讲座，在从业活动及志愿服务活动中宣传党的路线、方针、政策，凝聚社会共识，提升了社会组织党支部影响力。

（二）实施四个"率先"，推进社会组织发展

1. 率先实行登记审批程序简化

坪山区在深圳市率先实行社会组织登记审批程序简化。2012年，按照坪山新区行政审批制度改革会议精神，简化社会组织登记备案程序，按照"事前指引、过程协助、事后监管"的原则，实行"条件符合，即来即办"的零时限审批服务，加快审核速度，缩短办理时限。

2. 率先实行星级质量管理和评估

坪山区在深圳市率先对社区社会组织实行星级质量管理和评估。每年聘请第三方评估机构，对登记备案满一年的社区社会组织开展评估，探索"以评促建，以评促管"的社区社会组织管理模式，形成了整套社区社会组织评估指标体系。

3. 率先建立一社区一孵化基地

坪山区在深圳市率先实现"一社区一孵化基地"。在坪山区23个社区党群服务中心均建立了社区社会组织孵化基地，并出台《坪山新区社区社会组织孵化基地管理办法（试行）》，借助专业社工力量为社区社会组织提供孵化配套服务。孵化基地成立以后，累计孵化近200家备案或登记社区社会组织。

4. 率先出台社区社会组织扶持政策

坪山区在深圳市率先出台社区社会组织扶持政策，每年投入约100万元专项资金用于社区社会组织培育发展，实施"成长关爱"、"孵化关爱"、"小项目，大建设"和"人才关爱"四项工程，从政策层面明确采取政府资助、项目购买、创先评优等多种方式支持社区社会组织发展。该文件实施到目前，累计资助了近200家社区社会组织，用于培育和扶持社区社会组织发

展,鼓励社区社会组织广泛参与社区建设,同时,进一步激发了社区社会组织活力,推动社区社会组织健康有序发展。

(三)搭建"公益创投平台",发挥社会组织作用

坪山区每年举办社会组织公益项目创投大赛,鼓励辖区内社会组织"自下而上"设计公共服务项目,遴选并实施一批贴近居民需求的公益性项目,切实满足社会服务需求。大赛通过开放式的良性互动,进一步增强社会组织项目开发和服务能力,为逐步推进政府职能转移奠定坚实的基础。同时,公益创投大赛注重搭建社会资源参与公益项目的资源匹配平台,链接慈善会、基金会、爱心企业等社会资源对优秀公益项目进行资助,有效动员社会力量积极参与坪山区公益慈善、社会服务等事业,不断提升坪山区居民群众的生活质量和幸福指数。坪山区民政局为坪山区五届大赛累计投入近360万元,资助选拔出44个优秀服务项目。

坪山区社会组织公益项目创投坚持以社会需求为导向,关注弱势群体,充分体现公益性,紧紧围绕"扶老、助残、救孤、济困"宗旨,着力解决"最弱势、最迫切、最现实"的需求问题。坪山区"明叔饼房"残友烘焙技能提升项目就是通过挖掘、发挥残障人士兴趣优势,链接相关资源,搭建糕点烘焙制作技能学习的平台,开展系列糕点烘焙技能培训和实践体验课程,实现残障人士掌握糕点烘焙技能,切实提升残障人士的就业能力。

(四)引入社会组织参与和谐劳动关系构建

除了提供公共服务,参与社区治理,坪山区社会组织在参与化解劳资矛盾、构建和谐劳动关系方面成效突出,其中以深圳市坪山区和谐劳动关系促进会的作用尤为突出。坪山区属深圳东北地带,由于历史原因,产业以劳动密集型为主,全区2000多家用工企业,企业关停并转现象时有发生,劳资纠纷多发易发。面对上述严峻劳动关系问题,坪山区引入社会组织参与劳动关系治理,积极发挥社会组织在调解劳资纠纷、"柔性服务"企业及员工等方面的独特优势。

2013年10月，深圳市坪山新区和谐劳动关系促进会应运而生，成为全市首家劳动保障领域社会组织。该组织自成立以来积极参与和谐社会构建工作，开展各类普法宣传进社区、进企业、进园区活动百余场，宣传劳动保障法律法规，传播和谐劳动正能量。积极运用调解方式化解劳动争议，截至2018年11月，共调解劳动争议近700宗，涉及金额800余万元，调解成功率达90%以上，有效维护了劳动关系和谐稳定。

（五）引入社会组织提供专业社工服务

2011年，坪山新区在全市率先实现了社区党群服务中心全覆盖。社区党群服务中心作为坪山区社区服务枢纽型平台，通过招投标方式委托给专业社会组织运营，以社工为主体，通过社会工作专业手段，为社区居民尤其是困弱群体提供或转介各类个性化服务，促进社区和谐融合，提升居民幸福水平。2017~2018年坪山区民政局累计投入资金约1400万元，向社会组织购买社工服务项目22个，引入社会组织为社区居民提供多方位服务。

深圳市坪山区大同社会工作服务中心于2010年5月成立，为坪山区首家本土注册的社工机构，是坪山区4A级社会组织。2018年，该机构开展专业社工服务项目近10个，其中外来务工服务以来深组、和谐园区、劳动关系协调几个项目为依托，致力于企业社工的服务模式探索，成效突出，受益人群广泛。

三　坪山区社会组织发展和管理的挑战

（一）存在问题分析

社会组织发展不规范，在一定程度上影响制约着组织进一步发展和更好地发挥积极作用。虽然近年来坪山区社会组织取得一定发展，但在调查中也发现其面临不少问题，具体体现在如下几个方面。

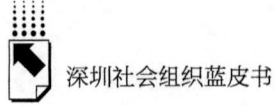

1. 社会组织整体发育滞后

受基础建设薄弱、人口结构倒挂等因素制约，与深圳其他先进区相比，坪山区社会组织整体数量少，规模小，其中社会团体主要分布在文娱、体育等领域，在社会救助、环境保护和志愿公益等领域相对缺乏。且从2017年社会组织年报从业人员的统计数据来看，平均每家社会团体才1名专职工作人员，缺乏能担当主要职务的专职管理人才和业务骨干。

2. 社会组织生存能力不强

从2017年社会组织年报资产状况统计数据来看，坪山区社会组织年末结余总计-7641万元，收入来源以提供服务为主，社会组织存在自身发展能力不足、资金募集渠道狭窄、对政府依赖性过强等问题。目前辖区内除了部分民办非企业单位及较少社会团体能依靠业务获取维持正常运转的工作经费外，其他社会组织因承接社会服务的能力不强，提供服务质量不高，运转情况不容乐观。

3. 社会组织监管力量不足

坪山区负责社会组织工作的编制人员极少，且往往身兼数职。社会组织执法力量更是不足，没有专职的社会组织执法人员，也没有相应的执法物资装备及执法车辆，社会组织执法面临较大困难。

（二）对策

针对上述问题，提出如下几点促进坪山区社会组织进一步健康规范发展的对策。

1. 以法治思维规范社会组织管理

严格依据《中华人民共和国慈善法》等法律法规和《关于深化社会组织管理制度改革促进社会组织健康有序发展的若干措施》等文件精神，做好社会组织登记管理各项工作。健全社会组织法人治理结构，加快制定社会组织内部管理制度范本，引导社会组织完善内部治理结构，提升其参与社会治理和社会服务的能力。加强社会组织规范执法，逐步配齐社会组织执法人员、执法车辆及相应执法设备，对违法违规社会组织依法给予处罚，确保监管有效、执法有力。

2. 分类支持社会组织发展

根据坪山区经济社会发展需要以及社会组织发展水平和特点，制定社会组织分类发展规划。通过制定坪山区关于改革社会组织管理制度、促进社会组织健康有序发展的实施方案，明确重点扶持行业协会商会类、公益慈善类、社会福利类、科技类社会组织及枢纽型社会组织，限制在社会需求不足或竞争过度领域以及应当由政府提供服务的领域发展社会组织，禁止成立不符合国家法律法规和相关政策规定的社会组织。

3. 以党建引领社会组织建设

加强对社会组织的有效管理和引导，把抓党建与抓社会组织管理有机融合，一是把党的思想教育和习近平新时代中国特色社会主义思想学习纳入社会组织开展学习培训的内容，加强社会组织对党的政治认同；二是把党的组织建设融入社会组织的建设，同步设立党组织；三是大力发展社会组织中的骨干为党员，扩大党在社会组织的政治基础和政治影响；四是有计划地培养能孵化社会组织的优秀党员，让优秀党员去孵化组建符合市场和社会需要的社会组织，建立社会组织与党组织的天然感情。

4. 强化社会组织信息公开

完善社会组织信息公开制度，引导社会组织在信息平台上及时公开基本登记信息、章程、会员及负责人名单、重大活动、涉外活动、接受和使用捐赠资助情况、财务状况等。加强业务主管单位和登记管理机关信息共享，鼓励支持新闻媒体、社会公众对社会组织进行监督，推进社会组织综合监管。

四 社会组织发展和管理工作的展望

（一）完善社会组织准入机制

对社会组织及责任人实施"双重"准入审查，从源头上严格把控社会组织资质水平。由实施登记管理机关和业务主管单位联合对直接登记范围之外的社会组织进行准入资质审查，重点关注拟成立社会组织合法性、必要性和可行性等相关信息，从源头助力打造多元化、差异化行业发展态势；严格审查社会组织发起人或拟任责任人资格，包括违法犯罪记录、诚信记录和履职经历等关键信息，做好社会组织负责人任职前信息公示，从源头上严格把关"关键信息"，做好社会组织负责人任职前信息公示，从源头上严格把好"准入关"，确保行业健康有序发展。

（二）强化社会组织监督管理

一是探索创新社会组织服务监管机制。推动成立区社会组织服务中心、街道社会组织服务工作站，采用"以社管社"，委托社会组织运作，探索创新社会组织服务工作内容、工作措施和工作方式，构建与新时代相适应的社会组织综合监管新模式。二是建立社会组织重大事项报告制度。社会组织换届及负责人变更等重大事项，开展会议论坛、大型公众活动、公开募捐、评比表彰等重大活动，须向业务主管单位和登记管理机关事前报备、事后报告。三是建立社会组织第三方评估机制，探索"以评促建，以评促管"的社会组织管理模式，并将社会组织等级评估作为接受政府职能转移、奖励和评比的重要考量依据。

（三）加强社会组织自身建设

一是健全社会组织法人治理结构。制定并出台社会组织内部管理制度范本，引导社会组织完善内部治理结构，提升其参与社会治理和社会服务的能力。二是加强社会组织诚信自律建设。建立社会组织诚信承诺制度，强化社会组织信息公开，落实守信激励和失信惩戒。三是在推行"三同步""五嵌入"基础上，组织开展党建特色品牌创建活动。社会组织党委直属每个党支部均创建一个党建服务群众、服务人才、服务基层的特色品牌，形成"党建项目"品牌效应，提升党的影响力，确保社会组织发展的正确政治方向。

（四）优化社会组织发展环境

一是创新社会组织发展机制。制定坪山区关于改革社会组织管理制度促进社会组织健康有序发展的实施方案、社区社会组织登记和备案管理制度。二是推进"社会组织服务园"建设。充分挖掘城市更新、旧工业园区升级改造、政府闲置楼宇等资源，或依托现有产业园区，免费为社会组织提供场地、资源链接、党建支持等服务，降低社会组织运营成本，解放社会组织生产力，加快构建社会化、专业化的社会组织服务支持平台。

B.20
光明区：社会组织参与基层治理成效显著

陈 俊 吴 楠 骆丹丹 黄耀煌 陈孝如*

摘　要： 光明区政府通过落实社区社会组织登记制度、提供能力培训、购买社会组织服务、进行社会组织评估、推动党建等措施，有效推动了光明区社会组织茁壮成长，并创新基层治理模式，成功打造了社区基金会创新参与基层治理的国家级案例，为打造共建共享共治的社区治理新格局提供了借鉴。社会组织自身发展能力不强、社会组织行业发展不均衡是光明区社会组织发展的主要问题，光明区将加大社会组织培育力度，进一步加强社会组织承接政府职能转移的能力，促进社会组织规范运作，培育发展各类社会组织。

关键词： 社会组织　社区基金会　基层治理　国家级案例

一　光明区社会组织发展历程及现状

（一）光明区社会组织发展历程

光明区隶属于广东省深圳市，2007年8月19日深圳市正式设立光明新

---

* 陈俊，光明区统战和社会建设局基层建设科负责人；吴楠，光明区统战和社会建设局基层建设科主任科员；骆丹丹，光明区社会工作协会秘书长；黄耀煌、陈孝如，光明区统战和社会建设局基层建设科办事员。

区，下辖公明、光明两个办事处，28个社区；2018年5月24日，广东省政府发布设立深圳市光明区的通知，9月19日光明区正式挂牌，下辖光明、公明、新湖、凤凰、玉塘、马田六个街道办事处，31个社区，辖区总面积156.1平方公里，常住人口59.68万人。

2007年，光明新区成立之初有社会组织52家。光明区原先是经济特区外的后发展区域，存在基础设施薄弱、人口倒挂严重、困难群体集中、社会治理粗放等发展问题。从人口数据来看，低保人口有1671人，占全市的1/3；外来人口与户籍人口比例达25∶1。当前社区治理主要依靠政府力量推进，基层治理依旧面临社会资源和社会力量参与缺乏平台、社会组织发展缺乏内生动力、社区共治长效机制尚未健全等多个挑战。

2009年7月，光明新区成立社会事务办，2011年6月更名为社会建设局，2016年11月更名为统战和社会建设局，基层建设科负责社区建设、社会组织登记管理和社工服务工作。

2012年，光明新区率先在全市实现28家社区服务中心全覆盖，通过引入7家社工服务机构运营管理，为光明新区青少年、妇女儿童、老年人、残疾人等群体提供了心理辅导、情感支持、纠纷调解等专业服务。

2013年12月，光明新区出台了《光明新区社会工作人才激励扶持办法（试行）》，在全市首创社工星级评定激励办法，有效地吸引了大量社会工作人才。

2014年3月，光明新区率先在全国开展5家社区基金会试点工作，为辖区企业、社会组织和居民群众参与社区治理打造了新的平台，助推了社区治理创新，为推进基层治理改革提供了可复制、可推广的模式。

2015年7月，光明新区社会建设局出台了《光明新区扶持公益创投项目专项经费管理办法（试行）》，通过创新政府购买服务和职能转移方式，成功举办了光明新区首届社会组织公益项目创投大赛和第一届社区基金会政府扶持培育资金项目大赛；2015年底，开展了首届社会组织等级评估工作，评选出3家5A级社会组织。

2016年6月成立了光明新区社会组织总会；2016年底，推动建立了光明新区社会组织孵化基地，采取"政府资金支持、专业团队运作、政府公众监督、社会民众受益"的运营模式，重点为公益类、慈善类、行业类、社区类社会组织提供初期孵化、政策咨询、能力建设、人员培训、项目指导等集约化服务；组织光明新区社会组织申报具备承接政府职能转移的社会组织目录，经梳理，第一批列入具备承接政府职能转移和购买服务资质的区级社会组织目录的社会组织共36家；2016年12月，成立了光明新区社会组织党委，进一步加强社会组织党建工作。

2017年，光明新区出台了《光明新区行业协会商会与行政机关脱钩实施方案》，加快转变政府职能，促进行业协会商会规范发展。

（二）光明区社会组织基本情况

光明区2007～2018年社会组织发展状况如图1所示。2018年9月19日，光明区揭牌成立，辖区社会组织发展至320家（其中民办非企业单位168家，社会团体129家，备案社会组织23家），其中社区社会组织60家，实现每万名常住人口拥有社会组织数量为5个，比光明新区成立之初增长了6倍，平均年增长率约为18%；推进社会组织党建工作，社会组织党委共发展基层党支部6个。经过多年的培育发展，光明区社会组织涵盖了医

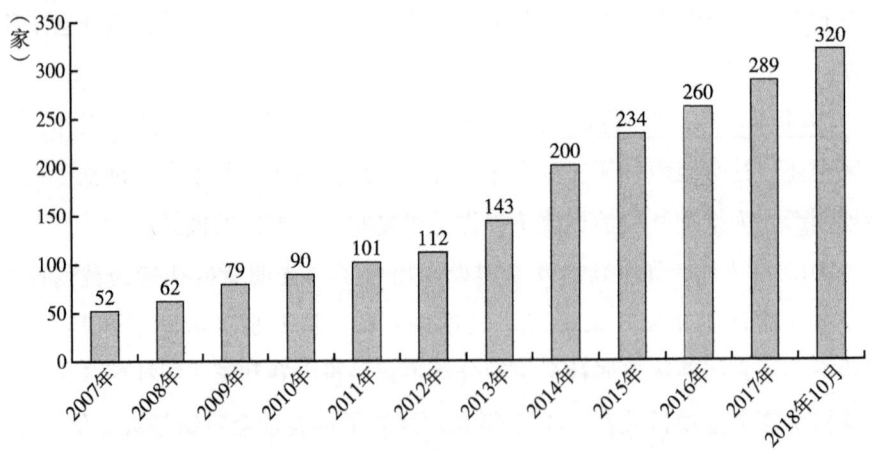

图1　光明区社会组织发展状况（2007～2018年）

药、电子、文化娱乐服务等各类行业，每年在助残养老、扶贫济困、文化体育、教育培训、环保宣传、医药领域等方面向社会提供了大量优质服务，在提供政策咨询、规范市场秩序、健全信用体系、加强经贸交流、调解贸易纠纷、促进经济发展等方面发挥了不可或缺的作用，得到了社会各界的充分肯定。

二　光明区社会组织管理工作的主要特点

（一）用好社区社会组织登记管理制度，助推社区公益类、服务类社会组织的培育工作

根据社区居民需求，依托社区基金会、社区党群服务中心平台，每年孵化培育1~2家社区社会组织，协助具有共同兴趣的社区居民成立社会团体，并助其健康、和谐发展，目前通过社区基金会、社区党群服务中心孵化备案的社区社会组织有23家，包括社区志愿者队伍、社区舞蹈队、骑行队等。登记成立的社区社会组织有60家，其中31个社区已完成老年人协会全覆盖，在社区服务和治理中发挥着重要作用。此外，光明区发挥社会组织总会、社会工作协会平台作用，建成社会组织孵化基地，采取"政府资金支持、专业团队运作、政府公众监督、社会民众受益"的运营模式，重点为公益类、慈善类、行业类、社区类社会组织提供初期孵化、政策咨询、能力建设、人员培训、项目指导等集约化服务，指导帮助社会组织健康成长，拓宽社会组织参与社会公共管理与民生服务的渠道。

（二）加强能力培训，促进规范运作

自2013年起，光明区连续六年开展社会组织负责人培训班，累计培训区域社会组织负责人约1200人次，参训人数逐年递增，由2013年的100多人增长到2018年的250多人，增长了1.5倍。培训内容包括社会组织党建工作、财务制度、政策法规、安全生产等内容，加强了社会组织能力建设，

提升了财务管理能力，增强其守法经营意识和职业操守，促进了社会组织规范运作，提升了社会组织整体水平。

（三）开展各类公益项目服务，鼓励社会组织积极参与社区治理

2015年，光明新区通过创新政府购买服务和职能转移方式，投入96万元举办了首届社会组织公益项目创投大赛，评选出12个公益项目，涵盖公益慈善、社会福利、社会服务等领域。按照"社会需求广泛性、定位公益性、策划科学性、理念创新性"等原则，搭建了集项目评审、项目孵化、项目实施于一体的"公益创投+"平台，实现公益创投项目规范化运作，每个项目根据服务内容给予3万~10万元资助，发挥差异化扶持政策的导向作用，激发社会组织承接政府转移职能的活力，力求实现政府购买服务资金使用效益和社会效益的最大化。为进一步推动光明新区公益事业发展，光明新区财政从2015年起每年安排900万元专项资金，对培育发展社区基金会、开展社区公益服务进行资助。目前该项目已连续开展了四届，共投入近3600万元资助328个公益项目，通过政府资助、社区居委会和社区基金会承接、社会组织具体运营的模式，创新政府职能转变承接机制。项目内容涵盖养老助残、帮扶救困、社区维护治理、培育发展社区社会组织、环保、健康、关爱青少年、环卫工人等。

（四）委托第三方开展首届社会组织评估工作，以评促建，提升社会组织发展质量

光明新区在2016年委托第三方开展了首届社会组织评估工作，共有40家社会组织参评，其中获得5A级的社会组织有3家，4A级的有19家，3A级的有18家，促进了光明新区社会组织向公益化、品牌化方向发展。组织光明新区社会组织申报具备承接政府职能转移的社会组织目录，共有36家区级社会组织入选了第一批具备承接政府职能转移和购买服务资质的社会组织目录。

（五）发挥社会组织党组织作用，大力推进党组织和党建工作的有效覆盖

2016年底，推动成立了光明新区社会组织党委，2017年推动发展了光明新区医药行业协会、光明新区琴江文化研究会、光明新区社联社工服务中心、光明新区社会工作协会、光明新区个体劳动者协会、深圳市烙画艺术协会等6家社会组织基层党支部，将分散的社会组织党员，在党的统一领导下凝聚起来，共同有效参与社会治理。探索创建"红店领航"新品牌，以突出政治功能、提升组织力为重点，择优选定8家药店为"红店"，筹建"红色健康驿站"，打造党建红色引擎，充分发挥"红店"教育培训、服务社会的"领航"作用。组织党员干部坚持不懈学习贯彻习近平总书记重要讲话精神，利用微信群，每周推送学习贯彻习近平总书记系列重要讲话等相关信息1~2篇，让党员干部坚定理想信念，加强党性修养，强化"四个意识"，增强"四个自信"，截至2018年6月中旬已编发80期。

三 光明区社会组织管理与服务的亮点

（一）创新社区治理模式，社区基金会试点经验引领全国

2014年3月以来，光明区先后成立了白花、凤凰、新羌、圳美、玉律5个全国首批社区试点和首个区级社区基金会，共募集公益资金近3000万元，建立银行第三方托管等5项机制，制定了《社区基金财务管理制度》等7个制度文件，资助社区公益服务项目156个，惠及社区群众4万余人。试点纳入了民政部与深圳市2014~2018年深化合作事项，并获评"2014年度中国社区治理十大创新成果"提名奖、2016年首届社会组织风云榜"十大创新型社会组织"。民政部领导多次听取试点汇报，对试点工作充分肯定。围绕社区基金会议题，在光明区开展过多项重要的调研工作。民政部领导亲自带领基层政权和社区建设司、社会工作司等多位司局领导来光明新区调研，

并由民政部牵头起草光明新区社区基金会试点工作调研报告提交中共中央办公厅和国务院办公厅；由民政部政策研究中心牵头，深圳市民政局、光明区参与，开展社区基金会助推社区治理创新课题研究，成果通过深圳报业集团出版社将《深圳市光明新区社区基金会发展规划研究报告》印制成书，出版发行2000册。与民政部、中国社会治理研究会、深圳市民政局合作开展"中国特色社区基金会发展研究"课题调研，从发展社区基金会的理论分析、深圳市社区基金会发展的经验及问题、境外社区基金会发展的比较分析、加快推动深圳市社区基金会发展的战略思路以及有关政策建议等五个方面进行了探讨研究。2017年7月，北京大学法学院以光明区社区基金会为样本，开展了"'三社联动'背景下的社区基金会内部治理研究"课题调研，并于2018年1月顺利结题。

经过2015~2018年的探索实践，光明区社区基金会运作已步入正轨，在改进社区服务方式、提升社区居民福祉、创新社区治理体制等方面发挥了重要作用。一是打造了社区公共服务的新载体。社区基金会可以为社区量身定做更加"接地气"的服务方案，推动社区基本公共服务从"大水漫灌"向"精确滴灌"转型。如凤凰社区基金会针对社区归侨家庭教育问题实施的"金色朝阳"项目，已有123个侨民家庭受益，其中80多名家长从项目服务对象转变为项目志愿者，扩大了社区公共服务的溢出效应。二是回应了社区居民群众的新需求。社区基金会根植于社区，接地气，响应快，对个性化需求能精准回应，弥补了政府普惠、"漫灌"式服务短板。6家社区基金会已设立了针对辖区弱势群体的救助资金近500万元，惠及了300余名社区困难居民。三是畅通了社区多元参与的新渠道。社区基金会在项目运作中发扬民主、广泛协商，广泛动员社区成员以自治、互助的方式解决社区问题，激发了社区多元主体参与社区治理的活力，改变了社区建设政府唱"独角戏"的现状。

（二）推动凤凰社区营造，创新基层社区治理方式

凤凰社区营造计划坚持"大社区"治理理念，注重发挥社区居民"主

人翁精神",实现社区多元主体共驻共建共治共享。在凤凰社区党委的领导下,凤凰社区工作站、凤凰社区基金会及深圳经济特区社会工作学院充分发掘社区需求,通过初始资金扶持、项目支持、技能培训、骨干培育等方式培育了绿茵追风足球俱乐部、老年人协会、舞蹈队、义工队、归侨美食帮、酵素制作团队、环保宣传队、社区文化导赏队等社区社会组织及备案组织。各社区组织从居民需求出发,充分运用社区力量,为社区居民提供多元服务,并引导居民参与社区公共事务,充分实现了居民自我组织、自我管理、自我服务的社区自治作用。

(三)社会组织提供社区服务,实现全区覆盖

光明区自2011年试点启动购买社会组织专业化服务运营社区服务中心以来,社会组织发展与社区服务取得同步丰收。目前,光明区每年投入1550万元通过招投标引入8家专业社会工作服务机构运营31个社区党群服务中心,实现社区全覆盖。

目前,每家社区党群服务中心由中标社工机构配置了5名专业社工,为社区居民开展职业教育和就业服务、社会保障服务、为老养老服务、扶贫济困助残服务、居民健康和计生服务、文体活动服务、流动人口服务、心理咨询服务、四点半学校服务(青少年服务)、公益慈善服务和志愿服务等服务项目,在参与社区治理和提供公共服务方面发挥了积极的作用。以光明社区党群服务中心为例,其一年可开展30个个案咨询服务、12个小组兴趣班,日常活动50场以上,平均每年服务的社区居民超过2万人次。政府购买服务促进了一批本土社会工作机构的生存与发展,社区党群服务中心也为社会组织参与公共服务供给和社区治理提供了平台与阵地。

(四)用好社会工作人才扶持办法,吸引、留住社工人才

光明区社工队伍从2008年的42人发展壮大至541人,增长了12.9倍;社工服务范围扩大到全区,涵盖14大领域,服务社会各阶层人群8万余人。

2013年12月底,光明新区出台了《光明新区社会工作人才扶持激励办法(试行)》,在全市首创社工星级评定激励办法,2017年进一步修订社会工作人才扶持办法,专项扶持资金由每年100万元提升到150万元,政策出台后,有效地吸引、留住了大量社会工作人才,社工人才流失率由28%下降到8%,远低于全市的社工平均流失率。2015年底,成立了光明新区社会工作协会,发挥社工协会"枢纽"作用,以购买服务方式委托社工协会开展各类社工培训、项目评估、社工评比等活动。

四 光明区社会组织发展和管理的挑战

(一)社会组织发展和管理面临的问题

1. 社会组织自身发展能力不强

缺乏高素质专业人才队伍、缺乏良好的内部治理结构、对政府依赖性较强等是社会组织存在的普遍性问题。光明区社会组织也面临这方面的挑战。具体来说,部分社会组织运作不畅、工作效率不高,作用无法得到充分发挥;有的社会组织内部管理机制不健全、规章制度不完善,社会组织的负责人缺乏远见和创新意识,导致社会组织整体素质不高,管理不够规范,自主性和独立性不强。

2. 社会组织行业发展不均衡

深圳市各区普遍存在教育类机构在总量上占比较高的情况,行业协会类所占比例偏低,社会组织的行业引领功能和纽带作用没有得到充分发挥,甚至部分行业类别没有相关的社会组织,出现找不到领头羊的现象。以光明区为例,从数据分析可见,光明区现有民办非企业单位168家(其中,教育培训类机构115家,其他服务类机构53家),教育培训类占比达到了68.5%;社会团体129家(其中,行业协会14家,其他类别115家),行业协会占比只有10.9%。

（二）社会组织发展和管理的对策建议

1. 提升社会组织自身发展能力，完善内部管理制度

通过优化成员结构，加强对专职工作人员的管理，培训社会组织内部人员，实现社会组织负责人培训班常规化，每年组织社会组织相关负责人参加培训班；着重将党建工作、财务管理制度、政策法规运用、内部管理架构、项目运作模式、宣传报道工作等内容纳入培训课程，为社会组织锻造专业化人才，锤炼技术骨干，促使社会组织健康成长，实现规范化管理模式。

2. 发挥行业主管单位助推功能，搭建政府和企业的桥梁

各行业的相关职能部门是行业协会的业务主管单位，建议各业务主管单位助推本领域的行业协会成立，通过行业协会作为政府与企业的桥梁和纽带，促进行业协会发挥服务、咨询、沟通、监督、公正、自律、协调的功能。

五 光明区社会组织发展和管理工作的展望

（一）光明区社会组织发展的趋势

1. 加大社会组织培育力度

分类培育引导社会组织快速发展，积极培育社区社会组织、行业协会类社会组织，壮大公益慈善类社会组织，有序推进发展民办非企业单位，重点扶持"枢纽型"社会组织，促进社会组织健康发展；依托社会组织孵化基地，孵化培育一批本土社会组织，提供初期孵化、政策咨询、能力建设、人员培训、项目指导等集约化服务，指导帮助社会组织健康成长；通过社区基金会、区级社会组织总会和社会工作协会等平台，指导、协助光明区社会组织更好承接政府转移的各项事务性服务、部分行业管理服务、社会公共服务、社会慈善公益服务等，为实现政府相关职能部门与社会组织自治的有效衔接和良性互动提供有效平台，形成行业类、枢纽型等各类社会组织健康发

展的良好氛围。

2. 进一步加强社会组织承接政府职能转移的能力

通过举办社会组织培训班，提高社会组织相关负责人的管理水平，增强其社会责任感和法制意识等；进一步推动政府职能转移，促进社会组织行业自律和诚信机制建设，加大社会组织培育力度，积极稳妥推进社会组织登记制度改革，加强行业培训工作，提升组织保障、政策保障、经费保障等方面的能力建设水平和承接政府职能转移的能力。

（二）光明区社会组织管理工作的规划和重点

1. 促进社会组织规范运作

强化社会组织法制建设，定期开展社会组织年度报告工作，举办社会组织负责人培训班，增强社会组织依法管理意识；设置社会组织审批前现场检查环节，将执法关口前移，严格审查申请资质；联合社会组织业务主管部门和各办事处，加强对社会组织属地管理和安全生产检查，定期对社会组织的办公场地和活动场所进行安全隐患排查，开展安全生产相关培训，增强社会组织安全生产意识；推进社会组织党委党建工作，协助符合条件的社会组织成立党支部，完善社会组织党建工作机制，实现社会组织党组织建设全覆盖。

2. 培育发展各类社会组织

通过光明区社会组织孵化基地和社会组织总会等平台，加大对本土社会组织的扶持力度，对符合孵化资格的社会组织种子进行培育，指导帮助社会组织健康成长，为入驻孵化基地的初创型社会组织提供场地、办公场所、初创资金等支持。协助行业主管单位助推行业协会的培育，引导"枢纽型"社会组织发展，支持"枢纽型"社会组织对同类别、同性质、同领域社会组织进行监管，并带领本领域社会组织开展基本公共服务、便民服务和社会公益服务。

B.21
大鹏新区：社会组织参与打造生态文明建设与旅游行业服务品牌

罗雪兵*

摘　要： 自2011年成立以来，大鹏新区作为国家全域旅游示范区试验区，立足本地良好的生态环境与丰富的旅游资源，因地制宜培育相关社会组织，同时通过"双创计划"和"双向扶持"鼓励发展品牌项目，引导社会组织助力建设生态文明，实现社会组织快速发展。

关键词： 生态文明　因地制宜　品牌打造

大鹏新区成立于2011年12月30日，是深圳市新成立的功能新区，是深圳经济特区中的生态区，下辖三个办事处，管辖25个社区。2017年末，常住人口14.61万人。大鹏新区是广东省唯一的国家级旅游业改革创新先行区，也是深圳市国家全域旅游示范区试验区，拥有全国生态文明建设试点示范区、国家生态文明先行示范区、国家级海洋生态文明建设示范区三个国家级的示范区招牌。大鹏新区社会组织行政管理权由龙岗区民政局委托大鹏新区统战和社会建设局在委托权限内依法行使。

---

* 罗雪兵，深圳市大鹏新区统战和社会建设局工作人员。

一 大鹏新区社会组织发展的现状

（一）大鹏新区社会组织发展的历程

2013年3月1日，龙岗区民政局将48家社会组织移交大鹏新区统战和社会建设局管理，其中民办非企业单位15家，社会团体33家。由此，大鹏新区统战和社会建设局正式开展社会组织行政审批与行政处罚管理工作。

2014年，大鹏新区社会服务类、文体类、教育类社会组织纷纷涌现，新增登记社会组织17家，是历年社会组织新增登记数量最多和增速最快的一年。

2015年8月24日，大鹏新区统战和社会建设局印发《活力大鹏：优秀社会组织引入计划实施方案》，重点引入区外优秀生态环保类社会组织及其品牌服务项目。为进一步激发社区基层活力，2015年12月23日印发《大鹏新区社区社会组织培育发展暂行办法》，将社区社会组织纳入备案管理。

2016年10月14日，中共大鹏新区社会组织委员会成立，下辖6个党支部，管理29名党员。2016年10月8日，大鹏新区统战和社会建设局印发《关于完善社会组织参与生态文明建设引导机制的工作方案》，以政府引导、社会参与为原则，以服务生态文明建设为主线，充分整合和发挥社会组织在生态文明建设中的积极性和创造性。

2017年8月22日，大鹏新区社会工作委员会与大鹏新区统战和社会建设局联合印发《关于加强社会组织综合监管的实施方案》，完善行政监管、社会组织自律、社会公众监督、党组织保障"四位一体"的综合监管格局。2017年8月28日，由大鹏新区管理委员会与深圳市社会公益基金会合作设立的大鹏半岛生态文明建设公益基金揭牌。

2018年1月30日，全国首个以"政府委托+慈善组织受托"为设立模式的慈善信托"大鹏半岛生态文明建设慈善信托"在广东省民政厅备案。2018年7月13日，大鹏新区管理委员会与深圳市广电基金会合作设立的国内首个户外运动安全环保公益基金"大鹏半岛户外运动安全环保公益基金"正式成立。

(二)大鹏新区社会组织发展的基本情况

1. 大鹏新区历年社会组织发展状况

大鹏新区社会组织数量呈现逐年上升趋势,其中2014年新增社会组织达到17家,为历年增幅最大,原因是2014年是大鹏新区社会组织发展的第二年,社会服务、文体、教育领域的社会力量活跃,社会需求旺盛。自2017年开始,社会组织增速放缓,原因是经过前几年的快速增长后,社会资源在进入社会组织领域方面趋于理性,加上大鹏新区尚无全面的、系统的社会组织培育发展政策支持,一定程度上影响了社会力量的积极性。

截至2018年9月30日,依法登记的社会组织共计111家,其中民办非企业单位36家,社会团体75家。大鹏新区社会组织数量在全市各区中数量最少,每万名常住人口拥有社会组织数量为7.6个。2014年、2015年、2016年、2017年的增速分别是28.8%、19.7%、14.3%、6.7%,呈现增速放缓的趋势(见图1)。

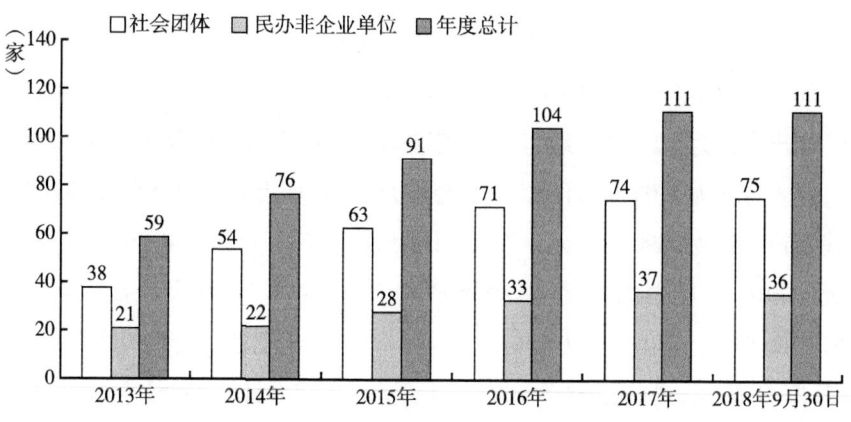

图1 大鹏新区2013~2018年社会组织数量变化情况

2. 大鹏新区历年社会组织工作人员情况

2013~2017年社会组织工作人员数量总体上保持稳步上升趋势，至2017年底，工作人员总数达到1536人，其中社会团体工作人员有430人，占比为28%，民办非企业单位工作人员有1106人，占比为72%（见图2）。本科及以上学历有453人，占比为29.49%。2014~2017年的工作人员年均增长率为13.41%，其中社会团体工作人员的年均增长率为18.87%，民办非企业单位工作人员的年均增长率为12.19%。

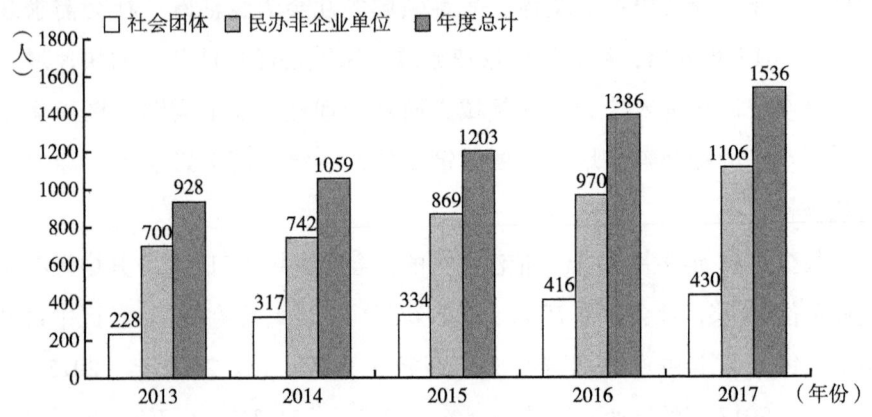

图2　大鹏新区2013~2017年社会组织工作人员变化情况

3. 大鹏新区历年社会组织净资产与收入支出情况

2013年度各社会组织净资产合计为1929.96万元，收入合计为5054.87万元，支出合计为5296.99万元。2014年度各社会组织净资产合计为2492.95万元，收入合计为7104.03万元，支出合计为7156.04万元。2015年度各社会组织净资产合计为4390.2万元，收入合计为9263.03万元，支出合计为8728.68万元。2016年度各社会组织净资产合计为3471.11万元，收入合计为11817.42万元，支出合计为13013.16万元。2017年度各社会组织净资产合计为5149.68万元，收入合计为16049.34万元，支出合计为17864.31万元。

整体上看，大鹏新区2013~2017年社会组织净资产持续增长，年均增幅33.17%。收支基本平衡，支出略大于收入（见图3）。

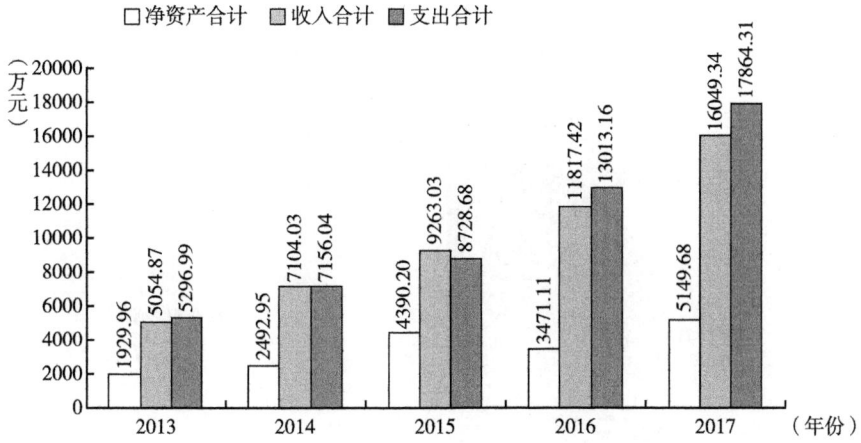

图 3 大鹏新区 2013~2017 年净资产与收入支出变化情况

(三)大鹏新区社会组织发展的特点

大鹏新区社会组织发展总体上呈现数量少、增速缓、领域分布不均的特点。截至 2018 年 9 月 30 日,社会组织类型主要集中在社会服务、文体、教育领域,占比分别为 44%、23%、20%,尚无卫生、法律、宗教、国际及涉外领域的社会组织(见图 4)。相比于 2013 年,文体类社会组织增加了 19 家,增长了 270%,增长最为迅速。社会服务类增加了 15 家,增长了 44%。教育类增加了 9 家,增长了 69%。

二 大鹏新区社会组织发展和管理的亮点

(一)充分利用本地资源,因地制宜发展社会组织

大鹏新区是国家全域旅游示范区试验区,随着旅游业的发展,游客接待人次逐年上升,2017 年接待游客 1079.9 万人次。伴随着旅游业的发展,大鹏新区民宿业也发展迅速,自 2007 年开始,经过十余年的发展,大鹏半岛现有民宿 1300 多家。民宿行业作为大鹏新区旅游新业态,在快速发展的同时,难

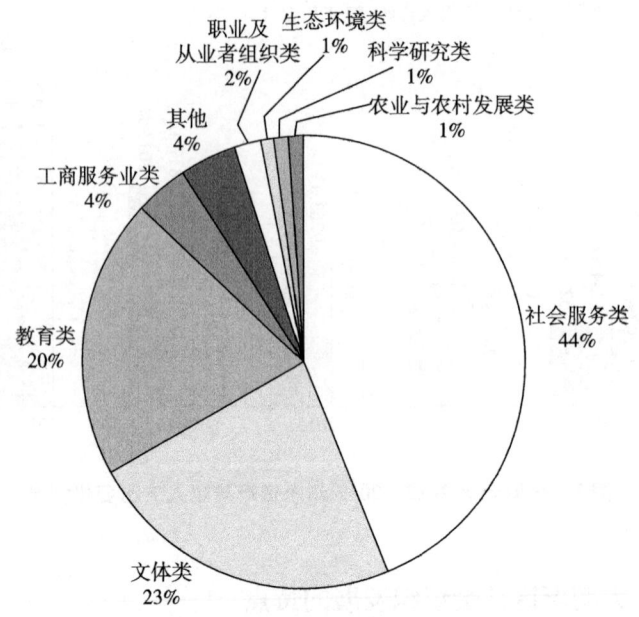

图4 大鹏新区2018年社会组织类别分布情况

免遇到品质参差不齐、利益纠纷增多等发展痛点,也存在着诚信缺失的现象。旅游投诉事件时常出现,行业缺乏规范和标准,行业自律管理机制亟待完善。随着消费产业升级,旅游与民宿行业本身也需要在引导下发展,以契合市场需要。为应对上述行业发展问题,在政府部门的支持下,大鹏新区先后成立了旅游协会和民宿行业。此外,成立了大鹏半岛户外运动安全环保公益基金,整合社会力量协助政府部门开展应急救援工作和户外安全宣导工作。

案例1 深圳市大鹏新区旅游协会

深圳市大鹏新区旅游协会(以下简称旅游协会)成立于2013年12月,是大鹏新区旅游行业及其相关行业的企事业单位发起成立的行业协会,拥有会员单位124家,涵盖了大鹏新区各景区、酒店民宿、餐饮农家乐、户外拓展、海上运动、特产礼品、旅行社等代表性旅游企业。在大鹏新区文体旅游局的指导下,旅游协会积极开展行业自律管理,参与构建旅游行业诚信体系，组织订立大鹏旅游行规公约，与大鹏新区民宿协会共同发起成立大鹏新区旅游诚信联盟（旅游投诉调解中心）；赴长沙、厦门、东莞、河源、巴马、呼伦贝尔陈巴尔虎旗等地开展旅游推介会，组织参加深圳、广州国际旅游博览会，组织考察团赴惠州、河源、东莞等地参观考察旅游资源；创新推出大鹏旅游手绘地图、深圳大鹏半岛720度全景VR、乐活大鹏宣传册等特色旅游产品；组织会员参与社会公益事业，开展扶贫工作，组织开展弱势群体慰问活动，组织会员参与无偿献血活动200余人次。

案例2 深圳市大鹏新区民宿协会

深圳市大鹏新区民宿协会成立于2015年1月，是由大鹏新区民宿行业经营主体自愿发起成立的行业协会，拥有会员单位400余家，覆盖大鹏新区较场尾片区、东西涌片区、官湖片区、杨梅坑片区等主要民宿经营主体聚集区。自2015年起，举办国际民宿论坛；参与制定《深圳市大鹏新区民宿管理办法（试行）》、《民宿行业自律和惩戒办法》和《深圳市民宿服务规范》，制定全国民宿行业第一个行业自律公约，编制全国第一部民宿图书；成立民宿自律惩戒委员会与标准委员会，与大鹏新区旅游协会共同发起成立大鹏新区旅游诚信联盟（旅游投诉调解中心）；实施"党建+旅游"项目；开展民宿行业培训与交流推介活动，开展民宿小镇创意市集活动。2016年12月，深圳市大鹏新区民宿协会党支部成立，突出党组织在民宿业中的领导核心地位。深圳市大鹏新区民宿协会在民宿行业发展、自律管理和协助政府职能部门开展民宿行业管理方面发挥了突出作用。在大鹏新区统战和社会建设局等部门的指导下，深圳市大鹏新区民宿协会建立起完善的法人治理结构和内部治理规则，运作管理水平显著提高。

案例3 大鹏半岛户外运动安全环保公益基金

大鹏新区是广东省唯一的国家级旅游业改革创新先行区，也是国家全域旅游示范区试验区。随着旅游业的快速发展，大鹏新区已逐渐成为户外运动爱好者的"天堂"，每年接待各类户外运动爱好者逾200万人次。近年来，户外运动安全事故多发。2017年,共接报户外安全事故73宗,救助33人;2018年,上半年共接报登山安全事件25宗,救助10人。为整合社会力量开展应急救援工作和户外安全宣导工作,在政府主导、众筹为主的思路下,成立了大鹏半岛户外运动安全环保公益基金,初始资金30万元。通过自然知识讲座、户外运动安全倡导向公众普及户外安全和户外环保知识,通过理论授课、户外实践培养经验丰富的户外领队以及提供及时的事后援救。开展户外安全知识宣传,提升市民户外运动安全素质。

(二)双向培育扶持,引导社会组织参与生态文明建设

2015年、2016年大鹏新区统战和社会建设局先后印发《活力大鹏:优秀社会组织引入计划实施方案》《关于完善社会组织参与生态文明建设引导机制的工作方案》,以政府引导、社会参与为原则,推行生态环保社会组织"对内培育、对外引入"的双向培育扶持政策。一方面,对外引入优秀社会组织及其品牌服务项目,支持其扎根大鹏、服务新区;另一方面,立足社区,贴近基层,激发本土社会活力,培育和支持内生型生态环保社会组织。目前,大鹏新区已形成政府部门主导,社会组织、企业、社区自治组织、志愿服务组织以及个人参与的生态文明建设格局。近年来,累计引入和培育生态环保社会组织12家,通过政府部门购买服务、社区社会组织"双创计划"、民生微实事项目等方式支持社会组织开展生态环保公益服务项目27个,累计投入资金203.6539万元,其中2015年43.785万元,2016年44.2万元,2017年76.5789万元、2018年(截至9月30日)39.09万元。

案例4 大鹏半岛生态文明建设公益基金

为充分调动社会力量参与生态文明建设,创新生态文明建设资金筹集渠道,大鹏新区管理委员会与深圳市社会公益基金会合作设立了大鹏半岛生态文明建设公益基金,即全国首家由政府委托、慈善机构受托的慈善信托,以及首个由社会捐赠专项基金和慈善信托两部分组成的公益基金,充分整合社

会公益资金，发挥市场和社会两驾马车在生态文明建设中的积极作用，建立"政府引导、社会参与和专业运作"的生态文明建设创新机制。公益基金旨在资助有利于推动大鹏半岛生态文明建设的相关公益项目和活动。目前慈善信托部分，由大鹏新区管理委员会出资2000万元，专项基金部分已募集社会资金近210万元。

案例5 深圳市大鹏新区珊瑚保育志愿联合会

深圳市大鹏新区珊瑚保育志愿联合会（以下简称"潜爱大鹏"）成立于2014年10月，潜爱大鹏是由专业环保人士和潜水志愿者自愿组成的民间珊瑚保育志愿服务组织，专门从事大鹏新区海域珊瑚保育工作和普及海洋生态知识与珊瑚保育理念活动，推动珊瑚礁生态系统恢复，改善海洋生态环境。潜爱大鹏拥有"潜爱课堂""潜爱造礁""潜爱护礁""海底清洁"等多个环保公益服务品牌项目。2014年起，在大鹏新区经济服务局的指导下，潜爱大鹏与国内外多家基金会和公益组织合作，撬动大量社会资源和社会力量在大鹏新区持续开展珊瑚保育活动，2016～2018年筹集资金573.97万元，投入生态环保公益服务，成为政府、公益组织、企业和个人共同参与生态文明建设的典型。珊瑚保育项目获得2017年度中国公益节环保类唯一一个金奖——绿色典范奖。

（三）"双创计划"助力社区社会组织发展初显成效

2015年12月23日大鹏新区统战和社会建设局印发《大鹏新区社区社会组织培育发展暂行办法》，开展社区社会组织培育孵化工作，并将社区社会组织纳入备案管理。2016～2018年连续三年开展社区社会组织"双创计划"（初创扶持工程计划和公益创投计划），分别为初创期和成熟期的社区社会组织提供公益服务项目经费资助，支持社区社会组织开展扎根社区、服务居民的特色服务项目。截至2018年10月31日，纳入备案管理的社区社会组织累计已达51家，涵盖生态环保、社会服务、文化体育、法律服务、志愿服务、居民教育、自助互助等多个领域。累计资助社区社会组织公益服务项目34个，投入资金75.99万元。

经过2016~2018年的培育扶持，大鹏新区社区社会组织呈现良好发展势头，社区资源得以合理化、规范化整合，社区居民参与社区社会组织积极性显著增强，社区社会组织已成为社区公益服务、居民自助互助服务的重要力量。

三 大鹏新区社会组织发展和管理工作的展望

（一）大鹏新区社会组织发展趋势

1. 生态环保领域社会组织更加活跃

2015~2018年，政府部门投入社会组织参与生态文明建设领域的财政资金和社会资金逐年增加，随着大鹏新区社会组织培育发展支持性政策的出台，"对内培育、对外引入"的双向培育扶持政策不断完善，生态环保类社会组织将继续成为培育扶持的重点，社会力量参与大鹏新区生态文明建设的活力将得到进一步激发。

2. 优秀社会组织与品牌项目不断涌现

大鹏新区统战和社会建设局已会同有关部门启动《大鹏新区社会组织"三级三强"项目》，在新区、办事处、社区三级层面建立社会组织培育发展平台，强化社会组织培育扶持、强化社会组织作用发挥、强化社会组织综合监管（简称"三级三强"）。突出党建引领作用，培育一批党建服务类、行业协会类、生态环保类、生物科技类、民生保障类、社会治理类社会组织，打造一批社会组织品牌项目。

3. 社区社会组织发展迎来良好契机

2017年12月，民政部印发《关于大力培育发展社区社会组织的意见》（以下简称《意见》），《意见》指出"培育发展社区社会组织，对加强社区治理体系建设、推动社会治理重心向基层下移、打造共建共治共享的社会治理格局"具有重要意义。① 为贯彻落实《意见》精神，大鹏新区将修订社区社会组织培育发展相关政策，将社区社会组织备案管理工作下移至街道办事处，提高社区社会组织公益服务项目资助数量和项目资金扶持额度。同时，强化各社区党群服务中心和办事处枢纽型党群服务中心的社区社会组织培育孵化和协调管理功能，更大限度地激发社区活力，为社区社会组织发展创造更加优化的条件。

（二）大鹏新区未来社会组织管理工作的规划和重点

1. 加强社会组织党建工作，提升社会组织"两个覆盖"质量

推动大鹏新区社会组织党的组织和党的工作有效覆盖，发挥社会组织党组织的政治核心作用和政治引领作用，建立条块结合、区域兜底的社会组织党建工作格局，由中共大鹏新区社会组织党委统筹指导，建立登记管理部门、业务主管部门、各办事处、相关职能部门协调联动工作机制，实现大鹏新区社会组织党的组织和党的工作"两个覆盖"质量提升。

2. 出台支持社会组织发展的政策，完善培育发展服务体系

推动出台大鹏新区社会组织培育发展综合性政策文件，从项目资金资助、培育孵化基地建设、社区社会组织管理、社会组织系列评优活动、信息公开与诚信自律建设等方面建立完善社会组织培育发展服务体系。同时，依托区级培育发展基地、办事处枢纽型党群服务中心、社区党群服务中心建立"新区+办事处+社区"三级社会组织培育孵化网络。进一步激发社会活力，重点培育一批党建服务类、行业协会类、生态环保类、生物科技类、民生保障类、社会治理类社会组织，打造一批社会组织品牌项目。

3. 加强社会组织信息公开工作，提高公开透明运作水平

开展大鹏新区社会组织信息公开专项建设工作，2019年度在行业协会类、社会服务类、教育类、文体类社会组织中开展信息公开专项建设工作，

---

① 《民政部关于大力培育发展社区社会组织的意见》（民发〔2017〕191号），http://www.mca.gov.cn/article/gk/wj/201801/20180115007214.shtml，最后访问日期：2018年12月11日。

打造一批大鹏新区社会组织信息公开亮点单位。到 2020 年达到信息公开全覆盖、公开内容更全面、公众监管更有效、运营管理更透明的社会组织信息公开管理水平。

4. 强化社会组织综合监管，促进其依法依规健康有序发展

严格落实大鹏新区《关于加强社会组织综合监管的实施方案》，优化社会组织综合监管联席会议制度，优化社会组织联合执法和专项检查机制，全面推行社会组织"双随机—公开"工作，逐年提升社会组织抽查比例，进一步提升依法监管、各司其职、分类负责、协调联动社会组织综合监管水平。

B.22 后　记

为深入贯彻落实习近平新时代中国特色社会主义思想和党的十九大精神，根据中共中央办公厅、国务院办公厅《关于改革社会组织管理制度促进社会组织健康有序发展的意见》的相关要求和建议，2018年8月，深圳市社会组织管理局启动了"深圳社会组织发展报告（2018）"项目（以下简称"本书"），意在梳理深圳社会组织发展状况，深化社会组织管理制度改革，促进社会组织健康有序发展。深圳市社会组织管理局委托深圳国际公益学院统筹协调本书编撰工作。来自深圳市民政局、深圳市社会组织管理局和深圳国际公益学院等单位的核心成员组成了本书编委会，他们是本书得以成型和出版的核心力量。

本书的编写得到了深圳市民政局、深圳市社会组织管理局的大力支持，特别是市局领导全力配合调研工作，在多次座谈和访谈活动中，贡献了大量真知灼见；具体负责科室提供了最新最全面的数据，让本书的分析有了真实可靠的依据；各区（新区）社会组织管理部门也提供了详尽的材料，并撰写了各区（新区）的社会组织发展报告。

本书所采用的基础数据主要来源于深圳市社会组织年度工作报告、深圳社会组织登记统计台账、深圳社会服务统计季报，以及其他已公开的资料与信息。为使分析研究更为深入，本书编写组还组织了10余场调研活动，调研基本覆盖了深圳市有影响的社会组织，如深圳社会组织总会、深圳市中国慈展会发展中心，以及一些在科技创新、扶贫攻坚、"走出去"、社会服务等领域有着鲜明特色的社会组织。扎实的实地调研让本书编写成为社会组织反映意见与建议表达心声的一次契机，而参与调研的社会组织为最终的分析也贡献良多。

特别感谢参与本书调研和写作的各位作者，没有他们的全程参与和精心写作，本书无以成稿；感谢深圳市社会组织管理局、各区（新区）社会组织管理部门和参与调研的社会组织，没有他们对调研活动的支持，本书的数据和案例也无法落实；感谢中共深圳市委政策研究室社会处杨泽航处长、深圳职业技术学院魏红英教授、深圳社会组织研究院饶锦兴院长、深圳市社会科学院徐宇珊副研究员、深圳市社会科学院倪晓锋博士、深圳大学许英副教授、深圳大学赖伟军助理教授、深圳市社会公益基金会杨钦焕秘书长等专家和行业同人。没有他们在评审阶段给予真实反馈，本书将难以避免某些错漏。深圳国际公益学院唐昊、谭逸丹、曾伟玲承担了项目的主要执行和协调工作，实习生余西白、冯芷晴参与了部分章节的数据录入和基础性分析，实习生韩焜镁协助翻译了本书英文摘要和目录。最后要特别感谢本书的责任编辑胡庆英，没有她认真负责、高效细心的工作，本书也不可能达到现有的水平。

随着中国经济社会的快速发展，深圳市社会组织发展也已来到了一个新的阶段，在以往成就积淀的同时，也面对着新的问题和挑战，急需对以往经验的总结和对未来趋势的预判。本书编写组热切期待，也有理由相信，本书对深圳社会组织发展模式的总结和探索，将为深圳乃至国内的社会组织工作、社会治理工作提供有益的参考。同时，由于当前社会组织相关数据采集渠道有限，数据完整性和准确性方面还有进一步完善的空间。对于本书存在的一些未能及时发现的问题，欢迎国内外同行、专家、学者细心指正，不吝赐教。

社会科学文献出版社　　皮书系列

❖ 皮书起源 ❖

"皮书"起源于十七、十八世纪的英国，主要指官方或社会组织正式发表的重要文件或报告，多以"白皮书"命名。在中国，"皮书"这一概念被社会广泛接受，并被成功运作、发展成为一种全新的出版形态，则源于中国社会科学院社会科学文献出版社。

❖ 皮书定义 ❖

皮书是对中国与世界发展状况和热点问题进行年度监测，以专业的角度、专家的视野和实证研究方法，针对某一领域或区域现状与发展态势展开分析和预测，具备原创性、实证性、专业性、连续性、前沿性、时效性等特点的公开出版物，由一系列权威研究报告组成。

❖ 皮书作者 ❖

皮书系列的作者以中国社会科学院、著名高校、地方社会科学院的研究人员为主，多为国内一流研究机构的权威专家学者，他们的看法和观点代表了学界对中国与世界的现实和未来最高水平的解读与分析。

❖ 皮书荣誉 ❖

皮书系列已成为社会科学文献出版社的著名图书品牌和中国社会科学院的知名学术品牌。2016年，皮书系列正式列入"十三五"国家重点出版规划项目；2013~2018年，重点皮书列入中国社会科学院承担的国家哲学社会科学创新工程项目；2018年，59种院外皮书使用"中国社会科学院创新工程学术出版项目"标识。

权威报告·一手数据·特色资源

皮书数据库
ANNUAL REPORT(YEARBOOK) DATABASE

当代中国经济与社会发展高端智库平台

所获荣誉

- 2016年，入选"'十三五'国家重点电子出版物出版规划骨干工程"
- 2015年，荣获"搜索中国正能量 点赞2015" "创新中国科技创新奖"
- 2013年，荣获"中国出版政府奖·网络出版物奖"提名奖
- 连续多年荣获中国数字出版博览会"数字出版·优秀品牌"奖

成为会员

通过网址www.pishu.com.cn访问皮书数据库网站或下载皮书数据库APP，进行手机号码验证或邮箱验证即可成为皮书数据库会员。

会员福利

- 使用手机号码首次注册的会员，账号自动充值100元体验金，可直接购买和查看数据库内容（仅限PC端）。
- 已注册用户购书后可免费获赠100元皮书数据库充值卡。刮开充值卡涂层获取充值密码，登录并进入"会员中心"—"在线充值"—"充值卡充值"，充值成功后即可购买和查看数据库内容（仅限PC端）。
- 会员福利最终解释权归社会科学文献出版社所有。

卡号：437236343921
密码：

数据库服务热线：400-008-6695
数据库服务QQ：2475522410
数据库服务邮箱：database@ssap.cn
图书销售热线：010-59367070/7028
图书服务QQ：1265056568
图书服务邮箱：duzhe@ssap.cn

S 基本子库
SUB DATABASE

中国社会发展数据库（下设12个子库）

全面整合国内外中国社会发展研究成果，汇聚独家统计数据、深度分析报告，涉及社会、人口、政治、教育、法律等12个领域，为了解中国社会发展动态、跟踪社会核心热点、分析社会发展趋势提供一站式资源搜索和数据分析与挖掘服务。

中国经济发展数据库（下设12个子库）

基于"皮书系列"中涉及中国经济发展的研究资料构建，内容涵盖宏观经济、农业经济、工业经济、产业经济等12个重点经济领域，为实时掌控经济运行态势、把握经济发展规律、洞察经济形势、进行经济决策提供参考和依据。

中国行业发展数据库（下设17个子库）

以中国国民经济行业分类为依据，覆盖金融业、旅游、医疗卫生、交通运输、能源矿产等100多个行业，跟踪分析国民经济相关行业市场运行状况和政策导向，汇集行业发展前沿资讯，为投资、从业及各种经济决策提供理论基础和实践指导。

中国区域发展数据库（下设6个子库）

对中国特定区域内的经济、社会、文化等领域现状与发展情况进行深度分析和预测，研究层级至县及县以下行政区，涉及地区、区域经济体、城市、农村等不同维度。为地方经济社会宏观态势研究、发展经验研究、案例分析提供数据服务。

中国文化传媒数据库（下设18个子库）

汇聚文化传媒领域专家观点、热点资讯，梳理国内外中国文化发展相关学术研究成果、一手统计数据，涵盖文化产业、新闻传播、电影娱乐、文学艺术、群众文化等18个重点研究领域。为文化传媒研究提供相关数据、研究报告和综合分析服务。

世界经济与国际关系数据库（下设6个子库）

立足"皮书系列"世界经济、国际关系相关学术资源，整合世界经济、国际政治、世界文化与科技、全球性问题、国际组织与国际法、区域研究6大领域研究成果，为世界经济与国际关系研究提供全方位数据分析，为决策和形势研判提供参考。

法律声明

"皮书系列"（含蓝皮书、绿皮书、黄皮书）之品牌由社会科学文献出版社最早使用并持续至今，现已被中国图书市场所熟知。"皮书系列"的相关商标已在中华人民共和国国家工商行政管理总局商标局注册，如LOGO（ ）、皮书、Pishu、经济蓝皮书、社会蓝皮书等。"皮书系列"图书的注册商标专用权及封面设计、版式设计的著作权均为社会科学文献出版社所有。未经社会科学文献出版社书面授权许可，任何使用与"皮书系列"图书注册商标、封面设计、版式设计相同或者近似的文字、图形或其组合的行为均系侵权行为。

经作者授权，本书的专有出版权及信息网络传播权等为社会科学文献出版社享有。未经社会科学文献出版社书面授权许可，任何就本书内容的复制、发行或以数字形式进行网络传播的行为均系侵权行为。

社会科学文献出版社将通过法律途径追究上述侵权行为的法律责任，维护自身合法权益。

欢迎社会各界人士对侵犯社会科学文献出版社上述权利的侵权行为进行举报。电话：010-59367121，电子邮箱：fawubu@ssap.cn。

社会科学文献出版社